经以济世

建德尚真

贺教育部

哲学社会科学

重大攻关项目

心理王立题

李启明
解放方人

教育部哲学社會科學研究重大課題攻關項目

现代农业发展战略研究

STUDY OF MODERN AGRICULTURAL DEVELOPMENT STRATEGY

周应恒 等著

经济科学出版社
Economic Science Press

图书在版编目（CIP）数据

现代农业发展战略研究/周应恒等著. —北京：
经济科学出版社，2012.12
（教育部哲学社会科学研究重大课题攻关项目）
ISBN 978 - 7 - 5141 - 2494 - 1

Ⅰ.①现…　Ⅱ.①周…　Ⅲ.①现代农业 - 农业
经济 - 经济发展战略 - 研究 - 中国　Ⅳ.①F323

中国版本图书馆 CIP 数据核字（2012）第 231861 号

责任编辑：袁　溦
责任校对：徐领弟　王凡娥
版式设计：代小卫
责任印制：邱　天

现代农业发展战略研究
周应恒　等著
经济科学出版社出版、发行　新华书店经销
社址：北京市海淀区阜成路甲 28 号　邮编：100142
总编部电话：88191217　发行部电话：88191537
网址：www.esp.com.cn
电子邮件：esp@esp.com.cn
北京中科印刷有限公司印装
787×1092　16 开　26 印张　490000 字
2012 年 12 月第 1 版　2012 年 12 月第 1 次印刷
ISBN 978 - 7 - 5141 - 2494 - 1　定价：65.00 元

课题组主要成员

（按姓氏笔画为序）

朱　晶　　安玉发　　应瑞瑶
周应恒　　周曙东　　胡　浩
耿献辉　　曾寅初

编审委员会成员

主　任　孔和平　罗志荣

委　员　郭兆旭　吕　萍　唐俊南　安　远
　　　　文远怀　张　虹　谢　锐　解　丹
　　　　刘　茜

总 序

哲学社会科学是人们认识世界、改造世界的重要工具，是推动历史发展和社会进步的重要力量。哲学社会科学的研究能力和成果，是综合国力的重要组成部分，哲学社会科学的发展水平，体现着一个国家和民族的思维能力、精神状态和文明素质。一个民族要屹立于世界民族之林，不能没有哲学社会科学的熏陶和滋养；一个国家要在国际综合国力竞争中赢得优势，不能没有包括哲学社会科学在内的"软实力"的强大和支撑。

近年来，党和国家高度重视哲学社会科学的繁荣发展。江泽民同志多次强调哲学社会科学在建设中国特色社会主义事业中的重要作用，提出哲学社会科学与自然科学"四个同样重要"、"五个高度重视"、"两个不可替代"等重要思想论断。党的十六大以来，以胡锦涛同志为总书记的党中央始终坚持把哲学社会科学放在十分重要的战略位置，就繁荣发展哲学社会科学做出了一系列重大部署，采取了一系列重大举措。2004 年，中共中央下发《关于进一步繁荣发展哲学社会科学的意见》，明确了新世纪繁荣发展哲学社会科学的指导方针、总体目标和主要任务。党的十七大报告明确指出："繁荣发展哲学社会科学，推进学科体系、学术观点、科研方法创新，鼓励哲学社会科学界为党和人民事业发挥思想库作用，推动我国哲学社会科学优秀成果和优秀人才走向世界。"这是党中央在新的历史时期、新的历史阶段为全面建设小康社会，加快推进社会主义现代化建设，实现中华民族伟大复兴提出的重大战略目标和任务，为进一步繁荣发展哲学社会科学指明了方向，提供了根本保证和强大动力。

　　高校是我国哲学社会科学事业的主力军。改革开放以来，在党中央的坚强领导下，高校哲学社会科学抓住前所未有的发展机遇，紧紧围绕党和国家工作大局，坚持正确的政治方向，贯彻"双百"方针，以发展为主题，以改革为动力，以理论创新为主导，以方法创新为突破口，发扬理论联系实际学风，弘扬求真务实精神，立足创新、提高质量，高校哲学社会科学事业实现了跨越式发展，呈现空前繁荣的发展局面。广大高校哲学社会科学工作者以饱满的热情积极参与马克思主义理论研究和建设工程，大力推进具有中国特色、中国风格、中国气派的哲学社会科学学科体系和教材体系建设，为推进马克思主义中国化，推动理论创新，服务党和国家的政策决策，为弘扬优秀传统文化，培育民族精神，为培养社会主义合格建设者和可靠接班人，做出了不可磨灭的重要贡献。

　　自 2003 年始，教育部正式启动了哲学社会科学研究重大课题攻关项目计划。这是教育部促进高校哲学社会科学繁荣发展的一项重大举措，也是教育部实施"高校哲学社会科学繁荣计划"的一项重要内容。重大攻关项目采取招投标的组织方式，按照"公平竞争，择优立项，严格管理，铸造精品"的要求进行，每年评审立项约 40 个项目，每个项目资助 30 万～80 万元。项目研究实行首席专家负责制，鼓励跨学科、跨学校、跨地区的联合研究，鼓励吸收国内外专家共同参加课题组研究工作。几年来，重大攻关项目以解决国家经济建设和社会发展过程中具有前瞻性、战略性、全局性的重大理论和实际问题为主攻方向，以提升为党和政府咨询决策服务能力和推动哲学社会科学发展为战略目标，集合高校优秀研究团队和顶尖人才，团结协作，联合攻关，产出了一批标志性研究成果，壮大了科研人才队伍，有效提升了高校哲学社会科学整体实力。国务委员刘延东同志为此做出重要批示，指出重大攻关项目有效调动各方面的积极性，产生了一批重要成果，影响广泛，成效显著；要总结经验，再接再厉，紧密服务国家需求，更好地优化资源，突出重点，多出精品，多出人才，为经济社会发展做出新的贡献。这个重要批示，既充分肯定了重大攻关项目取得的优异成绩，又对重大攻关项目提出了明确的指导意见和殷切希望。

　　作为教育部社科研究项目的重中之重，我们始终秉持以管理创新服务学术创新的理念，坚持科学管理、民主管理、依法管理，切实增强服务意识，不断创新管理模式，健全管理制度，加强对重大攻关项目的选题遴选、评审立项、组织开题、中期检查到最终成果鉴定的全过程管理，逐渐探索并形成一套成熟的、符合学术研究规律的管理办法，努力将重大攻关项目打造成学术精品工程。我们将项目最终成果汇编成"教育部哲学社会科学研究重大课题攻关项目成果文库"统一组织出版。经济科学出版社倾全社之力，精心组织编辑力量，努力铸造出版精品。国学大师季羡林先生欣然题词："经时济世 继往开来——贺教育部重大攻关项目成果出版"；欧阳中石先生题写了"教育部哲学社会科学研究重大课题攻关项目"的书名，充分体现了他们对繁荣发展高校哲学社会科学的深切勉励和由衷期望。

创新是哲学社会科学研究的灵魂，是推动高校哲学社会科学研究不断深化的不竭动力。我们正处在一个伟大的时代，建设有中国特色的哲学社会科学是历史的呼唤，时代的强音，是推进中国特色社会主义事业的迫切要求。我们要不断增强使命感和责任感，立足新实践，适应新要求，始终坚持以马克思主义为指导，深入贯彻落实科学发展观，以构建具有中国特色社会主义哲学社会科学为己任，振奋精神，开拓进取，以改革创新精神，大力推进高校哲学社会科学繁荣发展，为全面建设小康社会，构建社会主义和谐社会，促进社会主义文化大发展大繁荣贡献更大的力量。

教育部社会科学司

摘　要

从国际经验来看，现代农业的发展已经突破了局限在种养殖范围内的传统农业范畴，以传统种养殖业为中心，向产前、产后环节逐渐延伸，形成了包括农业生产资料投入、种养殖生产、农产品加工制造、农产品运销以及餐饮等环节的涉农产业体系，即国际上所说的 Agribusiness。在此基础上，笔者将国际经验引入到我国现代农业发展进程中来，将现代农业概括为以涉农产业体系理念为指导，以现代科技为支撑，以产业组织为纽带，横跨第一、二、三产业包括产前、产中、产后等环节的现代产业系统。从发达国家的农业发展来看，传统农业在国民经济中的比例已经日益缩减，包括美国、日本、欧盟等发达国家和地区的传统农业比例已经下降到国民总产出的 2% 左右。但是，农业关联产业体系来衡量，该体系在这些发达国家和地区的国民经济总产出中仍然占有举足轻重的地位，目前平均稳定在 8% ~10% 之间，突出表现为该系统的产前和产后环节极其发达，使得农业关联产业对发达国家和地区的国民经济发展有着较为重要的影响。

我国的农业发展处于从传统农业向现代农业转型的关键时期，传统农业在国民经济中的比例逐年下降，2010 年传统农业的 GDP 占比已经下降到 10.1% 。根据配第·克拉克定理，随着我国经济的快速发展，传统农业在国民经济中的比例还会逐年下降。如此一来，我国农业进一步发展的方向在哪里？无疑，现代农业的概念指明了我国农业发展的道路，但我国现代农业发展的空间到底有多大，现代农业发展的潜力何在？现代农业发展战略的重点和关键是什么？笔者带着这些问题，将 "Agribusiness"（涉农产业）的概念引进到对我国现代农业的分析中来，利用国际上比较成熟的投入产出分析方法，以中国 1987～2002 年的投入产出表为数据来源，对我国涉农关联产业进行结构和关联的实证分析，并与美国和日本的农业关联产业总量和结构进行比较，从而得出相关结论并提出我国涉农产业发展的政策建议并兼论我国现代农业发展路径。

在吸收借鉴国际现代农业发展经验的基础上，本书从我国国情出发，分析我国现代农业发展的战略。主要从我国现代农业发展的资源禀赋条件，确保粮食安全和食品质量安全目标，现代农业发展的区域模式，现代农业发展的组织与制度保证等方面进行我国现代农业发展战略分析。从理论上来讲，本书拓展了投入产出分析的应用领域，丰富了农业关联产业的研究内容；在现实中有助于揭示我国现代农业的产业特性，指明我国现代农业的发展空间和路径，为我国现代农业发展提供决策依据，对于促进我国现代农业乃至国民经济发展具有重要意义。全书共十章。

第一章是绪论。对我国现代农业发展的条件与挑战进行了阐述，明确我国现代农业发展战略目标与重点，提炼我国现代农业发展战略的主要内容，总结我国现代农业发展政策建议。

第二章分析国外现代农业发展及我国现代农业体系。从世界农业发展历程、现代农业的形成与特征、国内外现代农业发展经验与趋势、现代农业的内涵与发展、世界现代农业发展的启示等方面概括国际现代农业发展的脉络，然后对我国现代农业的体系结构进行实证分析，在分析我国现代农业发展的国情的基础上明确我国现代农业发展的路径。

第三章着手于我国现代农业可持续发展战略，分析我国农业可持续发展面临的挑战，进行我国农业可持续发展与农业资源开发利用的前景分析，总结提炼实现农业可持续发展的战略措施，提供推进现代农业可持续发展的对策建议。

第四章重点分析我国现代农业发展中的资源高效利用。首先明确我国现代农业发展中资源利用的基础特征，然后判断我国现代农业发展中资源利用的趋势，分析我国现代农业发展中的资源利用战略选择，提供我国现代农业发展中资源利用的战略措施。

第五章研究我国现代农业发展过程中的粮食安全战略，首先分析并判断我国粮食安全的现状及未来趋势，然后指出技术进步与农业生产条件的改善，特别研究生物质能源的发展与粮食安全的保障战略以及国际粮食市场供求变化对我国粮食安全的影响，在此基础上总结我国未来粮食安全的保障及实现代价。

第六章论述产业链日益复杂条件下如何确保我国食品质量安全。首先归纳我国食品质量安全主要问题，然后引入从农田到餐桌的全程食品质量安全管理模式，指出我国提升食品质量安全水平的瓶颈，建议我国进行食品安全行政管理体制改革，构建我国食品质量安全技术信息体系、食品安全政策法规体系，在介绍国际食品质量安全体系经验的基础上为构建我国食品质量安全保障体系提供支撑。

第七章进行我国农产品加工与流通发展研究。首先描述我国农产品加工业现状，然后介绍国际农产品加工业发展经验，提炼国际农产品加工业发展经验对我国的启示，指出并判断我国农产品流通现状特征及趋势。在总结我国农产品流通存在的问题的基础上构建我国农产品流通的发展战略。

第八章研究我国现代农业区域发展模式。首先提供现代农业区域发展模式选择理论支撑，然后梳理国内外现有的现代农业发展模式与案例，对全国的现代农业发展按照地域划分为西部、中部、东部和东北部进行分别分析。

第九章进行我国现代农业发展的产业组织体系研究。在梳理理论基础和整体思路的基础上，总结我国现代农业的主要组织形式及特征，然后以案例为依托构建我国现代农业组织体系并提供相关政策建议。

第十章论述我国现代农业发展的科技创新与推广服务体系。在整理整体思路的基础上分析我国现代农业科技创新体系和多元化农业技术推广服务体系，以大量案例为出发点，提供有针对性的政策建议。

Abstract

Looking from the international experience, modern agriculture development has already broken through the limitation of traditional agriculture category. At the same time, taking the planting and raising as the center, modern agriculture extended to pre sector and post sector, which has formed an inter-linkage system. As results, modern agriculture has extended to other three sectors such as input sector, production sector, agricultural products processing manufacture sector and agricultural product transportation and sale sector, which has formed an agricultural industry system, also namely agribusiness in the word. In this foundation, the research introduces the international experience into Chinese modern agricultural development and summarizes the modern agriculture as follow: take agribusiness idea as the instruction, take the modern science and technology as the support, and take the industrial organization as the link, stretches across First, Second and Third industries. Looking from the experience of developed country agricultural development, the traditional agriculture already reduced day by day in the national economy proportion, including US, Japan, European Union and so on. In developed countries, GDP proportion of traditional agriculture in national total output already dropped to 2%, but as to the ratio of agribusiness in national economy, its total output still holds the pivotal status, which stabilizes at 8% ~ 10%, so that the agribusiness has a more important influence to the national economy development in developed countries.

Our country's agricultural development is in the reforming crucial phase of transforming from the traditional agriculture to the modern agriculture. In the last thirty years the traditional agriculture drops year by year in the national economy proportion, in 2008 traditional agriculture GDP occupied 11.3% in the whole national economy. According to Petty and Clerk theorem, along with the fast development of our national economy, the traditional agriculture will continue dropping year by year in the national economy proportion. So comes, what is the further developing direction of Chinese agriculture? Without doubt, the concept of modern agriculture has indicated the development path of Chinese agricultural. Since that there is large potential for Chinese modern agricultural development, what is the exact developing space quantity? What is the key sector? The research will focus on these questions, introduce the agribusiness concept to the analysis of Chinese modern agriculture, using international input-output analysis method which have been matured in the word, take the Chinese 1987～2002 year I-O tables as the data sources, carry on the structure and the connection of Chinese agribusiness, at the same time compare the total quantity and the structure with US and Japan, thus the research can draw the correlated conclusion and propose the right policy to speed the development of Chinese agribusiness, at last the research also discusses the strategy of developing Chinese modern agricultural.

On the basis of absorbing the international experience of development of modern agriculture, this study thinks about China's national conditions and analyzes China's modern agricultural development strategy. The analysis mainly focus on the development of modern agriculture on natural resources conditions, ensureing food safety and food security, the development of regional model of modern agriculture, organization and systems to ensure modern agricultural development strategy. In theory, the study enrichs content of modern agricultural development research, which is helpful in understanding Chinese moder agriculture characteristic, indicates our government how to develop modern agriculture, so that provide the policy-making basis for our country to promote agribusiness and even the national economy development, which has vital practice significance. The full text divides into ten chapters.

The first Chapter is the introduction. China's modern agricultural development conditions and challenges are described, as well as clearing strategic goals of China's modern agricultural development and focus, refining the development of modern agriculture elements of the strategy, summing up China's modern agricultural development policy recommendations.

The second Chapter analyzes the development of modern agriculture and abroad of China's modern agriculture system. The chapter analyzes the world's agricultural development process, the formation and characteristics of modern agriculture development experience and trends, content and development of modern agriculture as well as conducts empirical analysis of the architecture. The chaper also clarifys the development path of China's modern agriculture.

Chapter three embarks on strategies for sustainable development of China's modern agriculture, analysis of the challenges facing sustainable development of agriculture, the sustainable development of China's agricultural development and utilization of agricultural resources. The chapter also summarizes the strategy for achieving sustainable agricultural development initiatives to provide advance sustainable development of modern agriculture policy proposals.

Chapter four focuses on analysis of the development of modern agriculture in the efficient use of resources. First, the chapter depicts the characteristics of resource utilization, and then determines the trend in resource utilization of modern agriculture development. The chapter also analyzes the strategic choices of resource use of China's modern agricultural development as well as providing strategic measures of resources using for the development of modern agriculture in China.

Chapter five studies the food security strategy of modern agricultural development. First analysis and determine the status of China's food security and future trends as well as the technological progress and the improvement of agricultural production conditions. Particularly analyzes the development of bio-energy and food security strategy. Thinking about the international grain market supply and demand change on food security, the chapter builds the China's future food security development strategy.

Chapter six discusses the increasingly complex conditions of the industrial chain to ensure China's food safety. First summarize the main issues of food safety, and then introduce system of from farm to table to enhance food safety in China. The chapter also finger out the bottleneck of China's food safety problems as well as build information system and food safety policies to construct China's food quality and safety assurance system on the base of introducing the international food quality and safety system.

Chapter seven focuses on the development of China's agricultural processing and circulation industry. First describe the current situation of China's agricultural processing industry, and then describes the development of international agro-industry experience as well as refining the international agro-industrial development experience of the Enlightenment. The chapter also determines the current characteristics of the circulation of agricultural products in China. Summing up the problems in the circulation of agricultural products in China, the chapter builds development strategy of circulation of agricultural products in China.

Chapter eight analyzes the regional development model of China's modern agricul-

3

ture. First, the chapter provides theoretical support of mode selection, and then sort out the existing cases of modern agricultural development model. At last the chapter divides the country's modern agricultural development of the territorial to western, central, eastern and northeastern to analyze them respectively.

Chapter nine conducts the research of development of our modern system of industrial organization of agricultural research. On the base of theoretical foundation, the chapter sums the main characteristics of the organizational form of China's modern agriculture as well as building cases of organizational system of modern agriculture to provide policy recommendations.

Chapter ten discusses the development of modern agriculture and promotion of technological innovation service system. The chapter analyzes the whole idea of modern agricultural technology innovation system and diversified agricultural extension service system as well as useing a large number of cases as a starting point to provide targeted policy recommendations.

目 录

Contents

Contents

3

第一章

绪　论

第一节　国际经验与我国现代农业发展

一、现代农业发展的国际经验与趋势

农业作为人类社会衣食之源产业，由传统的种养殖业直接供应为中心，到今天为了满足人们日益复杂化的需求，而逐步形成包括日趋复杂的现代供应链体系。世界上的主要发达国家，通过理念创新、技术创新和制度创新，农业突破了传统种养殖业的范畴，在高度组织化与社会化的基础上，依托科技进步，拓展了农业的内涵与外延，农业的多功能性得到关注，日益成为经济社会与资源环境可持续协调发展的综合系统。

（一）理念创新：现代农业产业体系的形成与发展

发达国家的农业在理念上突破了种养殖业范畴，形成了包括产前、产中、产后的现代农业产业体系。例如，美国将农业定义为"食物和纤维体系"，该体系分为农业产前、产中和产后三个环节；日本将农业定义为"农业·食物关联产业"，该产业包括农林渔业、相关产业、相关投资部门、饮食业、相关

1

流通产业等五大产业部门；加拿大把农业定义为"农业及农产食物产业"，该产业包括初级产品生产、生产资料供应、食品加工和零售以及消费等各个环节。可见，现代农业产业体系大大拓展并深化了农业发展的广度与深度，农业及其关联产业之间进行物质、能量、价值交换，成为产前、产中、产后密切关联的一体化产业。

在发达国家，以初级农产品上市的比例越来越低，美国、日本等国家90%以上的蔬菜是经过商品化加工处理后进入流通领域；德国的苹果加工量占总产量的75.2%，美国的柑橘加工量占柑橘总产量70%以上。荷兰、丹麦的谷物产品，除小部分直接食用外，基本上为畜牧业所转化，经过深加工和精加工后再进入市场。美国在农业总投入中，用于产前和产中的费用仅占30%，70%的资金都用于产后加工环节，从而提高了农产品高附加值和资源的合理利用。这样，农业不再仅仅是一个提供初级原料的产业部门，而是能够创造稳定利润且具有较强竞争力的现代产业部门。

在延伸拓展现代农业产业链的同时，发达国家还大力推进农业经营的专业化及社会化。以美国为例，早在1969年，美国经营一种产品为主的专业化农场已达农场总数的90%以上，仅此就使美国农产品大约增产40%，成本降低50%～80%。发达国家的农业经营一体化与社会化是在专业化基础上形成的，主要形式有农工商综合体和农业合作组织。

（二）技术创新：科技进步促进现代农业高效化

从世界范围来看，现代农业的发展建立在科学技术不断突破和广泛应用的基础上，以强大的资本投入作保障，以完善的生产条件、基础设施和现代化的物质装备为基础，集约化、高效率地使用各种现代生产投入要素，包括水、土、农机等物质投入和农业劳动力投入，从而达到提高农业生产率的目的。现代农业的发展过程，实质上是先进科学技术在农业领域广泛应用的过程，是用现代科技改造传统农业的过程。

美国的资源条件是土地丰富而劳动力供给短缺。在要素市场上，土地和机械的价格相对于劳动工资而言有长期下降趋势，这种市场价格信号引起农民对生产工具的改革。所以，美国农业技术革命是从机械技术开始的，走的是以节约劳动为特征的机械技术进步道路。20世纪40年代初，美国农业已基本实现了机械化，逐渐发展为现代农业。日本的资源条件是土地稀缺而劳动力丰富。在要素市场上，土地的价格相对高于劳动力，由此诱导农民更多地选择多用劳动型的技术和节省土地型的技术。所以，日本农业技术革命是从生物技术开始的，走的是以节约土地为主的生物技术进步的道路。日本政府对品种技术、操作技术、栽培技术、土壤培肥技术等特别重视，到20世纪70年代中期基本实现了农业现代化。

目前，发达国家农业科技成果的转化率和科技贡献率一般都在70%以上。随着新的农业科技革命的兴起与发展，信息、生物、设施、加工、节水、生态等高新技术在农业领域全面渗透、广泛应用、快速产业化，加速了农业技术的高新化。各国针对本国国情，重点研究适用的农业现代化技术和设施，如美国主要是高度机械化及良种化，荷兰是工厂化设施，以色列是温室和滴灌技术，加拿大是畜禽胚胎移植及杂交育种技术，日本突出了生物化学、机械技术等，最终都使农业成为高效产业。除了生产环节的技术创新，发达各国特别重视农产品加工利用技术的开发，在农产品产后的贮藏、运输、保鲜、加工各环节进行技术创新。

此外，发达国家建立了比较完善的农业科技体系，有着实力雄厚的农业科研机构和规模庞大的科技推广队伍，每年用于农业科研的经费一般为本国农业GDP的0.6%以上，用于农业科技推广经费的支持力度为本国农业科研经费的3倍。农业推广体系覆盖范围广，涵盖了农业产前、产中和产后全过程；产、学、研各环节结合成一个有机的整体，使新技术的开发以及技术成果的推广有很强的针对性。美国实行农业研究、教育、推广三位一体的体制，并且都有相应的法律予以保障。荷兰，国土只相当于江苏省的2/5，在全国各地有39个农技推广站，每个技术人员负责150~200个农户。日本的农业技术推广由政府的农业改良普及事业和农协共同完成，从中央到地方形成了一套完整的体系。

（三）制度创新：农业的高度组织与社会化

从产业组织角度看，发达国家的现代农业是以政府宏观调控为导向，以市场调节为基础，在家庭经营制度基础上发育形成的以合作制为基础的现代经济制度。这种制度的显著特征是以合作制为基础，将分散的小农经济与社会化的服务组织、先进的工业化组织有机地结合起来，将农业改造为高度组织化的现代产业。

农民合作经济组织已经成为发达国家现代农业与农村发展中一支重要的推动力量。日本在充分吸收西方国家农业发展经验的基础上创立了一套适合本国国情的农协制度。农协代表分散小农的利益与政府和大工业进行谈判，使农民的利益得到保障，有效解决了小农户与大市场之间的矛盾，充分满足小农户在生产要素供给和农产品销售等方面的需求。日本几乎所有的农民都加入了农协组织，市场销售的农产品大部分由农协提供，其中大米和小麦占95%，水果占80%，家禽占80%，畜产品占51%；由农协统一购买的生产资料中，肥料占需要量的

3

92%，饲料占40%，农机具占47%，农药占70%。荷兰农业的各个领域都有合作组织，业务涉及农业生产的各个环节，从生产资料供应，到各种农产品的出售，以及大型农业机械的使用，甚至农民生产和生活所需要的贷款，都来自合作社。合作社把分散的小生产同激烈竞争的大市场联结在一起，为农业现代化起到了巨大的基础性作用。德国几乎所有农户、法国绝大多数农场主、加拿大近50%的农民都加入了合作组织。从发展的现状和趋势来看，这些合作组织以农户家庭经营为基础，以合作制作为基本原则，政府给予政策支持和立法保护，营利性倾向日趋增强。

随着现代农业分工与协作的进一步发展以及农工商一体化的日益加强，发达国家的农业社会化服务体系逐步完善。农业社会化服务主要是提供技术、生产作业、供销、信贷、保险等服务。美国农业社会服务组织覆盖面广，将几乎所有农业生产和经营领域都纳入推广服务范围；美国直接从事农业的人口虽然只占总人口的2%左右，但为农业配套服务的人员占27%。在以色列，非营利性的农产品出口和内销组织，包揽了其国内全部的农产品销售，农民只管生产，一般不会受到市场风险的侵扰。日本农协除提供各类服务外，在政府制定政策及调控农业方面，农协发挥其参与和管理职能。

另外，欧洲、美国、日本等主要发达国家和地区对农业生产实行高额农业补贴，美国、欧盟和日本等发达国家和地区对农业的补贴占其农业产值的比重都超过40%。

二、现代农业理念的形成与内涵

第二次世界大战之前，发达国家也存在农户分散经营的问题，随着市场竞争日趋激烈，分散的农户在市场中已毫无竞争力可言。为改变这种局面，以美、日等发达国家为代表，农民纷纷参加或建立各种组织（如合作社等），不仅实现了规模经营，也建立了广泛的农村社会化服务体系，推动了现代农业的蓬勃发展。

图1-1详细描述了现代农业的发展过程，从中可以看出，现代农业的发展经历了长期的积累和演变，从最初单纯的采集狩猎，发展到分散的农户生产，再到以产业组织为纽带、科技为支撑的横跨第一、第二、第三产业的产业系统，期间得益于分工程度的逐步加深和组织化社会化程度的提升以及科技装备的进步。

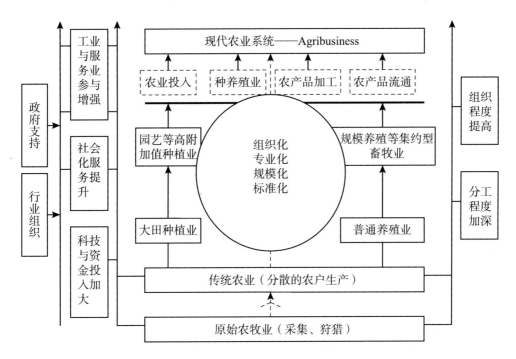

图 1-1　现代农业发展机制

　　近几十年来，发达国家的农产品加工业迅速发展，整个生产链条在逐步延长，各个环节的关系越来越密切，在农业产中环节劳动力减少的同时，其他环节吸纳的劳动力越来越多，其产值也大大超过了农业产中环节的产值，形成了发达的现代农业体系（Agribusiness）。根据 R.A. 高德伯格（R. A. Goldberg, 1983）的预测，2030 年世界涉农产业产前、产中、产后三大环节的比例将达到 0.48 : 1 : 5.46，相比于 1970 年，其产后过程的产值更加突出。也可以说，世界现代农业发展的过程，也就是其产后环节逐渐膨胀的过程，从而使得涉农产业在整个国民经济中占有一席之地。

　　利用美国、日本最新的投入产出表进行结构分析，其结果显示，虽然美国、日本等发达国家的农业产出在国民经济全部门总产出中的比重已经降到 2% 以下，但现代农业产业产出却占有相对稳定的份额，达到了 10% 或以上，对于整个国民经济的稳定与发展起着重要作用。美国、日本等发达国家的现代农业产业体系结构中，加工制造是最大的产出贡献环节，是生产环节的 4 倍左右，流通服务环节也占有重要地位，通常是生产环节的 2 倍以上，成为现代农业产业体系中巨大的增长空间与新增长点。

　　将国际上的 Agribusiness 理念引进过来，本研究认为现代农业本质上就是在发达国家的农业总产值中占有重要比重的 Agribusiness。Agribusiness 的概念是由

5

美国哈佛大学的约翰·M·戴维斯和罗伊·A·高德伯格（John M. Davis and Roy A. Goldberg）于20世纪50年代在其著作"A Concept of Agribusiness"（1957）中首次提出来的，指的是从事农业生产资料的生产与供应、农产品的生产加工和运销以及从事与农业有关的信贷、保险等相关产业。美国农业部基于对农业的供应、生产、加工、销售和消费等功能相互依存性的认识，将农业及其相关的产业统一称为食物·纤维体系（Food and Fiber System）。日本农林水产省则把农林渔业，关联制造业（食品产业、资材供应产业），关联投资，饮食业和关联流通产业（商业、运输业）统称为农业·食物关联产业。

本研究在世界各国现代农业发展实践和前人的相关学术研究基础之上，将现代农业定义为按照现代产业的理念、以产业关联关系为基础、以科技为支撑、以现代产业组织为纽带的横跨第一、第二、第三产业并可持续发展的包括农业产前、产中和产后环节的有机系统。现代农业的发展有赖于相应的生产经营组织方式的建立和完善，即不是简单的农民组织化，而是基于产业关联关系和利益联结机制的产业组织化。

三、国际现代农业发展及其对中国现代农业发展的启示

根据配第·克拉克定理，农业及其就业会随着经济结构的演进而逐渐下降，就像美国等发达国家的传统农业已经下降到2%左右；但在一个成熟发达的经济体系里面，现代农业产业体系的产值却是一个相对稳定的部分，也是发达国家GDP的重要组成部分，尽管现代农业产业体系的比重也在相对下降，但其下降速度相对缓慢，目前为止，发达国家的现代农业产业体系总值仍占到GDP的8%甚至更多，例如加拿大涉农产业占GDP高达15.3%。

本书在对吉略托（Guilhoto，2004）提出的现代农业各部门经济增加值核算方法进行改进的基础上，利用OECD投入产出表计算了世界主要发达国家和发展中国家的现代农业及其经济结构，为进一步分析国际现代农业发展提供依据。

经计算，农业投入部门、农业生产部门、农产品加工制造部门、农产品流通服务部门增加值份额自然对数值与人均GDP自然对数值有较高的相关性，其相关系数分别是-0.546、-0.787、0.576和0.758。图1-2是涉农产业各部门增加值所占份额与经济发展水平之间的关系。结合相关系数和图1-2的信息，可以看出：第一，从变化趋势看，人均GDP每增加1%，农业投入部门增加值所占份额会下降0.189%，农业生产部门增加值所占份额会下降0.292%，农产品加工制造部门增加值所占份额会提高0.119%，农产品流通服务部门增加值所占份额会提高0.222%。第二，涉农产业四部门增加值所占份额的重要性随经济发展

存在四个阶段。在第一阶段，各部门增加值所占份额从大到小分别是：农业生产部门、农产品加工制造部门、农业投入部门和农产品流通服务部门；在第二阶段，农产品流通服务部门增加值所占份额超过农业投入部门，排列第三位；在第三阶段，农产品加工制造部门增加值所占份额超过农业生产部门增加值所占份额，排列第一位；在第四阶段，各部门增加值所占份额从大到小分别是：农产品加工制造部门、农产品流通服务部门、农业生产部门和农业投入部门。如果四部门增加值所占份额随经济增长的变化趋势如图1－2所示，那么，随着经济的增长，农产品流通服务部门增加值所占份额将超过农产品加工制造部门增加值所占份额，农业生产部门增加值所占份额将小于农业投入部门增加值所占份额。

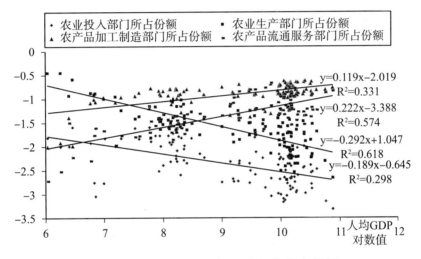

图1－2　涉农产业各部门增加值所占份额

注：横坐标是1990年美元计价的人均GDP的自然对数值；纵坐标是涉农产业各部门增加值所占份额的自然对数值。

资料来源：OECD。

涉农产业发展广度是涉农产业增加值占国内生产总值的比重。从表1－1中可以看出，中国涉农产业发展广度从1995年的44.5%下降到2005年的27.1%，但它的绝对值水平在各个国家当中仍是非常高的。同一时期，经济发达国家的涉农产业发展广度要小于经济水平较低的国家。在1995年前后，美国、日本、德国、以色列等欧美日发达国家的发展广度都在10%左右，波兰、俄罗斯、巴西、阿根廷等东欧、拉美国家的发展广度在20%左右，而中国、印度这两个发展中大国，涉农产业发展广度都超过30%，印度高达41%。在2005年前后，欧美日等发达国家的发展广度普遍在10%以内，东欧、拉美等国在15%～20%之间，中国为27.1%。

表1-1　　　　　　　　各国或地区的涉农产业发展广度　　　　　单位：%

国家＼年份	1995	2000	2005	国家＼年份	1995	2000	2005	国家＼年份	1995	2000	2005
阿根廷	19.50	—	—	芬兰	20.90	17.40	13.80	荷兰	14.40	12.60	10.60
澳大利亚	—	13.40	12.00	法国	13.70	11.30	10.60	挪威	12.30	9.20	7.70
奥地利	15.40	14.00	12.80	英国	13.40	11.50	9.20	新西兰	23.40	—	22.60
比利时	11.10	10.20	9.50	希腊	26.90	22.20	19.10	波兰	23.10	15.90	15.60
巴西	20.30	18.60	16.60	匈牙利	17.90	16.10	12.90	葡萄牙	23.00	19.10	16.70
加拿大	14.50	13.70	11.80	印度尼西亚	39.60	37.50	33.20	罗马尼亚	—	31.80	26.80
瑞士	—	10.00	—	印度	41.00	38.40	31.20	俄罗斯	17.10	16.70	
智利	21.50	—	18.00	爱尔兰	18.10	16.40	13.70	斯洛伐克	20.30	16.40	13.90
中国	44.50	33.10	27.10	以色列	9.90	—	7.90	斯洛文尼亚	—	16.90	13.30
捷克	—	16.60	13.80	意大利	16.80	15.60	13.30	瑞典	13.40	11.70	9.20
德国	9.20	9.20	8.00	日本	12.80	11.30	11.40	土耳其	33.60	—	30.00
丹麦	14.50	11.90	9.60	韩国	—	14.30	12.40	中国台湾	13.60	10.60	8.20
西班牙	21.30	20.10	17.30	卢森堡	7.70	6.20	5.40	美国	12.50	9.90	8.90
爱沙尼亚	25.50	20.60	16.90	墨西哥	—	—	17.00	南非	16.70	14.40	12.00

注："—"表示此处数据缺失，下同。
资料来源：OECD。

　　图1-3显示涉农产业发展广度的自然对数值与人均GDP的自然对数值呈现较强的负相关性。而且，人均GDP增长1%，涉农产业发展广度会下降-0.274%。结合表1-1和图1-3，可以看出，中国涉农产业发展广度下降幅度超过了国际平均水平。

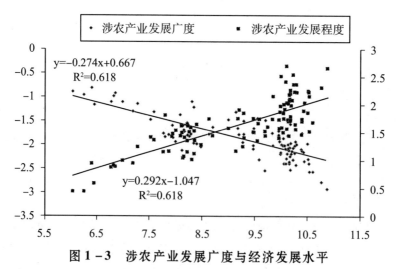

图1-3　涉农产业发展广度与经济发展水平

注：左边的纵坐标是涉农产业发展广度的自然对数值，右边的纵坐标是涉农产业发展程度的自然对数值，横坐标是人均GDP的自然对数值。
资料来源：OECD。

现代农业发展战略研究

涉农产业发展程度指数是涉农产业增加值与农业生产部门增加值的比值，它可以反映涉农产业的发展状况。涉农产业发展程度指数越高，意味着农业生产部门增加值在涉农产业增加值所占份额越小，农业的产前和产后环节越发达。从表1－2中可以看出，中国涉农产业发展程度很低，从1995年的2.556提高到2005年的2.592，10年间提高0.036。涉农产业发展程度高的国家，是那些经济发达的欧美国家。在1995年前后，美国、日本、德国等发达国家在7～10之间，阿根廷、波兰、俄罗斯等东欧拉美国家在3～5之间，而中国、印度、巴西则在3以下，中国为2.647，印度则只有1.762，巴西为2.859。在2005年前后，美日欧等发达国家的涉农产业发展程度在10左右，东欧拉美国家增长相对较慢，大部分仍在3～5之间，中国则几乎不变。从1995年到2005年涉农产业发展程度的变化看，奥地利、丹麦、法国、荷兰、加拿大等西欧发达国家的增长幅度相对较大。这从经济数据上印证了库克和沙达德（Cook and Chaddad，2000）指出的全球涉农产业正经历一个剧烈的变化，农产品加工、分销和农业投入供给在快速增长。

表1－2　　　　　　　各国或地区的涉农产业发展程度指数

国家＼年份	1995	2000	2005	国家＼年份	1995	2000	2005	国家＼年份	1995	2000	2005
阿根廷	4.19	—	—	芬兰	5.63	5.76	6.49	荷兰	4.89	5.52	6.04
澳大利亚	—	4.53	4.25	法国	4.93	4.82	5.58	挪威	4.36	4.61	5.42
奥地利	5.83	9.11	10.70	英国	8.66	12.44	14.94	新西兰	3.91	—	4.25
比利时	7.25	7.68	8.93	希腊	3.19	4.10	4.49	波兰	4.13	6.16	4.38
巴西	2.86	2.90	3.18	匈牙利	4.08	4.58	3.61	葡萄牙	4.87	5.80	6.77
加拿大	6.50	7.65	8.12	印度尼西亚	2.44	2.49	2.73	罗马尼亚	—	3.47	3.94
瑞士	—	9.41	—	印度	1.57	1.56	1.81	俄罗斯	3.18	3.20	
智利	3.91	—	3.88	爱尔兰	4.10	5.62	9.23	斯洛伐克	4.37	5.07	4.65
中国	2.56	2.41	2.59	以色列	5.78	—	4.62	斯洛文尼亚		6.41	5.84
捷克	—	5.23	5.23	意大利	5.70	6.32	6.82	瑞典	5.21	6.63	9.34
德国	7.45	7.99	9.60	日本	8.28	7.37	9.33	土耳其	2.77		3.05
丹麦	4.79	5.55	7.69	韩国	—	3.51	4.56	中国台湾	5.38	6.19	5.95
西班牙	5.33	4.95	5.74	卢森堡	8.67	10.08	14.41	美国	11.30	12.79	10.72
爱沙尼亚	4.26	5.08	5.78	墨西哥			4.91	南非	4.19	4.66	4.53

资料来源：OECD。

图1－3显示涉农产业发展程度的自然对数值与人均GDP的自然对数值存在较强的正相关。从两者的定量关系看，人均GDP增长1％，涉农产业发展程度提

高 0.292%。结合表 1 - 2 和图 1 - 3，可以看出，中国涉农产业发展程度增速小于国际平均水平。

经计算，人均 GDP 的自然对数值与第一、二、三产业占农业投入部门份额的自然对数值的相关系数分别是 0.404、0.333 和 0.512。可见，三次产业占农业投入部门份额与经济发展水平存在一定的相关性。

图 1 - 4 中，虽然调整后的 R^2 值较小，但是从它们的相关系数可以判断出三次产业投入份额的大致变化趋势。从图 1 - 4 中可以看出：第一，第一产业投入份额随着经济发展水平的提高而下降，人均 GDP 提高 1%，第一产业投入份额将下降 0.169%。第二，随着经济发展水平的提高，第三产业投入份额会超过第二产业投入份额。从中国的数据看，三次产业投入份额分别从 1995 年的 0.56∶0.29∶0.15 变成 2005 年的 0.53∶0.28∶0.19。

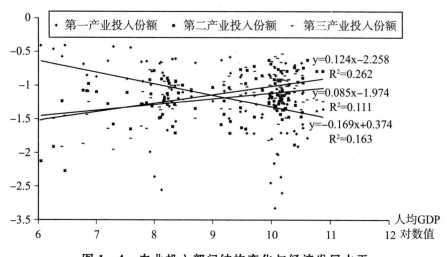

图 1 - 4 农业投入部门结构变化与经济发展水平

注：纵坐标是农业投入部门中三次产业所占份额的自然对数值。

资料来源：OECD。

通过以上四个部门份额分析，本书认为国际涉农产业发展经验具有如下的规律：第一，随着人均 GDP 的提高，农产品加工制造部门和农产品流通服务部门在涉农产业增加值中所占份额是上升的；第二，随着人均 GDP 的提高，涉农产业的发展广度在下降，而发展程度在提高；第三，随着人均 GDP 的提高，农业投入部门中第二、第三产业的份额会提高；第四，中国的农产品加工制造和流通服务部门发展不足，导致中国涉农产业发展广度下降太快，而涉农产业发展程度增长缓慢。

发达国家是通过将现代农业产业链条拉长并且加粗，尤其是产后部分的加宽，来保证现代农业的强大及其在国民经济中的相对稳定。这对我国加快传统农业向现代农业的转化提供了鲜明的方向，为我国社会主义新农村及和谐社会建设提供了重要的发展途径与产业支撑，为我国培育解决"三农"问题以及培育国民经济新的增长点提供了广阔的空间与深刻的启示。

在发达国家现代农业形成和发展过程中，政府起到非常重要的引导作用，如支农资金向合作组织倾斜、合作组织的产品可享受税收减免以及市场准入的控制等。以现代产业的理念和组织形式发展现代农业产业已成为一种必然趋势。基于此，我们能够得到几点借鉴经验：

以农产品工业为重点环节，通过农业产业链实现增值。发达国家的实践证明，精深加工已成为提高农业竞争力和参与国际分工的重要手段，不仅可延伸产业链、提高农业附加值，而且可缓解农产品供应市场的季节性问题，增加社会对农产品的需求总量。

以农业服务业为切入点，推进农业产业一体化经营。在发达国家农民纷纷加入或创立某些组织，以农业服务业为切入点推进规模化和一体化经营。农业服务业包括农、林、牧、渔业服务业，涵盖农业的产前、产中、产后服务。农业服务业的对象是农业和农业生产者，向农业生产者提供信息，技术服务，政策咨询服务，金融服务，市场整合营销，以及农资、农机、供销、气象、加工服务、水利、植保、收割、林业、畜牧兽医、水产等专业服务。

以现代科技知识和装备为支撑，完善农业科技服务体系。发达国家无论是农林牧渔业生产，农产品加工和服务业的发展，还是品牌的形成，都是以现代科技知识为支撑的。完善的现代农业科技支撑体系，需要建立以政府为主导，社会力量参与的多元化农业科研投入体系，形成稳定的投入增长机制；建立全程农业科技创新体系，抓好关键技术攻关和高新技术研发，在新品种培育、农产品加工、农产品流通技术等方面取得新突破。

第二节　资源环境禀赋与我国现代农业发展

一、基础条件

（一）我国农业生产现状

2009 年全国粮食种植面积 10 897 万公顷，粮食产量 53 082 万吨；棉花种植面积 495 万公顷，棉花产量 640 万吨；油料种植面积 1 360 万公顷，油料产量 3 100 万吨；糖料种植面积 188 万公顷，糖料产量 12 200 万吨。肉类总产量 7 642 万吨，其中猪肉产量 4 889 万吨，牛肉产量 636 万吨，羊肉产量 389 万吨；水产品产量 5 120 万吨；木材产量 6 938 万立方米。

中国农业的快速发展是从 1978 年农村改革以后开始的。30 多年来，中国农村改革在集体所有制的框架下，以市场为导向，突破传统体制的束缚，探索集体经济在市场经济条件下新的实现形式，推动了农业特别是粮食生产的快速增长和农业结构的不断优化。

2009 年，全国第一产业增加值达到 35 477 亿元。在种植业中，粮食生产特别受到关注，从农业生产条件的改善到农业科技的推广都投入了大量资金，从而保证粮食生产的稳步增长，在保证粮食生产的前提下，积极引导农民进行种植业结构调整。从 1978 年到 2008 年，畜牧业产值增长了 10.6 倍，年均增长 8.5%。畜禽产品产量的不断增加，丰富了城乡居民菜篮子，提高了我国人民的物质生活水平，改善了生活质量。

农业经济快速发展的同时，农业生产结构逐步优化，实现了由以一单种植业为主的传统农业向农、林、牧、渔业全面发展的现代农业转变。国民经济从农业支持工业过渡到工业反哺农业、城市带动农村发展的全新阶段，工农关系实现历史性的转变，标志着中国传统农业经济时代的结束，崭新的现代农业时代的到来。

（二）现代农业发展阶段判断

2005 年，胡锦涛在党的十六届四中全会上提出了"两个趋向"的重要论断：在工业化初始阶段农业支持工业，为工业提供积累是带有普遍性的趋向；但在工业化达到相当程度以后工业反哺农业，城市支持农村实现工业与农业，城市与农村协调发展也是带有普遍性的趋向。

根据国际经验，工业支持农业、城市带动农村的时刻用四个指标衡量：农业总产值占 GDP 的比例小于 15%、农业劳动力占 30%、城市化率高于 50%、人均 GDP 多于 1 500 美元。中国经济发展已经进入了工业反哺农业阶段。其特征表现为 2009 年中国人均 GDP 达到 3 680 美元，进入中等收入国家行列。中国已从经济总量规模上具备了工业反哺农业的能力。农业在 GDP 中的份额逐年下降，第二、第三产业在 GDP 的比重已占主导地位。20 世纪 90 年代以来，农业在 GDP 中的份额呈现加速下降的趋势。2009 年农业占 GDP 的比重为 10.58%。早在 1997 年，中国农业部门就业的劳动力占全社会就业的比重首次下降到 50% 以下。2009 年，我国的城镇人口按统计口径算，已经达到了 6.22 亿人，城镇化率提高到 46.6%，比 2008 年提高了近 1 个百分点。我国的城镇化率已经逐步接近中等收入国家的平均水平。从上述数据中可以看到，我国已经充分具备了工业反哺农业、城市支持农村的条件。

（三）现代农业发展新动向

工业反哺农业、城市支持农村是统筹发展全面建设小康社会的要求。我国目前所处的小康社会，是低水平的、不平衡的和不全面的。全面建设小康社会的重点和难点，都在农业和农村。与此同时，我国现代农业发展过程中，逐渐出现了一些新的趋势和特征。

农业增长的贡献更多依赖于科技、资本等现代要素。近年来，我国农业在总体保持较快发展的过程中，土地、劳动力等传统要素投入持续减少，科技、资本等现代要素投入不断增加。现代要素投入力度的加大，促进了农业生产效率的提高，有效弥补了传统要素投入持续减少带来的不利影响。未来我国土地、劳动力等农业传统要素投入持续减少、主要农产品需求刚性增长的趋势不会改变，农产品生产稳定增长对科技、资本等现代要素投入的依赖必将进一步增强。同时，随着经济社会的发展，科技、资本等现代要素投入对农业发展的贡献也必将更加明显。

生产组织方式趋向社会化组织带动下的规模化经营。2007 年颁布的《农民专业合作社法》明确了农民专业合作社的法律地位，为农民专业合作社加快发展提供了法律保障，创造了有利条件，有效提高了农业组织化程度；农业产业化组织不断发展壮大，截至 2009 年年底，全国各类农业产业化组织总数达 22.39 万个，带动农户 1.03 亿户，户均增收 1 944 元，分别比 2008 年年底增长11.2%、4.56% 和 8.2%。农村土地承包制度不断健全，土地流转管理和服务进一步加强，农村基本经营制度进一步稳定完善，为现代农业经营组织发展奠定了基础，为实现家庭经营和统一经营优势互补、有机结合发挥了重要作用。

农产品价格受到国内外多种因素影响。加入 WTO 以后，我国农产品市场价格稳定受到的各种不利影响越来越大、越来越复杂。工业化和城镇化步伐加快、农产品消费结构升级、农业多功能性凸显、社会对食品安全关注度提高，农产品市场需求出现重大结构性变化；农产品出口绿色壁垒增多、跨国公司对农业产业链操控力度加大、农产品市场投机炒作因素增加、国内外农产品市场和农资市场及能源市场的联动效应增强，农产品市场调控难度加大。

现代农业的多功能性日益受到关注。近年来，随着我国经济社会发展步伐加快，农业的多功能性受到高度关注，在继续发挥食物保障功能的同时，其保护生态环境、传承历史文化、促进农民就业增收等方面的功能日益彰显。未来农业在GDP 中的份额会越来越小，但在国计民生中的作用和影响不会降低，有些方面还将进一步增强。

国家对农业支持政策趋于稳定和健全。围绕国家财政支农增量、国债和预算内资金用于农业农村建设的比重、直接用于农村生产生活条件改善的资金等三方面，中央确保"三农"投入的稳定增长；重点围绕促进农业生产和农民增收两方面，补贴规模和补贴范围明显扩大，标准不断提高，已初步建立起功能互补、综合补贴与专项补贴相结合的农业补贴政策体系。

二、约束条件

（一）人口众多，地区差异大

2009年末，全国总人口为13.41亿。2006年以来，受年龄结构影响，已婚育龄妇女人数增加，加之夫妻双方为独生子女可以生育二孩家庭比例的提高，出生人口略有增加。

中国以世界上7%的耕地承担着养活世界上22%的人口的重任，人多地少的国情使得粮食安全问题成为我国现代农业发展过程中不可回避的主题；与此同时，工业化和城市化的推进使得农业用地减少。为此，确保国家的粮食安全显得日益紧迫。

我国各地由于自然条件千差万别，历史与文化传统不同，经济社会发展水平不平衡，发展现代农业必然呈现多样模式的特点，农区、山区、林区、牧区、渔区各有特色。具体到各个区域来说，情况更是千差万别，地形地貌、气候、人口分布、资源禀赋、耕作习惯等方面的差异很大。因而，我国现代农业发展，不可能按照一个模式去运行，积极探索适合各地区实际情况的现代农业发展模式成为必然的需求。

（二）农用资源尤其是水、土地资源稀缺

2009年2月26日，国土资源部公布的2008年全国土地利用变更调查结果显示，截至2008年12月31日，全国耕地面积为18.2574亿亩，又比上一年度减少29万亩。耕地面积连续12年下降。与1996年的19.51亿亩相比，12年间，中国的耕地面积净减少了1.2526亿亩，中国目前耕地面积超过1亿亩的省份只有5个。为保证粮食安全，耕地保有量不得低于18亿亩，是一条不可逾越的政策红线。目前我国人均耕地面积排名世界第126位，是世界人均耕地面积的40%。

近年来由于工业、交通、城建的占用，耕地数量还在不断减少。同时我国耕地水土流失严重，由于人口压力，往往盲目开垦扩大耕地，长期对土地资源的利用不当和掠夺式经营造成了土地退化，水土流失不仅导致当地土地资源退化和生态环境破坏，甚至威胁到群众的生活和生存条件。我国农业灌溉用水一直是各类用水的大户，总用水量 4 000 亿立方米左右，占总用水量的 67%，如加上其他农业用水，估计整个农业用水量占到总用水量的 80%，是全国水资源最大可能利用量的 35% ~ 40%。

（三）小农经济，产后环节发育不成熟

我国现行的农业生产模式大多是以家庭为单位，土地分布形式是一家一户条块分割的小田块，难以形成大规模的机械化农业生产及统一的田间管理，使先进的农业机械难以得到充分利用，先进的农业管理技术实施困难，条块分割还造成灌溉用水的浪费，由此形成人力资源、自然资源的浪费，导致农业生产成本很高。

由于土地条块分割，原来大片的土地分成小块分属于不同经营者，这样每一小块土地上都可能种植不同于其他小块土地的农作物，即使是同一作物也可能属于不同品种，即使是同一作物同一品种也会由于不同经营者的田间管理的不同而产生出不同质量的农产品，致使中国农业产品的商品率很低，食品安全难以得到切实保证。

从产业链来看，在美国、日本等发达国家的现代农业结构中，加工制造是最大的产出贡献环节，是生产环节的 4 倍左右，流通服务环节也占有重要地位，通常是生产环节的 2 倍以上，而我国现代农业体系的加工制造产出仅仅是生产环节的 1.32 倍，流通服务环节不足生产环节的 50%。与发达国家的涉农产业体系结构相比，我国农产品加工制造和农产品流通服务的产出以及在涉农产业体系中的相对比重明显弱小，是制约我国现代农业发展的薄弱环节。

三、面临挑战

（一）小农经营条件下如何发展现代农业组织经营形式

目前，我国的农业仍然是规模狭小的小农经济，2.4 亿农户，每户平均经营0.5 公顷的土地，属于小农户经济，难以从根本上提高农业劳动生产率。为此，一方面通过建立健全农业合作组织、政府及民间的服务组织，为农民提供全方位的社会化服务，增加规模效益；另一方面则需要转移农业多余劳动力到非农产业，为扩

大经营规模创造条件。目前存在的问题是，土地流失现象十分严重，农民承包土地的使用权流转进展十分缓慢，这就很难在短期内形成适度的经营规模。

我国农村实行土地集体所有制，实行以家庭承包经营为基础、统分结合的双层经营体制。改造小农经济，既要着力于小农外部，又要着力于小农自身，没有小农自身的改造，它不可能很好地融入现代社会。

（二）资源约束条件下如何保障农产品供应

中国保障粮食安全面临粮食产需缺口扩大、水土资源约束增强、农田水利基础设施薄弱、农业科技支撑能力不强、国际竞争压力日益增大等挑战。2020 年，中国粮食需求总量为 11 450 亿斤。按照粮食自给率 95% 以上测算，2020 年粮食综合生产能力需要达到 10 800 亿斤以上。水利建设也不能满足现代农业发展的需要，目前农田有效灌溉面积所占比重为 48%。

随着工业化、城市化进程加快，粮食生产面临资源约束进一步紧张。到 2015 年"十二五"期间，中国的城市人口占全国的比例将是 54% 左右，到 2020 年会达到 65%，到 2030 年有可能接近 70%，中国土地供给在快速城镇化、工业化过程中，土地非农化导致用于生产粮食的土地在不断减少，这会导致粮食生产的空间在缩小。人地矛盾、粮食消费需求增加、世界粮食大国积极发展生物燃料等多种因素的影响下，粮食生产面临巨大压力。

（三）农村劳动力短缺和劣质条件下如何保持农业发展

我国农业和农村经济发展最大的难题是农业资源少，农民太多。按照农业用工量计算，目前农村仍有 1 亿左右的富余劳动力，即使到 2015 年，富余劳动力仍有 7 500 万左右。庞大的农村人口基数，降低了人均农业资源占有量。即使农业产生很高的回报率，但由于规模较小，农民收入也难以有较多增加。从长远看，增加农民收入，必须要在开辟多种增收渠道的同时，逐步减少农村人口。但农村劳动力转移就业表现出明显的阶段性特征，目前农村劳动力转移的结构性矛盾突出。从年龄结构看，目前农村本地就业劳动力中 57% 的人在 40 岁以上，年龄、技能、家庭等多方面限制了农村劳动力的质量。随着青壮年农村劳动力向乡镇企业转移或进城就业，留在农村特别是留在中西部欠发达地区农村的人口，主要是老人、儿童和中年以上的劳动力。

农村剩余劳动力进入有限供给阶段，劳动力的流出就会影响农业的发展。要使工业化、农村劳动力转移和城乡结构的转变继续健康、顺利推进，就要加大对农业机械化的支持力度，提高农业劳动生产率。

（四） 农业组织化程度低的条件下如何延伸拓宽产业链并促进其增值

从农业产业链上看，经济效益显著、发展空间巨大的环节，不是种植环节，而是后续的加工转化环节，以及围绕加工转化环节的配套系统。目前，世界上一些发达国家农产品加工业产值甚至达到农业产值的 3～4 倍。例如美国，80% 以上的农产品经过加工，加工环节的增值是种植环节创造价值的 5 倍左右。

目前我国农业产业化经营组织已达近 7 万个，但龙头企业没有摆脱"小、散、低、弱"的状态，农业产业化的产业链较短，农产品的商品率及附加值低，难以形成规模经济和对小农户的有效带动，导致小生产与大市场对接困难。经营规模小，经济实力弱，辐射面狭窄，带动能力不强，缺乏抵御市场风险和自然风险的能力，难以支持农工商或贸工农一体化的经营体系并实现产业链条的延长和优化。

（五） 地区差异大的条件下如何平衡农业区域发展

我国地域辽阔，东部与西部、南方与北方的自然、经济、社会条件和各地农业生产条件和发展水平有很大差异。同时，各地的科学技术水平、农业生产者素质和经营管理水平也不尽相同。现代农业发展模式和实现形式也必须根据不同地域采取不同的形式。不同地区也不可能同时整建制地实现向现代农业的转变，只能是以点带面，逐步推进。

我国农业现代化进程发展很不平衡。沿海地区已开始步入现代化的门槛，而内陆不少地区仍忙于解决温饱。在各个不同地区合理布局农业产业，发展特色与优势产业模式是现代农业的主要发展方向。

（六） 开放条件下如何保障粮食安全

加入 WTO 后，随着我国农业市场开放度的提高，国内国外两个市场的相互影响不断加深。农产品贸易的快速发展，一方面为我国充分利用国内国际两种资源两个市场、调剂国内市场余缺、保证农产品有效供给、推动农业战略性结构调整、促进农民就业增收发挥了十分重要的积极作用；另一方面使得我国小规模农业面临着越来越直接的国际竞争，国外低价农产品大量进口对我国农业生产和国内价格稳定造成了越来越大的影响，对我国农业产业安全提出了严峻的挑战。一是粮食安全将受到挑战，部分农民生计将受到威胁，农业生产不确定性增加；二是农产品进出口依存度会进一步提高，农业产业控制难度会加大。

（七）资金投入如何补贴农业？其投入方向在何方

我国城乡二元结构特征与弱质农业的国情决定了政府始终是农业投入的重要渠道，而财政对农业的支出则是政府支农的主要手段。

我国国家财政用于农业的支出总量在增加，但占财政总支出的比重却呈下降状态。欧美国家的财政预算用于农业的开支，一般占财政总支出的 20% ~ 50%。而我国近年来大致维持在 8%。尽管中央对农业的投入增长较快，但地方特别是不少市、县对农业的投入增长幅度不大。据财政部资料，目前在东部地区的农业投入中，中央投入所占比例为 20% ~ 30%，在中部地区的比例为 40% ~ 60%，在西部地区的比例为 50% ~ 70%。在目前的支农投入中，能直接促进农业综合生产能力提高的比重不高。2001 ~ 2005 年中央农业基础设施投资为 2 840 亿元，其中用于重大水利工程和生态建设的占 70% 以上，直接用于农业综合生产能力建设的占 11%。

（八）环境承载能力有限的条件下如何确保清洁生产

农业生产力的水平取决于土壤的质量和土壤所处的生态环境。但目前我国农业生产力面临着巨大的压力，越来越严重的农业生态环境的污染制约了农产品质量的提升。农业生态环境污染与工业污染不一样，农业污染是一个长期累积的过程，其影响程度将大于工业污染。农用化学品的超量使用、畜禽养殖业的大力发展以及农业废弃物和生活垃圾的不合理处理等，造成了严峻的农业生态环境污染，成为我国农业持续健康发展的重大障碍因素。

在环境污染没有有效改善的条件下，急迫需要寻求一种可持续健康发展的清洁生产模式，不排斥农用化学品如农药、化肥的使用，并且能够考虑到使用这些农用化学品时的生态安全性，最终实现经济、社会、生态效益相统一。

（九）产业链日益复杂的条件下如何确保食品安全

从种植、养殖一直到形成消费，食品以其供应链长为首要特征，覆盖种植、养殖、屠宰、生产和流通以及餐饮管理等环节，并由此带来其复杂性。从食品供应链源头来看，农产品在种植、养殖过程中，不同程度地受到农药、化肥、工业三废的污染，而人体食用了这些被污染的农产品后不仅将产生直接的健康危害，而且还可造成食源性疾病的增加。从加工环节来看，食品生产企业规模过小、管理混乱的问题比较严重，形成了影响食品加工环节安全的最主要因素。从流通、消费环节来看，目前多数农产品仍以未加工或初加工的形式在农贸市场、街头巷尾直接销售，这种流通方式如果缺少了必要的检验程序和监督手段，食品安全事件将难以避免；而随着现代家庭结构的趋小与人口流动性的增大，人们对食品消费日益呈现出多样化、方便化的趋势。非时令食品消费、在外就餐消费等活动大大增多，食品消费不断上升，也使得群体性的食品安全问题变得更加严重。

第三节　粮食安全与食品安全目标

一、粮食安全

相对于其他绝大多数工业产品而言，粮食作为人们日常消费的必需品，不具有可替代性。因此，作为世界第一的人口大国，粮食安全在我国一直是关系到国计民生的大问题，也是政府和学术界关注的焦点。虽然近几十年来我国经济经历了快速增长，但随着产业结构的不断优化和调整，我国农业相对于其他产业比较优势的逐渐丧失，其在国民经济中所占比重也不断下降。由于农业生产率上升速度有限，加上由于人口增加和收入提高带来的需求快速上升，农产品，尤其是粮食的供求关系很可能趋于恶化。因此，在经济高速发展的今天，粮食安全的保障较之以前具有更加重大的意义，同时也获得了更多的关注。首先，经济发展伴随着资源的优化配置，虽然粮食在人们的消费中必不可少，但边际收益的低下使得粮食生产面临严峻的资源约束，未来我国是否仍能借由技术进步提高产量满足需求有待进一步研究。其次，经济发展之下，随着人们收入水平的迅速提高，虽然饮食结构的变化使得肉乳蛋产品的消费比重上升，粮食消费比重相应下降，但在人口快速增长的背景下，粮食消费的绝对量却不一定下降。况且肉乳蛋需要更多的粮食来转化，这将导致饲料用粮的大幅度需求上升。最后，经济的快速发展对能源的消耗提出了更高的要求。由于过去很长一段时间人们对一些不可再生能源的过度开采和消耗，未来的能源危机将成为全世界共同面临的严峻挑战，寻找新的可持续能源成为人们关注的重点。目前世界很多国家实现了对生物质燃料的研发和应用，中国也是其中一员，这一现实也会在一定程度上增加我国粮食供给的压力。综合以上各点，生产方面的资源约束越来越严峻，而经济发展导致消费仍会持续上升，在目前或者以后很长一段时间内，粮食安全能否得以保障在我国仍是未知之数。

综合世界粮食市场价格变动以及我国对世界粮食市场依赖程度两个方面的因

素，可以得到：虽然世界粮食价格在 2006 年以后迅速上升，特别是世界粮食危机的 2008 年粮食上涨幅度更大；但对我国来说，我国对国际大米市场的依赖程度有限，即使大米价格上涨很多，国家也只需花费有限的外汇去购买需要的大米，因此，我国在"买得起"大米方面并不存在很大的问题；而就小麦、玉米而言，一方面其价格变动不大，另一方面这两种产品的国外市场供应能力也足够大，我国在保障这两种粮食产品安全方面的难度也不大；大豆是我国最主要的进口产品，占世界进出口的比重非常大，而且其进口量的年均增长率也很高，说明大豆受世界市场的影响很大，且影响程度正处于逐年增加的趋势。而与此同时，受世界粮食危机的影响，世界大豆价格上涨幅度也很大，由此可以推断，大豆是我国受世界粮食危机的影响最大的产品，也是保障安全难度最大的产品。那么，我国是否还能够"买得起"所需要的大豆呢？就我国的购买力来看，虽然大豆进口量很大，近年来价格也偏高，但我国完全有能力承受价格以及数量的双重波动。以进口量最大、价格最高的 2008 年为例，按国际价格折算，我国花费在进口大豆上的金额约 177.7 亿美元，仅相当于当年总出口金额的 1.5%、贸易顺差额的 6.8%，占当年外汇储备的 0.9%。因此，世界大豆价格的上涨会给中国大豆的进口造成一定负面影响，但现阶段或者在短期内我国仍可以"买得起"所需要的大豆。

那在新时期我国应该通过何种途径保障粮食安全呢？因此，从增加粮食产量角度出发，解决粮食安全问题需要进一步增加农业科研投入，鼓励良种的研制以及复种制度的改善；同时通过良种补贴等手段，促进良种的推广；在改善农业生产外部条件方面，可以进一步增加农村中基础设施的投资，进一步改善农村中粮食生产中涉及的相关软硬件。

而由 GTAP 模型模拟的结果可知，现阶段燃料乙醇的发展并不会出现"与粮争地"的问题，对各主要农产品的价格、贸易等影响较小。当燃料乙醇发展到 1 000 万吨的时候，玉米播种面积的增加，会造成森林、草地以及其他土地面积的减少；大米、小麦、大豆等粮食的播种面积也会有所下降，虽然比例不是很大，但从绝对值方面看，数量相当可观。也就是说，当燃料乙醇发展到 1 000 万吨的时候，就会不可避免出现"与粮争地"的问题，对保障粮食安全不利，但大米、小麦的粮食安全状况并不会因此改变；就玉米而言，燃料乙醇的发展一方面会增加玉米的价格，进而会增加其播种面积，从而带来产量的提高，另一方面发展燃料乙醇虽然会降低人们对饲料用玉米以及食品工业玉米的需求量，但燃料乙醇需求量的增加，会导致玉米需求量的上升。两方面共同作用的结果就是玉米供需缺口逐渐扩大，净进口量的增加就是很好的佐证。

从数值上判断，即使在燃料乙醇发展到 1 000 万吨时，我国的玉米安全仍能基本得到保障，但是考虑到国内玉米价格会因此上涨 19%，供需缺口还会继续拉大，进口量增加导致进口依存度会变大，我国玉米安全受到威胁不容小觑。可以预见，随着燃料乙醇的继续发展，玉米安全受到的威胁将越来越大。

二、食品安全

食品质量安全体系的建设和发展是我国"十一五"期间食品质量安全管理工作的重大成就，对今后发展将产生深远影响。如何继承和发扬"十一五"发展经验，在"十二五"新的历史起点上，乘胜而为、与时俱进，实现新发展、开创新局面，这是需要我们进一步深入思考和合力破解的新课题。2010 年 4 月 19 日，国务院副总理、国务院食品质量安全委员会主任李克强在全国食品质量安全工作电话会议中指出："做好食品质量安全整顿工作，要坚持统筹兼顾，长短结合，标本兼治，把当前集中整顿与长效机制建设结合起来，通过落实企业食品质量安全主体责任、健全食品质量安全法律法规体系和标准体系，逐步形成企业自我约束、行业诚信自律、政府有效监管、社会广泛参与的食品质量安全工作新机制，提高食品质量安全整体水平。"

我国食品质量安全体系的构建应坚持"以科学发展观为指导，理顺食品质量安全监管体制，提高监管效率，进一步宣传和推广《食品质量安全法》及其实施条例，完善与国际接轨的食品标准，提高食品质量安全认证范围和管理水平，增强企业食品质量安全管理的技术创新能力，全面建设我国食品质量安全体系"的总体思路。

在这个总体思路的指导下，构建与完善我国食品质量安全体系总体上要把握好以下几个方面的内容：一是逐步建立健全食品质量安全行政管理体系。明确各监管部门的职责分工及权力范围，突出政府监管重点，该管的要管住管好、不该管的要坚决放开，进一步把政府监管的立足点和着眼点转变到促进企业自律、推进市场机制规范上来，一手抓强化监管，一手抓扶优扶强。二是进一步完善食品质量安全法律法规体系和标准体系的建设，强化以风险分析和评估为前提的食品质量安全法律法规和标准的制定，加快与国际先进标准体系的接轨。三是建立以预防为主食品质量安全技术保障体系建设。遵循食品质量安全监管规律，对食品生产、加工、包装、运输、贮藏和销售等各个环节，对食品生产经营过程中涉及的食品添加剂、加工操作设备、贮藏运输工具等各有关事项，有针对性地确定有关制度，并建立良好农业规范（GAP）、良好生产规范（GMP）、危害分析与关键控制点（HACCP）体系认证等机制，做到防患于未然。同时，建立食品质量安全事故预防和处置机制，提高应急处理能力。同时，强化食品生产经营者食品质量安全第一责任人的制度，逐步引导生产经营者在食品生产经营活动中重质量、重服务、重信誉、重自律，以形成确保食品质量安全的长效机制，加大对食品生产经营违法行为的处罚力度。四是统一、畅通、便利的食品质量安全信息传达体系构建。建立国家食品质量安全风险监测制度，制定并实施国家食品质量安全风险监测计划，建立快速、方便的食品质量安全信息沟通机制和网络平台，任何组织或个人有权检举、控告违反食品质量安全法的行为，有权向有关部门了解食品质量安全信息，对监管工作提出意见。五是要切实提高全社会对食品质量安全的认知，强化对食品从业人员的食品质量安全知识水平、职业道德的教育培训，广泛宣传食品质量安全知识及相关法规，提高消费者的认知水平，从舆论氛围和认知意识上促使食品生产经营者加强食品质量安全控制和管理。

第四节　区域差异与我国现代农业发展重点

一、我国现代农业发展的区域差异

中国幅员辽阔，自然环境复杂、地形种类繁多、经济发展水平地区差异较大，在现代农业的发展过程中，必须根据各地区经济、社会、文化和自然环境等的差异，选择不同的、适合本地区的农业发展模式。因此，如何根据资源、社会、文化等禀赋条件，充分发挥各地区的比较优势，提出适合中国不同区域的现代农业的发展模式具有一定的理论价值和重大的现实意义。

适当控制发展规模，并将提高现有高效农业基地的土地生产力和劳动生产率，作为今后高效农业发展的主攻目标。既要提高种粮的效益，粮食生产效益，又要降低粮食生产成本；既要加快发展优质水稻、专用小麦等优势农产品，又要提高粮食质量与价格；既要稳定发展高效农业生产规模，又要提高高效农业的效益和效率。

西部地区保证基本口粮生产，大力发展特色农业主导型现代农业发展模式。以生态保护为核心，走资源持续利用、特色产品开发为重点的生态、特色型农业。加大基本农田建设，推行旱作节水、保护性耕作技术，稳定发展粮食生产，努力实现口粮基本自给。继续实施退牧还草，大力发展生态型特色农业，保护西部生态环境，加快发展优质棉花、糖料、水果、甘蔗、蔬菜、花卉、茶叶、蚕桑、中药材和名特优畜禽、水产品等具有优势的农产品生产，建设特色农产品生产基地，实现特色农业产业化经营。

中部地区推进大宗农产品生产，发展以龙头企业带动型现代农业发展模式。因地制宜地推进大宗农产品生产，以水稻、小麦、棉花、双低油菜、生猪、水产品等六大优势农产品产业带和高效特色农产品基地建设为重点，强化农业基础设施建设，改善农业物质装备，提高粮食主产区农业综合生产能力。同时，加大中部地区的产业化发展水平，延长延伸农业产业链，增强农民抵御市场风险的能力，实现农业增效、农民增收和农民发展。

东部地区稳定发展粮食生产，大力发展设施支持型现代农业发展模式。严格保护耕地资源，发挥技术、资本和管理优势，大力推行设施农业建设，率先推进农工贸、产加销一体化经营，形成多元化产业；依托地域优势，发展外向型农业，促进农产品出口；开发利用海水资源，发展深水大网箱养殖。

东北地区以建设稳固的商品粮基地为主，发展主要以规模经营推动型现代农业发展模式。以强化农业装备现代化水平为重点，利用农业人地比例相对较低的特点，在土地经营制度方面进行相应的创新，改变农地细碎化经营和效率缺失的现象，大力发展商品型规模农业，实现机械化、规模化生产，建成稳固的国家商品粮基地。

二、我国现代农业发展战略措施

立足国情，把握国际现代农业发展方向，面对市场竞争，满足多样化需求，发挥政府、市场、农民三个主体的作用，加大资金与科技投入，提升资源产出效率，通过专业性产业组织分工协作，拓展农业发展空间，促进传统农业向现代农业产业转型，确保粮食安全与食品安全，实现农业可持续发展。

通过理念创新、技术创新、组织创新，延伸并拓宽涉农产业链，深化现代农业的内涵与外延。从大农业体系整体来看，通过选择应用先进实用型关键技术、提升产业组织化程度，加快发展农产品加工业和农产品流通服务业；从体系内部来看，农业生产环节通过选择资源节约型的增产技术，提升农民组织化程度保障粮食安与食品质量安全。通过现代农业产业体系的发展提升农业附加值，为我国整个国民经济的发展提供新增长点。通过拓宽延长现代农业产业体系链条（农产品加工、流通服务的发展），在种养殖业内部，通过严格土地保护与培育，提高粮食综合生产能力，确保粮食安全与食品质量安全，加快发展高效农业规模化进程，提高农业经济效益，增加农民收入。现代农业发展战略的重点是在现代农业产业体系的产前、产中、产后各个环节，通过科技创新与推广应用，通过农民组织与农业关联产业组织的发育完善，构建现代农业发展的支撑保障体系，促进现代农业竞争能力的提升，提高整个现代农业产业体系的可持续发展能力。

（一）技术选择与集成

当前，由于农业发展中普遍面临资源和市场对农业的双重制约，综合运用机械技术与生物技术的现代农业发展模式越来越得到推广使用，这种模式既鼓励发展农业机械技术，集约利用劳动力资源；又鼓励发展生物技术，集约利用土地、水等农业资源，使之成为突破资源和市场对农业制约的根本出路。

动植物新品种的自主创新、开发优质高效安全生产技术、发展农产品精深加工新技术、开发农业生态环境保护和资源综合利用技术、开发农业工程技术与智能化装备、基础研究与高新技术等领域的创新与集成尤为重要。

实现农业科技的集成创新，首先要建立与农业科技创新集成要求相适应的投入机制。建立多元化的投入机制，国家应进一步加大对农业研发及科技产业化的投入力度和比重，以项目实施为平台，加大农业科技创新投入；积极引导企业和社会资金投入，采用各种融资渠道筹措资金，使科研机构、个人与公司、农户结成利益共同体，从而多渠道聚集社会资金用于农业科技的创新。促进国家投入与民间投入的融合、积聚，在融合、积聚中发挥各种投入的集成效应，改变农业科研投入在微观层面上分散、低效运作的现象。

（二）组织化程度提升

根据《农民专业经济组织合作法》确立的基本原则，农业产业组织向供销、信用等合作拓展，由小生产转为社会化大生产。构建现代农业组织体系，使小农经济融入现代农业产业体系。提高农业生产经营的组织化程度，是发展现代农业的制度保障。要通过提高农业组织化水平，使小农经济融入现代农业产业体系，形成产业集中型规模经营，取得规模经营效益。

从世界范围看，"合作制"、"合同制"、"公司制"三类组织形式是现代农业的主要组织模式。"合同制"又称为"订单农业"或"合同农业"；它一般可分为销售合同和生产合同两种；生产合同又称"契约一体化"组织。实践中将上述两类或者三类组织模式混合在一起的情况是常见的，如"公司 + 合作社 + 农户"模式就融合了"合作制"和"合同制"两类模式。现代农业组织保障体系的整体思路是：以"合作制"、"合同制"、"公司制"构建现代农业组织体系，通过"合作化"、"契约化"、"公司化"提高农业组织化程度，引领我国现代农业跨越式发展。

（三）政策保障

落实现有支农惠农政策，重点突出土地流转政策、粮食生产支持政策、农业技术创新支持政策、农民专业合作社发展政策、农业保险支持政策等五个方面。

通过建立土地流转中介服务组织、公共财政鼓励土地集中连片流转和扶持农地股份合作社等措施，促进土地流转，实行农业规模经营；公共财政通过支持粮食生产服务组织发展、粮食生产基地的农业基础建设和对基本农田实施补贴等政策措施，提高粮食综合生产能力；公共财政支持建立"现代农业产业技术创新体系建设工程"，推进农业实用技术集成创新；公共财政支持建立"农民专业合作社发展促进工程"，加快农民专业合作社的发展；公共财政支持全面开展政策性农业保险，增加农业保险险种，开展育肥生猪、养鸡、蚕茧、奶牛、食用菌以及淡水养鱼虾等其他品种保险，为高效农业发展提供保障。

三、我国现代农业发展主要战略

（一）产业体系升级战略

从现代农业产业体系来看，现代农业发展的潜力在于现代农业产业链条的延伸与拓宽，特别是农产品加工业以及农产品流通、服务业的发展与扩大。通过发展农产品加工业，将农业与农村的农产品和劳动力资源优势转化为农村产业发展优势，把农业产前、产中、产后的各个环节相互连接在一起，延长农业价值链、产业链、效益链和就业链，形成较高程度的纵向一体化，增强我国现代农业的竞争力。

扩大高附加值农产品的生产，延伸农产品加工的产业链，拓展农产品的国内外市场，提高农产品的经济价值，成为我国发展现代农业的关键。在稳定粮食生产、保障粮食综合生产能力的前提之下，大力发展农业产业和相关产业群，加大农产品的养殖业转化和工业深加工，提高农产品的附加值，扩大农产品的国内外流通和贸易，将农业发展成为一个有突出经济贡献的现代产业。

农产品现代流通是关乎国计民生的重大问题。控制和调节农产品的产地准出才是解决问题的关键环节，因此建议以建设公益性产地集销服务中心为抓手，破解我国农产品的流通难题。我国要建设的农产品干燥储藏处理中心应该包括产地农产品收集，分类拣选，分级中心，烘干设施，包装与小型冷藏设施等。我国政府必须提供一个良好的技术设施投入的政策环境并引导投资进入产后处理环节。

投资具体方向应为产后管理技能，物流，营销和价值增值；支持产后处理相关科学研究和技术开发；提供技术帮助；对民营资本投资建设产后处理专业技术设施的进行直接财政补助或者贷款扶持。重点在商品粮和蔬菜主产区、良种繁育加工推广区、农业综合开发区、收获季节多雨地区、产后处理要求迫切的地区抓好典型，建立一批产地产后处理中心示范基地，尽可能地与联合收割机、农产品初加工相结合、相配套，形成产业链。

（二）资源高效利用战略

促进建设用地高效集约利用，保护耕地资源。对于非农用地，应以用促保。促进非耕地尤其是建设用地的优化布局、合理使用，提高建设用地使用效益，节约集约利用土地；保护耕地，通过建设用地的优化利用，减少占用耕地，达到保护耕地的目的。

促进耕地流转，发展规模经营，提高农业经营效益。政府应加强财政补助扶持土地流转，引导更多的社会资本投资开发农业，并适当提高农地流转价格；加大对粮食规模种植的补贴力度，通过税收、财政转移，把工业、特色农业发展的部分成果转移到粮食规模种植上来，促进规模化粮食种植的发展。

加强生态环境建设，促进生态保育。统筹农用地、建设用地、生态用地的结构与布局，并采取相应的环境改善、生态保育措施。

引入市场机制，优化土地资源配置。引入市场机制，对耕地保有量指标、基本农田保有量指标以及建设用地指标进行市场交易；建立统一的土地市场，将土地资源配置到效率高的企业和部门中去，提高土地资源配置效率与集约利用水平；进一步挖掘农村集体建设用地的潜力，对符合土地利用总体规划和市镇建设规划，并且界线清楚、没有权属纠纷的农村集体建设用地允许进入土地市场，实行"两种产权、统一市场、统一管理"的模式，缓解城市化进程中建设用地矛盾。

（三）农产品供应保障战略

从农业生产环节来看，通过土地保护与培育，提高粮食综合生产能力，通过发展高效农业并规模化经营，提高农业经济效益。在农业生产的内部环节进行严格的土地保护培育，提高单位面积粮食产量，提高粮食综合生产能力，确保粮食安全并加强食品质量安全管理水平。在确保粮食安全、提高我国农业综合生产能力的前提下，根据资源禀赋和市场需求，积极调整种养殖业内部产业结构，发展高效农业，提高农业效益，将是农业内部生产环节的潜力和发展空间。

构建食品安全监管的长效机制，必须进一步完善食品安全法律法规体系、标准体系和技术支撑体系。高效的食品安全检验检测体系是提高食品安全监管绩效的保障条件。考虑到机构整合过程中部门的阻力，把食品安全检验检测机构从职能部门剥离，构建职能独立、层次分明、相互补充的食品安全检验检测系统，不能一步到位，而是要遵循改革规律，减少改革风险，避免改革走样，要统筹规划、分步有序推进。

（四）可持续发展战略

重点扶持产业关联度大、市场竞争力强、辐射带动面广的农产品加工和销售龙头企业，建成一批以农产品加工为主导、贸工农一体化的高效农业规模生产和加工基地。支持龙头企业通过资本运营和品牌优势，推进农产品加工的联合、分工与合作，发展农副产品精深加工业，从而调整优化农村经济结构，延长产业链，提高农产品附加值，转移富余劳动力、增加农民收入，加快农业产业化。

重点培育一批农产品专业市场，建立健全以大型批发超市为骨干、农贸市场为基础，农产品直销店、食品超市、连锁超市为补充，外贸企业、农民专业合作组织和农民经纪人参与的农产品市场流通体系。依托村便民服务中心开办连锁超市，积极推进农业生产资料连锁经营，引导农产品批发零售企业与生产加工基地建立长期产销联盟。大力发展新型农业生产服务组织，提高农业生产组织化程度。

（五）组织保障战略

从保障与支撑条件来看，无论在整个现代农业产业体系中，还是农业生产内部环节，都需要全程科技支撑与组织制度保障。现代农业产业体系的后续环节以先进适用型农业生产技术和加工流通技术及其组合创新为重点；生产环节内部以粮食增产技术以及清洁生产技术应用为主，特别是土地与水资源节约、提高资源产出效率的技术选择尤为重要。我国现代农业产业体系的组织化程度提升以发展利益联系紧密的专业合作社为重点，鼓励和引导契约一体化（生产合同）组织发展；现代农业服务体系中，属于公共品范畴的服务由政府提供，其他农业服务社会化。

第五节　我国现代农业发展组织与政策保障

一、创新理念，优化农业产业链

今后现代农业发展的方向，应重视现代农业产业链条的延伸与拓宽。从农业生产环节来看，应通过土地保护与培育，提高粮食综合生产能力，发展高效农业及规模化经营，提高农业经济效益。从保障与支撑条件来看，应在整个现代农业产业体系中，加强全程科技支撑与组织制度保障。

具体来说，要通过组织再造，壮大农业市场竞争主体，吸引工商资本进入涉农加工业，形成农产品加工产业集群与出口基地，提高附加值。建设现代农产品流通业态并推进现代涉农服务业的发展，最大限度吸引农村剩余劳动力就业，增加农民收入。

二、促进水土保育，集成资源节约型农业技术

促进建设用地高效集约利用，重视耕地资源保护；促进耕地流转，发展规模经营；加强生态环境建设，促进生态保育；引入市场机制，优化土地资源配置。

（一）提高资源利用效率

完善农业资源节约保护的制度安排。（1）改革征地制度。缩小耕地征用的范围，提高土地征用的成本。（2）完善农村建设用地流转制度。进一步改革建设用地制度，逐步打破城乡建设用地市场的二元结构，建立城乡相对统一的建设用地市场。在条件成熟的前提下，可以考虑扩大农村建设用地复垦与城市建设用地占用指标之间的更大区域之间的挂钩使用。积极探索进城农民工，特别是新生代农民工融入城市的制度安排。

强化农业资源节约保护的市场调节机制和政府责任机制。（1）强化农业资源节约保护的市场调节机制。（2）强化农业资源节约保护的政府责任机制。建立地方政府首长目标责任制。进一步强化检查监督机制。除了继续强化国家土地督察工作等政府内的检查监督之外，还应该积极发挥公众媒体等社会监督机制，并加大对违法违纪事件的处罚和问责力度。

启动利用国外资源的农业"走出去"工程。将利用国外资源的农业"走出去"提升到国家战略的角度，制定利用国外资源的农业"走出去"长期规划，明确规划的目标、重点区域和重点产品、方式和国家支持体系等。培育农业"走出去"的主体。充分利用高层互访和各种双边合作机制，帮助"走出去"的企业解决项目实施中的困难和障碍，降低项目实施的风险，提高项目成功率。

建立农业资源国家安全的风险评估与防控机制。建立利用国外农业资源的风险评估与预警机制。建立利用国外农业资源的风险防控机制。建立相应的组织保障体系。

继续开展农田园田化工程和基础设施改善工程。制定好相应的各项规划。加

大财政投入。做好项目实施的监督落实工作，保障项目实施质量。

实施农业经营结构改善政策：（1）进行农地流转制度的改革。发放土地产权证。推动农村产权有形市场的建设。大力发展土地流转合作社。（2）实施经营结构改善政策支持工程。明确未来现代农业经营主体的目标，提出现代农业经营主体的参考标准。

实施农业资源高效利用关键技术攻关计划。重点支持优质高产品种的培育、节水旱作农业技术、农业机械化技术、农业工程技术等。为关键技术研发项目提供资金支持，同时支持关键技术研发的国际交流和高层次人才引进等。此计划的主要目的在于为我国农业资源高效利用提供技术保障、技术储备和人才储备。

实施农业资源高效利用模式示范推广计划。在全国不同区域建立各种农业资源高效利用示范园区。重点支持农业资源高效利用技术的集成研究和农业资源高效利用实践模式的总结研究。以财政资金为主的投入支持，同时适当给予技术使用等方面的其他优惠政策。

实施农业水土质量提升工程。增大对农业水资源质量提升的关注，增加农业水资源的监测和改善力度。强化农业资源质量提升的目的性。继续加大财政投入。

建立现代农业资源高效利用促进专项基金。通过从国家财政和地方政府的土地出让金中提取一定比例的方式，建立现代农业资源高效利用促进专项基金，为现代农业发展中的资源高效利用提供资金保障。

（二）促进农业可持续发展

加强农业环境保护，改善环境质量。尽快制定农业生态环境综合保护法。建立健全法治化的农业生态环境综合执法体制。协调农业环境中各方利益关系。增强农业环境保护意识。保护耕地环境质量，采取轮作等措施，以政府行为强制性地有计划地退耕还林还草，使土地得以休养生息。大力发展以节水灌溉、秸秆综合利用还田，种植绿肥、培肥提高地力等技术为主的旱作及节水生态农业工程，建设高产基本农田，在增加常规能源供应的基础上，推广节能炉灶，开展营造薪炭林、太阳能、沼气等再生能源建设。合理使用农药、化肥，防止地膜污染，切实防止农村面源污染。加强农业生态环境保护。严格禁止水库投肥养殖活动。

加强对生态农业建设。要普及生态农业知识，提高人们的认识。在技术方面，加强技术创新。建立有效的政策激励机制与保障体系。大力发展农村能源建设。

基于环境承载力的农业产业结构调整。进行农业环境监测，测定区域农业环境承载力。发挥政府在农业产业结构调整中的作用，促进经济、环境、社会全面协调发展。对全国农业产业结构调整中的生态建设进行统一规划，并制定相应的法规以保障规划实施。加强政府的引导作用。加强管理，加大资金扶持力度。

发展节水农业。减少降水、渠系输水、田间灌溉过程中的深层渗漏和地表流失量（包括渠系退水量和田间排水量），提高输水效率，降低输配水过程消耗。减少田间和输水过程中的蒸发蒸腾量。提高灌溉水和降水的水分利用效率，减少农田水分奢侈消耗而获取更高的产量和效益。喷、微灌技术，雨水利用，选育抗旱、节水、优质的农作物品种，将劣质水（主要是城镇生活污水和微咸水）资源化后用于农（林）业灌溉。

三、稳定粮食生产，保障食品安全

（一）保障生物质能源和国际化发展背景下的粮食安全

坚持稳定和提高粮食生产综合能力，建立政策扶持、科技创新、耕地质量建设与管理等机制。实施粮食生产能力建设目标任务考核制；建设多元化的粮食生产服务体系，积极推进粮食生产适度规模经营。

新时期我国应该通过何种途径保障粮食安全呢？从粮食生产的角度，进一步增加农业科研投入，鼓励良种的研制以及复种制度的改善；同时通过良种补贴等手段，促进良种的推广；在改善农业生产外部条件方面，可以进一步增加农村中基础设施的投资，进一步改善农村中粮食生产中涉及的相关软硬件。现阶段燃料乙醇的发展并不会出现"与粮争地"的问题，对各主要农产品的价格、贸易等影响较小。当燃料乙醇发展到1 000万吨的时候，就会不可避免出现"与粮争地"的问题。燃料乙醇需求量的增加，会导致玉米需求量的上升，供需缺口还会继续拉大，进口量增加导致进口依存度会变大，我国玉米安全受到的威胁不容小觑。世界市场对国内市场的影响程度有限，不会给国内谷物供需缺口的平抑带来难度上的增加。在世界粮食市场的可供性得以保证的前提之下，世界市场未来的波动应该不会明显的影响到我国粮食市场的价格及供求状况，我国粮食供需缺口的平抑将在一个相对平缓的环境下得以实现。

（二）构建食品安质量全保障体系

以贯彻《农产品质量安全法》为根本，以提高农产品质量安全水平和市场竞争力为核心，以"预防为主，强化服务，源头治理、全程监控"为基本思想，以改善农业生态环境为依托，以安全农产品生产基地建设为基础，以生产过程源头控制为切入点，加强农产品产地生态环境的保护与建设，加强安全农产品生产的服务供给，加强安全农产品的监管执法、加强和完善安全农产品管理的责任网络。

逐步建立健全食品质量安全行政管理体系，进一步完善食品质量安全法律法规体系和标准体系的建设，建立以预防为主的食品质量安全技术保障体系，构建统一、畅通、便利的食品质量安全信息传达体系，切实提高全社会对食品质量安全的认识，强化对食品行业从业人员的食品质量安全知识水平、职业道德的教育培训，广泛宣传食品质量安全知识及相关法规，提高消费者的认知水平，从舆论氛围和认知意识上促使食品生产经营者加强食品质量安全控制和管理。

四、构建现代农业组织与服务保障体系

现代农业组织保障体系是以"合作制"、"合同制"、"公司制"构建现代农业组织体系，通过"合作化"、"契约化"、"公司化"提高农业组织化程度，引领我国现代农业跨越式发展。其中粮食产业组织，可采用粮食生产服务合作社和销售合同等比较松散的组织形式。逐步形成优质稻米链式开发新模式。蔬菜、水果、畜禽等行业，可由农户在自愿、互利、平等、互惠原则的基础上，建立农民专业合作社。

（一）组织模式的选择

合作社和销售合同组织形式具有普遍适用性，不仅适用于高效农业，也适用于粮食生产的社会化服务；"契约一体化"的生产合同模式和"完全一体化"的公司制模式，一般适用于高效农业，不适合粮食生产服务组织。现代农业产业体系的组织化程度提升以发展利益联系紧密的专业合作社为重点，鼓励和引导契约一体化（生产合同）组织发展。

（二）现代农业组织体系发展重点

大力发展利益联系紧密的专业合作社；壮大农业企业，发展利益联结紧密的"公司＋农户"和"公司＋合作社＋农户"组织模式；在经济发达地区或农村社区，要引导有经济实力的农村社区经济组织参与现代农业建设。

（三）构建现代农业技术推广服务体系

加强农业科技的原始创新与集成创新。利用资金与科技政策优势，突破品种创新，建设一批国家级农业种质资源创新中心，以中心为平台，集中科技力量与项目资源，提升品种创新能力，形成品种持续高效创新体系，发展一批农业种苗产业。

实施战略集成，确定农业科技集成创新的重点。开发省力、便节的轻简农业新技术，开发优质种子、种苗、畜禽良种技术，提高农业技术服务质量，尽快从主要针对技术转向主要针对人（农民）的立场。

建立对接平台、加快农业科技创新成果转化。引导鼓励大型农业企业成立技术研究中心所。对产业影响较大的技术创新项目，给予项目补贴，壮大企业的技术创新实力。

优化农业技术服务制度创新的外部环境。政府应该在信息的收集和处理方面发挥积极的作用。开展科技培训、提高农民素质。对农民技术培训，应当示范与培训相结合进行。通过这种培训，农民才能按照专业化的生产技术操作规程，生产出技术合格的农产品参与市场竞争。

第二章

国外现代农业发展及我国现代农业体系

纵观世界现代农业的发展经验与趋势，主要表现为现代农业产业体系的延伸与拓展，以及科技创新加速与组织化程度的提升。具体到我国，现代农业发展面临着以下约束条件：一是人口众多，经济社会发展不平衡，要求确保粮食综合生产能力，加强食品质量安全管理，注重区域间协调发展；二是农用水土资源稀缺。要求对现有土地及水资源进行严格保护培育，提高水土资源的利用与产出效率，注重可持续发展；三是城乡二元结构依然存在，城乡收入差距明显。要求加快高效农业发展进程，提高农业经济效益，提高高效农业规模化经营程度；四是小农户分散经营为主体。要求提高农业与农民的组织化程度，构建现代农业发展保障体系。围绕以上判断，现代农业发展战略的核心就是拓宽延长现代农业产业体系链条（农产品加工、流通服务的发展），在种养殖业内部通过严格土地及水资源的保护与培育，提高粮食综合生产能力，确保粮食安全与食品质量安全，加快发展高效农业规模化进程，提高农业经济效益，增加农民收入。现代农业发展战略的重点就是在现代农业产业体系的产前、产中、产后各个环节，通过科技创新与推广应用，通过农民组织与农业关联产业组织的发育完善，构建现代农业发展的支撑保障体系，促进现代农业竞争能力的提升，提高整个现代农业产业体系的可持续发展能力。

第一节　世界农业发展历程

一、世界农业发展过程

纵观世界农业发展，生产力发展水平是决定其阶段划分的重要标准和基本特征，而农业生产力水平的高低又取决于其资源配置的有效性和生产工具与手段的先进性；当然，世界是有机联系的，农业的发展离不开农业本身与社会其他产业的互动关系。据此，将世界农业发展过程进行梳理，从原始农业、传统农业和现代农业三个基本阶段进行考察。

（一）原始农牧业

原始农业是在原始的自然条件下，采用简陋的石器、棍棒等生产工具，从事简单农事活动的农业。大体上始于新石器时代，系由采集、狩猎逐步过渡而来的一种近似自然状态的农业，属世界农业发展的最初阶段。其基本特征是使用简陋的石制工具，采用粗放的刀耕火种的耕作方法，实行以简单协作为主的集体劳动。原始农业之前，采集和狩猎是人类获得生活资料的主要方式。随着生产工具的改进和生产经验的积累，人类逐渐了解一些动植物的生活习性，并采取措施栽培植物和驯养动物，开始了靠人类的劳动来增加天然生产物的时期，从而产生了原始农业。这是人类经济史上第一次重大革命。

（二）传统农牧业

传统农业是在自然经济条件下，采用人力、畜力、手工工具、铁器等为主的手工劳动方式，靠世代积累下来的传统经验，以自给自足的自然经济居主导地位的农业。传统农业由粗放经营逐步转向精耕细作，由完全放牧转向舍饲或放牧与舍饲相结合，利用改造自然的能力和生产力水平等均较原始农业大有提高。传统农业的特点是精耕细作，农业部门结构较单一，生产规模较小，经营管理和生产技术仍较落后，抗御自然灾害能力差，农业生态系统功效低，商品经济较薄弱，基本上没有形成生产地域分工。

（三）现代农业

现代农业相对于传统农业而言，是广泛应用现代科学技术、现代工业提供的生产资料和科学管理方法进行的社会化农业。在按农业生产力性质和水平划分的农业发展史上，属于农业的最新阶段。从 20 世纪 30 年代开始，欧美一些工业发达国家，从机械技术、生物技术和管理技术三个方面，对传统农业进行了全面的技术改造，完成了从传统农业向现代农业的转化，基本上实现了农业现代化。

首先，一整套建立在现代自然科学基础上的农业科学技术的形成和推广，使农业生产技术由经验转向科学，如在植物学、动物学、遗传学、物理学、化学等科学发展的基础上，育种、栽培、饲养、土壤改良、植保畜保等农业科学技术迅速提高和广泛应用。

其次，现代机器体系的形成和农业机器的广泛应用，使农业由手工畜力农具生产转变为机器生产，如技术经济性能优良的拖拉机、耕耘机、联合收割机、农用汽车、农用飞机以及林、牧、渔业中的各种机器，成为农业的主要生产工具，使投入农业的能源显著增加；电子、原子能、激光、遥感技术以及人造卫星等也开始运用于农业；良好的、高效能的生态系统逐步形成。

再次，农业生产的社会化程度有很大提高，如农业企业规模的扩大，农业生产的地区分工、企业分工日益发达，"小而全"的自给自足生产被高度专业化、商品化的生产所代替，农业生产过程同加工、销售以及生产资料的制造和供应紧密结合，产生了农工商一体化。

最后，经济数学方法、电子计算机等现代科学技术在现代农业企业管理和宏观管理中运用越来越广，管理方法显著改进。现代农业的产生和发展，大幅度地提高了农业劳动生产率、土地生产率和农产品商品率，使农业生产、农村面貌和农户行为发生了重大变化。

二、世界农业科技与物质装备发展

（一）工业装备与机械化技术发展

农业机械化在人类社会发展和农业现代化进程中发挥了十分重要的作用。农业机械的广泛应用，有力地推动了农业生产和农民生活方式的根本性变革，大幅度提高了农业生产效益和生产能力，有效促进了世界农业的发展，为保障世界食物安全提供了强有力的支撑。农业机械化在提高农业综合生产能力、保障农产品有效供给、促进农业稳定发展和农民持续增收方面具有不可替代的作用。

（二）化学与生物技术发展

第三次工业革命和第一次绿色革命后，由于良种和化肥、化学农药（兽药）等化学投入品的广泛应用，现代农业增添了两个重要标志——良种化、化学化；随着 20 世纪后半叶以来现代科学技术、工业装备、管理理论和全球市场经营理念等日新月异的快速发展及其与农业发展的有机融合，科学化、技术化、集约化、专业化、服务社会化等成为现代农业新的内涵。

三、世界农业产业化及其经营发展

（一）农民专业化、组织化

发达国家的传统农业中也存在农户分散经营的问题，随着市场竞争日趋激烈，分散的农户在市场中已毫无竞争力可言。为改变这种局面，以美、日等发达国家为代表，农民纷纷参加或建立各种组织（如合作社等），不仅实现了规模经营，也建立了广泛的农村社会化服务体系，推动了现代农业产业的蓬勃发展。

日本在充分吸收西方国家农业发展经验的基础上创立一套适合本国国情的农协制度，有效解决了小农户与大市场之间的矛盾，充分满足小农户在生产要素供给和农产品销售等方面的需求。日本几乎所有的农民都加入了农协组织，市场销售的农产品大部分由农协提供（关于日本农协的考察报告，2007），其中大米和小麦占 95%，水果占 80%，家禽占 80%，畜产品占 51%；由农协统一购买的生产资料中，肥料占需要量的 92%，饲料占 40%，农机具占 47%，农药占 70%。德国几乎所有农户、法国绝大多数农场主、加拿大近 50% 的农民都加入了合作组织。从发展的现状和趋势来看，这些合作组织以农户家庭经营为基础，以合作制作为基本原则，政府给予政策支持和立法保护，营利性倾向日趋增强。

（二）产业资本进入农业产业

国际产业资本向农业倾斜，形成综合或专业的涉农企业集团。如意大利的全国农业合作社联合会、菲亚特集团、皮雷利集团所经营的大型农场和公司以及水果收购、分级、贮存、保鲜、加工和销售的产、供、销一体化的综合企业。企业集团向农业生产者提供财政、物资和技术援助，参与农场（农户）的经营管理，并根据市场情况对农畜产品的品种、数量、质量、供货时间等提出严格要求，农业生产者必须按合同的约定进行大批量的、均衡的、标准化和高质量的生产，不能满足合同要求的农业生产者将被淘汰。

近年来，跨国涉农企业集团迅速崛起，它们在兼并有关食品加工企业之后，成为世界性的跨国涉农企业集团。如可口可乐公司，1990 年收购了与食品加工有关的销售额达 39 亿美元的华垂斯食品公司，一跃成为世界屈指可数的跨国涉农综合企业。ABCD（ADM，Bunge，Cargill，Diegfus）四大谷物商通过纵向联合控制从基因到谷物系统，掌管世界谷物贸易的 70%。

第二节　现代农业的形成与特征

从前面对世界农业发展过程的描述可以看出，世界农业已在 19 世纪随着工业革命的开展和完成进入现代农业发展阶段，并在世界各国尤其是发达国家的社会经济实践中得以快速发展演变，并表现出色彩斑斓的现代农业特征。

以各国的农业发展实践为基础，如何从学术意义上把握现代农业的内涵和实质？已有的观点分别从不同的角度对现代农业进行了考察。有人认为现代农业的核心内容是高科技武装的高投入高产出的农业，也有人认为现代农业就是农业产业化，更有人认为现代农业就是通过培育龙头农业企业来发展农业。这些观点不无道理，但如果只是停留在强调农业发展的方法与手段上面，依然没有逃脱传统农业的窠臼。笔者认为，现代农业之所以不同于传统农业，不是因为发展的方法与手段不同，而是一种理念上的本质差异，突出表现在现代农业突破了传统农业局限在种养殖范围的狭小空间，通过生产资料投入、食品加工业、农产品运销等增值环节向农业产前部门、农业产后部门广阔延伸，从而形成了横跨第一、二、三产业的产业组织体系。

将国际上的"Agribusiness"（涉农产业）理念引进过来，本书认为现代农业本质上就是在发达国家的农业总产值中占有重要比重的 Agribusiness。"Agribusiness"的概念是由美国哈佛大学的戴维斯和戈德伯格（John M. Davis and Roy A. Goldberg，1957）于 20 世纪 50 年代在其著作"A Concept of Agribusiness"中首次提出来的，指的是从事农业生产资料的生产与供应、农产品的生产加工和运销以及从事与农业有关的信贷、保险等相关产业。美国农业部基于对农业的供应、生产、加工、销售和消费等功能相互依存性的认识，将农业及其相关的产业统一称为食物·纤维体系（Food and Fiber System）。日本农林水产省则把农林渔业，关联制造业（食品产业、资材供应产业），关联投资，饮食业和关联流通产业（商业、运输业）统称为农业·食物关联产业。

本研究在世界各国现代农业发展实践和前人的相关学术研究基础之上，将现代农业定义为按照现代产业的理念、以产业关联关系为基础、以科技为支撑、以现代产业组织为纽带的横跨第一、二、三产业并可持续发展的包括农业产前、产中和产后环节的有机系统。现代农业的发展有赖于相应的生产经营组织方式的建立和完善，即不是简单的农民组织化，而是基于产业关联关系和利益联结机制的产业组织化（周应恒，2005）。

从产业链和产业组织的角度来看，现代农业呈现出如下的发展特征：

一、产业链越来越复杂，长短交织

现代农业区别于传统农业的一个显著特点，就是产业链大大延长了，形成了农业产前、产中、产后紧密结合的产业体系，使现代农业成为一个比较复杂的生态经济系统。现代农业突破了传统农业仅仅或主要是从事初级农产品原料生产的局限性，实现种养加、产供销、贸工农一体化生产，使农业的内涵不断得到拓宽和延伸，农业的链条通过延伸更加完整，农业的领域通过拓宽，使得农工商的结合更加紧密（卢良恕，2006）。

现代农业产业体系的延伸突出表现为食品供给的链条越来越长，环节越来越多。一种食品从农场到餐桌，要经过生产、加工、流通等诸多环节，食品的供给体系趋于复杂化和国际化。各国按比较优势原则调整和重组国内农业资源，在世界范围内进行优化配置，实现资源和产品在国内外市场双向流动，参与国际经济循环，形成农业国际化产业链条，从整体上推动现代农业的发展。

二、地域特征明显，与当地农业资源关系紧密

社会生产力发展到一定阶段，现代农业系统内的某些产业会受到集聚规模效益的驱动，向特定农业资源的地理区域集中，从而形成具有一定规模、地域特征明显的农业产业集聚区。现代农业会按照区域比较优势原则，突破行政区划的界限，形成有特色的作物带、动物饲养带和农产品加工聚集区，使分散农户形成区域生产规模化，实现资源的优化配置。这种依据当地农业资源、产品品种和基础优势，以产业化为基础，以创新为动力，以形成国内外竞争优势为目标，以持续

增收增效为目的，形成某种特色和可观生产经营规模，一业为主各业有机协调发展的农业地域，也被称为优势农产品产业带（潘泽江，2005）。

现代农业这种区域布局特征和趋势的形成与发展，实际上是发挥地区比较优势、农业资源不断优化配置、农业国际竞争力不断提升的过程；是推进现代农业结构战略性调整向纵深发展，形成科学合理的农业生产力布局的过程；是优势区域和优势农产品的快速发展，农民收入不断增加的过程；是提高农业生产和管理水平，加快现代农业进程的过程。现代农业的区域布局特征要求优势农产品应具备一定的产业化经营水平和潜力，生产基地或加工能力达到较高水平，产品的流通渠道畅通，有较大型的批发市场，有较强的社会化服务能力，中介组织比较发达。农产品区域布局的优化和优势农产品产业带的形成，又会促进现代农业的进一步发展。

三、农业产业链主导环节后移，主要集中在产后加工运销环节

不管过去还是现在，无论发达国家还是发展中国家，农业劳动力份额的减少是一个普遍的趋势。随着技术进步、劳动生产率增长和人均国民收入的提高，劳动力首先从第一产业向第二产业转移；人均国民收入持续提高时，劳动力便进一步从第一、第二产业流动到第三产业。现代农业的产前、产中、产后诸环节产生了专业化分工，随着社会分工的深入引起劳动生产率的提高，与此同时传统农业部门自身不断缩小，产后的涉农加工、流通企业开始成为这个链条的主体，大量的利润与产值也逐渐流向产后加工、销售环节。在发达国家，产后环节尤其是农产品精深加工已成为提高农业竞争力和参与国际分工的重要手段，产后部门的发展规模最大，其产值是产中环节的5倍多；发达国家的农产品中，大约有80%的动物产品和70%以上的植物产品要通过不同程度的加工才能销售；食品加工业是制造业中最大的产业，约占制造业的10%以上。

在现代农业产业体系中，任何一个环节的生产均在供给经济产品的同时，为下一环节提供原料，通过市场经济杠杆的调整作用，将农业生产的产前、产中、产后诸环节进行整合，使之成为一个完整的产业系统。现代农业系统内的龙头企业对这个系统总产值的贡献占据着主导地位，通过产后涉农企业的带动或者辐射，成千上万的农户进入联合体，从而实现了产前、产中、产后的有机联接。产后涉农企业带动着现代农业系统，使得整个产业链条外与市场接轨，内与农户联结，既满足了市场需要，又给这个链条上的各环节带来了利润。

四、农业产业组织两极分化，产业组织结构呈现出哑铃型特征

现代农业系统内的产业组织开始出现两极分化，产业组织结构呈现出哑铃型特征，即整个现代农业产业由绝大多数中小企业和少量大型跨国公司构成，中小企业在产业体系中数量大，为农村经济的发展提供了巨大空间与条件。

第三节　国内外现代农业发展经验与趋势

世界上的主要发达国家，通过理念创新、技术创新和制度创新，农业突破了传统种养殖业的范畴，在高度组织化与社会化的基础上，依托科技进步，拓展了农业的内涵与外延，农业的多功能性得到关注，日益成为经济社会与资源环境可持续协调发展的综合系统。

一、理念创新：现代农业产业体系的形成与发展

在发达国家，农业在理念上突破了种养殖业范畴，形成了包括产前、产中、产后的现代农业产业体系。例如，美国将农业定义为"食物·纤维体系"，该体系分为农业产前、产中和产后三个环节；日本将农业定义为"农业·食物关联产业"，该产业包括农林渔业、相关产业、相关投资部门、饮食业、相关流通产业等五大产业部门；加拿大把农业定义为"农业及农产食物产业"，该产业包括初级产品生产、生产资料供应、食品加工和零售以及消费等各个环节。可见，现代农业产业体系大大拓展并深化了农业发展的广度与深度，农业及其关联产业之间进行物质、能量、价值交换，成为产前、产中、产后密切关联的一体化产业。

在发达国家，以初级农产品上市的比例越来越低，美国、日本等国家90%以上的蔬菜是经过商品化加工处理后进入流通领域；德国的苹果加工量占总产量的75.2%，美国的柑橘加工量占柑橘总产量70%以上。荷兰、丹麦的谷物产品，除小部分直接食用外，基本上为畜牧业所转化，经过深加工和精加工后再进入市场。美国在农业总投入中，用于产前和产中的费用仅占30%，70%的资金都用于产后加工环节，从而提高了农产品高附加值和资源的合理利用。这样，农业不再仅仅是一个提供初级原料的产业部门，而是能够创造稳定利润且具有较强竞争

力的现代产业部门。

利用美国、日本最新的投入产出表进行结构分析，其结果显示，虽然美国、日本等发达国家的农业产出在国民经济全部门总产出中的比重已经降到2%以下，但现代农业产业产出却占有相对稳定的份额，达到了10%或以上，对于整个国民经济的稳定与发展起着重要作用。美国、日本等发达国家的现代农业产业体系结构中，加工制造是最大的产出贡献环节，是生产环节的4倍左右，流通服务环节也占有重要地位，通常是生产环节的2倍以上，成为现代农业产业体系中巨大的增长空间与新增长点。

在延伸拓展现代农业产业链的同时，发达国家还大力推进农业经营的专业化及社会化。以美国为例，早在1969年，美国经营一种产品为主的专业化农场已达农场总数的90%以上，仅此就使美国农产品大约增产40%，成本降低50%～80%。发达国家的农业经营一体化与社会化是在专业化基础上形成的，主要形式有农工商综合体和农业合作组织。

二、技术创新：科技进步促进现代农业高效化

从世界范围来看，现代农业的发展建立在科学技术不断突破和广泛应用的基础上，以强大的资本投入作保障，以完善的生产条件、基础设施和现代化的物质装备为基础，集约化、高效率地使用各种现代生产投入要素，包括水、土、农机等物质投入和农业劳动力投入，从而达到提高农业生产率的目的。现代农业的发展过程，实质上是先进科学技术在农业领域广泛应用的过程，是用现代科技改造传统农业的过程。

美国的资源条件是土地丰富而劳动力供给短缺。在要素市场上，土地和机械的价格相对于劳动工资而言有长期下降趋势，这种市场价格信号引起农民对生产工具的改革。所以，美国农业技术革命是从机械技术开始的，走的是以节约劳动为特征的机械技术进步道路。20世纪40年代初，美国农业已基本实现了机械化，逐渐发展为现代农业。日本的资源条件是土地稀缺而劳动力丰富。在要素市场上，土地的价格相对高于劳动力，由此诱导农民更多地选择多用劳动型的技术和节省土地型的技术。所以，日本农业技术革命是从生物技术开始的，走的是以节约土地为主的生物技术进步的道路。日本政府对品种技术、操作技术、栽培技术、土壤培肥技术等特别重视，到20世纪70年代中期基本实现了农业现代化。

目前，发达国家农业科技成果的转化率和科技贡献率一般都在70%以上。随着新的农业科技革命的兴起与发展，信息、生物、设施、加工、节水、生态等高新技术在农业领域全面渗透、广泛应用、快速产业化，加速了农业技术的高新化。各

国针对本国国情，重点研究适用的农业现代化技术和设施，如美国主要是高度机械化及良种化，荷兰是工厂化设施，以色列是温室和滴灌技术，加拿大是畜禽胚胎移植及杂交育种技术，日本突出了生物化学、机械技术等，最终都使农业成为高效产业。除了生产环节的技术创新，发达各国特别重视农产品加工利用技术的开发，在农产品产后的贮藏、运输、保鲜、加工各环节进行技术创新。

此外，发达国家建立了比较完善的农业科技体系，有着实力雄厚的农业科研机构和规模庞大的科技推广队伍，每年用于农业科研的经费一般为本国农业GDP的 0.6%，用于农业科技推广经费的支持力度为本国农业科研经费的 3 倍。农业推广体系覆盖范围广，涵盖了农业产前、产中和产后全过程；产、学、研各环节结合成一个有机的整体，使新技术的开发以及技术成果的推广有很强的针对性。美国实行农业研究、教育、推广三位一体的体制，并且都有相应的法律予以保障。荷兰，国土只相当于我国江苏省的 2/5，在全国各地有 39 个农技推广站，每个技术人员负责 150～200 个农户。日本的农业技术推广由政府的农业改良普及事业和农协共同完成，从中央到地方形成了一套完整的体系。

三、制度创新：农业的高度组织与社会化

从产业组织角度看，发达国家的现代农业是以政府宏观调控为导向，以市场调节为基础，在家庭经营制度基础上发育形成的以合作制为基础的现代经济制度。这种制度的显著特征是以合作制为基础，将分散的小农经济与社会化的服务组织、先进的工业化组织有机地结合起来，将农业改造为高度组织化的现代产业。

农民合作经济组织已经成为发达国家现代农业与农村发展中一支重要的推动力量。日本在充分吸收西方国家农业发展经验的基础上创立一套适合本国国情的农协制度。农协代表分散小农的利益与政府和大工业进行谈判，使农民的利益得到保障，有效解决了小农户与大市场之间的矛盾，充分满足小农户在生产要素供给和农产品销售等方面的需求。日本几乎所有的农民都加入了农协组织，市场销售的农产品大部分由农协提供，其中大米和小麦占 95%，水果占 80%，家禽占80%，畜产品占 51%；由农协统一购买的生产资料中，肥料占需要量的 92%，饲料占 40%，农机具占 47%，农药占 70%。荷兰农业的各个领域都有合作组织，业务涉及农业生产的各个环节，从生产资料供应，到各种农产品的出售，以及大型农业机械的使用，甚至农民生产和生活所需要的贷款，都来自合作社。合作社把分散的小生产同激烈竞争的大市场联结在一起，为农业现代化起到了巨大的基础性作用。德国几乎所有农户、法国绝大多数农场主、加拿大近 50% 的农民都加

入了合作组织。从发展的现状和趋势来看，这些合作组织以农户家庭经营为基础，以合作制作为基本原则，政府给予政策支持和立法保护，营利性倾向日趋增强。

随着现代农业分工与协作的进一步发展以及农工商一体化的日益加强，发达国家的农业社会化服务体系逐步完善。农业社会化服务主要是提供技术、生产作业、供销、信贷、保险等服务。美国农业社会服务组织覆盖面广，将几乎所有农业生产和经营领域都纳入推广服务范围，大到改良农业生产和销售技术，小到各种度量换算和计算捷径，都可到州县农业推广服务部门获取满意的服务；美国直接从事农业的人口虽然只占总人口的2%左右，但为农业配套服务的人员占27%。日本农协除提供各类服务外，在政府制定政策及调控农业方面，农协发挥其参与和管理职能，成为政府、市场、农户之间强有力的中介组织。

第四节　现代农业的内涵与发展

一、现代农业的内涵

现代农业不再局限于传统的种植业、养殖业等农业部门，而是包括了生产资料工业、食品加工业等第二产业和交通运输、技术和信息服务等第三产业的内容，原有的第一产业扩大到第二产业和第三产业（柴军、帕塔木、牛惊雷，2003）。涉农产业成为一个与发展农业相关、为发展农业服务的产业体系。

图2-1详细描述了一个现代农业体系的构成。在这一系统中，传统的农业生产包括农林牧渔等已经成为了整个系统的一个环节，即产中环节，具体包括谷物、畜产、蔬菜、水果、花卉、糖料、香辛料、设施园艺、烟草、棉花、橡胶等的生产；然后以此为基点，向两端延伸，尤其是向后延伸。向前是产前环节，通称为农业投入部门，包括种子、种畜、饲料、肥料、药品、农用设备、机械、农用设施、农村金融以及其他支农服务业等；产后环节包括农产品储藏、加工转化、流通业，农产品加工又包括一般农产品加工和食品制造业两大类，以食品制造业为主，顺着这一链条下来，还包含食品批发业、食品零售业、饮食业和旅游休闲业。各环节通过经济技术相互联系，其组织形式除了一般的商品买卖关系，还通过短期不固定的经济合同以及长期固定的经济合同，逐步在经济上结为利益共同体。

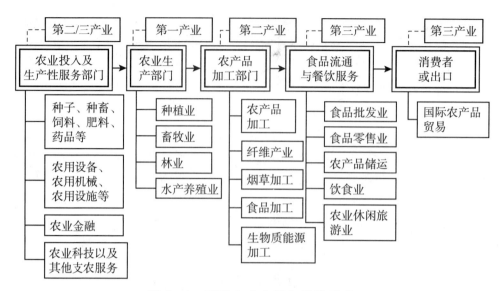

图 2 -1　现代农业内涵与结构示意

二、现代农业产业的发展

第二次世界大战之前，发达国家也存在农户分散经营的问题，随着市场竞争日趋激烈，分散的农户在市场中已毫无竞争力可言。为改变这种局面，以美、日等发达国家为代表，农民纷纷参加或建立各种组织（如合作社等），不仅实现了规模经营，也建立了广泛的农村社会化服务体系，推动了涉农产业的蓬勃发展。

图 2 -2 详细描述了涉农产业的发展过程，从中可以看出，涉农产业的发展经历了长期的积累和演变，从最初单纯的采集狩猎，发展到分散的农户生产，再到以产业组织为纽带、科技为支撑的横跨一、二、三产业的产业系统，期间得益于分工程度的逐步加深和组织化社会化程度的提升以及科技装备的进步。

近几十年来，发达国家的农产品加工业迅速发展，整个生产链条在逐步延长，各个环节的关系越来越密切，在农业产中环节劳动力减少的同时，其他环节吸纳的劳动力越来越多，其产值也大大超过了农业产中环节的产值，形成了发达的涉农产业体系（Agribusiness）。根据罗伊（1983）的预测，2030 年世界涉农产业产前、产中、产后三大环节的比例将达到 0.48∶1∶5.46，相比于 1970 年，其产后过程的产值更加突出（见表 2 -1）。也可以说，世界涉农产业发展的过程，也就是其产后环节逐渐膨胀的过程，从而使得涉农产业在整个国民经济中占有一席之地。

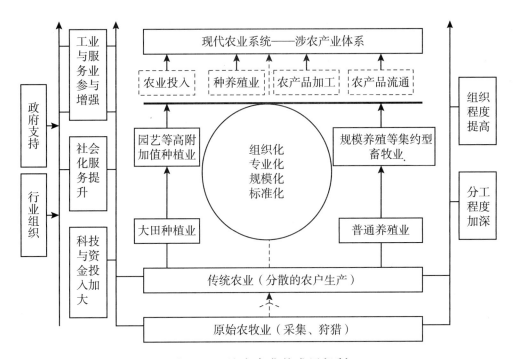

图 2-2　涉农产业的发展机制

资料来源：根据厉为民（2002）及相关材料加工改造而成。

表 2-1　　　　　　　　　国际涉农产业的规模、发展与预测

部门	年销售额（10 亿美元）			
	1970 年	1980 年	2000 年	2030 年
投入部门	113	375	500	700
生产部门	255	750	1 115	1 465
产后部门	600	2 000	4 500	8 000
合计	968	3 125	5 615	10 165
各部门之比	0.44:1:2.35	0.5:1:2.67	0.45:1:4.04	0.48:1:5.46

资料来源：R. A. Goldberg（1983）。

再看表 2-2，所列欧美十个发达国家的农业占 GDP 的比重平均为 2.93%，而涉农产业占 GDP 的比重平均高达 8.93%，涉农产业产值是农业产值的 3.05 倍。这说明，尽管农业在所列欧美发达国家中的国民经济的比重越来越低（均低于 4%），但涉农产业在这些国家的经济中占有重要地位，而且比较稳定。即使美国这样的发达国家，其农业比重仅为 1.6%，但其涉农产业的 GDP 占比高达 8.10%，涉农产业产值是农业产值的 5.06 倍（Joaquim J. M. Guilhoto，2004）。

表 2 - 2　　　1998 年欧美主要发达国家的农业以及涉农产业占 GDP 的比重

单位：%

国家	农业占 GDP 的比重	涉农产业占 GDP 的比重
比利时—卢森堡	1.60	5.80
丹麦	2.90	11.10
芬兰	3.60	10.70
法国	3.20	8.50
德国	1.30	5.10
荷兰	3.20	8.70
英国	1.30	7.10
美国	1.60	8.10
加拿大	2.60	15.3
平均	2.93	8.93

资料来源：根据 Joaquim J. M. Guilhoto（2004）加工而成。

另外，从亚洲的日本来看，其涉农产业在 GDP 中也占有重要比重。1998 年农业、水产业的增加值约 7.7 万亿日元，占全国国内生产总值的 1.5%。食品加工制造与流通业，是日本农业的关联产业，也是提高农业高附加值的关键环节。1998 年，日本全国食品关联产业增加值达 48 万亿日元，占 GDP 的比重达 9.4%。其中，食品制造业、饮食业、食品流通业分别占 2.7%、2.2% 和 4.1%。当年食品制造业产值占全国制造业产值的 10.4%；食品流通业的产值占全国零售业的约 30%；饮食服务业的市场规模（总产值）近 30 万亿日元。上述三种关联产业的从业人员分别达到 125 万人、93 万人和 411 万人（中国驻日本使馆经参处，2002）。

三、现代农业的实践

美国农业附加价值主要来自涉农加工业和相关服务业。这一状况与农村社会化服务体系的发展和有效的产业组织机制是密不可分的。美国广泛存在的农民自发联办的销售合作社在家庭农场和农资、农技、农产品销售市场之间构建起了完善的服务体系，化解了小生产的经营风险，形成了农业产业一体化经营，也加强了农业生产与加工企业的联系或建立了自己的加工企业。

美国通过发展涉农产业，带动了农业生产经营的组织创新和体制变革，使农业经营范围和产业组织向农业关联产业渗透融合，形成了现代涉农产业体系，其表现在以下几个方面：

（一）农业专业化不断提高

20 世纪 50 年代以来，农业专业化发展很快，农场逐步从多种经营转变为专业化经营，分工越来越细。例如，西红柿农场中有的专门生产制罐头的品种，有的专门生产调配凉拌菜的品种，畜禽产业工厂化生产比重日益增加，类似工业部门的工艺专业化水平不断发展，肉鸡产业中饲养种鸡、生产种蛋、孵化雏鸡、饲养小鸡、育肥肉鸡、屠宰和加工肉鸡等作业分别由不同的专业农场完成，农场之间主要在市场上通过合同联系起来极大地提高了生产效率。

（二）农村经济结构非农化

改变了农业和农村的经济结构，传统意义上的农业所占的份额下降到很低水平，农业工业化和商品化的结果是农村非农化和城市化。2002 年美国农村人口占全国人口的 26%，农业人口只占全国人口的 2%。在由农业与前后部门共同组成的食物纤维的农业关联系统中，直接从事农业生产的劳动力由 70 年代的 22% 下降到 2002 年的 15% 以下，2000 年，美国食品附加价值的 80% 来自于农业产前部门和产后部门（见图 2－3）。

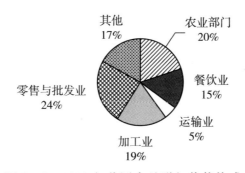

图 2－3　2000 年美国食品附加价值构成
资料来源：R. A. Goldberg（2001）。

（三）健全的社会化服务体系

在高度专业化和商业化经营的美国农业产业中，由各种类型专业公司和机构组成的社会化服务体系十分完备，是涉农产业不可缺少的组成部分。从社会化服务的内容来看，主要分为产前服务、产中服务和产后服务三个部分，科技服务则贯穿在食物纤维系统的各个环节。

第五节 世界现代农业发展的启示

根据配第·克拉克定理，农业及其就业会随着经济结构的演进而逐渐下降，就像美国等发达国家的传统农业已经下降到 2% 左右；但在一个成熟发达的经济体系里面，涉农产业的产值却是一个相对稳定的部分，也是发达国家 GDP 的重要组成部分，尽管涉农产业的比重也在相对下降，但其下降速度相对缓慢，目前为止，发达国家的涉农产业总值仍占到 GDP 的 8% 甚至更多，例如加拿大涉农产业占 GDP 高达 15.3%。发达国家是通过将涉农产业链条拉长并且加粗，尤其是产后部分的加宽，来保证涉农产业的强大及其在国民经济中的相对稳定。这对我国加快传统农业向现代农业的转化提供了鲜明的方向，为我国社会主义新农村及和谐社会建设提供了重要的发展途径与产业支撑，为我国培育解决"三农"问题以及培育国民经济新的增长点提供了广阔的空间与深刻的启示。

在发达国家涉农产业形成和发展过程中，政府起到非常重要的引导作用，如支农资金向合作组织倾斜、合作组织的产品可享受税收减免以及市场准入的控制等。以现代产业的理念和组织形式发展现代农业产业已成为一种必然趋势。基于此，我们能够得到几点借鉴经验：

以农产品工业为重点环节，通过农业产业链实现增值。发达国家的实践证明，精深加工已成为提高农业竞争力和参与国际分工的重要手段，不仅可延伸产业链、提高农业附加值，而且可缓解农产品供应市场的季节性问题，增加社会对农产品的需求总量。

以农业服务业为切入点，推进农业产业一体化经营。在发达国家农民纷纷加入或创立某些组织，以农业服务业为切入点推进规模化和一体化经营。农业服务业包括农、林、牧、渔业服务业，涵盖农业的产前、产中、产后服务。农业服务业的对象是农业和农业生产者，向农业生产者提供信息，技术服务，政策咨询服务，金融服务，市场整合营销，以及农资、农机、供销、气象、加工服务、水利、植保、收割、林业、畜牧兽医、水产等专业服务。

以现代科技知识和装备支撑农业产业，完善农业科技服务体系。发达国家无论是农林牧渔业生产，农产品加工和服务业的发展，还是品牌的形成，都是以现代科技知识为支撑的，如图 2-4 所示。完善的涉农产业科技支撑体系，需要建立以政府为主导，社会力量参与的多元化农业科研投入体系，形成稳定的投入增长机制；建立全程农业科技创新体系，抓好关键技术攻关和高新技术研发，在新品种培育、农产品加工、农产品流通技术等方面取得新突破。

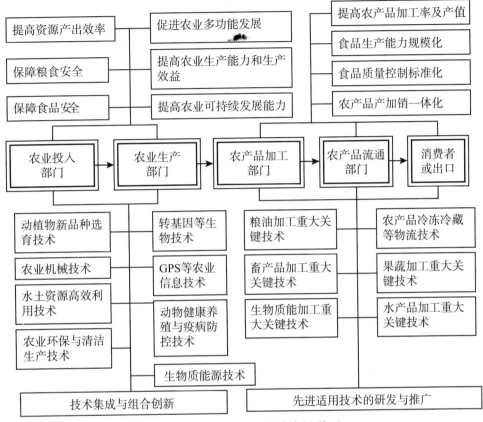

图 2-4　涉农产业科技支撑体系

注：产业链上部为科技运用的目标，下部为相关环节需要选择的技术内容。

第六节　我国现代农业体系结构

根据配第·克拉克定理，随着工业化的快速发展，以种养殖业为主要内容的传统农业在国民收入和劳动力的相对比重会逐渐下降。当今，大多数发达国家的农业 GDP 比重普遍降到了 2% 以下，我国的农业 GDP 比重在 2008 年是 10.58%（国家统计局，2009），这个逐年下降的比值在今后若干年内还会持续下降。我国的农业在这种趋势下如何谋求进一步发展？其发展空间在哪里？

刘易斯从新古典学派的经济发展观点出发，认定发展中国家一般存在着双元经济结构，即自给农业部门和资本主义部门。劳动生产率的差异使得农村人口继

49

续向城市转移，一直到农村剩余劳动力全部被工业部门吸收完为止，最终农业部门像工业部门一样现代化了，二元经济也就变为一元经济，发展中国家从此就进入了工业化。

速水佑次郎在 1970 年代初与弗农 ▇拉坦提出了诱致性技术变迁和诱致性制度变迁假说。一个国家农业生产的增长受其资源条件的制约，但这种制约可以通过农业技术进步来突破。速水认为，一国农业增长选择怎样的技术进步道路，取决于该国的资源禀赋状况。1985 年，速水和拉坦进一步提出了一个完整的农业发展模型，即在任何一个经济中，农业的发展都要依赖于资源禀赋、文化禀赋、技术和制度的相互作用。

从世界主要发达国家的农业发展历程来看，其资源禀赋、农业政策和经济发展阶段千差万别，以美国为代表的土地资源丰富而劳动力稀缺的国家，选择的是机械技术进步的道路；以日本为代表的土地资源稀缺而劳动力丰富的国家，选择的是生物化学技术进步的道路。欧洲情况较为复杂，其各国经济发展阶段也不甚相同，但德国、法国等国家采取了介于美国和日本之间的农业发展道路。

我国与发达国家的经济发展阶段不同，2008 年我国人均 GDP 达到 25 124 元（国家统计局，2009），合 3 313 美元，从农业与农村的发展环境看，我国社会经济的发展目前总体上已经进入以工促农、以城带乡的发展新阶段。面对新形势，要确保粮食稳定增产，农民持续增收，关键要在农业发展理念和创新发展思路上寻找突破口，同时要借鉴世界发达国家在农业发展及其体系建设上的宝贵经验，兼顾世界农业发展趋势。

一、研究进展

戈德伯格和戴维斯（Ray A. Goldberg and John H. Davis）提出了 Agribusiness 的概念，指的是包括农业用具的供给、农业生产的运作、农业产品的贮藏、加工和运销以及农产品的衍生产品生产所有过程的涉农产业系统。随着涉农产业体系的不断深入发展，发达国家的农业早已突破了传统农业仅仅或主要从事初级农产品原料生产的局限性，实现了种养加、产供销、贸工农一体化生产，农业的内涵得到了大幅度拓宽和延伸，农业系统的链条通过延伸更加完整。在这个涉农产业体系链条中，增值的主要空间集中在产后环节。

从农业投入、农业生产、农产品加工流通一体化的涉农产业体系理念来看，我国、美国、日本、欧盟等世界主要国家的现代农业体系构架是个什么样的状况，其各自的现代农业体系总量是多少？在国民经济中处于什么样的地位？现代农业体系内部的结构与关联状况如何？我国涉农产业发展与这些资源不同但表现出相同涉农产业发展趋势的国家相比,其薄弱环节在哪里?以上这些都是需要解答的科学命题。

1957 年,戈德伯格和戴维斯一同出版了"A Concept of Agribusiness",提出的"Agribusiness"的概念用以表达农业领域和商业领域之间高度互为依存的关系(Goldberg and Davis,1957)。两人认为 Agribusiness 间的相互依存关系是由大量的技术、组织、制度方面的变化所导致的。美国农业部基于对农业的供应、生产、加工、销售和消费等功能相互依存性的认识,将农业及其相关的产业统一称为食物·纤维体系(Food and Fiber System)。日本农林水产省则把农林渔业、关联制造业(食品产业、资材供应产业)、关联投资、饮食业和关联流通产业(商业、运输业)统称为农业·食物关联产业(周应恒等,2007)。

遵循 Agribusiness 的原意,结合我国现代农业发展国情,笔者将包含了农业生产投入、农林牧渔生产、农产品加工、农产品运销等主要环节的整个现代农业产业体系称为涉农产业体系(周应恒等,2007)。这一系统中,农业生产包括农林牧渔等,成为整个系统的产中环节;以此为基点向两端延伸,尤其是向后延伸。向前是产前环节,通称为农业投入部门,包括种子、种畜、饲料、肥料、药品、农用设备、机械、农用设施、农村金融以及其他支农服务业等;产后环节包括农产品储藏、加工转化、流通及相关服务业、饮食业,农产品加工制造包括纤维及食品制造业(含烟草)。各环节通过经济技术相互联系,形成一个具有完整链条的涉农产业体系。

投入产出分析(Input-Output Analysis)是涉农产业分析的有效工具。其产生于 20 世纪 30 年代的美国,是由列昂惕夫(Leontief,1936,1951,1966)提出并发展的一种经济数量分析方法。投入产出分析问世后,美国一些农业经济学家开始对农业进行投入产出分析。戈德伯格(Roy A. Goldberg,1968)用投入产出分析法分析了美国涉农产业的产业联系。随着投入产出技术的逐渐成熟,其应用领域不断拓展和延伸。安瓦尔(Anwar,1996)利用美国明尼苏达州 1977 年和1990 年的投入产出表,分析了国民经济中与林业有关的各部门之间的联系。芒恩(Munn,2001)使用投入产出分析方法比较了美国南部和太平洋西北岸的森林工业对当地经济的贡献,计算了给经济带来的总影响和 1 美元森工产值对当地总产值、就业、个人收入和增加值的边际影响。

利普顿等(Lipton et al.,1998)根据美国 1996 年的数据测算出美国 Agribusiness 产值达 9 977 亿美元,占美国 GDP 比重的 13%,以及全部劳动力的17%。俄亥俄州立大学的托马斯·L·施波尔勒德(Thomas L. Sporleder,2006)利用基于投入产出的 OHFOOD 模型详细分析了俄亥俄州涉农产业的内部结构(投入与农业机械、种养殖、农产品加工、农产品批发与零售、农业服务),各自在整个涉农体系中的比重及其关联,为该州的农业政策制定提供了决策参考。

范李文(van Leeuwen,2000),测算了欧洲主要国家 agribusiness 占各国 GDP

的比重，法国为 8.50%，德国为 5.10%，意大利为 8.50%，英国为 7.10%。日本学者馆齐一郎（1976）、小野义幸（1992）等对日本的涉农产业体系结构及联系做了详细研究。弗托索、巴罗斯和吉尔托等（Furtuoso，Barros and Guilhoto，1998；2000；2003）采用戈德伯格和戴维斯关于 Agribusiness 的最初概念与内涵，利用巴西投入产出表，测度了巴西国内 Agribusiness 的结构以及在 GDP 中的比重。根据他们的测算，2000 年巴西 Agribusiness 占巴西 GDP 的比重为 27%。

我国 1973 年第一次编制投入产出表，陈锡康（1992）利用自己编制的 1982 年《农业与非农业的投入占用产出表》以及 1987 年《城乡经济投入占用产出表》对我国农业及相关产业联系做了有意义的研究。日置史郎（2000）用 1997 年《我国投入产出表》对我国当年的涉农产业结构及关联进行了投入产出分析。近些年，吕金飞（2006）运用 2002 年和 1997 年浙江省投入产出表，利用投入产出技术从投入结构、使用结构角度对浙江省木材加工及家具制造业的产业特性进行了剖析。王微（2007）以全国 1992～2002 年投入产出表为研究对象，对农业在国民经济中的地位作用进行了定性定量的讨论。何法顺（2007）以浙江省历年的投入产出表数据为基础，从投入产出的角度对浙江农产品加工业与其他产业部门的经济联系及其关联效应进行了实证分析。

以上这些对浙江农产品加工、浙江木材加工及家具、我国农业等涉农行业进行的投入产出分析，局限在单一行业或某一部门，而如何拓展农业的内涵，将农业生产资料投入、农林牧渔生产、农产品加工制造以及运销等各环节统合成一个相对独立的涉农产业体系并进行投入产出分析，此类研究有待进一步深入。

在借鉴已有文献的基础上，本研究对已经公布的我国、美国、日本等国家的投入产出表进行调整合并，制成涉农投入产出表，采取投入产出分析方法，对我国和美国、日本的涉农产业的产出总量、产业结构以及投入产出结构进行比较分析，得出我国涉农产业发展的薄弱环节及其发展空间；选用直接消耗系数、完全消耗系数、影响度系数、感应度系数等一系列指标，利用我国涉农产业投入产出表，对我国涉农产业以及涉农产业内部环节的产业关联程度和产业波及效果进行比较分析，并在此基础上归纳总结我国涉农产业的产业特性，寻找我国涉农产业发展的薄弱环节和突破口并指明其发展空间，为我国的涉农产业发展战略制定提供可行的借鉴。

二、方法与数据来源

（一）投入产出分析法

投入产出表是进行投入产出分析的前提和基础。投入产出表所反映的部门之间的联系，是生产技术经济联系。投入产出表所反映的部门之间的联系，是生产技术经济联系，也反映经济联系，特别是在价值形态表的条件下。投入产出表中有两个基本平衡关系式：

$$中间产品 + 最终产品 = 总产品（实物）$$
$$物质消耗 + 净产值 = 总产值（价值）$$

所谓投入产出模型，具体地说就是在上述两个基本平衡关系式上的线性代数方程体系。

（二）投入产出分析的主要系数

直接消耗系数。指第 J 部门生产单位产品所直接消耗的第 i 部门产品或服务的数量，记为 $a_{ij}(i, j = 1, 2, \cdots, n)$。直接消耗系数的计算方法是用第 j 部门生产经营中所消耗的第 i 部门的产品或服务的数量 x_{ij} 除以第 j 部门的总投入 X_j。公式表示为：

$$a_{ij} = \frac{x_{ij}}{X_j}$$

直接消耗系数的取值范围在 $0 \leq a_{ij} < 1$ 之间，a_{ij} 越大，说明第 j 部门对第 i 部门的直接依赖性越强；a_{ij} 越小，说明第 j 部门对第 i 部门的直接依赖性越弱；$a_{ij} = 0$ 则说明第 j 部门对第 i 部门没有直接的依赖关系。

影响力系数。指某个部门生产一个最终产品时，对国民经济各个部门所产生的生产需求波及程度。影响力系数大于 1，则表示该部门生产对其他部门所产生的波及及影响程度超过社会平均影响力水平，影响力系数越大，该部门对其他部门的需求拉动作用越大。影响力系数计算公式如下：

$$F_j = \frac{\sum_{i=1}^{n} b_{ij}}{\frac{1}{n} \sum_{i=1}^{n} \sum_{j=1}^{n} b_{ij}}$$

感应度系数。指国民经济各部门每生产一个单位最终产品时，某一个部门由此而受到的需求感应程度，即需要该部门为其他部门生产而提供的产出量。感应度系数大于 1，表示该部门所受到的感应程度高于社会平均感应水平。感应度系数计算公式如下：

$$E_i = \frac{\sum_{j=1}^{n} b_{ij}}{\frac{1}{n} \sum_{i=1}^{n} \sum_{j=1}^{n} b_{ij}}$$

（三）数据来源：编制涉农产业投入产出表

1987年3月，国务院办公厅发出了《关于进行全国投入产出调查的通知》（国办发〔1987〕18号），明确规定每5年（逢2、逢7年度）进行一次全国投入产出调查，编制投入产出基本表。至今，国家统计局已经正式编制并出版了1987年、1992年、1997年、2002年和2007年全国投入产出基本表。美国和日本的最新投入产出表分别是2007年和2005年。本书中如没有特别说明，所有我国和美国涉农产业的数据均是2007年，日本是2005年。

为了更好地突出涉农产业与第一、二、三产业，以及涉农产业内部各环节之间的产业关联与产业波及关系的数量特点，本书首先对我国、美国和日本的投入产出表做出适当的产业分类调整之后再进行分析。根据涉农产业的理念，与投入产出表相关部门进行对应，将涉农产业内部各环节细分，并将涉农产业作为整体从第一产业、第二产业、第三产业进行剥离，将剩余的三次产业内部各行业合并，构成只有涉农产业、第一产业、第二产业、第三产业的投入产出表，参见表2-3。

表2-3 **涉农产业投入产出**

产出 投入		中间使用					第二产业	第三产业	最终使用	总产品
		第一产业	涉农产业							
			涉农投入部门	涉农生产部门	涉农加工制造部门	涉农运销部门				
中间投入	第一产业		第Ⅰ象限 X_{ij}						第Ⅱ象限 Y_i	X_i
	涉农产业 涉农投入部门									
	涉农生产部门									
	涉农加工制造部门									
	涉农运销部门									
	第二产业									
	第三产业									
增加值		第Ⅲ象限 N_{ij}								
总投入		X_j								

经过以上产业分类调整，总体上没有改变投入产出表的基本关系，但是可以

较好地突出涉农产业及其内部各环节与第一、二、三产业之间的产业关联程度，在此基础上可以更加便利和客观地进行我国涉农产业总量、结构与关联分析并与美国和日本进行国际比较。

三、我国涉农产业的总量、结构及国际比较

美国和日本等发达国家的农业产出在国民经济全部门总产出中的比重已经降低到2%以下，而我国的这个比重仍然在5.75%左右，但与5年前的9%相比，有了明显下降。随着我国工业化的快速推进，尽管农业产出绝对值还会增加，其在国民经济全部门总产出中的相对比重还会进一步降低。

从表2-4数据可以看出，虽然美国日本等发达国家的农业产出在国民经济全部门总产出中的比重已经降到2%以下，但涉农产业产出却占有相对稳定、可观的份额，达到了10%或以上，涉农产业对整个国民经济的稳定与发展起着重要作用。

表2-4　　　中国、日本、美国农业及涉农产业总体产出结构比较（%）

部门	美国（2007年）	日本（2005年）	中国（2007年）
农业	1.44	1.35	5.75
涉农产业	10	11	21
国民经济	100	100	100

注：根据相应年份的报入产出表计算（下同）。

我国的涉农产业体系中，以农业产出环节为1，农业投入、农业生产、农产品加工制造、农产品流通服务四个部门产出之比为0.17:1:2.21:0.21，与5年前相比，我国涉农产业体系结构中，加工环节的比重有所上升，其与生产环节的产出倍数由2002年的1.32倍增加到了2007年的2.21倍，但仍然低于美国和日本。美国四部门比例为0.40:1:3.98:2.24；日本为0.35:1:4.26:2.35（见表2-5）。

表2-5　　　　中国、日本、美国涉农产业内部结构比较

部门	美国（2007年）	日本（2005年）	中国（2007年）
农业投入部门	0.40	0.35	0.17
农业生产部门	1	1	1
农产品加工制造部门	3.98	4.26	2.21
农产品运销服务部门	2.24	2.35	0.21

可以看出，美国、日本等发达国家的涉农产业体系结构中，加工制造是最大的产出贡献环节，是生产环节的 4 倍左右，流通服务环节也占有重要地位，通常是生产环节的 2 倍以上，而我国涉农产业体系的加工制造产出与生产环节的比例虽然比 2002 年有了很大提高，但仍然只有 2.21 倍，流通服务环节仍然不足生产环节的 50%，与发达国家相比，其产后环节依然薄弱。

以上的这种涉农产业总量及其结构发展趋势还可以从更加广阔的范围内获得验证，根据我们另外的一项对 40 多个国家的涉农产业结构测算的专题研究，发现包含法国、英国、意大利、澳大利亚和加拿大在内的众多不同资源禀赋的发达国家，其涉农产业结构表现出了大致趋同的发展状态，即在由投入、生产、加工、流通等四部门组成的涉农产业体系中，农产品加工制造部门是最大产出贡献环节，其次是农产品流通，整个涉农产业的总产出是单纯农业生产环节产出的 5~8 倍。这为我国的涉农产业结构调整提供了方向性的引导与借鉴。

与发达国家的涉农产业结构相比，我国农产品加工制造和流通服务的产出以及在涉农产业体系中的相对比重明显弱小，是制约我国涉农产业发展的最薄弱环节，也给我国现代农业的发展以及整个国民经济的发展提供了一个增长空间与新增长点。

四、我国涉农产业的关联分析及国际比较

（一）涉农产业对其他产业的直接消耗关系比较

根据制成的涉农产业投入产出表计算我国、美国与日本的涉农产业与其他产业的直接消耗系数。结果见表 2-6。

表 2-6　　　中国、日本、美国涉农产业对其他产业的直接消耗系数

产业名称	美国（2007 年）	日本（2005 年）	中国（2007 年）
涉农产业	0.1276	0.1354	0.3731
第一产业	0.0007	0.0003	0.0068
第二产业	0.0356	0.0786	0.1112
第三产业	0.0521	0.2281	0.0965
直接消耗系数合计	0.216	0.4424	0.5876

表 2-6 结果显示，我国、美国和日本涉农产业对四大产业的直接消耗关系有以下几个特点：

　　首先，三国涉农产业对涉农产业本身的直接消耗处在一个较高的水平上。我国和美国的涉农产业对自身的直接消耗都比对其他产业的直接消耗多，这表明无论是发达国家还是发展中国家，涉农产业体系已逐步形成一个较为完善的能够自行发展的产业体系。

　　其次，三国涉农产业需要直接消耗第一产业的数量在所有产业中是最少的，反映出涉农产业对第一产业的直接依赖程度非常低的特点。这可以从两个角度来解释：便于国际比较，根据国际惯例，本研究将农业（农林牧渔）从第一产业中抽离了出来，这样一来第一产业中就只剩下了矿业，其投入和产出量的数值均相对较小；涉农产业作为一个横跨三大产业的综合产业体系，其对第一产业的消耗是在一个相对稳定的状态下进行的，作为涉农产业原材料投入的矿产品数量非常少，从而导致涉农产业对第一产业的依赖程度很低。

　　再次，三国涉农产业对第二产业的直接消耗量也维持在一个比较低的水平线上。涉农产业对第二产业直接消耗程度不高，主要原因是涉农产业体系从第二产业中剥离了诸如农产品加工和纤维制造等众多产业，这样依赖涉农产业对剩余的第二产业的直接消耗关系主要体现在涉农产业需要第二产业为其提供涉农产业运作所需要的物质装备及机械设备。这其中，我国涉农产业对第二产业的依赖程度相对最高，美国和日本则相对较低。这可以说明美国和日本这样的发达国家，其涉农产业发展已经度过了数量扩张的阶段，进入了质量增进的阶段，因此涉农产业对第二产业提供的装备和设备等方面的投入需求会随着涉农产业发展水平的提高而不断降低，也就是说发达国家的涉农产业已经发展到了不需要持续大量的硬件设备投入来提高涉农产业的整体发展水平。因此，如果涉农产业的发展进入了发达经济阶段，其对第二产业的直接消耗量会逐步减少，最终稳定在一个较低的水平上。

　　最后，三国涉农产业对第三产业的直接消耗差距很大，美国和日本涉农产业对第三产业的直接消耗程度都比我国高，其中日本最高。从总体上来看，日本涉农产业对第三产业的消耗水平在四个产业中是最高的，且高过涉农产业的自身消耗，美国涉农产业第三产业的消耗低于涉农产业自身消耗，但高于对第二产业的消耗，我国涉农产业对第三产业的消耗低于对涉农产业自身和对第二产业的消耗，处于较低水平。可以看出，进入高度发达的服务经济时代后，涉农产业的发展在很大程度上依托于对通信、金融、贸易等第三产业发展，这也与发达国家呈现三、二、一的产业比重结构是统一的。

（二）涉农产业的影响力系数与感应度比较

　　根据制成的涉农产业投入产出表计算我国、美国与日本涉农产业与其他产业的影响力系数，见表 2 - 7。

表 2 - 7　中国、日本、美国涉农产业与其他产业的影响力系数与感应度系数

产业名称	美国（2002 年）		日本（2000 年）		中国（2002 年）	
	影响力系数	感应度系数	影响力系数	感应度系数	影响力系数	感应度系数
涉农产业	0.764	0.740	0.919	0.683	1.016	0.965
第一产业	1.085	0.660	1.112	0.651	0.870	0.543
第二产业	1.221	1.124	1.153	1.248	1.225	1.598
第三产业	0.930	1.478	0.816	1.417	0.890	0.894

　　我国的涉农产业影响力高于整个国民经济的平均水平，对国民经济的发展发挥着积极的拉动作用，在产业政策中可以通过推动涉农产业的发展来推动我国整个国民经济发展，而且应该可以取得比较理想的作用效果；美国和日本的涉农产业影响力低于全社会平均水平，对国民经济的拉动作用不如第二产业明显。这是因为传统农业在美国和日本两国国民经济中的比重非常小（美国 1.44%，日本 1.35%），涉农产业比重在国民经济总产出中的比重也在 10% 左右（美国 10%，日本 12%），而我国传统农业在国民经济总产出中的比重还依然较高，为 5.75%，相应的涉农产业在国民经济总产出中的比重高达 21%，由此可以解释我国的涉农产业影响力系数高于美国和日本，而日本涉农产业的影响力系数高于美国。

　　我国的涉农产业感应度系数仅次于第二产业的感应度系数，高于第三产业，说明我国的涉农产业受国民经济拉动作用相对高于第三产业，仍然可以通过发展第二产业和第三产业等相关产业来带动涉农产业的发展，同时也说明我国的第三产业发展与美国和日本相比，极其落后。

　　从理论上来讲，涉农产业受到其他产业的感应主要应表现在两个方面：一是对涉农产业提供的生产资料的需求，二是对涉农产业提供的生活产品的需求。首先，随着生产社会化和专业化的程度的不断提高，需要涉农产业提供更加优质、高效的生产资料；其次，随着人均生活水平的不断提高，人均 GDP 的不断增长，居民对涉农产业提供的最终生活用品的需求也不断加大。因此，尽管涉农产业在我国的国民经济中的比重会随着传统农业的缩减进一步下降，但涉农产业的影响力系数将在一定时期内保持相对稳定的状态。

　　综合比较我国、美国和日本涉农产业的影响力和感应度系数，可以看出，虽然涉农产业的影响力和感应度系数均低于第二产业，但从数值上来看，三国涉农产业的影响力系数均略高于感应度系数，这表明涉农产业对国民经济的拉动作用还是略高于经济发展后对涉农产业的拉动作用。因此也可以看出，无论是美国和日本这样的经济发达国家，还是我国这样快速崛起的发展中国家，都应该采取主动发展涉农产业的战略措施来带动涉农产业自身，并进一步促进其他产业的发展，而不是被动地等待国民经济发展后来拉动涉农产业的发展。

五、基本结论

日本和美国农业发展的资源禀赋和发展道路迥异，但其涉农产业的结构与关联状况及其在国民经济中的比重等指标颇为相近。日本和美国两国传统农业产出比重分别为1.35%和1.44%，两国涉农产业产出比重分别为12%和10%，其内部四部门的产出比例分别为0.15:1:4.38:2.49和0.30:1:3.89:2.15，由此可以看出，无论是发达国家还是发展中国家，也无论资源禀赋状况如何，涉农产业在国民经济中的地位及其涉农产业结构将会表现出相同或者相类似的趋势，与2002年相比的数据表明，我国涉农产业的发展也正朝着这个方向演进。

与美国、日本相比，我国涉农产业结构的产前、产后环节发育严重不足。美国、日本等发达国家的涉农产业体系结构中，加工制造是最大的产出贡献环节，是生产环节的4倍左右，流通服务环节也占有重要地位，通常是生产环节的2倍以上，而我国涉农产业体系的加工制造产出仅仅是生产环节的2.21倍，流通服务环节不足生产环节的50%。与发达国家的涉农产业体系结构相比，我国农产品加工制造和农产品流通服务的产出以及在涉农产业体系中的相对比重明显弱小，是制约我国涉农产业发展的最薄弱环节。

我国涉农产业对国民经济推动作用明显，各环节之间密切关联。我国涉农产业的影响力系数为1.016，略大于1，这意味着涉农产业对国民经济发展的推动作用高于全部产业的平均水平，因此总体上涉农产业对国民经济发展的推动作用较为明显。从现代农业发展的角度来看，扶持和发展影响力系数较大的横跨第一、二、三产业的涉农产业，可以有效地拉动国民经济的发展。

本研究只采用最新的可获得的数据对我国、美国和日本涉农产业的总量、结构与管理情况进行了国际比较分析，只能反映三个国家涉农产业在2007年或者2005年的时点上的发展水平，难以及时反映出涉农产业纵向发展变化动态，因此下一步可以结合时间序列的投入产出数据对涉农产业进行分析，全面揭示我国涉农产业的发展动态与变化趋势。

另外，涉农产业投入产出研究是一个非常复杂的问题，涉及经济、数学、统计、涉农系统等多个学科、多个领域，资料调整合并的数量较大，美国、日本和我国的投入产出表在部门和行业分类上不是一一对应关系，在进行投入产出表调整并进行对比分析时定然存在着误差，本研究可能会存在着一些描述不够准确的提法，计算不够精准的偏差或者其他遗漏。

最后，由于本研究集中运用的是投入产出分析方法，其结果和结论无法从另外一种方法和侧面得到验证。同为一般均衡分析，CGE 模型得到越来越广泛的运用，其方法亦越来越成熟，关于我国涉农产业的结构与关联分析还可以从 CGE 这个方法里面得到进一步检测，由此可以与投入产出分析得到的结论进行比较。因此，下一步可以将 CGE 方法引入涉农产业的分析，从而获得更加深入的研究结论。

第七节 我国现代农业发展的国情

一、人口众多，地区差异大

2009 年末，全国总人口为 13.35 亿，比上年末增加 672 万人。全年出生人口 1 615 万人，出生率为 12.13‰；死亡人口 943 万人，死亡率为 7.08‰；自然增长率为 5.05‰。2006 年以来，受年龄结构影响，已婚育龄妇女人数增加，加之夫妻双方为独生子女可以生育二孩家庭比例的提高，出生人口略有增加。

中国以世界上 7% 的耕地承担着养活世界上 22% 的人口的重任，人多地少的国情使得粮食安全问题成为我国现代农业发展过程中不可回避的主题；与此同时，工业化和城市化的推进使得农业用地减少。为此，确保国家的粮食安全显得日益紧迫。

我国各地由于自然条件千差万别，历史与文化传统不同，经济社会发展水平不平衡，发展现代农业必然呈现多样模式的特点，农区、山区、林区、牧区、渔区各有特色。具体到各个区域来说，情况更是千差万别，地形地貌、气候、人口分布、资源禀赋、耕作习惯等方面的差异很大。因而，我国现代农业发展，不可能按照一个模式去运行，积极探索适合各地区实际情况的现代农业发展模式成为必然的需求。

二、农用资源尤其是水、土地资源稀缺

2009 年 2 月 26 日，国土资源部公布的 2008 年全国土地利用变更调查结果显示，截至 2008 年 12 月 31 日，全国耕地面积为 18.2574 亿亩，又比上一年度减少 29 万亩。耕地面积连续 12 年下降。与 1996 年的 19.51 亿亩相比，12 年间，中国

的耕地面积净减少了 1.2526 亿亩，中国目前耕地面积超过 1 亿亩的省份只有 5 个。为保证粮食安全，耕地保有量不得低于 18 亿亩，是一条不可逾越的政策红线。目前我国人均耕地面积排名世界第 126 位，是世界人均耕地面积的 40%。

近年来由于工业、交通、城建的占用，耕地数量还在不断减少。同时我国耕地水土流失严重，由于人口压力，往往盲目开垦扩大耕地，长期对土地资源的利用不当和掠夺式经营造成了土地退化，水土流失不仅导致当地土地资源退化和生态环境破坏，甚至威胁到群众的生活和生存条件。我国农业灌溉用水一直是各类用水的大户，总用水量 4 000 亿立方米左右，占总用水量的 67%，如加上其他农业用水，估计整个农业用水量占到总用水量的 80%，是全国水资源最大可能利用量的 35% ~ 40%。

三、小农经济，产后环节发育不成熟

我国现行的农业生产模式大多是以家庭为单位，土地分布形式是一家一户条块分割的小田块，难以形成大规模的机械化农业生产及统一的田间管理，使先进的农业机械难以得到充分利用，先进的农业管理技术实施困难，条块分割还造成灌溉用水的浪费，由此形成人力资源、自然资源的浪费，导致农业生产成本很高。

由于土地条块分割，原来大片的土地分成小块分属于不同经营者，这样每一小块土地上都可能种植不同于其他小块土地的农作物，即使是同一作物也可能属于不同品种，即使是同一作物同一品种也会由于不同经营者的田间管理的不同而产生出不同质量的农产品，致使中国农业产品的商品率很低，食品安全难以得到切实保证。

从产业链来看，在美国、日本等发达国家的现代农业结构中，加工制造是最大的产出贡献环节，是生产环节的 4 倍左右，流通服务环节也占有重要地位，通常是生产环节的 2 倍以上，而我国现代农业体系的加工制造产出仅仅是生产环节的 1.32 倍，流通服务环节不足生产环节的 50%。与发达国家的涉农产业体系结构相比，我国农产品加工制造和农产品流通服务的产出以及在涉农产业体系中的相对比重明显弱小，严重制约我国现代农业的发展。

第八节　我国现代农业发展的路径

国内外现代农业的发展经验为我国现代农业发展空间提供了方向，但我国现代农业发展必须要考虑到我国的约束条件，考虑到我国人口多、资源稀缺、分散经营的具体情况，在分析我国现代农业竞争力的基础上总结归纳我国现代农业发展的主要路径。我国现代农业的发展路径可以概括为，通过发展农产品加工及流通服务业来延伸现代农业产业链条，拓展我国现代农业发展空间；通过结构调整并发展高效农业来提升种养殖业经济效益，保证我国粮食安全及其综合生产能力；通过现代农业体系各环节的技术创新和组织制度创新来提高整个现代农业竞争力，加速我国农业现代化进程。

（一）从现代农业产业体系来看，我国现代农业发展的潜力在于现代农业产业链条的延伸与拓宽，特别是农产品加工业以及农产品流通、服务业的发展与扩大

发达国家的经验表明，农业发展不能仅靠本身，还需要其他产业的支持。我国在现代农业建设中，根据自身的资源优势和技术优势，围绕优势与特色产品，形成从科研、生产、加工、运输到销售的整条产业链，以提高农产品的附加值，实现农业的可持续发展。

通过发展农产品加工业，将农业与农村的农产品和劳动力资源优势转化为农村产业发展优势，把农业产前、产中、产后的各个环节相互连接在一起，延长农业价值链、产业链、效益链和就业链，形成较高程度的纵向一体化，增强我国现代农业的竞争力。

2004年，加拿大农业及农产食物产业系统对整个加拿大 GDP 的贡献比率是8.1%。其中，农业生产环节只占全国 GDP 的1.3%，农产品加工、流通、服务环节占到全国 GDP 的7%，产后环节对 GDP 的贡献是产中环节的3.7倍。与发达国家的现代农业产业体系结构相比，我国农产品加工制造和农产品流通服务的产出以及在现代农业产业体系中的相对比重明显弱小，是制约我国现代农业发展的薄弱环节，也给我国现代农业的发展以及整个国民经济的发展展现了巨大增长空间与新增长点。

农产品加工业与农业的比值，每增加0.1个点，就可以带动230万人就业，带动农民增收人均193元。同时还可以催生一大批相关配套企业、农民经纪人、农民专业合作组织和个体从业者，形成新的就业渠道。由此看来，农产品加工业及其后续流通服务业成为事关我国农业全局的战略重点，成为引领农业发展，带动农民收入稳步增长的关键产业。

因此，扩大高附加值农产品的生产，延伸农产品加工的产业链，拓展农产品的国内外市场，提高农产品的经济价值，成为我国发展现代农业的关键。在稳定粮食生产、保障粮食综合生产能力的前提之下，大力发展农业产业和相关产业群，加大农产品的养殖业转化和工业深加工，提高农产品的附加值，扩大农产品的国内外流通和贸易，将农业发展成为一个有突出经济贡献的现代产业。

（二）从农业生产环节来看，通过土地保护与培育，提高粮食综合生产能力，通过发展高效农业并规模化经营，提高农业经济效益

作为人口大国，我国对农副产品的现实需求总量和潜在需求总量是可观的，我国农业内部的市场潜力和增收潜力也有很大空间。虽然我国农业领域产出的品种和结构将会逐步趋于优化和改善，但我国及全国现实庞大人口以及省外广阔市场对我国农副产品的潜在需求总量是十分可观的，需要在我国农业生产的内部环节提高单位面积粮食产量，优化农业内部结构，在园艺畜牧等环节提升农业生产效益。

我国农业经济结构中，农业资源利用结构有待优化。在确保粮食安全、提高我国农业综合生产能力的前提下，根据资源禀赋和市场需求，积极调整种养殖业内部产业结构，发展高效农业，提高农业效益，将是我国农业内部生产环节的潜力和发展空间。

在农业生产环节以外寻找增收途径虽然是重要的，但这些可行途径中有些需要长时期才能实现的，如推进城市化、农业规模经营等，并不能在短时期内迅速完成。在农业内部通过发展和改进种养业、优化农产品生产销售环境和条件来发展现代农业，提高粮食综合生产能力并寻求高效农业的规模化，也是我国现代农业发展的重要方向。

我国农业内部结构调整首先要着眼于农产品品种结构的优化，实现以产量为主向产量、质量和效益并重的转变，并适应市场需求，不断优化农产品的品种质量和品质结构，大力发展适销对路的优质专用农产品生产。从产业结构调整出发，通过发展畜牧业，促进畜牧业内部结构变化，由过去种植业"粮食作物—经济作物"的二元结构种植改为"粮食作物—经济作物—饲料作物"的三元结构种植，把饲料从粮食作物和经济作物中分离出来，增加饲料作物种植面积，以最大限度发挥产业效益。

设施农业是我国农业内部环节提高生产效益的重要途径。发展设施农业，可以改善生产条件，增强农业抵御自然灾害能力，提高产出率和农业效益。如标准化日光温室亩均收益相当于大田作物的18倍，比漫灌式的水浇地节水38%。规模养殖场和养殖小区，蛋鸡产蛋量可提高18%，奶牛产奶量可提高12%。

（三）从保障与支撑条件来看，无论在整个现代农业产业体系中，还是农业生产内部环节，都需要全程科技支撑与组织制度保障

我国现代农业产业体系的后续环节以先进适用型农业生产技术和加工流通技术及其组合创新为重点；生产环节内部以粮食增产技术以及清洁生产技术应用为主，特别是土地与水资源节约、提高资源产出效率的技术选择尤为重要。

我国现代农业产业体系的组织化程度提升以发展利益联系紧密的专业合作社为重点，鼓励和引导契约一体化（生产合同）组织发展；现代农业服务体系中，属于公共品范畴的服务由政府提供，其他农业服务社会化。

第三章

现代农业可持续发展战略

第一节 中国农业可持续发展面临的挑战

一、不断增长的食品与饲料的需求

（一）粮食

粮食是保生活、平物价、稳民心的关键商品。以不足世界7%的耕地，养活世界近1/5的人口，我国政府历尽艰辛，取得了举世瞩目的成就。从1978年至今的30多年来，我国粮食产量从3亿吨连续登上3.5亿吨、4.0亿吨、4.5亿吨、5.0亿吨4个大台阶。实现了主要粮食供给由长期短缺到大体总量平衡、丰年有余的历史性转变。但粮食问题仍是我国的头等大事，是经济发展、社会和谐、国家自立的基础，关系到我国经济独立和安全，关系到社会稳定和小康社会目标的实现。

粮食生产状况。2007年以前，我国曾经有3个年份的粮食产量突破了50 000万吨，其中1996年粮食产量首次达到50 455万吨，这是1984年达到40 000万吨水平之后，经过12年艰苦努力首次突破50 000万吨大关；1998年达到51 230万吨；1999年达到50 840万吨（见图3-1）。但随后5年粮食生产连续下滑，2003年粮食产量下滑到43 070万吨。

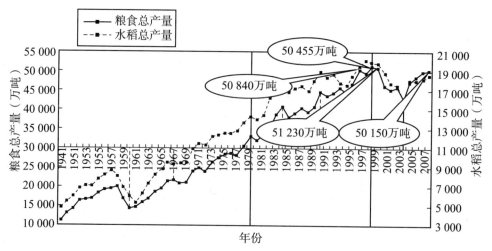

图 3 - 1　我国粮食总产量变动情况

　　针对粮食下滑，2004 ~ 2007 年，国家出台了一系列强农惠农的重大举措，加大对农业的投入，加上农业科技的进步，为中国新时期现代农业发展创造了良好条件。在系列政策的促进下，2004 ~ 2007 年粮食产量快速增长，增幅达 16.4%，累计增产粮食 7 080 万吨（见图 3 - 2），其中 2004 年增产 3 877 万吨，是新中国成立以来增加最多的一年。2007 年，粮食播种面积恢复到 1.057 亿公顷，比 2003 年增加 640 万公顷；产量达到 50 150 万吨，比 2003 年增产 7 080 万吨。2008 年，全年粮食总产有望超过 1998 年 51 230 万吨的历史最高水平，实现改革开放以来首次连续 5 年增产，为近几年我国粮食市场平稳运行奠定了物质基础。

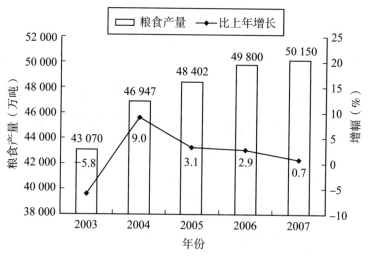

图 3 - 2　2003 ~ 2007 年全国粮食产量及其增长速度

粮食消费状况。随着人口增长、城市化、工业化发展，我国粮食消费需求总量平稳增加，据测算，城市化程度每提高 1%，粮食消费总量大体增加 1 000 万吨。另外，随着人们消费结构的变化和食品加工业的发展，工业用粮将继续增加，预计年递增 2.2%，占粮食总消费的 8.0% 左右。2007 年我国粮食总产量 50 150 万吨，人均占有量为 380 千克，而人均消费量为 388 千克，产需总量基本平衡（见表 3–1）。除大豆有一定缺口需依靠进口弥补外，小麦、稻谷、玉米 3 大品种消费量在 4 250～4 350 千克，产需平衡有余。

表 3–1　　　　　　　　　　2003～2007 年全国粮食产需　　　　　　　　单位：万吨

项目/年份	2003	2004	2005	2006	2007
产量	43 070	46 945	48 400	49 800	50 150
需求量	48 800	49 000	53 100	50 750	51 250
产需缺口	5 730	2 055	4 700	950	1 100

从消费结构上看，口粮消费稳中趋降，2007 年城乡居民口粮消费大致在 26 500 万吨左右，占粮食总消费的 51.71%（见图 3–3）；饲料用粮持续增长，由于肉、蛋、奶等动物性食品的需求增长较快，近年来我国饲料用粮一般在 16 500 万吨左右，约占国内粮食总消费的 1/3；工业用粮增加较快，在国际能源价格不断上涨的推动下，以粮食为原料的深加工业迅速扩张，使工业用粮增长加快，目前工业用粮大约为 7 000 万吨；种子用粮变化不大，稳定在 1 150 万吨左右。

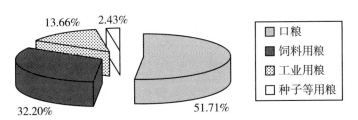

图 3–3　2007 年我国粮食消费情况

（二）饲料

饲料是畜牧业发展的基础，进入 21 世纪之后，我国畜牧业发展十分迅速，畜禽存栏量和畜禽产品年产量逐年增加，因而对饲料的需求量也逐年增加。与之相比，我国粮食产量增长幅度相对较低，饲料原料的短缺问题一直影响着畜牧业的发展，成为我国畜牧业面临的一大挑战。

2005 年是我国饲料行业历史上具有重大意义的一年，饲料产量首次突破了 1

亿吨大关，稳居世界第 2 位。全年饲料工业总产值将达到 2 639 亿元，同比增长 8%。饲料产业达到了 1.03 亿吨，同比增长 6.6%。在 1.03 亿吨中，配合饲料达到 7 371 万吨，增长 4.9%，浓缩料 2 446 万吨增长 10%、渔料增长 17.9%。

饲料原料日益短缺。在耕地逐年减少，生态环境保护、粮食安全问题日益突出的背景下，饲料原料供给不足是制约我国养殖业发展的瓶颈。工业饲料主要由玉米、鱼粉及各种微量元素等配制而成。蛋白质、能量饲料占饲料比重已超过 70%。我国饲料工业对国际原料市场有很深的依赖性。1990 ~ 2002 年，我国年均进口谷物 820 万吨，1995 年曾进口 2 027 万吨，其中进口玉米 518 万吨。尽管国内玉米产量有所增加，但无法满足饲用玉米的需求，已连续四年动用国家储备粮补充饲料粮，对我国粮食安全构成了严重威胁。我国是蛋白质饲料资源短缺的国家。主要蛋白质饲料原料仍靠进口，如 70% 鱼粉、大豆需要进口。蛋白质饲料原料加工业发展严重滞后，不仅抑制了饲料工业的快速发展，而且由于营养失衡造成了其他饲料粮的浪费。

我国畜牧业发展迅速，畜禽产品年产量逐年增加。我国饲料工业发展迅速，但仍不能满足畜禽的需求。2001 ~ 2006 年我国饲料工业产量见表 3 - 2。2006 年全国工业饲料总产量达到 1.1 亿吨，比 2001 年的 7 806 万吨增加了 41.7%，其中配合饲料 8 117 万吨，浓缩饲料 2 456 万吨，添加剂预混料 486 万吨。直接可以饲喂畜禽的配合饲料量为 8 117 万吨，浓缩饲料应用比例按照 30% 计算，则 2 456 万吨浓缩饲料通过添加能量饲料可以提供的饲料总量为 8 187 万吨，二者之和为 1.63 亿吨，约为上述推算出的畜禽饲料需求量为 5.67 亿吨的 30%。即畜禽产品中仅有 30% 的产品是依靠商品饲料转化而来，仍有供给人们 70% 畜禽产品的畜禽的饲料需要生产。由此可知，我国饲料工业发展潜力巨大，有较大的发展空间。

表 3 - 2　　　　　　　　2001 ~ 2006 年中国饲料工业产量　　　　　　　单位：万吨

年份 \ 项目	饲料产量	配合饲料	浓缩饲料	添加剂预混料
2001	7 806	6 087	1 419	301
2002	8 319	6 239	1 764	316
2003	8 712	6 428	1 958	326
2004	9 661	7 031	2 224	406
2005	10 732	7 762	2 498	472
2006	11 059	8 117	2 456	486

我国饲料供应量和需求量不平衡，大约 80% 肉禽、58% 蛋禽、23% 猪及 14% 反刍动物饲养中采用商品饲料，剩余部分则依靠传统式饲养方式，饲料工业化生产

前景广阔。但是，我国现阶段的饲料原料产量仅能满足畜禽实际需求量的30%左右。

我国依靠传统式饲养方式饲养的畜禽比例较大。据中国饲料工业协会信息中心介绍，2006年我国工业饲料产量为1.1亿吨，将浓缩饲料折合成全价料之后约可提供1.63亿吨，其中猪料占36%，蛋禽料占26%，肉禽料占20%，水产料占12%反刍饲料占4%，其他饲料占2%。当根据猪、肉禽、蛋禽的料重比分别为3.1:1、1.9:1、2.5:1，猪、肉禽的屠宰率分别为64%、70%时，可以计算出猪禽商品饲料的需求量（见表3-3）。当反刍动物饲料中精粗比为40:60，饲料转化率为5:1，屠宰率为54%时，可以计算出反刍动物精料需求量。当我国畜禽产品全部依靠商品饲料转化时，猪、肉禽、蛋禽和反刍动物的饲料需求量及2006年我国饲料实际供应量。供需平衡状况见图3-4。

表3-3　　　　　　2006年我国饲料需求量和实际供应量　　　　　单位：万吨

项目	猪	肉禽	蛋禽	反刍动物[1]
饲料需求量[2]	25 173	4 090	7 365	4 519
饲料供应量	5 869	3 261	4 239	652

注：1. 反刍动物饲料需求量指反刍动物精料需求量，计算公式为
饲料需求量 =（畜产品产量÷屠宰率）×料重比×精料比例；
2. 饲料需求量 =（畜产品产量÷屠宰率）×料重比。

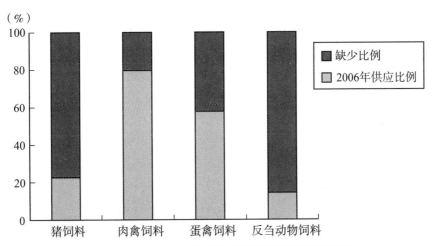

图3-4　2006年我国各类饲料供需平衡状况

注：图中比例是在假设中国畜禽全部依靠商业饲料饲喂的情况下计算出来的。

根据表3-3和图3-4分析可知，在我国饲料供应量和需求量不平衡，大约80%肉禽、58%蛋禽、23%猪及14%反刍动物饲养中采用商品饲料，剩余部分则依靠传统式饲养方式。虽然集约化饲养在我国已提出并推广多年，但根据数据和图

标显示我国多数畜禽仍然依靠粗放式饲养方式饲养。粗放式饲养方式存在饲料浪费严重、饲料转化效率低、畜禽防疫不到位等诸多问题，需要向集约化饲养方式转变，而转变的首要条件是有充足的饲料供应，但是我国现阶段的饲料产量总体上仅可满足 30% 的需求量，因此饲料产量有待于增加，饲料原料有待于进一步开发。

（三）油料

目前，我国大豆、油菜、花生、芝麻、向日葵、亚麻等油料作物的年种植面积约 2 600 万公顷。发展油料作物不仅是我国新世纪发展循环经济的有效选择，是发展节水型农业的重要途径，而且是生物柴油的原料保证。

FAO 发布的统计数据显示，世界主要油料作物（含大豆、油菜、花生、油葵、油棕榈）的种植面积从 1996 年的 1.34 亿公顷上升到 2004 年的 1.78 亿公顷，增长 32.8%；总产从 1996 年的 3.099 亿吨上升到 2004 年的 4.659 亿吨，增长 50.3%。值得注意的是油棕榈的单产提高显著，以占世界 7% 的种植面积生产了占世界 33% 的产量，其国际竞争力显而易见。

我国是世界上最大的油料进口国，2005 年进口量已接近我国的生产总量。随着 WTO 过渡期的结束，2006 年我国完全取消对油料和植物油的进口配额限制，我国油料市场面临国际市场的更大冲击。我国 2001～2006 年油料作物平均种植面积和产量见表 3－4。我国在"十五"期间油料的生产和消费情况见表 3－5 和表 3－6。

表 3－4　　　2001～2006 年我国油料作物平均种植面积和产量

作物	面积（万公顷）	单产（千克/公顷）	总产（万吨）
油料合计	3 451.2	2 338.1	7 723.24
大豆	929.9	1 740.3	1 617.06
油菜	712.5	1 689.8	1 203.11
棉籽	504.6	2 237.8	1 128.64
花生	487.0	2 961.4	1 440.03
向日葵	105.6	1 641.4	173.12
芝麻	68.2	1 050.3	71.79
亚麻	47.2	893.7	42.45
油棕	4.7	14 300.6	66.82
椰子	2.8	10 310.0	28.39
橄榄	0.033	16 210.6	0.53
红花	1.3	2 374.3	3.03
蓖麻	26.3	965.6	25.38

表3-5　　　　　　　　　　"十五"期间我国油料生产情况

作物＼年度	2001/2002	2002/2003	2003/2004	2004/2005	2005/2006
大豆	1 541	1 651	1 539	1 800	1 700
花生	1 441	1 482	1 342	1 434	1 470
油菜	1 133	1 055	1 142	1 318	1 140
棉籽	956	885	887	1 150	1 020
其他	148	195	174	169	178
总产	5 219	5 268	5 085	5 871	5 508

表3-6　　　　　　　"十五"期间我国各种植物油消费情况　　　　单位：万吨

作物＼年度	2001/2002	2002/2003	2003/2004	2004/2005	2005/2006
大豆油	414	639	717	736	857
花生油	215	224	210	218	235
菜籽油	421	366	436	484	464
棉籽油	112	101	102	128	116
棕榈油	247	352	371	430	470
总消费量	1 454	1 741	1 896	2 053	2 216

　　尽管"十五"期间我国油料生产得到了一定程度发展，但油料的生产量满足不了消费的需要。因此，每年我国进口大量油料以满足国内市场需要。其中以大豆、棕榈油及大豆油的进口量最多，增长最快，2004/2005年度油料进口量已接近我国的油料作物生产总量（见表3-7）。出口方面，主要以花生和豆饼为主，但增长缓慢。

表3-7　　　　　　　"十五"期间我国油料进出口情况　　　　单位：万吨

	作物＼年度	2001/2002	2002/2003	2003/2004	2004/2005	2005/2006
进口	大豆	1 038	2 142	1 693	2 400	2 700
	棕榈油	247	353	371	430	470
	大豆油	55	171	273	196	260
出口	花生	91	109	82	100	103
	豆饼	112	85	67	78	75
	大豆	30	26	32	37	33

二、农业自然资源日益紧缺

（一）耕地面积

改革开放以来，我国工业化和城市化推动了经济高速增长。但与之相对应，我国的耕地资源严重流失。1984～2006年的23年间，全国耕地面积净减少115 013万公顷，其中近10年减少最快。我国现有耕地面积约为全世界的9%，人均耕地仅1.39亩，还不到世界平均水平的40%，据估算，在其他因素不变的情况下，预计2044年我国人均耕地面积将低于联合国粮农组织确定的0.8亩警戒线，而事实上目前我国已有近666个县（区）人均耕地面积低于这一数值。

随着经济的发展，大量的农村青壮劳力外出务工经商。据统计，至2007年年底，我国约有2亿农民进城务工，有的甚至举家外出，农村剩下的多为"3861"人员，使得农村土地长期处于粗放经营和低效利用状态，抛荒耕地面积不断扩大，闲置浪费情况严重。另外，随着近年来工业园区的过度建设，使得大量的农用地转化为非农用地，在利益的驱动下，地方政府、开发商、农民三方协同，巧立名目，占地、圈地，使得耕地面积急剧减少。图3-5为1996～2006年我国耕地面积及减少率变化。

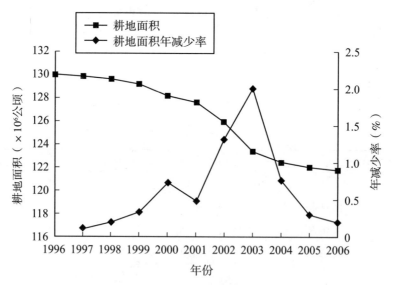

图3-5　1996～2006年我国耕地面积及减少率变化

孙燕等在《中国耕地保有量的动力预测模型及对策》中指出：中国耕地变

化有两大方向：补充耕地和减少耕地。中国的耕地增加主要通过土地整理复垦开发和农业结构调整来补充，耕地减少则有建设占用、农业结构调整、生态退耕和灾毁耕地四个方面。表3-8为"十五"时期中国耕地变化状况，从各项要素历年占用耕地减少的比例来看，生态退耕是近年耕地快速减少的主要原因，建设占用耕地位居第二，灾毁和农业结构调整所占比例相对较小。从各项要素历年占用耕地的数量来看，建设占用耕地数量随着国家对土地调控力度的加大，呈现下降趋势；灾毁耕地数量基本稳定在 $(5\sim6)\times10^4$ 公顷；生态退耕数量先升后降，2002 年和 2003 年数量很大，经过前几年大规模的退耕之后快速下降，2005 年退耕数量只有 2003 年的 17% 左右；农业结构调整耕地数量较为稳定，但 2005 年农业结构调整耕地数量迅速下降。历年补充耕地数量为 $(20\sim30)\times10^4$ 公顷且变化不大，近 3 年的耕地补充数量均在 30×10^4 公顷以上。

表3-8   "十五"时期中国耕地变化状况

	耕地 \ 年份	2001	2002	2003	2004	2005
减少耕地	建设用地（10^4 公顷）	16.37	19.65	22.91	14.51	13.87
	占减少比例（%）	19.72	10.09	8.04	12.66	23.31
	灾毁耕地（10^4 公顷）	3.06	5.63	5.04	6.33	5.35
	占减少比例（%）	3.68	2.89	1.77	5.52	8.99
	生态退耕（10^4 公顷）	59.07	142.56	223.73	73.29	39.04
	占减少比例（%）	71.17	73.22	78.55	63.95	65.62
	农业结构调整（10^4 公顷）	4.50	26.86	33.14	20.47	1.23
	占减少比例（%）	5.42	13.79	11.63	17.86	2.07
	合计减少（10^4 公顷）	82.99	194.70	284.82	114.60	59.49
补充耕地	开发整理复垦	20.26	26.08	31.08	34.56	30.67

保持耕地总量动态平衡，是耕地保护的刚性指标一个不能逾越的警戒线。经济社会的发展、城市化的加速，必不可免地要占用一定的耕地，但是在一定的行政辖区内（如省、市）耕地面积总量，在增减变动中必须保持增减平衡、占一补一，总量不减。正在经济大发展中的中国不坚决实行这个制度，非农建设占用耕地逐步失去控制，全国大量的耕地就可能在短时间内被工厂、道路、楼房、城市、旅游设施和场地等占掉，十几亿人的粮食安全就会受到严重威胁，中国的粮食需求就将走上依靠进口的危险道路。

（二） 乡村劳动力

在1996年和2006年，我国均做了全国农业普查，通过结果比较发现，农村劳动力结构出现了一些新情况、新趋势。表 3 - 9 为 2006 年中国农村劳动资源情况。

表 3 - 9　　　　　　　2006 年中国农村劳动资源情况　　　　　单位：亿人

指标	合计	农村	其他涉农区域
常住劳动力资源	5.38	5.31	0.07
从业人员	4.85	4.79	0.07
户籍劳动力资源	6.16	6.09	0.06
从业人员	5.61	5.55	0.10
农村常住人口	7.56	7.46	0.00

1996 ~ 2006 年农村总体劳动力的变动有两个明显特征：一是农村劳动力显著减少。1996 ~ 2006 年，全国劳动力从 6.89 亿人增加到 7.64 亿人，增加 0.75 亿人；但农村劳动力却从 5.61 亿人减少到 4.79 亿人，减少 0.82 亿人。2006 年中国农村常住劳动力资源数量为 5.31 亿人，农村户籍劳动力资源数量为 6.09 亿人，对比农村常住劳动力资源数量和农村户籍劳动力资源数量，发现许多有农村户籍的劳动力不再是农村的常住劳动力，其数量差为 0.78 亿人，占农村户籍劳动力资源数量的 12.81%。反映了农村剩余劳动力大量转入城镇非农产业，为中国工业化、城市化进程提供了强有力的劳动资源支撑。二是农村常住从业人员呈现老化的趋势。1996 年中国农村常住从业人员中 60 岁以上人口占 7.0%，2006 年上升到 8.8%。通过各年龄段取均值，然后加权平均分别求出前后两个时期农村劳动力的平均年龄，得到 1996 年农村常住从业人员的平均年龄为 37 岁，2006 年上升到 41 岁，增幅为 13.9%，表明 1996 ~ 2006 年中国农村实际从业的劳动力呈现出老龄化趋势。实际上，农村劳动力年龄更大。农村住户户籍从业人员中，20 岁及以下和 21 ~ 30 岁组所占比重（分别为 8.2% 和 21.3%）均高于农村常住从业人员相应年龄组所占的比重（分别为 6.1% 和 18.1%）；相反，农村常住从业人员中 41 ~ 50 岁、51 ~ 60 岁和 60 岁以上组所占比重（分别为 22.6%、18.4% 和 8.8%）均高于农村住户户籍从业人员中相应年龄组所占的比重（分别为 20.7%、16.1% 和 7.6%）。可见，相对于名义上的农村住户户籍劳动力，实际农村劳动力显得更为老龄化，主要是因为农村外出劳动力相对年轻。

（三）地表水资源

我国是世界上 13 个水资源严重短缺的国家之一。水资源短缺和水资源分布不均严重地制约着我国经济社会的发展。

水资源量严重不足。我国年均水资源为 2.81 万亿立方米，按 13 亿人口计算，人均占有水量为 2 200 立方米，只有世界平均水量的 1/4，不到美国的 1/5，俄罗斯的 1/7，加拿大的 1/50。我国水资源总量不仅不足，而且地区差异大。华北地区缺水最为严重，人均水资源的占有量只有 357 立方米，比以色列的 382 立方米还要少。按国际标准，人均占有量低于 2 000 立方米的属于严重缺水，但不得低于 1 000 立方米。

水资源分布极为不均衡。从南北看，长江流域以南土地面积占全国的 36.5%，耕地占 36%，人口占 54.7%，而水资源却占了全国的 81%，人均占有量达到 3 438 立方米。可是，北方人均占有量只有 937 立方米。就地下水而言，分布也极不均衡。我国地下水年均达到 8 000 亿立方米，南方就有 5 000 亿立方米，北方却只有 3 000 亿立方米。到 2030 年，南方人均占有量为 2 477 立方米，北方只有 757 立方米。从流域看，黄、淮、海流域的土地面积占全国的 15%，耕地面积占 40%，人口占 35%，水资源量只占全国的 5%，人均占有量仅为 451 立方米。雅鲁藏布江、怒江、澜沧江等江河组成的西南流域，土地面积占全国的 10%，耕地占 1.7%，人口占 1.5%，水资源却占全国的 21%，人均占有量达到全国人均占有量的 14 倍。每年有 6 000 亿立方米的优质水资源流出国境。从人口分布看，华北地区人口占全国的 1/3，水资源量只占全国的 6%。西南地区人口只占全国的 1/5，水资源量却占全国的 46%。西藏地区人均占有量是 20 万立方米，上海市只有 201 立方米，天津市枯水年只有 20 立方米。从耕地来看，我国大西北的土地面积占全国的 1/3，人口只有全国的 1/10。这里光、热条件好，地势平坦，平均海拔 1 500 米左右，有农垦荒地 2 亿亩左右，宜牧草地 30 亿亩。然而，这里极度缺水，严重制约着大西北农牧业的发展。

农业水质性缺水的现状。我国水资源人均占有量不足 2 200 立方米，约为世界人均水资源占有量的 1/4。据预测，我国人口在未来十几年时间将达到峰值 16 亿，届时人均水资源量只有 1 750 立方米，我国将出现严重的水危机。

然而我国年排污水竟达 415 亿吨，其中 80% 未经处理，使江河湖海和地下水严重污染，农业水质性缺水越来越严重。我国地面水环境质量标准中指出，适用于农业用水区的水只要达到 V 类水就可以了，但是现在这一标准已经很难满足了。目前全国七大水系中，松花江、辽河、淮河、海河、黄河已有 50% ~ 80% 的水体降至国家标准的最差级，淮河流域 191 条支流中，90% 的水是黑绿色。据全国主要湖泊水库富营养化调查：在所调查的 34 个湖泊中 54% 受到污染，近 80% 的湖泊透明度差，绝大多数处于富营养化状态，其中以巢湖、滇池最为严重，全湖水质为 V 类至劣 V 类；上海现有河道约 32 000 米，其中乡村级以上河道 3 000 余条（段），市区中小河道 370 余条（段），但均已受到严重的综合型有机污染；目前，III 类水仅占 0.71%，IV 类水占 48.4%，V 类水占 19.31%，劣于 V 类水的占 31.15%。

三、环境污染和生态环境恶化

（一）土壤重金属污染

土壤重金属污染严重制约了农业的发展。土壤中的有害物质包括重金属、农药和持久性有机化合物、化肥等多方面。在所有的土壤污染物中，耕地的重金属污染面大、治理困难而且危害突出。据估测，目前我国受重金属污染的耕地面积约占耕地总面积的 1/5（近 2 000 万公顷，3 亿亩），每年因土壤污染而减产粮食约 1 000 万吨，另外还有 1 200 万吨粮食污染物超标[①]。每年我国因为耕地重金属超标直接经济损失 100 多亿元人民币，而我国 2001 年政府用于农业的财政支出不过 1 456 亿元。如果考虑到重金属污染造成的间接损失，包括人民身体素质的下降、医药费用的提高等，重金属污染的危害将大大高于 100 亿元。

重金属污染主要来源于工业废水的排放。江苏省大量农田的重金属污染严重。江苏工业发达地区的一些大、中城市郊区的农田、菜地重金属污染十分突出，严重影响了农产品品质安全。1999 年南京市郊区农地土壤样品中重金属检出率为 97.1%，2001 年重金属检出率更达 100%（邱丹、万晓红、王崇圣，2002）。江苏省沿江地区，工业废水污染了本来清洁的河流，农业缺乏洁净的灌溉用水，只能采用污水灌溉。结果万亩连片农田受镉、铅、砷、铜、锌等多种重金属污染，致使 10% 的土壤基本丧失生产力。曾经发生过千亩稻田受铜污染及人们食用重金属超标的水稻而导致的中毒事件。一些主要蔬菜基地土壤镉污染普遍，其中有的市郊大型设施蔬菜园艺场中，土壤中锌含量高达 517 毫克/千克，超标 5 倍之多。苏锡常一带乡镇企业发展，由于环保意识薄弱，大量未经处理的工业废水进入太湖。太湖地区受到重金属污染十分严重，太湖水稻土的分析表明，微量元素铜、锌、锰的含量升高的明显趋势，平均上升了 1.95 毫克/千克、3.13 毫克/千克、6.83 毫克/千克，其上升幅度分别达 61.51%、386.4% 和 183.1%（成杰民、潘根兴、郑金伟，2001）。

（二）水环境污染普遍存在，破坏严重

近 20 多年来，农村的水环境特别是中小沟河、池塘，发生了很大的变化。

---

① 《科技日报》，1999 年 9 月 2 日。

有些村民形象地说，20 世纪 60 年代饮用灌溉，70 年代淘米洗菜，80 年代水质变坏，现在是黑臭难耐。农村水环境污染来源：一是工业污染，包括现有工业企业不能稳定达标排放，外地工业污染源向农村转移。二是农业投入品污染，尤其是农药、化肥、生长激素的流失对水体的污染。三是农业废弃物对水体的污染。大量的垃圾、秸秆、人畜粪便进入水体，以及水产养殖业对水体的污染，导致水质恶化。四是农村河道近 20 年来基本未清淤，河床淤积普遍达到 1～1.5 米，淤泥总量约 54 亿吨。淤泥中腐烂物质向水体释放大量污染物，加之各种开发建设造成许多断头沟、半截河，水流不畅，破坏了水体的自净功能。

产业结构状况与排放的污染物密切相关。一些重污染行业产值贡献率低，但是综合排污量大。不同的行业对不同的环境要素产生不同的污染。其中，纺织业、造纸及纸制品业、化学原料及化学制品制造业、黑色金属冶炼及压延加工是重点的水污染物排放行业。

（三）农村固体废物产量大，污染巨大

农村固体废弃物来源主要有生活垃圾、人畜禽粪便和作物秸秆、农产品加工废弃物等。目前农村垃圾人均产生量和构成已接近于城市。农业固体废弃物总量远远超过工业固体废弃物。近 20 年来，化肥日渐代替有机肥，不仅造成禽畜粪便和人粪尿的严重浪费并污染环境，形成了化肥与人畜禽粪便双重污染。当前，农作物秸秆还田利用率不到 1/3；畜禽粪便利用率不到 60%，其中规模化养殖业产生的畜禽粪便经无害化处理的不足 5%。农民分散生产生活，其行为活动无任何约束，各种废弃物随意处置，生活垃圾随意倾倒。农村固体废弃物基本处于失控状态，"城镇管不好，乡村无人管"。

（四）农业投入品使用量过大，强度增长

伴随着农业的现代化水平的提高，农业投入品的使用也越来越多。农业投入品的污染，主要来自农业生产过程使用的农药、化肥、除草剂、生长激素、农用薄膜等。近年来尽管耕地面积在下降，但是化肥农药的投入量仍然在增长，使用强度也在增长。尤其是化肥用量很大，利用率很低。例如。江苏省 2006 年平均每公顷耕地化学氮肥施用量高达 324 公斤，位居全国第一。远远超过了发达国家为防止化肥污染水体而设置的 225 公斤/公顷的安全上限。江苏省生产粮食施用化学氮肥超过实际需求量的 1 倍左右。高强度的农药、化肥使用带来了严重的环境污染，太湖水污染事件已经给我们敲响了警钟。

四、气候变化与自然灾害

（一）气候变化给农业生产带来的有利条件

种植熟制北移。气候变暖使我国年平均气温上升，从而导致积温增加、生长期延长，且种植成片北移。当年平均温度增加 1℃时，大于或等于 10℃积温的持续日数全国平均可延长约 15 天。全国作物种植区将北移，如冬小麦的安全种植北界将由目前的长城一线北移到沈阳—张家口—包头—乌鲁木齐一线。气候变暖还将使我国作物种植制度发生较大变化。根据预测，到 2050 年气候变暖将使大部分两熟制地区被不同组合的三熟制取代，三熟制的北界将北移 500 千米之多，从长江流域移至黄河流域；而两熟制地区将北移至目前一熟制地区的中部，一熟制地区的面积将减少 23.1%。

冬季的冻害减轻。从短期看，温度上升导致我国西部的冰川和雪山加速融化，导致以冰川和雪山为源头的河流水源增加。但从长期看，热量条件的改善同时使低温冷害有所减轻，晚熟作物品种面积增加。气候变暖，冬麦区冻害大幅度减轻，北方冬麦区在 20 世纪 50~60 年代和 70 年代初，几乎年年都有不同程度的冻害发生。80 年代以来，由于冬季温度升高明显，冻害次数减少，强度减轻，尤以 80 年代中期至今，还未发生大面积的冻害（杜娟、关泽群，2007）。宁夏葡萄产业目前达 8 万亩，以前由于冬季温度过低，只能是小范围的家庭种植，现在则大规模生产种植，促进了酿酒产业的发展。辽宁省苹果生产中遭遇 ≥4 级冻害的频率已由 50 年代的 80% 下降到 20%，冻害程度也明显降低。

（二）气候变化给农业生产带来的不利影响

影响农作物生长发育和产量。在温室效应影响下高温热害加剧，将是影响我国农业生产的严重问题。未来气候变化将对我国水稻、小麦、玉米等主要作物的产量产生影响，主要原因是气候变暖对我国作物的生育期有明显影响。据研究（王修兰，1996），平均气温每升高 1℃，水稻生育期缩短 14~15 天。在目前的品种条件下，生育期缩短使分蘖速度加快，有效分蘖减少，导致总干重和穗重下降，产量降低，双季稻区早稻平均减产为 16%~17%，晚稻减产平均 14%~15%。气候变暖也使小麦的生育期缩短，在目前的品种条件下，平均温度增高 1℃，小麦生育日数缩短 10 天，生育期缩短使干物质累积时间相应减少，籽粒产量下降，减产幅度为 10%~12%。气候变暖同样使玉米目前品种的生育期平均缩短 7 天左右，产量下降 5% ~ 6%。

引发农业病虫害。农业病虫害的发生发展与气象条件有关，据统计，我国常年病虫害发生面积 200 亿 ~ 233 亿公顷，是耕地面积的 2 倍多，每年因病虫害造成的粮食减产幅度占同期粮食生产的 9%（霍治国、刘万才，2000）。未来气候变化将对我国主要农作物的病虫害产生较大影响，农业病虫害有加重的趋势。气候变暖会使农业病虫害的分布区发生变化，低温往往限制某些病虫害的分布范围，气温升高后，这些病虫害的分布区可能扩大，从而影响农作物生长。同时温室效应还使一些病虫害的生长季节延长，使害虫的繁殖代数增加，一年中危害时间延长，作物受害可能加重。另外，在气候变化的大背景下，异常气候出现的概率将大大增加，尤其是极端天气现象的增多，区域气候灾害、荒漠化、沙尘暴的加剧，势必导致粮食生产的不稳定，从而提高农业成本。

影响畜牧业生产。气候变暖会对畜牧业生产造成不利影响。例如，青海是我国主要牧区之一，近几十年来，青海高原平均每 10 年气温上升 0.33℃，与此同时，低温日数减少，高温日数增多，冬季增温显著高于其他季节，降水量区域分布差异加大。由于降水时空分布不均，导致一些地区干旱加剧，干旱使植被发育不充分乃至退化，由此带来生物总量的减少和草场载畜能力的降低。同时，由于极端天气事件增多，雪灾等极端气候事件造成牲畜因冻、饿而批量死亡现象加剧。此外，气候变化还会诱发动物疫病，夏季高温会影响奶牛的产奶量、家禽的产蛋量。

影响渔业生产。渔场和鱼汛期直接受海流、海温影响，气候变化会影响海流、海温，因而渔业生产对气候变化的反应较为敏感。全球气候变暖会引起海水温度的升高，水温的变化会直接影响鱼类的生长、摄食、产卵、洄游、死亡等，影响鱼类种群的变化，并最终影响到渔业资源的数量、质量及其开发利用。水温升高有可能使冷水性鱼分布范围缩小，性成熟年龄提前，减少怀卵排卵量，降低幼鱼成活率；进而导致成鱼龄缩短，体重减轻和出现"逃避行动"；最终造成成鱼数量减少、渔获量下降。而对于暖水性、温水性以及广温性鱼类而言，水温升高亦有可能对它们的生长、繁殖有不同程度的负面影响。我国四大海区主要经济鱼种的产量和渔获量在气候变化后都将有不同程度的降低，产量降低幅度在 5% ~ 15%，渔获量降低幅度在 1% ~ 8%。

导致海平面上升，影响沿海地区的农业生产。气候变暖海平面升高又将影响海岸带和海洋生态系统。在全球变暖的大背景下，海平面也在持续上升，根据2008 年国家海洋局发布的《中国海平面公报》，近 30 年我国沿海海平面上升显著，上升速率高于全球平均值。近 30 年来，我国沿海海平面总体上升了 90 毫米，总体趋势为北快、南缓，预计未来 10 年，我国沿海海平面将继续保持上升趋势，沿海地区海平面上升幅度介于 18～39 毫米之间。海平面上升与异常气候事件进一步加重了风暴潮、赤潮、咸潮入侵与盐渍化等海洋灾害，可能将沿海地区大片地势较低的农田淹没，造成沿海地区农民无田可种，导致一系列社会经济问题。此外，海平面上升还会造成其他负面影响，如海水倒灌，影响内河的渔业生产；也会导致农田盐碱化，影响农业生产。

（三）极端天气气候事件给农业生产带来的自然灾害

极端气候事件指一些在特定地区和时间的罕见事件，其罕见程度一般相当于观察到的概率密度函数小于 10%，这些极端气候现象包括干旱、洪涝、低温暴雪、飓风、致命热浪等。极端天气气候事件的发生和全球变暖有关，也是气候变化的表现方面之一。在全球气候变暖的总趋势下，大气的环流特征和要素发生了改变，引发复杂的大气—海洋—陆面相互作用，大气水分循环加剧，气候变化幅度加大，不稳定因素增多，导致这些小概率、高影响天气气候事件的发生机会增加。极端气候事件对农业系统的影响往往大于气候平均变率所带来的影响。2008年初的低温暴雪给中国南方地区造成巨大的损失，畜禽栏、蔬菜大棚严重倒塌，各类农作物特别是柑橘、茶叶、油菜、蔬菜冻害十分严重。气候变化造成的降水出现区域性与季节性不均衡很容易导致季节性干旱，不能够满足农作物在特定成长期对水分的需求，作物根系从土壤中吸收到的水分难以补偿蒸腾的消耗，使植株体内水分收支平衡失调，作物正常生长发育受到严重影响乃至死亡。山西、河南等内地省份容易在冬季出现季节性干旱，对小麦等夏季作物的生长带来严重影响；而江西则会在 7～9 月双季稻种植的关键时期出现季节性干旱，对水稻、柑橘等作物的生长带来严重影响。

第二节　中国农业可持续发展与农业资源开发利用

一、耕地面积

近十几年来，我国的耕地面积在急剧减少。依据 1996～2007 年我国耕地面积变化的数据，做出耕地面积随着年份变化的趋势图如图 3-6 所示。

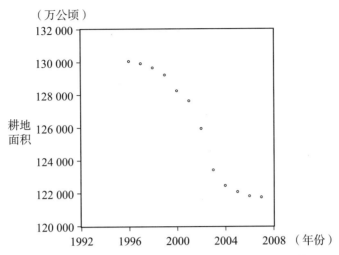

（万公顷）

图 3－6　1996～2007 年我国每年耕地面积变化趋势

由于可以很明显地看到，耕地面积的变化在 2003 年有一个很明显的拐点，于是可以将耕地面积随年份变化的函数关系假设为（Year－2003）^{3} 的形式。利用三次函数进行模拟，运行结果如表 3－10 所示。

表 3－10　　　　　　　　耕地面积与年份的函数关系模拟

变量	系数	标准量	t 统计量	P 值
常数	124 722.1	776.9962	160.5183	0.0000
（YEAR－2003）^{3}	－22.44371	6.179657	－3.631870	0.0046
R^2	0.568789	独立方差均值		126 001.4
调整 R^2	0.525667	独立方差标准差		3 483.463
回归标准误	2 399.124	AIC		18.55461
残差平方和	57 557 966	SC		18.63542
似然对数值	－109.3276	F 统计量		13.19048
杜宾－沃森检验	0.376101	P 值（F 统计量）		0.004598

可见，变量在 1% 的水平上检验显著，但 $R^2＝0.568789$，应该是由于数据选取的年份较少的原因。

得到耕地面积和年份的函数关系式：

$$LAND = 124\ 722.1084 － 22.4437116 × ((YEAR － 2003)^3)$$

由图 3－6 可以很明显地看到，全国的耕地面积发展趋势在 2003 年发生了变化。1996～2003 年耕地面积变化较快，而 2003～2007 年变化较为缓慢，并且在 2003 年处形成了一个拐点也可以预测到在未来几年之内耕地面积减少速度会很慢，并且逐渐趋向于一个固定值。

下面，利用此函数来预测我国达到耕地警戒线的年份。

由于国家的耕地警戒线为 18 亿亩，即 1.2 亿公顷。于是，令 LAND = 120 000，即：

$$120\ 000 = LAND = 124\ 722.1084 - 22.4437116 \times ((YEAR - 2003)^3)$$

得到：YEAR = 2 008.95，即在 2009 年就会达到耕地警戒线。

二、乡 村 劳 动 力

模拟乡村劳动力随年份的变化趋势。随着我国总人口的持续增加，乡村劳动力也在不断地增加。依据 1978 ~ 2007 年我国乡村劳动力变化的数据，做出乡村劳动力随着年份变化的趋势图，如图 3 - 7 所示。

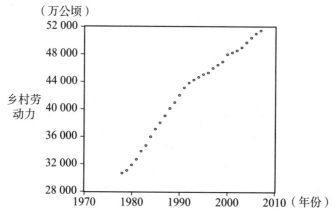

图 3 - 7　1978 ~ 2007 年我国乡村劳动力每年变化趋势图

利用指数函数进行模拟，运行结果如表 3 - 11 所示。

表 3 - 11　　　　　乡村劳动力与年份的函数关系模拟

变量	系数	标准误	t 统计量	P 值
常数	- 24.64220	1.543814	- 15.96190	0.0000
YEAR	0.017708	0.000775	22.85469	0.0000
R^2	0.949122	独立方差均值		10.64086
调整 R^2	0.947305	独立方差标准误		0.160014
回归标准误	0.036732	AIC		- 3.706006
残差平方和	0.037778	SC		- 3.612593
似然对数值	57.59009	F 统计量		522.3369
杜宾 - 沃森检验	0.062948	P 值（F 统计量）		0.000000

可见，变量在 1% 的水平上检验显著，且 $R^2 = 0.949122$。

得到函数关系式：

$$\log(\text{LABOR}) = -24.64220411 + 0.01770793626 \times \text{YEAR}$$

由函数形式可以看出，随着年份的增长，劳动力是逐年增加的。并且年份每增加一年，劳动力的 ln 值便增加 0.0177 个单位。

未来 30 年劳动力变化趋势。根据国家统计局统计数据，中国人口总量在新中国成立后一直呈上升趋势，2001 年总人口为 127 627 万人，是 1953 年的 2.19 倍；就业人数在 2001 年比 1953 年增加 2.42 倍，达到 73 025 万人，是所有发达国家劳动力的总和。改革开放以来，中国的大量劳动年龄人口比例持续增长，至 2010 年达到高峰，为 71.08%，劳动年龄人口规模 2020 年左右达到高峰，约为 9.97 亿人。劳动力人口比例 2005 年达到高峰，为 62.55%，然后保持相对稳定，至 2010 年开始趋于下降，劳动人口总量 2015 年左右达到高峰，约为 8.66 亿人。今后十几年中，每年新增劳动年龄人口达到 1 000 万人，如表 3 – 12 所示。

表 3 – 12　　　　1999 ～ 2040 年中国总人口和各类人口发展趋势　　　　单位：万人

年份	总人口	0 ~ 14 岁	15 ~ 64 岁	劳动力人口	老年抚养人口 a	老年抚养人口 b	抚养人口 a	抚养人口 b
1990	113 051	31 300	—	67 903	—	11 684	—	42 984
1995	121 121	32 248	80 946	73 112	7 607	15 761	39 855	48 009
2000	127 178	32 105	85 841	77 510	8 913	17 563	41 018	49 668
2005	131 996	29 497	92 136	82 557	10 043	19 924	39 540	49 439
2010	136 502	28 248	96 799	85 184	11 136	23 707	39 384	51 318
2015	140 837	27 746	99 628	86 598	13 143	36 493	40 889	54 239
2020	144 274	27 785	99 696	85 981	16 474	30 508	44 259	58 293
2030	147 560	25 869	98 786	80 752	22 586	40 912	48 455	66 808
2040	146 771	24 179	92 893	78 419	29 378	44 173	53 557	68 352

注：老年人口 a 是指 65 岁以上的人口；老年人口 b 是指男 60 岁、女 55 岁以上的人口；抚养人口 a 是指 0 ~ 14 岁及 65 岁以上人口之和；抚养人口 b 是指 0 ~ 14 岁人口与男 60 岁、女 55 岁以上人口之和。1990 年全国人口数据为第四次全国人口普查数据。

资料来源：孙兢新等："中国人口变化与发展趋势展望"，引自《国家计生委"九五"期间第一批人口与计划生育课题研究成果汇编》。

从劳动力供求发展趋势上看中国劳动力供求的矛盾。从劳动力供求发展趋势上看中国劳动力供求的矛盾会不断缓解。虽然现阶段中国劳动力供求矛盾相对突出，但是从长期发展趋势上看，这一矛盾会随着劳动力供给的相对减少，劳动力需求的相对增加而得到缓解。中国人口高峰将在大约 2030 年前后达到 14.4 亿人水平, 2008~2010 年新增劳动人口在 920 万~821 万人之间变化, 2016 年达到最高峰后开始绝对降低。从需求角度来看, 2008~2010 年非农就业需求在 856 万~1 530 万人之间变化, 所以, 劳动力供求的矛盾在 2016 年后开始不断弱化。《中国就业问题》课题组认为, 2001~2010 年, 中国每年进入劳动年龄人口都在 1 800 万人以上, 每年新增劳动年龄人口都在 900 万人以上, 2010 年劳动年龄人口将达到 10.8 亿人左右。2011~2020 年, 增速会放慢, 每年新增劳动年龄人口为 600 万人左右, 2020 年劳动年龄人口将达到 11.4 亿人, 中国劳动年龄人口的增加将持续到 2035 年前后。所以, 从劳动人口的长期发展趋势来看, 中国的劳动人口的总量不会始终保持旺势, 一旦劳动年龄人口减少, 那么从人口自然增长的角度来看, 劳动力供求的态势必定会发生改变。胡行之根据国家计划生育委员会对 1990~2100 年人口规模预测, 指出中国人口将以低速率持续增长 5 年, 在 2045 年经过人口零增长点, 达到人口规模最大值 15.34 亿人, 然后, 人口进入负增长。从劳动力供求之差的趋势来看, 由 1990~2015 年, 劳动力供求之差处于增长趋势, 2015 年之后开始减少, 供求矛盾开始减缓。根据上述观点, 结合中国人口自然变动情况, 到 2014 年中国劳动力供给量将会达到最高值, 此后, 劳动力供给量将会降低。因为按照中国的规定, 劳动者最低就业年龄为 16 周岁, 所以, 16 年的周期决定了劳动人口增长率的变化效应要在 16 年后才能体现。20 世纪 80 年代后在人口增长率为最高值出生的人到 2014 年左右, 会成为主要的劳动参与者, 到那时中国劳动力供给将会出现高峰。此后, 随着劳动人口增长率的锐减, 劳动力供给将会显著减少。所以, 随着劳动力供给量的减少, 劳动力供求失衡的矛盾将会得到有效缓解。

第三节 实现农业可持续发展的战略措施

农业是国民经济的基础, 农业和农村经济发展的状况直接影响到整个国民经济的发展和社会稳定。农业可持续发展就是在合理利用资源与保护环境的同时, 通过调整技术和结构改革方向, 生产足够的食物与资源来满足当代人类及其后代对农产品的需求。与其他行业相比, 农业对自然环境的依赖程度最高, 环境要素对农业生产的贡献也最大, 因为工业污染和城市的扩张都会影响农业的可持续发展。农业可持续发展需要通过改变增长方式, 提高土地生产率和劳动生产率, 减少农业投入物带来的环境污染, 此外人口的增长、劳动力素质的提高、科技推广、农业财政投入、农业贷款等也会促进农业的可持续发展。

一、农业可持续发展的战略指导思想

根据中国国情,中国农业可持续发展应坚持以下指导思想:以改善生产条件、提高农业综合生产能力和增加农民收入为目标,针对干旱、水土流失、土壤贫瘠、滥垦乱开、经营粗放等突出矛盾,实行农艺、机械、生物、工程措施相结合,加强基本农田等基础设施建设,加大生态环境重点工程建设力度,大力推广先进实用的可持续农业技术,调整优化农业生产结构,保证农业综合生产能力的稳定与提高,把经济、社会和生态三大效益统一起来,逐步实现农业生态和经济良性循环,促进农业可持续发展。

二、农业可持续发展的战略目标

农业可持续发展是指在资源和环境可承载的前提下,既满足当代人对农产品的需求又不损害后代人满足其对农产品需求的能力,以较少的成本不断增加农产品的数量并且质量有所提高的发展。这种发展的最大的特点在于最大限度地保护和培植资源永续利用的能力、环境良性循环的能力、农业经济稳定持续发展的能力以及人—自然—农业—经济—社会和环境协调发展的能力。

农业可持续发展追求三个方面的目标:

(一)粮食安全目标

积极增加粮食生产,既要考虑自力更生和自给自足的基本原则,又要考虑适当调剂和储备,稳定粮食供应和使贫困者有获得粮食的机会,妥善解决粮食问题,保障粮食安全(安全系数为库存储备粮占年需要量的17%~18%以上)。同时,协调与综合安排其他农产品的生产。

(二)平等致富目标

促进农村综合发展,开展多种经营,实行生产、加工、供销综合经营,扩大农村劳动力的就业机会,增加农民收入,特别要努力消除农村贫困的状况,以减轻工农之间、城乡之间,以及农村内部的不平等程度。

(三)生态平衡目标

切实采取政策与机构改革、技术创新和增加人力资本投资等各种有效措施,

85

强化农业生产经营的物质基础，以利于合理利用、保护和改善资源环境的良性平衡，满足人类社会不断繁衍和发展对永续利用资源的需要。

三、农业可持续发展的战略途径

只有走以最有效利用资源和保护环境为基础的循环经济之路，可持续发展才能得到实现。同样，农业的可持续发展的实现也要依靠循环农业和生态农业的发展。因此现代农业的生态环境发展的战略途径如下：

（一）农产品种质资源创新

农产品种质资源是人类繁衍和发展最根本的物质基础和战略资源。随着世界生物科学的飞速发展，许多国际农业研究中心和发达国家利用其拥有的技术和资金优势，把优异种质的发掘、利用以及将高产、稳产、优质、抗虫、抗旱等多个优异基因聚合在一起的种质创新列为重点，同样也成为 21 世纪我国作物育种取得突破性发展的一项战略性任务。所以，种质资源材料创新是作物遗传育种发展的基础和保证。

世界上许多国家都把农产品种质资源材料创新作为当前农产品育种的首要任务，国际玉米小麦改良中心、国际水稻所等把 40% 的经费用于种质改良、种质创新和优异种质材料培育；美国从热带玉米杂交种衍生材料中选出抗玉米小斑、灰斑和粒腐病的三抗自交系，组配的杂交种产量超过目前最好的商品杂交种；日本近年来为了适应消费者对优质米的需求，利用创造出的优异基因聚合种质培育出了高产、味道好、抗寒、抗病虫的水稻品种。传统方法与细胞工程、分子标记辅助选择等现代生物技术相结合已成为农业生物种质资源快速有效检测、创新与利用的新途径，而且已在发达国家得到广泛应用。日本、美国、英国已构建了水稻、玉米、番茄、小麦等十几种农产品的分子标记图谱，并利用已获得的分子标记进行辅助选择育种，培育出一批抗病虫、抗逆的新品种。到 1997 年底，全球已有 51 种转基因植物产品正式投入商品化生产，转基因作物推广面积在 1999 年已猛增至 3 990 万公顷，3 年内增加了 10 余倍，据专家预测 2010 年世界范围内 50% 的耕地将种植转基因作物，而美国转基因大豆、棉花、玉米实际种植面积已超过了该作物播种面积一半以上，美国 Monsanto 公司在 2000 年上半年已经完成水稻的第一张"工作框架图"，拟南芥全序列图已经完成 98% ~99%，维生素 A 转入水稻、抗腐烂基因转入番茄等，使农业产品的产量与品质成倍提高，这些上游生物技术的突破，标志着农产品育种将走入分子设计与施工阶段。

从我国的情况来看，从"七五"以来，通过连续 3 个五年攻关计划，已鉴定出具有 2 个以上优异性状的农产品 14 000 余份，新获得携带有育种和生产急需的优异基因的远缘杂交中间材料 1 000 余份，特别是在国家"863"计划和国家转基因植物及其产品化专项等高技术发展计划的资助下，已在综合利用现代生物技术进行外源优异基因转移、细胞工程、分子标记辅助选择，利用基因工程向小麦、水稻、棉花、马铃薯转移抗病虫基因等种质创新方法、新体系研究方面取得了显著的进展，已经克隆了抗病等 100 多个基因，建立了多种植物遗传转化体系，已经有 10 种转基因作物实现商品化，如转基因耐储运番茄，转基因抗 CMV 番茄、甜椒等；1997 年我国转基因烟草种植面积 160 万公顷，到 2000 年抗虫棉累计推广 38.8 万公顷，转基因抗虫水稻、抗病马铃薯、抗虫玉米等均进入环境释放阶段。

我国农产品种质资源创新应该从以下几方面着手：首先，加强基础研究材料创新。利用分子标记技术，开展蔬菜、水稻、玉米等农产品遗传连锁图谱的构建，对重要抗病、抗逆、特异农艺性状基因进行标记或 QTL 分析，逐步建立资源的辅助筛选体系，分析优异资源的基因源，发掘在育种和生产中起关键性作用的新基因基础材料。其次，开发利用野生种质进行种质创新。随着生物技术的突破，给大量外源基因导入而创造新种质带来希望和机遇，例如，"野败稻"中不育基因的发现和利用使杂交水稻生产成为现实，三峡库区珍稀植物资源"克隆"成功等。因此，利用分子技术对我国 20 万份地方品种、2 万份野生种质进行基因型鉴定，必定能成为种质创新丰富的基础来源。最后，改良与创造新作物进行种质创新。狭窄的遗传基础已成为近 10 多年作物育种难以取得突破的"瓶颈"。所以利用基因工程进行种质创新，不仅可以在不同科、族间，而且可以打破动植物的界限而进行基因转移，极大地丰富变异类型，增大遗传多样性，如棉花的转基因抗虫类型；野生猕猴桃经驯化、选择、创新，目前已成为包括中国在内的世界的重要水果之一。因此，改良与创造新作物，拓宽作物育种的遗传基础已成为我国作物育种的一项迫切任务①。

（二）技术创新

众所周知，中国占世界 9% 的耕地，却使用了世界 35% 的化肥，但是肥料的利用率只有 40% 左右，肥料利用率低所造成的能源浪费和环境污染问题已经引起了全世界的关注，因此，必须加大施肥技术创新的力度。平衡施肥技术，即配方施肥，是依据作物需肥规律、土壤供肥特性与肥料效应，在施用有机肥的基础上，合理确定氮、磷、钾和中、微量元素的适宜用量和比例，并采用相应科学施

---

① 雷蕾、曾志红：《农作物种质资源材料创新浅谈》，载《西南园艺》2001 年第 3 期。

用方法的施肥技术。在施肥体系上，通过有机肥料与无机肥料的配合，可以缓急相济、扬长避短、相互补充，既可以及时满足作物生育期对养分的需要，提高化肥利用率，降低生产成本，增产增收，又能促进微生物活动，改善作物营养条件，保持和提高土壤肥力水平。无机肥料中氮、磷、钾肥和中微量元素的相互配合，将肥料三要素配比适当施用。防止偏施某一种肥料，出现施肥效果差，甚至产生副作用的现象。在肥料的安排上，平衡施肥在根据土壤条件和作物的营养特点选好肥料种类，最适宜用量和配比的基础上，还要考虑配方的实施，即肥料在各个生育期内的适宜用量和分配比例，发挥肥料最大利用率。平衡施肥技术提高了化肥利用率，实现低耗、低环境污染的目标。

加强缓释肥的技术创新。传统的化学肥料养分有效利用率低，长期使用不仅造成肥料养分的大量流失，造成化学生产过程中煤、电、天然气等社会资源的大量浪费，更为严重的是，长期大量施用传统化学肥料导致了地下水硝酸盐含量提高、湖泊水体富营养化和大气温室效应日益严重等环境污染的恶果。要实现施肥对环境的污染被控制到最低限度，缓释肥是当前施肥技术创新的主攻方向。缓释肥也称控释肥，就是在化肥颗粒表面包上一层很薄的疏水物质制成包膜化肥，水分可以进入多孔的半透膜，溶解的养分向膜外扩散，不断供给作物，即对肥料养分释放速度进行调整，根据作物需求释放养分，达到元素供肥强度与作物生理需求的动态平衡。缓释肥的肥料用量减少，利用率提高。缓释肥肥效比一般未包膜的长 30 天以上，淋溶挥发损失减少，肥料用量比常规施肥可以减少 10% ～ 20%，达到节约成本的目的。缓释肥施用方便，省工安全。可以与速效肥料配合作基肥一次性施用，施肥用工减少 1/3 左右，并且施用安全，防肥害。缓释肥的施用可以增产增收。施用后表现肥效稳长，后期不脱力，抗病抗倒，增产 5% 以上。

（三）发展循环型农业，加强农业废弃物的循环利用

循环农业是以科学发展观为指导，把循环经济理念应用于农业发展中，以资源的高效利用和循环利用为核心，以"减量化、再利用、资源化"（Reduce，Reuse，Recycle，3R）为原则，以低消耗、低排放、高效率为基本特征，依靠科学技术、政策手段和市场机制，调控农业生产和消费活动，将"资源—产品—废弃物"这一传统的线性物质流动方式改造为"资源—产品—废弃物—再生资源"循环流动方式，最大限度地提高资源利用效率，尽可能地降低污染排放和资源利用损耗，实现经济、生态和社会效益的统一。我国农业面临着自然资源短缺，农业生态环境的恶化，因此，发展循环农业是社会发展的必然，我国 2006年中央一号文件中明确提出了加快发展循环经济的战略决策。

以生态农业为基础发展循环农业。要实现循环农业，发展生态农业才是根

本。在北方地区，要逐步完善以地膜覆盖为重要内容的"旱作农业和塑料大棚＋养猪＋厕所＋沼气"四位一体的生态农业模式，将沼气池、猪舍、蔬菜栽培组装在日光温室中，温室为沼气池、猪舍、蔬菜等提供良好的温室条件，猪也能为温室提高温度，猪的呼吸和沼气燃烧为蔬菜提供气肥，可使作物增产，蔬菜为猪提供氧气，猪粪尿入沼气池产生沼肥，为作物提供高效有机肥，在一块土地上实现了产气积肥同步，种植养殖并举，建立起生物种群多，食物链结构较长，物质能量循环较快的生态系统。在南方地区，要逐步完善"猪—沼—果"模式，以养殖业为龙头，沼气建设为中心带动粮食、甘蔗、烟叶、果业、渔业等产业，广泛开展农业生物综合利用，利用人畜粪便入池产生的沼气作燃料和照明，利用沼渣和沼液种果，养鱼、喂猪、种菜，多层次利用和开发自然资源，提高经济效益，改善生态环境。

推动农业清洁生产，减少污染。加强研制和生产对环境温和的新型肥料和绿色农药，改进肥料和农药的使用技术和方法加大可降解的地膜研究开发的力度，目前在大部分地区要采用切实可行的技术，实现地膜的大面积回收。对牲畜粪便等废弃物实施无害化处理，加大还田力度。采用先进的技术设备和科学的方法做到精确播种，精准收获。既可以节约大量的优质种子，又使作物在田间获得最佳分布，提高复种指数，提高对光、水、肥的利用率。在农产品收获时，做到适时收割，减少农产品损失，挽回的不仅仅是损失的粮食，还有为生产这些粮食而耗费的水、肥以及劳动力。

推进循环农业的技术创新。循环农业的技术创新有利于提高生态可持续能力。根据循环经济的3R原则进行农业技术创新，开展农业废弃物的综合开发利用，减少对环境有害的化肥和农药的使用，加大有机肥的投入。在农业废弃物能实现循环的基础上，依靠科学技术、政策体系等提高农业生产要素的利用率，削减投入量，对农副产品及废弃物进行深加工，挖潜增值，把因此而增加的经济效益留在农业体系内才能最终保证农业的可持续发展，实现由生态农业到循环农业的转变。从全国角度出发，统筹安排，研究适合的循环农业发展模式。提高资源的利用率，降低生产成本，减少对环境的破坏。

加快有机食品、绿色食品、无公害农产品推广。各地区应借助已有的有机食品、绿色食品、无公害农产品生产基地，不断扩大有机食品、绿色食品、无公害农产品的生产，加快新的生产基地的考察。严格基地的审批。对有条件生产的地区要及时批准。对条件不符合的地区要进行技术上的支持，提出有效的治理方式。

建立健全循环农业技术推广服务体系。要进一步完善农技推广服务体系，加强乡镇、村级服务网络建设，强化循环农业技术培训和服务，使农民掌握使用方法和操作规程，得到方便快捷的服务。积极组织开展循环农业技术交流、技术推广、技术服务和信息发布等活动，确保取得实实在在的经济、社会、生态效益。

四、农业可持续发展的模式

（一）以种植业为主的可持续发展的模式

立体种植（＋养殖）可持续发展的模式。大田作物主要进行三元结构的轮作复种、间套作，与养殖业结合，通过过腹还田、直接还田、沼气发酵等途径，提高秸秆的综合利用效率，完成农业生态系统内的物质循环利用，减少化肥、农药的使用量，杜绝秸秆焚烧，控制面源污染。茶业主要发展茶园种植牧草，牧草喂养鹅、牛等，畜禽粪便培肥茶园，完成茶园内部循环。蚕桑业重点发展桑园立体种植技术和桑基鱼塘等，在桑树行间种植牧草、蔬菜等矮秆作物，通过畜禽养殖和水产养殖完成桑园内部循环。经济林果业发展立体种植技术，在经济林和果树行间种植牧草、蔬菜及豆科作物等，牧草喂养牛、鹅等畜禽，利用畜禽粪便和具有固氮特性的豆科作物培肥土壤，形成良性循环。具体方式有以下几种：

小麦：小麦/春玉米、小麦/棉花＋玉米、小麦/春玉米/夏玉米、小麦＋蚕豆/棉花、小麦＋玉米＋秋菜、小麦＋棉花＋绿豆、小麦/春玉米＋甘薯等。

水稻：水稻－马铃薯－大头菜、油菜－早稻－荸荠、大蒜/辣椒－后作稻、蚕豆/春玉米－后季稻、稻＋萍＋鱼、稻田种菇等。

玉米：玉米＋大豆＋甘薯、玉米＋甘薯、蚕豆/春玉米＋秋玉米、蚕豆/春玉米－秋马铃薯、蚕豆＋经济绿肥/春玉米＋秋玉米、玉米/平菇/黑（白）木耳等。

薯类：春马铃薯/春玉米－秋马铃薯、马铃薯＋甘蔗＋平菇、林＋薯类、牧草/玉米/甘薯、蚕豆/春玉米－马铃薯等。

棉花：小麦/棉花＋豆科牧草、小麦/玉米/棉花/豆类、杨树＋棉花＋蔬菜/瓜果＋小麦。

蔬菜：轮作复种、大田作物＋蔬菜。

茶园：茶树＋牧草＋鹅/牛。

桑园：桑树＋牧草/蔬菜＋草食动物、桑基鱼塘系统。

经济林果：林果树＋牧草/蔬菜/豆科作物＋牛/鹅。

种养加工一体化与废弃物资源化可持续发展的模式。以种养结合为基础，种养加工一体化开发为重点，废弃物资源化利用为纽带，实现系统内物质循环利用，全程防控，减少污染，提高效益。以水稻、小麦、棉花、玉米等作物的生产、加工、废弃物资源化来实现可持续发展的模式，图3-8~图3-12分别表示水稻、小麦、玉米等可持续发展的模式。

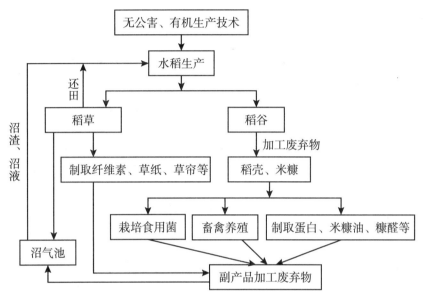

图3-8 水稻生产—加工可持续发展的模式

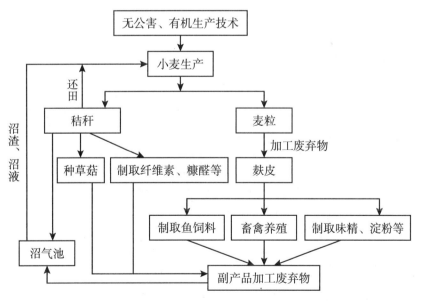

图3-9 小麦生产—加工可持续发展的模式

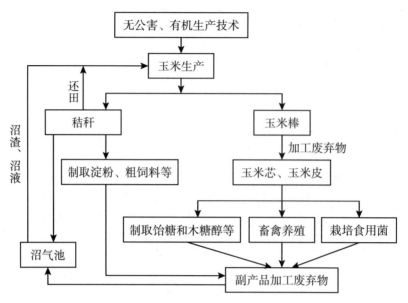

图 3-10　玉米生产—加工可持续发展的模式

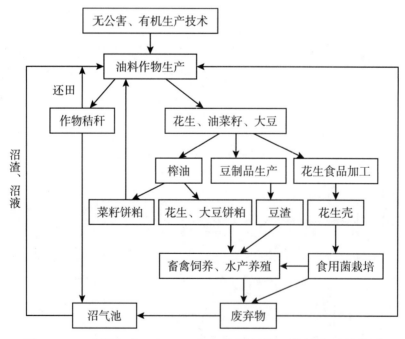

图 3-11　油料生产—加工—废弃物资源化可持续发展的模式

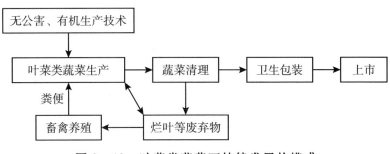

图 3 - 12　叶菜类蔬菜可持续发展的模式

（二）以畜牧业为主的可持续发展的模式

规模化养殖场农牧结合可持续发展的模式。主要根据生态环境承载能力，确定单位面积养殖规模，以确保养殖场产生的粪便、废水等废弃物能被相应的农田所吸收利用，而不至于对生态环境产生破坏。以苏北地区为主。人均土地面积相对较大，工业污染较少，农户住宅区之间具有较大的空间，可利用现有的生猪基地（盐城、淮安、连云港等）、奶牛基地（徐州等）和山羊基地（徐州等），发展有机规模养殖业。如以奶业为例，通过养殖奶牛，一方面产生的鲜奶加工成消费品，加工的废弃物经过处理作为饲料和冲洗牛舍；另一方面奶牛产生的粪便用作肥料等种植牧草饲料。这样的奶业循环使资源得到充分利用的同时又不破坏环境（见图 3 - 13）。

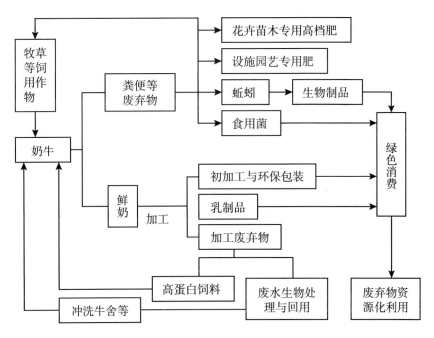

图 3 - 13　奶业可持续发展的模式

93

环保型种畜禽可持续发展的模式。经济较发达地区发展重点是围绕品种资源做文章，形成以这些著名品种资源为核心的种畜禽产业。尽量控制现有肉猪生产规模。加强环保型设计，侧重整个产业链循环的前期与后期，即种畜禽生产、肉畜禽的加工转化、冷链加工与超市销售等环节。注重养殖场废弃物的加工、处理与废物利用，防止对环境造成污染并提高其附加值。

（三） 以水产为主的可持续发展的模式

规模化适宜密度养殖模式。主要针对普通规模化池塘养殖，除尽量采用配方饲料、精量投饵、合理品种结构等措施外，是根据品种特点将养殖密度控制在适宜的范围。主要有以下几种方式：①虾蟹苗种的产业化及成体养殖；②海水鱼、贝、藻类的无特定病原苗种规模化生产；③文蛤、缢蛏等规模化养殖；④近海经济鱼类的养殖与加工；⑤紫菜、海带等藻类养殖与加工。沿海滩涂特色鱼类的规模化养殖注意养殖品种和养殖模式的调整，实行中低密度养殖，预防水质污染。

第四节 推进现代农业可持续发展的建议

一、加强农业环境保护，改善环境质量

加强农业环保法规建设，使农业环境管理纳入法制化轨道，以提高依法管理农业环境的能力。首先，需要尽快制定农业生态环境综合保护法。制定一部反映农业生态环境客观规律，体现民意，可以有效保护农业生态环境和治理农业生态污染的综合性的善法，改变无法可依的局面。其次，建立健全法治化的农业生态环境综合执法体制。最后，协调农业环境中各方利益关系。依法实施政策、贷款、税收方面的优惠措施；建立和完善农业生态环境保护补贴机制；采取有效的农业生态环境保护税收政策。为了保护和促进农业生态环境的健康发展，国外主要采取征收环境税和其他环境补偿性措施。欧盟对排放污染物，制造噪音和某些产品如农药和汽油等征收环境税。荷兰政府将持续发展作为环境政策的目标，实行生态税制，生态税收主要用于生态目的，在实践中具有很强的导向作用。

增强农业环境保护意识。大力开展宣传、培训，提高广大基层干部和农民科学文化素质及乡镇企业经营者经营管理水平，努力做到人人都来关心和保护我们赖以生存的农业生态环境。做到合理开发利用自然资源、杜绝以浪费资源、破坏

生态环境来换取短期效益的行为，开发利用农业资源，提高农业劳动生产效率和生产效益，最大限度地发挥资源效率，实现农业生态良性循环，促进农村经济建设与生态环境建设协调发展。

保护耕地环境质量。耕地的环境质量关系到农产品的产出量和质量，坚决刹住耕地污染扩大势头，禁止向农田倾倒各种废弃物，加强对基本农田的环境质量监测。采取轮作等措施，以政府行为强制性地有计划地退耕还林还草，使土地得以休养生息。

大力发展以节水灌溉、秸秆综合利用还田，种植绿肥、培肥提高地力等技术为主的旱作及节水生态农业工程，建设高产基本农田，在增加常规能源供应的基础上，推广节能炉灶，开展营造薪炭林、太阳能、沼气等再生能源建设。有效地改变农业生态环境恶化趋势，促进农村经济可持续发展。大力推广以虫治虫、以菌治虫和以菌治病等生物防治技术，要严格控制高毒、高残留农药使用范围和使用量，发展高效、低毒、低残留农药品种。

合理使用农药、化肥，防止地膜污染，切实防止农村面源污染。防止化肥污染，增加耕地有机质含量，提高保水、保肥能力，重视使用有机肥，推广秸秆过膜还田和机械粉碎还田措施，科学施用化肥。减少化肥流失量，推广测土施肥和平衡施肥技术，提高化肥利用率。加强科学普及和宣传工作，讲清地膜污染的危害，动员和指导农民将残膜回收起来，研制并推广残膜回收机械设备和强度高、耐用性好、可降解的农膜。

加强农业生态环境保护。严格禁止水库投肥养殖活动。农业开发活动要进行环境影响评价，防止破坏农村生态环境。加大规模化养殖业污染治理力度，实现达标排放。要做到生态保护与资源开发、项目建设同步进行。加强对煤矿、磷矿、石膏矿等各类矿产资源开发的环境监管，做好矿产资源开采区的生态恢复。在土壤生态系统的保护研究中加快农业环境保护科技创新，尽可能地为恢复污染土壤的自然生态功能，进一步提高和发挥土壤在生态系统中的多功能作用。加大湿地保护力度，水资源开发利用活动要充分考虑生态用水。

二、加强对生态农业建设

根据中国国家环境监测总站的总结，生态农业是按照生态学和生态经济学原理，应用系统工程方法，把传统农业技术和现代农业技术相结合，充分利用当地自然和社会资源优势，因地制宜地规划和组织实施的综合农业生产体系。它以发展农业为出发点，按照整体、协调的原则，实行农林水、牧副渔统筹规划，协调发展，并使各业互相支持，相得益彰，促进农业生态系统物质、能量的多层次利用和良性循环，实现经济、生态和社会效益的统一。生态农业是协调我国人口、资源和环境关系，解决需求与经济发展之间矛盾的有效途径，是我国发展农业和农村经济的指导原则；生态农业是对农业和农村发展做整体和长远考虑的一项系统工程；生态农业是一套按照生态农业工程原理组装起来的，促进生态与经济良性循环的实用技术体系。

中国生态农业从 20 世纪 80 年代初期开始，全国 2 000 多个县、乡镇先后实施了生态农业建设，并探索出了一系列适应各地生态条件和社会经济发展水平的技术模式。进入 90 年代后，生态农业得到了大力发展。"九五"期间在生态农业建设方面突出的成绩就是农业部等 7 部委联合开展的全国生态农业试点工作。经过 20 多年的实践和发展，我国生态农业现已积累了许多成功的经验，取得了一定的成效。据对第一批 51 个试点县的统计，5 年间共投入资金 60 多亿元，其中群众自筹占 63%，县级投入占 19%，所产生的直接经济效益达 137 亿元，投入产出比为 1∶2.25。试点县的国内生产总值、农业总产值和农民人均纯收入年增长率分别比全国同期平均水平高出 2.2%、0.6% 和 1.5%；农林牧渔结构趋于合理；水土流失和土壤沙化治理率分别达到 73.4% 和 60.5%；森林覆盖率提高了 3.7%，生态优势正在转化为经济优势。同时，从 1995 年起，国家环保总局在全国范围内先后启动了一批生态示范区的建设。目前已有 7 个生态农业建设点被联合国环境规划署授予"全球 500 佳"称号。按照国家的有关部署在"十五"期间，在继续巩固第一批 51 个国家级生态农业试点县建设的基础上，重点组织实施第二批和第三批 100 个生态农业示范县的建设，带动 500 个省级生态农业示范县的建设[1]。

中国的生态农业建设在发展的同时，还存在一些问题。中国生态农业基本上走着一条由政府行政命令驱动"自上而下"的路子，这一度对推动我国生态农业发展起到了积极的推动作用。但也造成了重生态农业模式示范，重抓典型，轻全面普及和农民自发参与的运作机制。由于缺乏长效的激励机制，农民主动性不够，使得生态农业示范与推广相脱节，且政府投入资金有限，因此，生态农业在深度和广度上的发展很难真正落到实效。而且中国的生态农业重视模式，轻视技术，尤其只重视传统技术，轻视现代技术的运用。许多生态农业的一些关键技术（如病虫害防治、土壤肥力培育、农业生物多样性综合利用等方面）仍未有大的突破，真正过硬的生态农业技术并不多，出现"技术疲软"的局面。同时，在生态农业发展过程中，很多人常常只重视传统生态农业技术（如间作套种技术、沼气技术等）的使用，轻视甚至抵制现代科学技术的应用，如生物技术、自动

---

[1]　章家恩：《现阶段中国生态农业可持续发展面临的实践和理论问题探讨》，载《生态学杂志》2005 年第 11 期。

化农业技术、设施农业技术、精确农业技术和信息技术等的应用，显然，这样是不能保证生态农业"与时俱进"的发展。

为此，要加强生态农业建设，必须从以下四个方面抓起。首先，要普及生态农业知识，提高人们的认识。生态农业的快速建设必须以调动广大农业生产者的工作积极性为前提，但我国当前的实际是：广大农民和涉农人员对农村生态环境的价值理解不深，对从事生态农业认识不足，这就极大地抑制了建设生态农业的积极性。为了在广大农村区域普及生态农业生产的知识，提高保护生态环境的意识，需要借助电视、广播、宣传栏等媒体宣传介绍全国生态农业建设的经典案例，加深感性认识。需要针对各级农业领导干部、农业科技推广人员和广大农民进行分类、分级、分步培训，并颁发资格证书，实行持证上岗。这对于普及和规范从事生态农业的基础知识和技术具有极大的促进作用。其次，在技术方面，加强技术创新。鉴于生态农业与传统农业相比，对技术的要求高许多，要增加科技投入，不仅要完善相应的激励和惩罚机制，而且要积极培育民营科技机构，并向主体多元化发展，从而提高农业科技创新和转化能力。再次，建立有效的政策激励机制与保障体系。建设生态农业需要政府的支持，需要规范发展、提供保障。主要是通过完善发展生态农业的法律、法规和政策以及实施生态农业保险，来确保从事生态农业的农民有稳定持久的收益。通过制定相关地方性法规，如《农业面源污染管理条例》、《畜禽污染管理办法》等来为生态农业的发展提供环境保障。通过财政、金融等手段加大对生态农业的投入力度，并以法律形式予以确定。同时，还可以建立生态农业发展基金，以此为生态农业的发展提供资金保障。最后，大力发展农村能源建设。生态农业的建设离不开农村能源建设，搞好农村生态资源的开发利用，根据不同情况，有重点、有侧重地开展多种途径农业生产废弃物的综合利用，运用先进适用的技术，延长生态链，增加利用环节，大力推广沼气建设工程，它不仅可以提高土壤有机质的含量，有效地调节土壤中的水、肥、气、热，促进土壤生态良性循环，提高农产品的质量和产量，生产出无公害的蔬菜和农产品，还可以净化环境，改善农村的卫生面貌，减少二氧化碳和二氧化硫对大气的污染，发展经济效益高、生态效益突出、利用效果明显的变废为宝的工程。大力发展以沼气为纽带的"四位一体"能源生态工程在农户中建设"种植—养殖—加工—沼气"良性循环的庭院经济系统。发展猪—沼—果和猪—沼—粮等生态环保型农业生产模式，提高农副产品的质量和产量，增加农民收入，改善农业生态环境。

三、基于环境承载力的农业产业结构调整

农业是生态环境的一部分，具有生态功能。农业生产依赖生态环境，同时对

生态环境产生重大影响。在我国农业从传统农业进入转向现代农业过程中，应该把农业产业结构调整作为一项适应现代农业发展的重要举措，加大农业产业结构调整的力度。根据考虑环境成本的农产品比较优势，进一步调整农业产业结构，全面优化农产品的品种，提升农产品及加工品的质量。在农产品对外贸易上从劳动力丰富、土地资源稀缺的基本情况出发，进口土地密集型的产品（如谷物、油菜籽、棉花、烟草等），出口劳动密集型的高价值产品（如畜产品、水产品、蔬菜、水果、花卉和农产品加工品等）。

进行农业环境监测，测定区域农业环境承载力。在全国范围内对基本农田保护区及主要农产品生产基地实施农业环境质量监测，通过设立监测点，采集化验土壤、灌溉水、空气样本及主要农作物，检测空气大指标、水化学指标、土壤中重金属、六六六、DDT等指标，通过对检测数据分类整理，建立计算机监测数据库系统，全国区域农业环境现状进行综合评价，从而掌握区域农业环境的承载力，划定适宜发展无公害、绿色食品的区域，为提出农业产业结构调整和农产品区域发展规划提供科学依据。

发挥政府在农业产业结构调整中的作用，促进经济、环境、社会全面协调发展。在农业产业结构调整过程中，各级政府既要引导，又要管理，具体讲要做好以下几方面工作：首先，对全国农业产业结构调整中的生态建设进行统一规划，并制定相应的法规以保障规划实施。生态建设是一项事关全局的大事，除强调和执行已有的关于农业环保方面的法规外，要针对当前农业进入一个产业结构大调整时期的具体情况，对农业产业结构调整与生态环境保护进行统一规划，做到经济、环境、社会三者效益的统一。产业结构调整应立足于现有的耕地、宜林荒山荒地，而不是重新去开荒垦地；限制农业生产中各种可能对环境造成影响的物资的使用；鼓励在农业产业结构中发展生态农业基地、农业环保产业，生产绿色产品。其次，加强政府的引导作用。在产业结构调整中政府不仅要引导农民从事经济效益好、收入高的产业，而且还应该通过给以经济上的补贴和物质上的补偿积极引导农民从事一些有一定经济效益，但生态效益更突出的生态农业，或是建立能量自我循环利用的生态农业项目等等。比如国外有的地区在一些比较贫瘠的土地上种植葡萄等作物，既能起到保持水土的功效，又成为一道风景，发展了生态农业旅游。再次，加强管理。生态建设事关重大，各级政府不仅要管，而且要管严管好。在项目选择上，实行环保一票否决制，凡是有损生态环境，又没有必要的环保措施保障的农业项目，即使有比较好的经济效益都应当慎重发展；生产过程中农业、环保等职能部门要对生产过程使用的可能造成环境问题的农药、化肥、生产物资作出环保方面的指标要求，并坚持对生产过程进行定时的检查，凡发现危害生态的情况要及时处理。最后，加大资金扶持力度。对农业产业结构调整中从事生态林建设，退耕还林、还草等短期内不能产生经济效益的举措，各级政府要着眼于全局和长远，从资金上、粮食上对他们进行补助，保证按国家规定的标准按时、足额的发放[1]。

加强农业技术创新，促进农业产业结构调整。农业产业结构调整的目标也就是农业技术创新的目标。农业技术创新要为实现农业结构战略性调整目标不断提供有效的技术支撑，形成与农业结构战略性调整相适应的农业技术供给结构体系。我国人多地少、资源相对缺乏这一特殊国情，决定了我国只有依靠科技进步，推动农业结构战略性调整，才能实现我国农业的持续发展。从技术研究和开发的重点来说，农业技术创新要从过去的以增产技术为重点，调整到以提高农产品质量、增加农业效益和保护生态环境的技术为重点；要从偏重种植业创新，调整到种植业、畜牧业和渔业技术创新的平衡发展；要从过去的以农业生产技术创新为主，调整到转向拓宽技术创新领域，增加产前、产后，特别是农产品加工技术的研究和开发力度；要从资源开发技术为主，调整到向资源开发与市场开拓相结合的技术方向；要紧密结合农业发展需要，重视农业基础研究，加大原创性、有自主知识产权的科技成果比重，增加农业技术创新的理论和技术装备。

四、发展节水农业

节水农业是利用节水技术提高用水有效性的农业，是水、土、作物资源综合开发利用的系统工程。节水技术是指在维持目标产出的前提下农业节约和高效用水技术，其根本是在水资源有限的条件下实现农业生产的效益最大化，本质是提高农业单位用水量的经济产出，达到节能增效目的。节水技术包括工程节水、农艺节水和管理节水等。进入农业生产过程的水，从水源到形成经济产出，在降水、地下水、地表水、土壤水、植物水转换中有三个环节：第一，降水或灌溉水转化为土壤水；第二，土壤水转化为生物水；第三，通过作物生理生化过程形成经济产量。因此，农业用水是否节约和高效不仅受到水循环本身的影响，也受到整个系统中土壤条件、养分条件、农业生物条件等的综合影响。节约和高效用水的基本环节有三个：一是减少降水、渠系输水、田间灌溉过程中的深层渗漏和地表流失量（包括渠系退水量和田间排水量），提高输水效率，降低输配水过程消耗。二是减少田间和输水过程中的蒸发蒸腾量。三是提高灌溉水和降水的水分利用效率，减少农田水分奢侈消耗而获取更高的产量和效益。节水技术与土壤、肥

---

[1] 李彩霞：《云南农业产业结构调整与生态环境协调发展研究》，载《学术探索》2004年第1期。

料、作物品种、耕作、栽培、植保、农业设施等各项措施是密切联系和不可分割的，因而农业节水技术具有综合的特征。工程节水技术包括：降水蓄积和水库（地上、土壤和地下水库）建造技术；减少输水系统水分损失的工程技术；节水灌溉技术等。农艺节水技术包括：适水种植技术；抗旱育种技术；节水灌溉技术；农田保墒技术；培肥地力、水肥耦合技术；化学抗旱节水技术等。管理节水技术包括：水资源合理开发和优化配置技术；地表水、地下水联合运用技术；劣质水开发利用技术；墒情监测与控制灌溉技术；产权与水价管理等。

从国外发展情况来看，世界节水农业发达国家在生产实践中，始终把减少田间和输水过程中蒸发量的"资源型"节水和降低作物耗水系数的"效益型"节水作为重点，并十分重视节水技术的标准化、产业化和劣质水资源利用，在灌溉节水、农艺节水、生物节水、管理节水、水资源开发等技术领域取得了领先的优势，代表了现代节水农业发展的方向。

在灌溉节水技术方面，喷、微灌技术是目前最先进的节水技术，微喷头、滴头、微灌带、过滤器、施肥器等组成系统实现节水灌溉。以色列在微灌产品开发利用上走在了世界的前列，在防堵性能、出水均匀度方面均属一流水平，而且还研制出多种灌溉施肥设备和专用肥料，使肥料和水可以同步精确施入，增产效果明显，节省大量化肥，减轻污染。低水头滴灌管（带）的优点不仅在于节能，输配水管路的材质和造价也将大大降低，减少了整个工程的造价，具有高效、节水、节能的特点。美国、以色列、澳大利亚等节水农业发达国家已经大面积采用沟灌、波涌灌等先进的地面灌溉技术，激光平地技术的应用和大流量供水技术相结合，使漫灌技术得到改进。这些改进的地面灌溉技术不仅使灌溉水利用率达到60%左右，而且成本低，适用范围广，效益显著。

在农艺节水技术方面，雨水利用越来越受到世界各国的重视。以色列的雨水利用包括集雨种草植树，水库蓄水和调节沿海地区的地下水位，田间集雨坑或径流面蓄积雨水就地利用。国外的保护性耕作技术、覆盖技术得到广泛应用，有效地降低了田间无效蒸发，提高了水的有效性。法国、美国、日本、英国等在高吸水树脂（也称为保水剂、吸水剂）等方面开发了系列产品，并在经济作物上广泛使用。法国、美国等将聚丙烯酰胺（PAM）利用喷灌、渠灌、喷施等方式施用在土壤表面，用以抑制水分蒸发、防止水土流失、改善土壤结构，可节约灌溉用水30%～50%。

在生物节水技术方面，国外先后选育出了一系列抗旱、节水、优质的农作物品种，如澳大利亚和以色列的小麦品种、以色列和美国的棉花品种、加拿大的牧草品种、以色列和西班牙的水果品种、巴西陆稻等。20世纪80年代初期，美国率先提出一种旱地补充灌溉方式，确立了在不同降水条件下有限水量的最优灌溉方案，即非充分灌溉和调亏灌溉制度，充分发挥作物本身对于缺水的忍受潜力和复水后超额补偿的增产潜力。澳大利亚的粮草轮作制度（小麦—养羊农作制）实施豆科牧草与作物轮作，避免了有机质下降，从而保持土壤基础肥力，提高土壤蓄水保墒能力。

在管理节水技术方面，目前在国外已经成为重要的节水技术措施。管理节水技术是指按流域对地表水、地下水进行统一规划和管理，最大限度地满足作物对水分的需求，实现区域效益最佳的农田水分调控管理技术。它包括土壤墒情监测与灌溉预报、节水高效灌溉制度制定、输配水与灌溉水量测与调控、高效用水投入机制与政策法规及管理服务体系建立等方面。

另外，在水资源开发技术方面，将劣质水（主要是城镇生活污水和微咸水）资源化后用于农（林）业灌溉，已成为减轻环境污染、开源节流、缓解水资源供需矛盾的一种有效方法。美国 2000 年的城市污水再利用量为 60 多亿立方米。以色列制定了"国家污水再利用工程"计划，开始大规模利用污水，利用率已高达 70% 以上，居世界首位。其中 1/3 用于灌溉，约占其总灌溉水量的 1/5。利用微咸水对作物实施灌溉的方法在一些国家已取得较好的结果。在作物对盐分的非敏感期内利用微咸水灌溉，在作物对盐分的敏感期内则采用淡水灌溉。

近 20 年来，特别是在"十五"期间，我国在农业节水基础理论研究、应用技术研究、产品与材料研发、节水农业技术体系建设等方面取得了较大进展。在节水基础理论方面，较为系统地揭示了土壤—植物—大气连续体水分、养分迁移规律，特别是在农田水分转化规律、根冠信息传递与信号振荡、根系分形、水分养分传输动态模拟及可视化、作物需水规律与计算模型及抗旱节水机理等方面取得重大进展，为节水农业技术研发提供了有力的理论支持。在节水技术方面，取得了水资源合理开发利用技术、高效输配水技术、田间节水灌溉技术、灌溉用水管理技术、农田高效用水技术、保水保肥的农田耕作制度、节水抗旱作物栽培管理技术、作物抗旱特性改善与利用技术等一系列科技成果，并在农业生产中加以组合应用，初步建立了节水农业技术体系，产生了明显的节水增产效益。在节水产品和材料方面，取得的一批科技成果已完成产业化开发，批量生产了行走式局部施灌机、旱地蓄水保墒耕作机具、轻小型喷灌机组、喷微灌设备、波涌灌溉设备、农田量水设备、输水专用管材和管件、防渗材料、抗旱节水生化制剂、液体薄膜、节水农机具等，为节水农业技术规模化应用提供了技术支撑。

我国水资源严重短缺，正常年份全国半数以上城市缺水，直接经济损失数千亿元。每年由于干旱缺水损失粮食 400 亿公斤以上，2000 年严重干旱时减产粮食达 600 亿公斤。淡水资源对经济发展已构成严重制约。新中国成立以来，全国用水增长迅速，用水总量从 1949 年的 1 031 亿立方米增加到 2004 年的 5 548 亿立方米，其中生活用水占 11.7%，工业用水占 22.2%，生态用水占 1.5%，而农业用水占到 64.6%。目前我国农业灌溉用水利用率约有 45%，与节水先进国家 70% ~ 80% 的高利用率差距明显。因此，利用节水技术，加快推进节水农业，可以缓解水资源供需状况日趋恶化的现状，是现代农业的生态环境发展的重要措施。

第四章

现代农业发展中的资源高效利用

我国现代农业的发展必须建立在我国农业资源基础之上，制定符合我国农业资源特征的现代农业发展所需的资源高效利用战略。与世界主要发达国家相比，我国农业资源的基础条件和利用水平具有什么样的特征？现代农业的发展对农业资源利用提出了什么样的要求？从未来发展趋势上看我国农业资源在满足这些要求时存在的主要矛盾是什么？如何根据这些主要矛盾选择适合我国现代农业发展的资源利用战略？采取哪些战略措施来保障这些战略的顺利实施？研究上述问题，对于制定符合我国国情的现代农业发展战略无疑具有重要的战略意义。

本章的目的在于以农业自然资源中最为重要的耕地资源和水资源为研究对象[①]，遵循上述基本思路，探讨我国现代农业发展中的资源利用战略问题。本章由四节构成：第一节主要通过国际比较，明确我国现代农业发展的资源基础特征；第二节结合现代农业发展对资源利用的要求，分析未来我国农业资源利用与现代农业发展之间的主要矛盾；第三节在前两节的基础上，提出我国现代农业发展中的资源利用战略，叙述各项战略的主要内容；第四节提出相应的战略措施。

---

① 广义的农业资源包括农业自然资源和农业资本资源、劳动力资源以及信息资源等，而农业自然资源则主要包括耕地资源、水资源、气候资源和生物资源。本章为了便于明确主题，仅将研究对象限定在农业自然资源中的耕地资源和水资源。所以，本章中叙述的农业资源除非有特殊标注，均仅指耕地资源和农业水资源。

第一节 我国现代农业发展中资源利用的基础特征

为了明确我国是在什么样的资源条件下发展现代农业，本节将通过与世界发达国家的比较，归纳整理我国现代农业发展所面临的资源禀赋及利用水平的基础特征，具体包括我国耕地资源和水资源在数量、质量、地区分布以及利用水平上的特征。

一、我国农业资源的数量特征

（一）我国耕地资源总量虽大，但是人均耕地资源数量较小

截至 2008 年年底，我国农用地总面积为 98.53 亿亩。其中，耕地面积 18.26 亿亩，占 19%；园地面积 1.77 亿亩，占 2%；林地面积 35.41 亿亩，占 36%；牧草地面积 39.27 亿亩，占 39%；其他农用地面积 3.82 亿亩，占 4%。[1]

从耕地资源数量的国际比较来看，我国耕地资源数量呈现出如下特征（见表 4 –1）。

表 4 –1　　　　　　　　　　耕地资源数量的国际比较

国家	耕地资源总量			耕地占国土面积的比重		人均耕地资源量	
	总数量（亿亩）	世界排位	占世界的比重（%）	比例（%）	世界排位	人均数量（亩/人）	世界排位
中国	18.26	4	8.92	11.32	95	1.21	144
美国	26.17	1	12.78	19.04	58	8.83	9
英国	0.86	37	0.42	23.68	41	1.43	137
德国	1.79	24	0.87	34.13	17	2.16	106
法国	2.78	16	1.36	33.64	18	4.56	46
意大利	1.16	31	0.57	26.33	36	1.98	116
日本	0.65	48	0.32	11.96	90	0.51	172
韩国	0.25	89	0.12	16.56	72	0.51	173
世界平均	1.03	—	—	14.40	—	3.35	—

注：1. 中国是 2008 年数据，其他国家是 2005 年数据。

2. 中国数据来源于国土资源部，其他数据和世界排位来源于 Rapid Intelligence，National-master. com。

---

[1]　国土资源部全国土地利用变更调查数据。

第一，我国耕地资源的绝对数量巨大。我国耕地资源总量在世界排名第 4 位，约占世界耕地资源总量的 9%。在列入比较的国家中，我国耕地资源总量仅小于美国的 26.17 亿亩，高于其他发达国家。

第二，我国耕地占国土总面积的比重较小。我国耕地占国土资源的比重为 11.32%，低于世界平均水平的 14.4%，排在世界的第 95 位。这一比重不仅低于列入比较的欧美发达国家，也比日本、韩国等亚洲国家的水平要低。

第三，我国耕地资源的人均占有量较小。我国耕地资源的人均占有量只有 1.21 亩，仅相当于世界平均水平 3.35 亩的 36%，排名世界第 144 位；低于所有列入比较的欧美发达国家，但是高于亚洲的日本和韩国。

（二）我国人均水资源量相对不足，农业用水所占比重较高

2008 年，我国水资源总量为 27 434 亿立方米，比常年值偏少 1.0%。地下水与地表水资源不重复为 1 057 亿立方米，占地下水资源量的 13.0%。也就是说，地下水资源量的 87.0% 与地表水资源量重复。全国总供水量为 5 910 亿立方米，占当年水资源总量的 21.5%。其中，地表水源供水量占 81.2%，地下水源供水量占 18.3%，其他水源供水量占 0.5%。我国总用水量为 5 910 亿立方米，其中生活用水占 12.3%，工业用水占 23.7%，农业用水占 62.0%，生态与环境补水占 2.0%。全国用水消耗总量为 3 110 亿立方米，其中农业耗水占 74.7%，工业耗水占 10.7%，生活耗水占 12.4%，生态与环境补水耗水占 2.2%。全国综合耗水率为 53%，干旱地区耗水率普遍大于湿润地区。各类用户耗水率差别较大，农田灌溉为 62%，工业为 24%，城镇生活为 30%，农村生活为 85%。全国人均用水量为 446 立方米，万元国内生产总值（当年价格）用水量为 193 立方米。城镇人均生活用水量（含公共用水）为每日 212 升，农村居民人均生活用水量为每日 72 升，农田实灌面积亩均用水量为 435 立方米。[①]

我国水资源在数量上具有以下两方面特征：

第一，我国人均水资源量偏低，属于缺水国家。2008 年，我国人均水资源量为 2 112 立方米，在列入比较的国家中，仅高于德国的 1 872 立方米和韩国的 1 447 立方米，只相当于美国 9 847 立方米的 1/5 左右（见图 4-1）。参照国际上一般承认的人均水资源量少于 1 700 立方米为用水紧张国家的标准[②]，我国目前的人均水资源量虽然略高于这个水平，但是随着人口增加，未来水资源的形势是

---

① 水利部：《2008 年中国水资源公报》。生态与环境用水仅包括人为措施供给的城镇环境用水和部分河湖、湿地补水；综合耗水率用消耗量占用水量的百分比衡量。

② 中国工程院项目组：《中国可持续发展水资源战略研究综合报告》，载《中国水利报》2000 年 10 月 11 日，第 3 版。

相当严峻的。

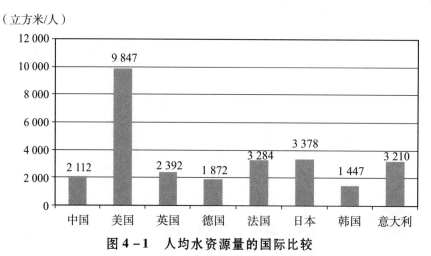

（立方米/人）

图 4－1　人均水资源量的国际比较

注：图中为 2008 年数据，来源于 FAO AQUASTAT online database。

第二，农业灌溉用水在社会用水总量中所占比重较高。我国农业灌溉用水占社会用水总量的 62%，基本上与日本、韩国的水平相当，高出美国 20 个百分点，意大利 15 个百分点，并远高于英国、德国和法国的水平（见图 4－2）。

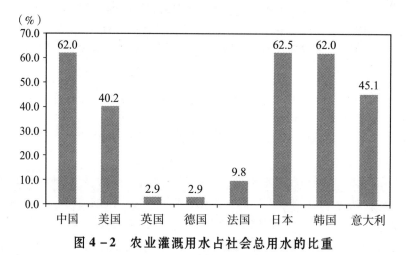

（%）

图 4－2　农业灌溉用水占社会总用水的比重

注：1. 中国为 2008 年数据，美国为 2005 年数据，韩国为 2002 年数据，其他国家为 2000 年数据。

2. 中国数据来自水利部，其他数据来源于 FAO AQUASTAT online database。

二、我国农业资源的质量特征

（一）耕地质量水平总体偏低，且优质耕地集中于经济相对发达区域

通过全国耕地质量等级调查与评定，我国耕地评定分为 15 个等别，1 等耕地质量最好，15 等最差，全国耕地平均等别为 9.80，质量水平总体偏低。由于调查与评定时点不完全相同，全国耕地质量等级调查与评定的耕地总面积为 1.25 亿公顷，其中以 7～13 等耕地为主，面积均大于 1 000 万公顷，占调查与评定总面积的 78.10%。如果将全国耕地按照 1～4 等、5～8 等、9～12 等、13～15 等划分为优等地、高等地、中等地和低等地，则优、高、中、低等地面积分别占调查与评定总面积的 2.67%、29.98%、50.64% 和 16.71%。低于全国平均等别的 10～15 等地占调查与评定总面积的 57% 以上。优等地主要分布在湖北、广东、湖南 3 省，高等地主要分布在河南、江苏、山东、江西、浙江 5 省，可见等级相对较高的耕地主要分布在我国经济相对发达区域。[①]

从坡度等级情况看，0～15 度的耕地占 87.5%，15～25 度、25 度以上的耕地分别占 9.2% 和 3.3%。[②] 全国 25 度以上坡耕地面积为 9 000 万亩，15～25 度坡耕地面积达 1.9 亿多亩（见表 4-2）。

表 4-2   耕地资源的分类情况

	类别	面积（千公顷）	比重（%）
按类型分	水田	31 667.9	26.0
	水浇地	22 963.3	18.9
	旱地	67 144.7	55.1
按坡度分	0～15 度	106 591.8	87.5
	15～25 度	11 143.2	9.2
	其中：梯田	3 177.5	—
	25 度以上	4 040.9	3.3
	其中：梯田	900.3	—

资料来源：国家统计局等：《第二次全国农业普查主要数据公报》。

此外，我国沙漠化耕地面积为 1.1 亿亩，还有 300 万亩围湖造田、侵占河道、引洪滞洪区、湿地的耕地需要退耕。全国不宜耕作的耕地约 5.4 亿亩，占耕

---

① 国土资源部：《中国耕地质量等级调查与评定》。
② 国家统计局等：《第二次全国农业普查主要数据公报》。

地总面积的 27.6%；约有 10% 的耕地有机质含量低于 0.5%。水土流失、盐渍化、沼泽化、沙化的耕地约占耕地总面积的 53%，每年约有 3 亿亩耕地受到农药、化肥及工业"三废"污染与酸雨侵蚀。[①]

（二）水污染严重加剧了农用水资源的压力

2008 年，我国水资源质量的基本情况是：从河流水质看，在检测评价的约 15 万千米河流中，Ⅰ类水河长占评价河长的 3.5%，Ⅱ类水河长占 31.8%，Ⅲ类水河长占 25.9%，Ⅳ类水河长占 11.4%，Ⅴ类水河长占 6.8%，劣Ⅴ类水河长占 20.6%，符合和优于Ⅴ类水河长比例为 79.4%；从湖泊水质看，在检测评价的 44 个湖泊中，水质符合和优于Ⅴ类水的面积占 76.7%；从水库水质看，在监测评价的 378 座水库中，水质为劣Ⅴ类的水库有 16 座；从地下水水质看，在 8 个省市区（北京、辽宁、吉林、上海、江苏、海南、宁夏和广东）641 眼监测井中，水质适合于各种用途的Ⅰ、Ⅱ类监测井仅占评价井总数的 2.3%，适合集中式生活饮用水水源及工农业用水的Ⅲ类监测井占 23.9%，有 26.2% 的监测井属于不适合于农业用水的劣Ⅴ类水。[②]

由此可见，目前我国水污染情况相当严重。这是由于在工业化、城市化和农业现代化进程中，许多地区为了追求经济高速增长，忽视了资源和环境保护，致使水资源污染日益加剧。目前，我国每年大约排放 600 亿吨污水，其中工业废水处理率仅达到 68%，而生活污水处理率不足 10%，大部分污水未经处理直接排入江河湖海。除此以外，农业生产本身也对水资源造成了直接污染。长期以来，我国农业病虫草鼠害的防治主要依靠化学农药，每年使用的化学农药以有效成分计达 20 万吨；我国化肥施用量已跃居世界首位，每公顷耕地化肥施用量高达 210 公斤。化肥和化学农药使用后只有一部分对农作物产生作用，其余部分则残留在土壤、水体及大气环境中。据专家测算，农药使用后只有 10%～30% 对农作物产生作用，化肥的有效利用率也只有 30%。由于农业生产中不合理或过量施用化肥和化学农药，加剧了对农业资源与生态环境的直接污染。目前，全国 80% 的江河湖泊受到不同程度的污染，约有 70% 的淡水资源因被污染而不能直接使用。[③]

---

① 彭德福：《对耕地保护红线的两点思考》，国土资源部咨询研究中心网站 2007 年版。
② 水利部：《2008 年中国水环境公报》。我国地表水环境质量标准分为六类，按功能高低依次为Ⅰ类、Ⅱ类、Ⅲ类、Ⅳ类、Ⅴ类和劣Ⅴ类，其中Ⅴ类及其以上都适用于农业用水。
③ 郑家喜：《农业可持续发展：水资源的约束及对策》，载《农业经济问题》2000 年第 9 期。

三、我国农业资源的地区分布特征

（一）耕地资源地区分布不均衡，与人口分布的对应性差

我国耕地资源的地区分布情况为：西部地区的耕地较多，占 36.9%；东部地区、中部地区和东北地区分别占 21.7%、23.8% 和 17.6%。[①] 我国长江流域以南地区，人口占全国的 3/5，耕地占全国的 33%；而长江流域以北地区，人口占全国的 2/5，耕地占全国的 67%。我国约有 2 亿亩后备耕地资源集中在受干旱或水涝制约的西北、东北地区。[②]

从分省耕地资源与人口分布的对应关系来看，除北京、上海、天津等直辖市的人口承载系数较高外，处在东部沿海发达地区的浙江、福建和广东的人口承载系数超过了每公顷 25 人，这些地区形成了很大的人口耕地压力；与之相对，东北地区的吉林、黑龙江和内蒙古人口承载系数均低于每公顷 5 人；其他省份大多在每公顷 10~17 人之间（见表 4-3）。

表 4-3　　　　　　　　　耕地资源与人口分布的对应关系

省份	人口（万人）	耕地面积（千公顷）	人口比例（%）	耕地比例（%）	人口承载系数（人/公顷）
北京	1 695	231.7	1.28	0.19	73.15
天津	1 176	441.1	0.89	0.36	26.66
河北	6 989	6 317.3	5.26	5.19	11.06
山西	3 411	4 055.8	2.57	3.33	8.41
内蒙古	2 414	7 147.2	1.82	5.87	3.38
辽宁	4 315	4 085.3	3.25	3.36	10.56
吉林	2 734	5 534.6	2.06	4.55	4.94
黑龙江	3 825	11 830.1	2.88	9.72	3.23
上海	1 888	244.0	1.42	0.20	77.38
江苏	7 677	4 763.8	5.78	3.91	16.12

①　东部地区包括北京市、天津市、河北省、上海市、江苏省、浙江省、福建省、山东省、广东省、海南省。中部地区包括山西省、安徽省、江西省、河南省、湖北省、湖南省。西部地区包括内蒙古自治区、广西壮族自治区、重庆市、四川省、贵州省、云南省、西藏自治区、陕西省、甘肃省、青海省、宁夏回族自治区、新疆维吾尔自治区。东北地区包括辽宁省、吉林省、黑龙江省。资料来源于国家统计局等：《第二次全国农业普查主要数据公报》。

②　彭德福：《对耕地保护红线的两点思考》，国土资源部咨询研究中心网站 2007 年版。

续表

省份	人口 （万人）	耕地面积 （千公顷）	人口比例 （%）	耕地比例 （%）	人口承载 系数（人/公顷）
浙江	5 120	1 920.9	3.86	1.58	26.65
安徽	6 135	5 730.2	4.62	4.71	10.71
福建	3 604	1 330.1	2.71	1.09	27.10
江西	4 400	2 827.1	3.31	2.32	15.56
山东	9 417	7 515.3	7.09	6.17	12.53
河南	9 429	7 926.4	7.10	6.51	11.90
湖北	5 711	4 664.1	4.30	3.83	12.24
湖南	6 380	3 789.4	4.80	3.11	16.84
广东	9 544	2 830.7	7.19	2.33	33.72
广西	4 816	4 217.5	3.63	3.47	11.42
海南	854	727.5	0.64	0.60	11.74

资料来源：国家统计局：《中国统计年鉴（2009）》。

（二）我国水资源时空分布极不均衡，且与耕地资源分布不协调

我国水资源时空分布极不均衡，在时间上表现为夏、秋季多雨，春、冬季干旱；在空间上表现为南多北少、东多西少。

从空间分布上看，长江以南地区水资源总量占全国的83.2%，而耕地仅占全国的30%，人口占全国的54%，人均水资源占有量达3 487立方米，亩均水资源量达4 317立方米；而长江以北地区水资源总量仅占全国的16.8%，但耕地却占全国的70%，人均水资源占有量仅有770立方米，亩均水资源量只有470立方米。由此可见，我国水资源的地域分布非常不均衡。

从时间分布上看，我国水资源主要通过降雨、降雪等方式自然循环补充，但由于我国地域辽阔，加上固有的气候条件，70%～90%的降雨集中在每年6～9月，并且多发生于南方。水资源的这一时间分布特征，一方面造成大部分地区的季节性缺水；另一方面多雨季节又经常形成南涝北旱的局面。[①]

四、我国农业资源的利用水平特征

（一）单产和复种指数所表现的耕地资源利用率已达较高水平

从谷物单产水平来看，2005年我国谷物单产已经达到每公顷5 105千克，为

---

① 郑家喜：《农业可持续发展：水资源的约束及对策》，载《农业经济问题》2000年第9期。

世界谷物平均单产的 1.83 倍，世界排名第 21 位。虽然与列入比较的国家相比，我国谷物单产水平尚存在一定差距，但也达到了英国（单产水平最高）的 71%、法国的 73%、德国的 76%、美国的 79%，与意大利的单产水平基本相当。从增长趋势来看，中国的谷物生产增长指数最高，达到 115.2，高于所有列入比较的国家，这说明我国谷物单产与这些国家的差距在不断缩小（见表 4 - 4）。

表 4 - 4　　　　　　　　　　**谷物单产的国际比较**

国家	谷物单产 （千克/公顷）	谷物单产在 世界中排位	2004 年谷物生产增长指数 （以 1991～2001 年平均为 100）
中国	5 105.0	21	115.2
美国	6 453.8	10	111.3
英国	7 229.4	6	99.5
德国	6 657.5	9	106.1
法国	6 946.5	7	104.9
意大利	5 426.1	20	99.2
日本	6 027.7	14	96.3
韩国	6 282.8	11	91.6
世界平均	2 788.9	—	107.2

注：谷物单产和世界排位为 2005 年数据。

资料来源：Rapid Intelligence，Nationalmaster.com。

从耕地复种指数来看，2008 年我国农作物的总播种面积为 23.44 亿亩，而耕地总面积为 18.23 亿亩，由此可得复种指数为 128.38%。而发达国家由于实施轮作和休耕，平均起来耕地一年播种不足一季，复种指数普遍小于 1。据有关报道，美国因实施"保护计划"而闲置的耕地达 3 800 万英亩（约 1 520 万公顷），占耕地总面积的 10%，欧盟近年来休耕土地约占耕地的 12%。由此可得，美国和欧盟的复种指数为 0.88～0.90。[①] 可见，我国的耕地资源利用程度在国际上已处于较高水平。

（二）水资源利用效率较低，粗放低效利用造成严重浪费

我国水资源短缺与粗放低效利用的现状并存，而水资源粗放低效利用进一步加剧了水资源的短缺程度。我国农业灌溉用水占用水总量的 60%～70%，但是由于输水方式、灌溉方式、农田水利基础设施、耕作制度、栽培方式等方面的问

---

① 厉为民：《21 世纪初我国粮食安全的国际环境》，中国农科院农业经济与发展研究所 2008 年版。

题，我国农用水的利用率很低，渠道灌溉区只有30%～40%，机井灌溉区也只有60%，和一些发达国家（达80%）相比存在较大差距。另外，我国农用水的利用效率也很低，每单位净耗水的粮食生产效率不足1立方米/千克，和一些发达国家2～3立方米/千克的水平相比差距很大。① 以水稻和小麦为例，我国水稻和小麦每千克的耗水量分别为0.50立方米和0.69立方米，虽然低于日本和韩国，但是远高于美国和法国（见图4-3）。

（立方米/千克）

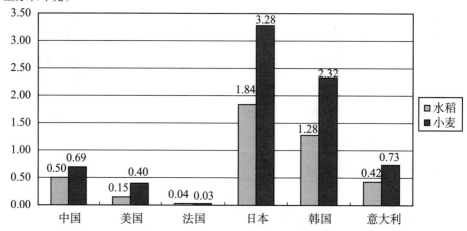

图4-3　水稻和小麦单位产品耗水量的国际比较

注：中国为2008年数据，美国为2005年数据，韩国为2002年数据，其他为2000年数据。

资料来源：FAO，AQUASTAT online database和FAOSTAT-Agriculture。

第二节　我国现代农业发展中资源利用的趋势判断

根据世界发达国家现代农业的基本特征，结合我国的特殊国情，我国现代农业的发展将对农业资源保护和利用提出以下一些要求：（1）必须具备能够保障我国重要农产品基本供给的资源数量。现代农业必须为本国居民提供高质量的丰富的农产品，这就要求具备供给这些农产品的基本资源数量。而我国作为人口大国的特点，又要求重要农产品必须实现基本自给，这就要求保证国内资源的数量。（2）必须为农业全面采用现代科学技术提供资源条件。现代农业的重要特

---

① 郑家喜：《农业可持续发展：水资源的约束及对策》，载《农业经济问题》2000年第9期。

征之一，应该是全面采用现代科技，这就要求我国的农业资源基础条件能够满足采用现代科技的要求，提供农业资源对现代农业发展的支撑能力。（3）必须建立现代农业发展所需的农业资源高效一体化技术体系。现代农业应该是具有竞争力的农业，有竞争力的农业必须是高效的农业，高效农业要求较高的资源利用效率。高效一体化的农业资源利用体系既是现代农业发展的保障，也是现代农业发展的主要内容之一。（4）必须为现代农业的可持续发展提供资源保障。现代农业应该是可持续发展的环境友好型农业，这就要求农业资源的质量必须不断提升，以满足现代农业可持续发展的需要。本节将根据上述现代农业发展对农业资源利用提出的要求，结合我国农业资源利用的长期发展趋势，分析现代农业发展中资源利用存在的主要矛盾。

一、农业资源数量与保障主要农产品基本供给的矛盾

（一）粮食消费量处于快速增长期

到 2020 年，我国人口总量预期将达到 14.5 亿人，2033 年前后达到高峰值的 15 亿人左右。依据《国家粮食安全中长期规划纲要（2008～2020 年）》（以下简称《纲要》），2020 年全国粮食消费量将达到 5 725 亿公斤，按照保持 95% 的国内粮食自给率测算，国内粮食产量应达到 5 450 亿公斤左右，在现有粮食生产能力基础上增加近 450 亿公斤。考虑到影响粮食生产和有效供给的不确定性因素较多，本着提高粮食综合生产能力、确保供给、留有余地的原则，未来 12 年间，需要新增 500 亿公斤生产能力，提高国家粮食安全的保障程度。虽然当前我国粮食总量能保证基本自给，但全国粮食人均占有量仅为 380 公斤，与《纲要》提出的 2020 年不低于 395 公斤的目标相比仍有一定差距。随着人民生活水平的不断提高，畜产品需求的增加和食品工业的快速发展，我国粮食产需缺口还将扩大。[①]

（二）耕地资源将仍然处于快速减少期

为保障国家粮食安全，必须保有一定数量的耕地；保障国家生态安全，也需要大力加强对具有生态功能的农用地，特别是耕地的保护。但是，目前我国耕地资源却呈现出快速减少的趋势，全国耕地保有量从 2001 年的 19.14 亿亩，减少

---

① 国家发展和改革委员会：《全国新增 1 000 亿斤粮食生产能力规划（2009～2020 年）》。

到 2008 年的 18.257 亿亩。虽然随着确保"18 亿亩"耕地红线战略的提出，2004 年以后每年减少的耕地数量有所下降，但是减少的趋势没有任何改变（见图 4－4）。

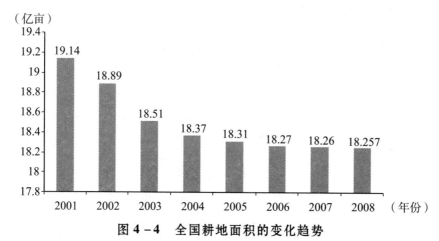

图 4－4　全国耕地面积的变化趋势

注：资料来源于国土资源部：《中国国土资源公报》，2001～2009 年各版。

从耕地资源数量减少的原因来看，截至 2006 年，生态退耕是促成耕地数量减少的最主要因素，2002 年和 2003 年因生态退耕减少的耕地面积均超过了 2 000 万亩，2004 年在 1 000 万亩以上，2005 年和 2006 年均在 500 万亩以上；而 2007 年非农建设占用耕地成为耕地面积减少的最主要因素。从未来趋势上看，由于 2007 年因生态退耕减少的耕地面积下降到 50 万亩以内，因农业结构调整减少的耕地面积在 10 万亩以内，生态建设和农业结构调整对造成的耕地保护压力较小，因此非农建设占用耕地在未来将继续成为耕地减少的最主要因素（见表 4－5）。

表 4－5　　　　　　全国耕地资源增减的原因分析　　　　　单位：万亩

类别/年份	2002	2003	2004	2005	2006	2007
耕地面积净减少	－2 528.7	－3 806.1	－1 200.4	－542.4	－460.2	－61.0
非农建设占用耕地减少	－294.7	－343.6	－439.2	－318.2	－387.8	－282.4
生态退耕减少	－2 138.2	－3 355.9	－1 099.3	－585.5	－509.1	－38.2
灾毁耕地减少	－84.6	－75.6	－94.9	－80.2	－53.8	－26.9
农业结构调整减少	－523.5	－496.9	－307.1	－18.5	－60.3	－7.3
土地整理复垦开发补充增加	＋391.2	＋466.2	＋518.4	＋460	＋550.8	＋293.8

注：2004 年和 2005 年非农建设占用耕地中，分别包括 221.5 万亩和 110.1 万亩往年已经建设但未变更上报的建设占用耕地面积。

资料来源：国土资源部：《中国国土资源公报》，2002～2007 年各版。

当前我国已进入城镇化和工业化的快速发展阶段，到 2020 年，城镇化率预计将达 58%，城镇工矿用地需求量将在相当长时期内保持较高水平；推进城乡统筹和区域一体化发展，也将拉动区域性基础设施用地的需求进一步增长；建设社会主义新农村，还需要一定规模的新增建设用地周转支撑。但是，随着耕地保护和生态建设力度的加大，我国可用作新增建设用地的土地资源十分有限，各项建设用地的供给面临前所未有的压力。另外，耕地后备资源少、生态环境约束大的国情，制约了我国耕地资源的补充能力，农用地特别是耕地保护面临着更加严峻的形势。参照国土资源部的耕地资源保障目标，到 2020 年，我国耕地资源保有量为 18.05 亿亩，保障不突破 18 亿亩红线；而此后耕地资源保有量将低于 18 亿亩，到 2040 年将减少到 15.6 亿亩，实现基本农田数量基本不减少、耕地质量有所提高将是未来耕地保护的重点。[①]

（三）我国用水量进入快速增长期，农业用水压力增大

我国用水总量从 1949 年的约 1 000 亿立方米增加到 1997 年的约 5 600 亿立方米，其中 1949~1980 年为用水高速增长期，人均年用水量从 187 立方米增长到 450 立方米。此后水需求继续增长，但受资源制约供水难以同步增加，人均年用水量保持在 450 立方米上下。据中国工程院预测，我国用水高峰将在 2030 年前后出现，年用水总量为 7 000 亿~8 000 亿立方米，人均综合用水量为 400~500 立方米；东部发达地区在 2030 年率先接近需水"零增长"，2050 年前后全国需水量趋近"零增长"。我国实际可能利用的水资源量为 8 000 亿~9 500 亿立方米，需水量已接近可能利用水量的极限。[②] 虽然我国农业用水占社会用水总量的比重将会持续下降，但是供需失衡将会造成国民经济用水挤占生态环境用水，城市与工业用水挤占农业用水，农业用水的压力必将进一步增大（见表 4-6）。

表 4-6　　　中国社会总用水量和农业用水量的变化趋势

年份	总供水量（亿立方米）	社会用水总量（亿立方米）	农业用水量（亿立方米）	农业用水量占社会用水总量的比重（%）	人均总用水量（立方米/人）
1990	—	5 000.0	4 150.0	83.00	424.30 *
1993	—	5 253.9	4 077.0	77.60	423.20 **
2000	5 530.7	5 497.6	3 783.5	68.82	435.40
2001	5 567.4	5 567.4	3 825.7	68.72	437.74

①　转引自国土资源部：《全国土地利用总体规划纲要（2006~2020 年）》。

②　中国工程院项目组：《中国可持续发展水资源战略研究综合报告》，《中国水利报》2000 年 10 月 11 日，第 3 版。

续表

年份	总供水量 （亿立方米）	社会用水总量 （亿立方米）	农业用水量 （亿立方米）	农业用水量占社会 用水总量的比重（%）	人均总用水量 （立方米/人）
2002	5 497.3	5 497.3	3 736.2	67.96	429.34
2003	5 320.4	5 320.4	3 432.8	64.52	412.95
2004	5 547.8	5 547.8	3 585.7	64.63	428.00
2005	5 633.0	5 633.0	3 580.0	63.55	432.07
2006	5 795.0	5 795.0	3 664.4	63.24	442.02
2007	5 818.7	5 818.7	3 599.5	61.86	441.52
2008	5 910.0	5 910.0	3 663.5	61.99	446.15

注：—为未找到相应数据，＊为1992年数据，＊＊为1997年数据。

资料来源：2000年以前的数据来源于FAO，AQUASTAT online database；2000年以后的数据来源于国家统计局：《中国统计年鉴（2009）》。

（四）利用海外农业资源的格局已经形成，农业资源安全风险增大

我国已经成为农产品大进大出的国家，如果不利用农产品贸易来缓解资源压力，那么我国的粮食安全压力会更大。表4-7显示的是我国2008年进口的部分农产品，如果我国没有大规模地进口这些农产品，而是改由本国生产这些进口农产品来满足需求的话，则至少需要增加3 922万公顷种植面积，以2008年1.2839的复种指数计算，即需要增加3 055万公顷的耕地面积，换句话说，至少需要增加约25%的耕地面积。需要指出，这里并没有包括蚕茧、羊毛、皮革、饲料、可可豆、原木、锯材、纸浆等进口产品所需的生产用地在内。[①] 这表明，我国同时利用国内和国际两种农业资源的基本格局已经形成。

表4-7　　　　2008年我国部分进口农产品折合耕地需求量

品名	净进口量 （万吨）	净进口比重 （%）	折合种植面积 （万公顷）	折算系数（2008年水平）
棉花	287.80	29.3	221.04	单产1.302吨/公顷
天然橡胶	168.00	75.4	144.68	单产1.1612吨/公顷
食糖	72.16	4.7	26.70	出糖率11.5%，单产23.5吨/公顷
大豆	3 695.10	65.2	2 258.63	单产1.636吨/公顷

---

① 何秀荣：《中国农产品贸易与经济发展》，载《2010年中国农产品贸易报告》，中国农业出版社2010年版。

品名	净进口量 （万吨）	净进口比重 （%）	折合种植面积 （万公顷）	折算系数（2008 年水平）
油菜籽	130.25	10.8	70.97	单产 1.8353 吨/公顷
豆油	245.17	30.0	832.55	出油率 18%，单产 1.636 吨/公顷
菜籽油	26.98	5.8	44.55	出油率 33%，单产 1.8353 吨/公顷
棕榈油	528.23	100.0	322.88	按替代菜籽油折算
合计			3 922.00	（相当于 25% 的现有耕地面积）

注：净进口比重 = 净进口量/国内总供给量×100。

资料来源：转引自何秀荣：《中国农产品贸易与经济发展》，《2010 年中国农产品贸易报告》。

　　相对于人口而言农业资源禀赋并不充足的国家，随着农业国际化的进展，客观上不得不走上同时利用国内和国际两种农业资源的道路。这不仅仅是出于充分发挥比较优势的客观需要，而且也是缓解农业资源环境压力的必然选择。在耕地大幅度减少的今天，我国连现有耕地面积都保持不住，更不要说增加 25% 的耕地了，显然，我国自有的耕地资源和现有的技术水平根本就承受不起如此沉重的产品供给要求。如果不进口农产品，势必会挤占现有粮食种植面积、抬高农产品价格，从而加大粮食安全压力、降低国民福利。除了耕地紧张外，水资源也是农业生产中十分突出的制约因素之一，随着经济增长和人民生活水平的提高，我国大多数城市成为缺水型城市，农业用水的绝对量在减少，与 2000 年相比，2008 年农业用水量减少了 120.1 亿立方米，即减少 3.17%。同时，农业是一个大量使用化肥、农药、塑料薄膜和大量产生牲畜排泄物的产业，是当前面源污染的主要来源之一。同时利用国内和国际农业资源的格局，对于缓解我国资源环境压力具有重要作用。

　　从我国农产品进出口的变化趋势来看，进口和出口将同期快速增长，农产品贸易逆差的格局将会延续，而且逆差将朝着逐步扩大的方向发展。在这样的背景下，我国利用海外农业资源带来的风险将随之增大。原因在于：一是国际市场粮源有限。我国既是粮食生产大国，又是粮食消费大国，国际市场的谷物贸易量仅为我国粮食消费量的一半左右，可供我国进口的粮食资源十分有限。二是国际粮食市场波动加剧。由于前两年生物质燃料发展拉动了粮食需求，世界谷物库存下降到 25 年来最低水平，加上国际游资炒作农产品期货，世界粮食价格上涨 40%。近期，受国际金融危机影响，原油价格大幅下滑，生物质燃料需求减少，粮食价格下降。但从中长期看，国际金融、能源市场对粮食市场的牵动作用逐渐加大，引发粮食市场波动的因素日益复杂，利用国际市场弥补国内产需缺口仍具有较大的不确定性。① 因此，利用国外农业资源增长的趋势与由此带来的潜在风险扩大的矛盾，将是今后农业资源利用所要面临的一个重要挑战。

二、农业资源基础条件与采用现代农业科学技术的矛盾

（一）基本农田基础条件改善的任务仍然艰巨

发展现代农业，必然要求农业资源的基础条件能够满足采用现代农业科技的要求。因此，发达国家往往通过土地整理和农田水利设施建设等方式，提高基本农田的基础条件。

从我国耕地整理的进展情况来看，2001～2006 年间基本处于增长阶段，由304 万亩增长到551 万亩，2007 年下降到294 万亩，2008 年又恢复增长到344 万亩。2001～2008 年间，我国耕地整理累计面积为 3 328.6 万亩，只占到全部耕地面积 19.2574 亿亩的 1.73%（见图 4－5）。由于缺乏统计数据，我们无法得到2001 年之前已经完成整理的耕地面积数据。假定我国现在尚有 1/6 的耕地，即3.209 亿亩耕地仍需整理的话，按照年均整理耕地 500 万亩来计算，还需要超过64 年的时间来完成这项任务。

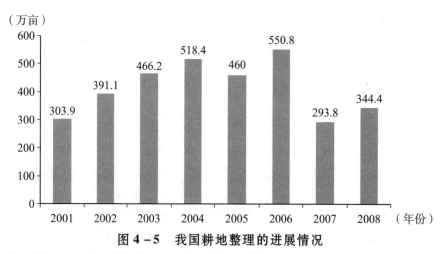

图 4－5　我国耕地整理的进展情况

注：资料来源于国土资源部：《中国国土资源公报》，2001～2008 年各版。

进入 21 世纪以来，我国农田水利设施建设也取得了快速的发展。2000～2009 年间，农田有效灌溉面积从 5 501 万公顷增加到 5 926 万公顷，增长

---

① 国家发展和改革委员会：《全国新增 1 000 亿斤粮食生产能力规划（2009～2020 年）》。

7.72%；井灌面积从 1 506.7 万公顷增加到 1 748 万公顷，增长 16.02%；机电排灌面积从 3 686.7 万公顷增加到 4 001.6 万公顷，增长 8.54%；节水灌溉面积从 1 638.9 万公顷增加到 2 575.5 万公顷，增长 57.15%。可见，与解决水资源短缺密切相关的井灌和节水灌溉面积增长较快。2009 年，我国农田有效灌溉面积占耕地面积的比重已经达到 48.68%，节水灌溉面积占耕地面积的比重也达到了 21.26%（见表 4－8）。在全部工程节水灌溉面积中，渠道防渗节灌面积 1 116.6 万公顷，低压管灌面积 624.9 万公顷，喷、微灌面积 459.6 万公顷，其他工程节水灌溉面积 374.4 万公顷；万亩以上灌区固定渠道防渗长度所占比例为 24.7%，其中干支渠防渗长度所占比例为 35.2%。全国已累计建成各类机电井 529.3 万眼，其中安装机电提水设备可正常汲取地下水的配套机电井 482.6 万眼，装机容量 4 986 万千瓦；已建成各类固定机电抽水泵站 41.4 万处，装机容量 4 301 万千瓦；累计建成灌溉配套机电井 450.8 万眼，装机容量 4 236 万千瓦，固定机电排灌站 44.6 万处，装机容量 2 447 万千瓦，流动排灌和喷滴灌设施装机容量 2 070 万千瓦。[①] 虽然我国农田水利建设已经取得了相当成就，但是考虑到我国水资源总量不足和时空分布不均的特点，农田水利建设仍然是现代农业所需农业资源基础条件改善的重要任务。

表 4－8　　　　　　　我国农田灌溉面积的变化

年份	农田有效灌溉面积（千公顷）	井灌面积（千公顷）	机电排灌面积（千公顷）	节水灌溉面积（千公顷）
2000	55 013	15 067	36 867	16 389
2001	55 517	16 000	36 667	17 446
2002	55 867	16 400	37 333	18 627
2003	55 901	—	—	19 443
2004	56 252	16 937	36 978	20 346
2005	56 562	17 046	37 867	21 338
2006	57 078	16 799	37 563	22 426
2007	57 782	16 894	38 715	23 489
2008	58 472	17 163	39 277	24 436
2009	59 261	17 480	40 016	25 755
2000～2009 年增长率（%）	7.72	16.02	8.54	57.15
2009 年占耕地面积的比重（%）	48.68	14.36	32.87	21.26

注：资料来源于水利部：《全国水利发展统计公报》，2000～2009 年各版。

――――――――

① 水利部：《2009 年全国水利发展统计公报》。

（二）耕地和水资源相关防灾能力需要进一步增强

20 世纪 90 年代以来，我国防控自然灾害的能力得到了加强（见表 4 – 9）。2009 年，中央财政设立了特大型地质灾害防治专项资金，当年投入资金 8.0 亿元，成功避让地质灾害 209 起，安全转移 1.4 万人，避免直接经济损失 1.6 亿元。① 目前，我国已建成江河堤防 29.14 万公里，累计达标堤防 11.67 万公里，堤防达标率为 40.0%，这些江河堤防保护人口 5.9 亿人，保护耕地 4 700 万公顷。此外，我国已建各类水闸 42 523 座，其中大型水闸 565 座；已建成各类水库 87 151 座，水库总库容 7 064 亿立方米，其中大型水库 544 座，总库容 5 506 亿立方米，中型水库 3 259 座，总库容 921 亿立方米，大中型水库大坝安全达标率为 70%。②

表 4 –9　　　　　　　　我国灾害防控能力的发展

项目 \ 年份	1990	1995	2000	2005	2007	2008
年底灌区数（处）	5 363	5 562	5 683	5 860	5 869	6 414
3.3 万公顷以上	72	74	101	117	120	149
2.0 万～3.3 万公顷	76	99	141	170	174	298
灌区有效灌溉面积（万公顷）	2 123.1	2 249.9	2 449.3	2 641.9	2 834.0	2 944.0
3.3 万公顷以上	604.7	631.4	788.3	1 023.0	1 052.0	1 120.7
2.0 万～3.3 万公顷	189.6	244.4	344.0	408.0	414.9	551.7
水库（座）	83 387	84 775	85 120	85 108	85 412	86 353
水库库容量（亿立方米）	4 660	4 797	5 184	5 624	6 345	6 924
水土流失治理面积（万公顷）	5 300	6 690	8 096	9 465	9 987	10 159
堤防长度（万公里）	22.0	24.7	27.0	27.7	28.4	28.7
堤防保护面积（万公顷）	3 200.0	3 060.9	3 960.0	4 412.0	4 551.8	4 571.2
除涝面积（万公顷）	1 933.7	2 006.5	2 098.9	2 133.9	2 141.9	2 142.5

资料来源：国家统计局：《中国统计年鉴（2009）》。

尽管如此，我国与水土相关的自然灾害仍然频繁发生。近年来我国农业受灾面积的变化如表 4 – 10 所示。2009 年，全国共发生各类地质灾害 10 446 起，造成人员伤亡 809 人，直接经济损失约 17.7 亿元。③ 与地质灾害相比，我国因洪涝和干

---

①③　国土资源部：《2009 年中国国土资源公报》。
②　　水利部：《2009 年全国水利发展统计公报》。

旱造成的损失更大。即使在洪涝灾害相对较轻的 2009 年，全国农作物洪涝受灾面积也有 874.816 万公顷，成灾面积 379.579 万公顷，受灾人口 1.11 亿人，因灾死亡 538 人，倒塌房屋 55.59 万间，直接经济损失 845.96 亿元。2009 年，我国多次发生区域性严重干旱，东北西部、内蒙古东部、华北北部、西北东部等地旱情比较严重。全国农田因旱受灾面积 2 925.88 万公顷，成灾面积 1 319.71 万公顷，直接经济损失 1 206.6 亿元，因旱累计有 3 421 万城乡人口、1 099 万头大牲畜发生临时性饮水困难，89 座城市出现供水紧张。[①]

表 4－10　　　　　　　　　我国农业灾害面积的变化

年份	受灾面积	成灾面积	成灾面积占受灾面积比重（%）	水灾		旱灾	
				受灾面积	成灾面积	受灾面积	成灾面积
2000	54 688	34 374	62.9	7 323	4 321	40 541	26 784
2001	52 215	31 793	60.9	6 042	3 614	38 472	23 698
2002	46 946	27 160	57.9	12 288	7 388	22 124	13 174
2003	54 506	32 516	59.7	19 208	12 289	24 852	14 470
2004	37 106	16 297	43.9	7 314	3 747	17 253	8 482
2005	38 818	19 966	51.4	10 932	6 047	16 028	8 479
2006	41 091	24 632	59.9	8 003	4 569	20 738	13 411
2007	48 992	25 064	51.2	10 463	5 105	29 386	16 170
2008	39 990	22 283	55.7	6 477	3 656	12 137	6 798

资料来源：国家统计局：《中国统计年鉴（2009）》。

从我国各种自然灾害造成的直接经济损失来看，2001～2009 年间，地质灾害年均造成的直接经济损失为 37 亿元，洪涝灾害造成的直接经济损失为 1 044 亿元，干旱灾害造成的直接经济损失为 971 亿元，三者合计年均高达 2 052 亿元。从时间变化趋势上看，虽然我国对灾害的防控能力在不断提高，但是灾害造成的直接经济损失并没有因此出现逐步减少的趋势（见图 4－6）。从未来发展趋势来看，考虑到全球气候变暖等不利因素的影响，未来我国灾害发生将有可能更加严重。因此，进一步加大对自然灾害的防控能力建设，是现代农业发展的必然要求。

①　水利部：《2009 年全国水利发展统计公报》。

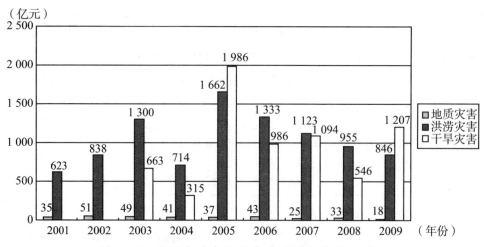

图 4-6　我国水土自然灾害造成的直接经济损失

注：2001 年和 2002 年干旱灾害造成的经济损失数据缺失。

资料来源：地质灾害造成的直接经济损失数据来源于国土资源部：《中国国土资源公报》2001～2009 年各版。洪涝灾害和干旱灾害造成的直接经济损失数据来源于水利部：《全国水利发展统计公报》2001～2009 年各版。

（三）农业经营主体的耕地经营规模需要扩大

我国实行家庭联产承包责任制以后，形成了以分散小规模经营为主的经营结构。2006 年全国农业普查数据显示，我国有农业生产经营户 2 亿户，住户农业从业人员 3.42 亿人，户均耕地面积 9.13 亩（0.61 公顷），劳均耕地面积 5.3 亩（0.36 公顷）。由于各地人口和土地分布不均，户均和劳均耕地存在很大差别。如表 4-11 所示，最高的黑龙江省户均耕地面积 42.3 亩，劳均耕地面积 20.6 亩；而最少的北京市则分别只为 2.4 亩、5.25 亩，与黑龙江分别相差 17 倍和 4 倍。[1]

表 4-11　　　　　　　　　我国部分省市人均耕地情况

省市	户均耕地	劳均耕地
全国	9.13 亩（0.61 公顷）	5.30 亩（0.36 公顷）
北京	2.40 亩（0.16 公顷）	5.25 亩（0.35 公顷）
江苏	5.10 亩（0.34 公顷）	5.85 亩（0.39 公顷）
浙江	3.30 亩（0.22 公顷）	6.00 亩（0.40 公顷）
黑龙江	42.30 亩（2.82 公顷）	20.60 亩（1.37 公顷）
云南	11.10 亩（0.74 公顷）	5.00 亩（0.33 公顷）

注：资料来源于国家统计局：《第二次全国农业普查资料综合提要》，中国统计出版社 2008 年版。

---

[1]　国家统计局：《第二次全国农业普查资料综合提要》，中国统计出版社 2008 年版。

从农业人口人均耕地数量进行国际比较的话，我国为 0.1 公顷，印度 0.3 公顷，越南 0.2 公顷，日本 1.2 公顷，韩国 0.2 公顷，英国 5.9 公顷，美国 30.6 公顷，巴西 2.5 公顷，阿根廷 8.2 公顷。可以看出，我国农业人口人均耕地面积只有印度的 1/3，越南和韩国的 1/2，日本的 1/12，英国的近 1/60，美国的 1/300。[①]

农户耕地规模经营太小，是与现代农业发展不相适应的。一是小规模经营劳动生产率极低，在开放的国际贸易条件下，大田作物基本上不具备国际竞争力；二是耕地规模过小，且每户的耕地分成多块，在灌溉、排水、机耕、植保等方面，很难满足采用现代科学技术的要求。

在现有农地制度框架下，农地流转是促进农业经营扩大的最主要方式。据农业部经管司的统计，2006 年全国农村土地流转面积 5 551.2 万亩，占家庭承包耕地面积的 4.57%，比 2005 年增加了 1.5%；到 2007 年底，全国农地流转面积占承包面积的 5.2%，比 2006 年增加 0.7 个百分点。2007 年，各地农地流转面积占承包面积的比重分别为：上海 49.9%、浙江 23.5%、广东 14.2%、江苏 10.03%、天津 10.3%、重庆 15.9%、四川 11.6%。从农地流转受让关系看，农户间流转占流转总面积的 63.9%，企业等其他主体占 36.1%，并且农户间自发流转多数不签订合同。[②]

尽管近年来农地流转速度加快，但流转量也不过耕地总面积的 5%，这与农村劳动力转移到非农产业的比重相距甚远。2005 年全国从事非农业的农村劳动力占农村劳动力总数的 40.5%，2006 年农民纯收入中工资性收入占 36.1%，加上家庭经营纯收入中的非农收入，非农收入占农民纯收入的 47.6%。[③] 与农村劳动力转移比例相比，耕地流转比例只相当于其 1/8，可见耕地流转速度远远落后于劳动力转移速度。

更加值得关注的是，近 2/3 的流转农地没有促进规模经营。转包、转让、互换、出租、入股和其他六种形式所占流转农地面积的比例分别为 53.65%、8.84%、4.84%、21.87%、4.61% 和 6.19%。[④]《农村土地承包法》提到的转包、转让、互换、出租这四种土地流转形式中，前三种是集体经济组织成员内部的行为，出租是对外行为。从现有情况看，转包所占农地流转面积最大，各地一般都在一半左右。如果把转包、转让和互换看做是农户间流转的话，那农户间流转占到了农地流转总面积的 2/3。然而，农户间流转大多由于没有集体统一调整地块，无法实现连片耕作，即便对接包户来讲耕地面积有所增加，但也难以实现连片的机械耕作，因此这些转移基本都不满足实现农业现代化、提高劳动生产率的要求。

---

① World Bank, World Development Report 2008: Agriculture for Development, 2008.

②④ 转引自张路雄：《中国耕地制度存在的问题及不可回避的政策选择》，2008 年。

③ 根据国家统计局：《中国统计年鉴（2007）》计算。

从长期趋势看，随着工业化和城市化的进展，农村劳动力的转出，特别是部分转出的农村劳动力融入城市，会进一步加速农地流转。但是，由于我国农户经营规模实在太小，加上农地流转制度上的各种限制，要想为现代农业的发展扩大经营规模，仍将面临着巨大的挑战。

三、农业资源利用效率与建设现代高效农业的矛盾

（一）耕地资源利用效率提高的难度加大

如第一部分所述，我国谷物单产虽然尚低于世界发达国家水平，但是已经达到了世界平均水平的 1.83 倍。从 1996 年以后我国粮食单产的变化趋势来看，截至 2003 年粮食单产基本没有提高；2004～2008 年间，粮食单产从每公顷 4 604 千克提高到 4 951 千克，提高了 347 千克，年均提高近 87 千克；特别是 2008 年，粮食单产较之上年提高了 203 千克（见图 4-7）。粮食单产水平是一定资源条件下资源利用技术水平的综合体现，其稳定的增长必须以技术进步为前提。在目前农业技术水平没有突破性进步的情况下，2004～2008 年的单产水平迅速提高，可以认为基本已经耗尽了现有技术水平的潜力，预期此后如果没有明显的技术进步，则我国粮食单产水平的提高难度将进一步加大。

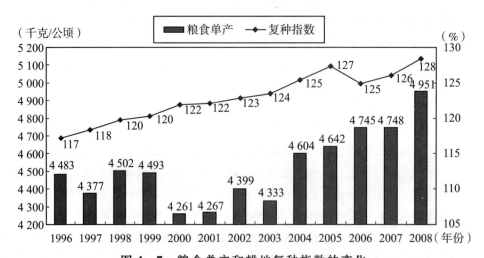

图 4-7　粮食单产和耕地复种指数的变化

注：1. 由于 1996 年耕地面积做了调整，所以只计算 1996 年以后的数据。

2. 粮食单产 = 粮食总产量/粮食播种面积；复种指数 = 农作物总播种面积/耕地面积×100%。

资料来源：粮食单产的数据来源于聂振邦主编：《2009 年中国粮食发展报告》；复种指数根据国家统计局：《中国统计年鉴（2009）》数据计算。

衡量耕地资源利用效率的另一个重要指标是复种指数。考虑到 1996 年耕地面积调整的影响，图 4 - 7 只列出了 1996 年以后复种指数的变化情况。从总体趋势来看，我国耕地的复种指数呈现出提高的态势，但是 2006 年耕地复种指数出现下降，到 2008 年才恢复到 2005 年的水平。发达国家的复种指数一般都小于 1，也就是说耕地一般种植一季，同时有部分耕地休耕。随着经济发展，我国能否保持复种指数的持续增长应该说存在着疑问。实际上，目前在浙江等沿海发达省份，已经开始出现了耕作制度向单季化调整的趋向，在农业劳动就业机会成本增加的背景下，为了节省农业劳动力的使用，将原有的双季稻种植改为单季稻种植。

（二）水资源利用效率的提高有赖于农业用水效率的提高

我国水资源在利用效率上存在的主要问题是农业用水效率较低。从我国农田实灌面积亩均用水量来看，1999～2008 年总体上呈现出下降的趋势，约从每亩 480 立方米下降到 435 立方米，下降了 45 立方米（见图 4 - 8）。亩均用水量的变化，虽然与各年度水资源总量有着一定的关系，但是更主要的原因在于农业灌溉用水效率的提高，这种趋势与前面所述节水灌溉面积的迅速提高趋势是相一致的。

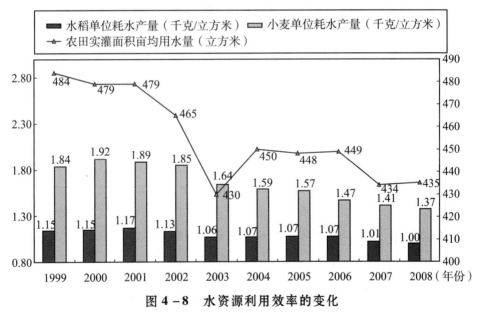

图 4 - 8 水资源利用效率的变化

资料来源：根据水利部《全国水利发展统计公报》和国家统计局《中国统计年鉴》的数据计算。

但是，从单位耗水的水稻和小麦产量来看，却呈现出与亩均用水量相反的趋势。除了 2000 年、2001 年略有提高外，单位耗水的水稻和小麦产量总体上均呈现出下降的趋势。从单位耗水的产量变化所反映的农业用水效率趋势来看，未来形势并不容乐观。

四、农业资源质量变化趋势与现代农业可持续发展的矛盾

（一）耕地"占补平衡"战略可能造成耕地质量的下降

1998 年新土地管理法实施后，我国实施了耕地"占补平衡"的战略，这基本上保障了耕地数量，但由于劣质耕地面积的增加掩盖了优质农田的减少，土地生产力在不断地被侵蚀，耕地质量有可能呈现出下降的趋势。通过对耕地面积与亩产增长速度进行比较，可以在一定程度上印证这种趋势。1998 ~ 2000 年，我国耕地净增面积扩大的同时，土地生产力却在下降，其中 1999 年和 2000 年耕地面积的增长速度分别达到 18.46% 和 15.59%，而单产增长速度相应却为 - 0.20% 和 - 5.16%。1997 年我国耕地面积比上年净减少 388.9 万公顷，单产减少 106 千克，因耕地数量的减少而损失的产量达到 174.3 亿千克，因单产的减少而损失的产量为101.2 亿千克；而 2000 年耕地净增加 1 753.4 万公顷，单产却净减少 232 千克，由于单产的减少而损失的产量达到 261 亿千克。①

（二）农业水污染加剧将引起水土资源质量的进一步恶化

相对于工业点源污染而言，农业水污染被称为面源污染。农业生产中所产生的污染主要来自化肥农药的过量施用和规模化养殖场畜禽排泄物无序堆放等，污染源一般分散广泛，找不到明确位置，因此面源污染的治理难度更大。

2008 年，我国农业生产施用化肥总量已经达到 5 239 万吨，每万亩化肥使用量为 287 吨，远远超出发达国家每万亩 150 吨的安全施用量上限。我国化肥用量中氮肥素肥料占 51%，虽然我国耕地面积不到世界的 1/10，但是氮肥用量却占世界的近 30%。而且，我国化肥的总使用量和亩均使用量都还呈现出不断上升的趋势（见图 4 - 9）。同样，中国也是世界上最大的农药施用国，每年农药（成药）施用总量达 131.2 万吨，平均每公顷施用 14 公斤，高出发达国家 1 倍，这些农药中大多数是难以降解的有机磷农药和剧毒农药，有一些国家明令禁止使用的高毒高残留农药在部分地区仍有使用。

---

① 庞英、张全景、叶依广：《中国耕地资源利用效益研究》，载《中国人口·资源与环境》2004 年第 5 期。

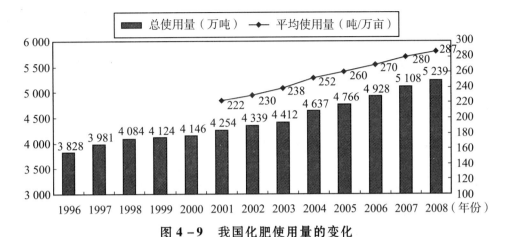

图 4 - 9   我国化肥使用量的变化

资料来源：化肥使用量数据来源于国家统计局：《中国统计年鉴（2009）》；耕地数量来自于国土资源部：《中国国土资源公报》1996 ~ 2008 年版。

农村集约化畜禽渔养殖场的迅速发展，也对水环境造成了污染。近 20 年来，我国畜禽养殖业年均增长 9.9%，目前全国有 14 000 余家规模化养殖场产生着大量养殖排泄物。2004 年养殖排泄物产生量为 28 亿吨，估计 2010 年会达到 45 亿吨；而我国畜禽粪便还田率只有 30% ~ 50%，大量任意堆放、未经处理的排泄物随着雨水的冲刷和渗透流入了河湖和地下浅水层。

上述各类农业污染，必将进一步加剧我国农业水土资源质量的持续恶化。农田施用的化肥实际利用率只有约 35%，其余部分都进入了生态环境，氮、磷的流失越来越成为我国湖泊、河流和浅海水域富营养化的主要原因，这直接导致水藻生长过盛、水体缺氧、水生物死亡，引发了水生态系统的严重问题。例如太湖、滇池、巢湖长期富营养化（大部分水质呈 V 类或劣 V 类）的成因分析表明，污染源主要来自农田化肥流失和生活污水，这对"三湖"总氮的贡献率分别是 59%、33%、63%，对总磷的贡献率分别是 30%、41%、73%。同样令人不安的是，我国农产品的农药残留超标率高达 16% ~ 20%，蔬菜水果类产品最为严重。每年大量使用的农药只有 0.1% 左右作用于目标病虫害，99.9% 融入生态系统。杀虫剂的大量使用打破了农田害虫和天敌的平衡关系，并导致土壤有益微生物群落消亡，破坏土壤生物活性和土壤生态系统功能。据估算，因化肥农药及其他污染，我国粮食每年减产约 100 亿公斤。[①]

---

① 中国环境与发展国际合作委员会：《中国环境与发展：世纪挑战与战略抉择》，2008 年。

第三节　我国现代农业发展中资源利用的战略选择

　　根据上述对我国农业资源禀赋基础和利用水平的特征，现代农业发展对农业资源利用的要求，我国农业资源利用未来趋势，以及我国农业资源利用在现代农业发展中的主要矛盾的分析，我们提出我国现代农业发展中农业资源利用战略的总体思路是：以科学发展观为指导，根据世界发达国家现代农业发展的基本规律和我国农业资源的基本特点，严格节约和保护我国的农业资源，积极改善农业资源的基础条件，努力构建农业资源高效利用体系，促进农业资源质量的提升，为发展现代农业奠定长期稳定的资源基础，实现现代农业的可持续发展。

　　具体来说，我国现代农业发展中的资源利用应该实施五大战略，即在农业资源数量保障上，要实施资源节约保护战略和开放利用国外资源战略；在条件和质量保障上，要实施资源基础条件改善战略和农业水土质量提升战略；而在技术选择上，要实施资源高效利用体系战略。本节将分别针对上述五大战略，描述各项战略的含义、目标、主要内容和重点。

一、资源节约保护战略

　　农业资源节约保护战略，就是要针对我国农业资源数量有限的基本特征，贯彻资源节约使用的原则，严格保护我国的农业资源，以保障我国重要农产品的基本供给。资源节约利用就是要实现耕地和水资源的充分利用，提高资源利用效率，开发资源的可利用潜力。保护资源是合理利用资源的基础，是实现资源节约利用的前提条件；资源节约利用是保护资源的有效手段之一，二者相辅相成，相互促进。

　　根据我国农业资源的赋存特点，以及我国农业资源利用的未来趋势，农业资源节约保护战略应该成为我国现代农业发展中资源利用的首要战略。这是因为只有保证了我国农业资源有一定的数量基础，其他的资源利用战略才具备实施的基础条件。

（一）战略目标

　　农业资源节约保护战略的目标，是保持我国耕地资源和农业水资源一定的数量基础，可以保障我国重要农产品的国内基本供给。一是确保我国耕地资源总量能够满足农产品的基本需求，根据一般的试算，就是要守住 18 亿亩耕地红线；二是确保满足国内生产所需要的水资源总量，使节水农业成为我国农业的主流方式。

（二）战略内容

农业资源节约保护战略的主要内容包括：

严格控制非农建设占用耕地。从我国耕地资源减少的原因来看，近年来生态退耕和农业结构调整带来的耕地数量减少已经显著变少，非农建设占用耕地已经成为耕地减少的最主要原因。而我国目前和今后相当一段时期内，城市化进程都将会加速，非农建设占用耕地的压力还会不断增强。从耕地资源节约保护的角度看，我国的城市化必然明确走节约利用土地的集约型发展道路，以控制新增建设用地规模特别是建设占用耕地规模，来控制建设用地的低效扩张，促进土地利用模式创新和土地利用效率提高，以土地供应的硬约束来促进经济发展方式的根本转变。

加强耕地特别是基本农田的保护。在严格控制耕地资源占用的总原则下，特别是加强对基本农田的保护。要严格落实基本农田保护制度，科学划定基本农田并落实到农户和地块，稳定基本农田的数量与质量，除法律规定情况外严禁占有基本农田。

积极推进荒地开垦和土地复垦开发。随着城市化的进展和农业劳动力的转移，现存农村建设用地的闲置和低效利用状况将会越来越严重，盘活农村建设用地具有巨大的潜力，对于解决非农建设用地占用与耕地保护之间的矛盾具有十分重要的意义，因此要将农村建设用地的有效利用和土地复垦开发作为今后耕地补充最重要的努力方向。按照新农村建设的要求，切实搞好乡级土地利用总体规划和镇规划、乡规划、村庄规划，合理引导农民住宅相对集中建设，促进自然村落适度撤并，加强对"空心村"用地的改造。合理安排农村宅基地，禁止超标准占地建房，逐步解决现有住宅用地超标准问题。引导和规范农村闲置宅基地合理流转，提高农村宅基地的利用效率。要在保护改善生态环境的前提下，有计划有步骤地开发宜耕后备土地，积极开展工矿废弃地复垦工作。

大力发展节水农业。水资源节约保护的主要内容是要根据建设"节水型社会"的总体要求，大力发展节水农业，将发展节水农业作为农业水资源节约保护的最重要战略。发展节水农业，就是要从传统的粗放型灌溉农业和旱地雨养农业转变为以建设现代灌溉农业和现代旱地农业为目标的节水高效农业。节水农业的核心是提高水的利用效率，节水农业的发展要坚持工程措施、农业措施、生物措施和管道措施相结合，输水环节和田间环节相结合，常规技术与高新技术相结合的原则；要充分利用当地水资源，包括降水、开发地下水、回收回归水和处理利用劣质水；要推动节水技术的研发和推广，以改进地面灌溉技术为主，有条件地发展喷灌和微灌，要加强农艺节水技术、雨水集蓄利用等旱作节水工程技术的应用；要加强渠道防渗建设和灌区配套建设，加强田间管理，完善节水投入机制，建立其适用于不同地区的多种类型节水灌溉制度。

（三）战略重点

我国资源节约保护战略的近期重点是要守住 18 亩耕地红线，确保基本农田数量不减少，质量有提高；从长远上看，耕地和水资源的节约保护要以满足我国农产品自给率底线为目标，做到基本农田数量不减少，基本农业用水总量有保障，且资源质量有提升。从区域来看，对于经济发展较快的东南沿海地区，则要把切实保护耕地、实现耕地有效利用、防止弃耕发生作为资源节约保护利用的战略重点；对东北粮食主产区，则要把基本农田保护、种植业结构合理调控作为资源节约保护的重点内容；对于水资源短缺的西北、华北大部分地区，提高水资源利用效率，保证农业用水总量供给，是这些地区资源节约保护利用的战略重点。

二、开放利用国外资源战略

开放利用国外农业资源战略，就是按照综合利用国内和国外两种农业资源的思路，将国外农业资源作为国内农业资源的重要补充，在风险可控的前提条件下，提高农业资源对我国农产品需求的保障能力。

从农业资源相对不足国家农业现代化的历史来看，随着农业国际化的进展，都必然出现同时利用国内和国际两种农业资源的发展趋势。我国目前客观上已经形成的同时利用国内和国际两种农业资源的格局，主要表现在部分农产品进口激增，农产品贸易已经进入了稳定存在逆差的局面。从农业资源利用的角度看，我们的战略不是要试图改变这种格局，或者消极地适应这种格局，而是应该积极主动地利用这种格局，实施开放利用国外农业资源战略。

（一）战略目标

开放利用国外农业资源战略的目标：一是要适当扩大我国资源比较优势相对较弱农产品的进口，提高国外农业资源利用对国内农业资源不足的补充能力；二是要严格监控开放利用国外农业资源的风险，从资源安全的高度，提高我国开放利用国外农业资源的风险防控能力，将农业资源国家安全的风险降低到可控水平之内。

（二）战略内容

开放利用国外农业资源战略的主要内容如下：

实施农产品进口和"虚拟农业资源"利用导向战略。进口农产品在一定意义上说就等于进口农业资源。因此，不应该消极地看待我国所有农产品的进口增加问题，而应该明确进口农产品、利用国外农业资源的"虚拟耕地"、"虚拟水"战略是我国农业资源长期利用的必然选择。但是，开放利用国外农业资源的农产品进口，不应该是盲目的和被动的，而应该根据我国资源赋存条件，结合农产品对满足国民生活需求和维护农民生计的重要性，有选择性地适当扩大部分农产品的进口，以缓解国内农业生产的资源需求压力。

实施农业"走出去"战略。对于进口数量较大或者占国内消费比例较高的农产品，从提高农业资源国家安全的角度看，还必须通过实施农业"走出去"的战略，提高对相关农业资源的国际控制能力。一是直接利用海外农业资源生产农产品。即以利用国际农业资源为目的，通过实施国家战略，到农业资源相对丰富的国家去购置或者租赁耕地资源，直接投资农业生产领域，建立我国重要农产品的国外生产基地，形成一定的海外储备能力，以满足我国农产品稳定供给的需求。二是通过农业相关领域的海外直接投资，提高对我国重要进口农产品原产国产业链的控制能力。即鼓励我国大型国家级农业产业化龙头企业扩大海外直接投资，投资于种子、化肥、农药、农机等生产资料环节和农产品的加工、储运和贸易等环节，提升我国重要进口农产品产业链中我国企业的控制能力，以减少利用国外农业资源的风险。

积极防控开放利用国外农业资源的风险。必须将开放利用国外农业资源的风险防控提高到国家资源安全的重要高度，通过建立开放利用国外农业资源的各种方式，特别是农产品进口的风险评价、监控与预警机制，制定有效的开发利用国外农业资源风险的防控预案，优化调控我国农产品进口结构，有的放矢地实施走出去战略，降低农业资源开放利用的风险。

（三）战略重点

从资源利用的角度看，利用国外农业资源的战略重点农产品应该是我国资源赋存条件较差的产品，也就是土地利用型的高耗水农产品。而且应该是其中对我国国民生活和农民生计影响较少的农产品。目前来看，农产品进口风险监控的主要地区是美洲、大洋洲等部分国家，如巴西、阿根廷、美国、加拿大、澳大利亚等国家；而农业走出去的重点地区在南美和非洲，如巴西、阿根廷、南非等。农产品进口风险控制的主要品种是大豆、棉花和油料作物，此外小麦及咖啡等其他经济作物也是我国值得关注的品种。近期的紧迫任务是根据农业资源利用的特点，明确利用国外农业资源农产品的种类，优化农产品进口的产品结构和地区结构，并完善我国农产品进口风险监控和预警机制。长期战略的重点将是制定合理的农业"走出去"战略。

三、资源基础条件改善战略

农业资源基础条件改善战略，就是要以农业资源基础设施建设和农业资源利用经营结构改善为核心，为现代农业采用现代科技提供条件。现代农业科技的采用对农业资源的基础条件有特殊的要求，例如耕地经营规模的大小，集中连片的程度，田间道路的整备情况等都会对农业机械的利用效率产生重大影响，从而影响着农业机械化的进程。资源基础条件的改善，将是决定现代农业科技采纳的重要促进因素。

（一）战略目标

农业资源基础条件改善战略的目标，是使得我国的农业资源基础条件能够符合现代农业发展采用现代科技的要求。一是加速高标准化农田（地）建设，使我国有条件地区的全部基本农田（地）的基础条件，都能够满足现代农业科技采纳，特别是农业机械化的要求；二是加速农业水利建设，改善我国农业灌溉设施，使我国农业的防灾和减灾能力得到进一步提高；三是积极推进农地流转，促进农业经营规模的扩大，培育一批可以作为现代农业经营主体的大规模经营组织。

（二）战略内容

农业资源基础条件改善战略的主要内容如下：

继续推进基本农田（地）资源基础条件改善，建设高标准农田（地）。我国耕地基础条件落后，将成为制约现代农业采用现代科技的重要瓶颈。针对我国现有耕地中中低产田约占2/3的现实，必须继续推进基本农田（地）资源基础条件改善，建设高标准农田（地）。要按照分工协作、连片推进的原则，加大对基本农田建设投入力度，加强小型农田水利设施建设，加快实施土地平整、机耕道、农田林网等工程建设，努力在北方地区建设一批80万亩以上、在南方地区建设一批50万亩以上的区域化、规模化、集中连片的商品粮生产基地。

继续推进农业水利建设，提高农业防灾和减灾能力。虽然我国水利建设已经取得了重大进展，但是由于我国耕地资源和水资源时空分布的特殊性，加上全球气候变化的不确定因素增多，使得我国自然灾害造成的损失仍然非常巨大。所以，应该继续把大江大河治理和小流域治理相结合，加大财政投入，开展农业水利建设，并积极做好水利设施的维护和利用工作，使我国农业的防灾和减灾能力获得进一步提高。

积极推进农地流转集中，培育现代农业的经营主体。我国目前分散小规模经营的格局，将成为我国现代农业发展的重要制约因素。虽然我国已经提出了农地流转的制度安排，但是从现实进展来看，农地流转集中的规模还很小，而且中央层面并没有制定鼓励农地集中的相应政策。因此，必须积极探索现有农地流转制度的改革，同时明确鼓励农地集中的目标，制定积极地鼓励农地流转的政策，通过直接补贴、经营指导、人才培训等措施，培育现代农业的经营主体。

（三）战略重点

近期的战略重点应该是做好全国的整体规划，继续加大耕地整理等建设高标准农田（地）的财政投入，做好高标准农田（地）建设项目的实施监督工作，提高资金使用的效果；同时继续加大财政投入，开展农业水利建设。长远来看，通过农地流转集中，培育现代农业的经营主体应该成为重要的政策努力方向。

四、资源高效利用体系战略

农业资源高效利用体系战略，就是要以农业资源利用科技研发为先导，通过各种农业资源利用技术的综合集成，探索适合于各种资源类型区域和各种农业产业或者农产品特点的资源高效利用一体化模式，并通过应用推广替代传统农业的资源利用模式，构建作为现代农业高效率、强竞争力基础的农业资源高效利用一体化技术模式。

构建农业资源高效利用体系，既是我国现代农业发展的资源利用基础，同时也是我国现代农业发展的重要组成部分。资源利用体系战略的体系性至少包括以下四个含义：第一是技术研发、技术应用和技术推广的体系性；第二是实践资源高效利用模式中各单一技术综合集成的体系性；第三是农业生产、加工、流通等农业产业链中各项技术相互配合的体系性；第四是资源综合利用模式中技术体系与经营管理模式相结合的体系性。

（一）战略目标

农业资源高效利用体系战略的核心，就是要采用现代的农业资源利用技术，提高农业资源利用的效率。因此，此战略的最终目标在于农业资源利用效率的提高。

提高耕地资源利用效率：一是要提高耕地资源的利用率，即可用耕地资源要尽可能地得到利用。就种植业而言就是复种指数，根据我国耕地资源数量有限的特殊国情，保持并适当提高复种指数是十分必要的。二是要提高单位耕地面积的产出。就种植业而言就是单产，提高单产应该是我国最主要的努力方向。

提高水资源利用效率：一是要提高供水能力，即提高全社会供水量占水资源总量的比率；二是要提高农业用水的利用效率，即减少农业灌溉用水在水利设施中的消耗率；三是要提高单位农业用水的产出率，即降低单位农产品产量的用水量。

为了提高农业资源利用效率，在资源高效利用一体化技术发展方面的主要目标包括：一是提高我国农业资源利用科研水平，特别是与我国农业资源相适应的一些关键技术的科研水平应该走在世界前列；二是提高我国农业资源高效利用一体化模式的普及率，全国主要类型区域和主要农产品都应该形成相对成熟的农业高效利用一体化模式，并使这样的模式成为现代农业主要经营主体所采纳应用的主流模式。

（二）战略内容

农业资源高效利用体系战略的主要内容包括以下三个方面：

农业资源高效利用技术的研发与储备。农业资源高效利用技术的研发和储备，是本战略实施的先导和基础条件。针对我国农业资源赋存基础和利用水平，以及我国农业资源利用的未来趋势，我国农业资源高效利用技术研发的战略重点领域至少应该包括：以提高农作物单产为核心的高产品种培育技术，随着我国人民生活水平的提高，我国优良品种的培育将走向产量提高与品质改善并重的新阶段，但是根据我国耕地资源的特点，产量提高仍然需要作为长期发展的重点方向。为了综合提高我国的高产品种的培育技术，除了积极发展传统的培育技术之外，必须重视现代生物技术的发展，积极支持和鼓励基因工程等新技术的研发，制定符合我国资源特点的基因国家战略。以提高水资源利用效率为核心的节水农业技术，根据我国节水农业技术发展现状及其需求，结合现代节水农业技术发展趋势，建议未来我国现代节水农业技术的研究与开发应该集中在现代生物节水技术、非常规水高效安全利用技术、节水灌溉技术与装备、旱作高效用水技术与新材料、区域高效节水农业综合技术等 5 个方面，并将现代生物节水技术作为一种前沿技术储备。[1] 以提高农产品综合利用效率为核心的农产品加工流通技术，现

---

① 吴普特、冯浩、牛文全、赵西宁：《现代节水农业技术发展趋势与未来研发重点》，载于《中国工程科学》2007 年第 9 卷第 2 期。

代农业是一个不断加强农业链条的产业，因此加强其后续的农产品加工流通技术特别重要。以农产品加工技术为例，随着食品化学、生物技术及其他相关学科的发展，农产品加工技术发展迅速，一批高新技术如瞬间高温杀菌技术、微胶囊技术、微生物发酵技术、膜分离技术、微波技术、真空冷冻干燥技术、无菌贮存与包装技术、超高压技术、超微粉碎技术、超临界流体萃取技术、膨化与挤压技术、基因工程技术等，已在农产品加工领域得到广泛应用，并将迅速普及与深化。[①]

农业资源高效利用技术的系统集成与实践模式。农业是一项复杂的系统工程。农业资源利用的各个单项技术如果缺乏整体研究与集成，不仅影响单项技术的效果发挥，也无法形成适合不同区域特点和产品特点的一体化实践模式。例如，节水农业，必须根据区域水资源的特点，以农业节水高新技术和产品应用为载体，将生物节水技术、节水灌溉技术、农艺节水技术和用水管理技术组装配套后，在示范区形成各具特色的现代节水农业技术体系与模式。例如，从水资源利用角度看，南方地区重点是高产灌溉农业技术模式，而北方地区重点是旱作节水农业技术模式。

农业资源高效利用技术模式的示范和推广。在探索形成农业资源高效利用技术一体化模式后，必须通过示范推广，将这种模式推广开来，为广大农业经营单位所采纳，这样才能最终完成用资源高效利用一体化模式改造传统农业的任务。为此，必须确立农业资源高效利用模式的示范推广战略。

（三）战略重点

近期来看，战略重点在于与我国农业资源特征紧密关联的高产品种选育和节水农业关键技术研发，以及各个不同类型区域农业高效利用技术集成与一体化应用模式的探索。长期来看，农业资源高效一体化模式的推广普及将成为重点。

五、资源质量提升战略

农业资源质量提升战略，就是要以土壤肥力和农业灌溉水质的保护与提升为核心，既为农业资源的高效利用提供基础，也为现代农业的可持续发展提供保障。从资源利用的角度看，只要合理利用，土壤肥力和水资源质量都具有可再生资源的性质。也就是说，只要合理利用和积极培肥，土壤肥力是可以长期维持，

[①] 沈孝明：《农产品加工技术发展趋势》，载于《农村新技术》2009 年第 14 期。

并且可能不断改善。水资源本身也具有自净能力，只要进入水资源的污染不超越水体本身的自净能力，则水资源质量也可以得到维持，甚至提高。因此，现代农业可持续发展在耕地资源和水资源利用上的重要体现，就是要强化土壤肥力和农业灌溉用水的这种可再生资源特性。

（一）战略目标

农业资源质量提升战略的目标是通过农业资源质量的提升，维护和强化土壤肥力与农业用水水质的可再生资源特性，保障现代农业的可持续发展。

提升耕地资源质量的核心在于提高土壤肥力，包括提高土壤中主要营养元素和有机质的含量，改善土壤的理化性质等。提高农业用水水质，主要是要防止水体受到各种污染，降低水体富营养化程度。

（二）战略内容

转变现代农业资源利用理念。发达国家农业现代化的过程，都是一个不断增加现代生产要素投入的过程。由于化肥、农药和农业机械等大量使用，而被称为"石油农业"。从农业资源利用的角度看，这种"石油农业"模式打破了传统农业注重生态有机循环的特征，造成农业资源质量的下降。我国现代农业的发展应该吸取发达国家农业现代化的教训，探索一种使得传统农业资源利用的循环特征与现代科技应用有机结合的现代农业发展新模式。

建立农业水土质量监测和评价体系。把握我国农业水土资源的质量现状与变化趋势，是实施农业水土质量提升战略的基础。因此，应该建立全国农业水土质量检测和评价体系，对我国各个不同类型区的土壤肥力和水资源质量的主要指标进行调查监测，形成检测数据库，并定期进行综合评价，为农业资源质量的提高提供指导和支撑。

实施农业水土质量提升的导向政策。在充分利用全国水土质量检测和评价结果的基础上，制订合理的农业水土质量提升技术方案，并通过支持政策，引导和激励农民参与到改善和提升农业水土质量的行动中来。从长远来看，应该构建我国农业环境政策的基本框架，把农业水土质量提升导向政策纳入其中。

（三）战略重点

从近期来看，应该增大财政扶持力度，扩大目前的测土配方施肥工程的试点范围，并扩充内容，尽快建立覆盖全国的农业水土质量检测和评价体系。而从长期来看，制定相应的政策，鼓励农民的参与将逐步成为重点。

第四节　我国现代农业发展中资源利用的战略措施

农业资源保护和高效利用战略的实施，需要从制度、技术和政策层面给予保障，制度、技术和政策措施应该相互配合，才能保障我国农业资源保护与高效利用战略的有效实施。根据上述我国现代农业发展中需要实施的农业资源利用战略，结合我国目前的现实情况，本节提出我国现代农业发展中资源利用的战略措施。

一、完善农业资源节约保护的制度安排

我国已经把节约耕地资源和保护耕地资源作为基本国策，同时也已经把建设"节水型"社会作为国家战略，为了实行上述基本国策和国家战略，国家通过立法和颁布政府法规等方式，已经建立了一系列农业资源节约保护制度。这些制度的实施，对我国农业资源的节约保护，发挥了非常重要的积极作用。完善农业资源节约保护制度，就是要在基本维持这些制度的基础上，针对目前农业资源节约保护上面临的制度缺陷，通过有关的体制改革，提高制度对农业资源节约保护的保障效果。根据现代农业发展的要求，目前我国农业资源节约保护制度完善的主要内容有以下两个方面：

（一）改革征地制度

目前我国农业资源节约保护中面临的一个最严峻的问题是耕地资源的快速减少，使得确保不突破18亿亩耕地"红线"目标的实现难度加大。同时，征地问题也成为目前农民上访，甚至造成一些地区群体性事件发生的最重要原因。这说明，我国现有的征地制度虽然通过低土地成本的方式有力地促进了我国经济建设的发展，但是从发展现代农业的长期视角来看，存在着进一步改革完善的必要性和紧迫性。

改革的方向主要包括以下两个方面：一是要缩小耕地征用的范围。根据宪法和土地管理法等的有关规定，国家的征地范围应该限定在为公共利益所需的土地上。但是，目前征地范围过大，除了部分为公共利益而必须征收的土地之外，大量征收的土地是以商业开发为目的的。所以，改革的方向应该是严格根据征地用于公共事业的目的，限制土地征用的范围，使大量以商业开发为目的的土地退出

137

国家征用的范围。二是要提高土地征用的成本。现有以农地收益为基础的成本补偿办法，过低地计算了征地所产生的土地增值收益，而土地增值收益成为地方政府"土地财政"的来源，促进了政府的土地征用行为。同时，由于补偿标准过低，也严重侵害了失地农民的权益，影响了农村的稳定。按照现有不成标准的确定依据，适当提高对征地农民的补偿标准，虽然可以在一定程度上缓解征地所引发的各种社会矛盾，但是不能从根本上解决问题。从长远来看，随着土地市场的发展，必须探讨征地补偿标准确定依据的变革问题，可以考虑的方向是土地的市场价格或者农民以土地市场价格为基础的重置成本。实际上，在一些土地价格较高的一线城市郊区，原有征地补偿标准的实施已经难以为继，这些地区开始尝试实施更多参照土地市场价格的补偿方式。这说明，对征地补偿标准确定依据的改革，已经是一个紧迫的现实问题。实际上，当大量以商业开发为目的的征地转为市场取得后，其补偿标准确定的依据也只能是参照土地的市场价格。

上述征地制度改革的制度风险，主要有两个方面：一是征地成本会上升，可能会影响到地方政府的"土地财政"收入，也会增加建设成本；二是征地成本上升后，可能会推动房产价格的上升。这样的制度风险到底有多大？如何防范和化解这样的制度风险，政府需要制定相应的对策。

（二）完善农村建设用地流转制度

在经济发展对建设用地的需求不断增长，而国家对耕地占用的限制越来越强化的双重压力下，不少地方政府都不约而同地将目光投向了农村集体建设用地。为了解决非农业用地需求和耕地保护之间的矛盾，必须积极探索农村建设用地的盘活和合理利用问题。随着工业化和城市化的发展，一方面经济发展客观上需要占用相当部分的土地，农地向非农地的转用压力巨大，同时随着农村人口逐步转向城市，而农村住房已经开始出现大量闲置的趋势。客观上需要通过农村集中居住等方式，逐步将农村建设用地的减少与城市建设用地的增加结合起来考虑。根据我们的试算，从长期来看，通过农村集中居住可以置换出来的农村集体建设用地潜力巨大，用好这部分建设用地，对于满足非农建设需求具有非常重要的意义。而且，当前各地改革试验的经验也证明，只要措施得当，通过这样的方式，对于农业耕地资源的保护也具有积极的影响。目前，虽然一些地方政府已经开始了自发的探索和实验性改革，但是从国家层面上，尚缺乏统一的制度框架。因此，完善农村集体建设用地流转制度建设，已经成为一个紧迫的改革课题。

从长期发展方向来看，应该加强以下几个方面的制度建设：

第一，进一步改革建设用地制度，逐步打破城乡建设用地市场的二元结构，建立城乡相对统一的建设用地市场。这样才能真正使得通过农村集中居住等方式，节约出来的农村建设用地能够按照一定的规则转变为城市建设用地，在尽可能不再占用农业耕地资源的前提下，满足城市建设用地扩张的刚性需求。在条件成熟的时候，可以做到农村建设用地复垦与城市建设用地占用之间的平衡，甚至因为土地利用效率的提高，还可能使得农村建设用地复垦的数量超过省市建设用地占用的数量。

第二，在条件成熟的前提下，可以考虑扩大农村建设用地复垦与城市建设用地占用指标之间的更大区域之间的挂钩使用。考虑到我国农民工跨区域转移的特点，许多中西部地区的农民工进入沿海地区就业，如果这些农民工中的相当部分，特别是新生代农民工最终选择在流入地定居。那么考虑农村建设用地在农民工流出地与流入地之间的挂钩使用，应该是合理的。在尽可能地减轻这种跨省区的转移使用会加剧地区发展不平衡的副作用的前提下，通过改革试验，探索出合理的制度安排，从长期发展的角度看，对于农业耕地资源的保护具有重要的意义。

第三，应该积极探索进城农民工，特别是新生代农民工融入城市的制度安排。农村建设用地转变为城市建设用地的一个前提条件是，相当部分进城的农民工能够在城市就业的同时，稳定地在城市居住下来，并逐步融入城市。所以，应该积极探索有关的制度安排，逐步解决农民工融入城市的问题。

二、强化农业资源节约保护的市场调节机制和政府责任机制

（一）强化农业资源节约保护的市场调节机制

由于受到传统计划经济体制的影响，我国农业资源市场的发展相对滞后，突出表现在资源产权制度不明确和资源价格上。这样的状况往往造成农业资源的过度使用，甚至严重浪费。从制度运行的角度看，一方面是在政府规制之外的资源使用受到资源价格信号扭曲的影响；另一方面更为重要的是造成市场调节的方向与国家规制的目标相背离，以致使得市场调节力量成为影响政府规制效果的负面因素。

完善农业资源市场调节机制的主要方向是：第一，进一步明确资源的产权，促进农业资源市场的发展。上述征地制度和农村集体建设用地流转制度，实际上都具有促进土地市场发展的重要作用。相对于土地市场而言，我国水资源市场的发展更加滞后，所以必须加速水资源市场的建设，注重发挥市场调节机制在水资源保护和利用上的作用。第二，在政府规制的范围内，也应该适当提高农业资源

的价格，提高征地成本，提高水资源的价格，逐步建立合理的农业用水价格制度，促进农业资源的保护和利用。

（二）强化农业资源节约保护的政府责任机制

就农业资源特别是耕地资源节约保护而言，与制度不完善相比，更为重大的挑战应该来自于对于制度的执行。在工业化和城市化对建设用地需求不断增长的背景下，地方政府出于对经济发展政绩等的追求，违规占用耕地已经成为耕地资源保护极为重要的影响因素。根据国土资源部数据，2009 年根据严格用地标准、推进节约用地的原则，核减不合理用地 20.5 万亩；在全国 24 个省（区、市）及 3 个计划单列市开展 39 项例行督察，督促地方政府严肃查处整改土地违规违法问题，向 9 个省级人民政府发出 11 份督察建议书和整改意见书；全年共结案查处土地违法案件 4.2 万件，涉及土地面积 3.2 万公顷，其中耕地 1.4 万公顷，罚没款 15.4 亿元。[①] 因此，必须进一步强化农业资源节约保护中的政府责任，特别是地方政府的责任。可以考虑采取的措施是：

第一，建立地方政府首长目标责任制。即根据地方政府首长任期制，将耕地资源保护指标作为地方政府一把手必须完成的目标，在离任时考核中进行审核，并将结果作为对其业绩评价和升迁的重要依据。

第二，将农业资源保护纳入政绩考核的内容。要改变以经济发展总量（GDP）为核心的政绩考核机制，逐步将农业资源保护纳入政绩考核，并给予比较重要的份额。

第三，进一步强化检查监督机制。除了继续强化国家土地督察工作等政府内的检查监督之外，还应该积极发挥公众媒体等社会监督机制的作用，并加大对违法违纪事件的处罚和问责力度。

三、启动利用国外资源的农业"走出去"工程

由于农业资源人均数量的限制，我国现代农业的发展必须同时利用好国内和国外两种资源。这是由我国农业资源赋存条件所决定的必然发展趋势。目前，我国利用国外农业资源的发展处在被动型利用和零散型利用的初级阶段，即由于国外大量农产品的进口而被动利用国外农业资源，极少数的企业为了自身发展而自行"走出去"利用国外农业资源。从长期发展的角度看，我国应该根据农业资

---

① 国土资源部：《2009 年中国国土资源公报》，http：//www.mlr.gov.cn/zwgk/tjxx/201004/t20100409_714471.htm。

源的基础条件，应该将目前这种"被动性"和"自由性"利用国外农业资源的方式，改变为主动地有序利用国外农业资源，启动利用国外资源的农业"走出去"工程。可以采取的措施包括：要将利用国外资源的农业"走出去"提升到国家战略的高度，制定利用国外资源的农业"走出去"长期规划，明确规划的目标、重点区域和重点产品、方式和国家支持体系等；培育农业"走出去"的主体。我国的农业产业化国家重点龙头企业基本具备了"走出去"的实力和条件。在确定好目标和方向的基础上，筛选一批农业产业化国家龙头企业，有针对性地引导其"走出去"；对以资源开发为目的的项目，政府应该采取财税、信贷等优惠政策进行引导、鼓励和扶持，并为相关企业的技术输出和人才交流等提供便利条件，并做好与农业援外项目的协调和配合工作；充分利用高层互访和各种双边合作机制，帮助"走出去"的企业解决项目实施中的困难和障碍，降低项目实施的风险，提高项目成功率。

四、建立农业资源国家安全的风险评估与防控机制

随着我国农业国际化的进展，我国利用国内和国际两种资源的农业格局将会常态化。由于农业资源是一种战略性资源，对国计民生和农民生计的影响巨大，因此有必要建立农业资源国家安全的综合防控机制。主要措施包括：建立利用国外农业资源的风险评估与预警机制。风险评估内容应该包括农产品进口、农业相关原材料的进口、农业引进外资；以及通过"走出去"的方式利用国外农业资源等所带来的风险。而且除了常态的定期评估之外，还应该特别注意在重大决策之前的预评估和国内外重大事件发生时的专项评估。要根据风险评估的结果，建立预警机制；建立利用国外农业资源的风险防控机制。必须针对可能出现的风险，制定风险防控预案，做到未雨绸缪，有备无患；建立相应的组织保障体系。由于利用国外农业资源所涉及的部门很多，所以应该建立相应的部际协调机制，同时建立农业产业安全的风险防控机构，专门从事这项工作。

五、继续开展农田园田化工程和基础设施改善工程

从现代农业发展的要求来看，我国农业资源的条件离全面采用现代机械设备和现代科技的要求还有很大差距。因此，有必要继续加大财政投入，开展农业水土资源条件的改善工作。重点是开展以下两项工程：一是针对基本农田的园田化工程。也就是说通过土地整理，开展各项农田基本建设，实质性地提高农业水土资源对现代农业的支撑能力。二是继续开展大江大河整治工程。主要是通过各种

工程措施，提高对水旱灾害的防控能力。主要的措施包括：制定好相应的各项规划，加大财政投入，做好项目实施的监督落实工作，保障项目实施质量。

六、实施农业经营结构改善政策

我国目前分散小规模的农业经营，不适应现代农业发展的要求。从长远来看，应该实施农业经营结构的改善政策，逐步扩大经营规模，为现代农业发展提供经营主体的保障。主要措施包括：

(一) 进行农地流转制度的改革

我国虽然已经建立了农地流转的制度框架，但是从现实发展来看，农地流转的总体规模还很小，大量小规模经营留存下来的可能性较大。这种状况与现代农业发展的要求是不相适应的。现有制度对耕地承包权流转的限制，特别是对抵押权的限制，不利于农地流转。因此通过农地流转而形成的规模经营，面临的最大约束是资金，而对于纯农业经营的主体来说，可以换来资金的最大资产就是耕地承包经营权。根据本课题在山东省枣庄市的实验研究，只要制度设计合理，耕地承包经营权的抵押贷款完全可以规避相应的政策风险，解决农区规模经营的资金问题。可以考虑的改革方向是：

发放土地产权证。即针对耕地承包经营权发放使用产权证，以明确耕地承包经营权的使用产权性质，为利用耕地承包经营权的抵押贷款提供产权基础。耕地承包经营权的产权价值，可以通过成立土地资产评估机构来评估确定。

推动农村产权有形市场的建设。也就是应该建立以耕地承包经营权等农村产权为交易对象的有形市场。这样不仅可以为现有制度框架下的农地流转提供信息服务和规范监督，同时也可以为耕地承包经营权的贷款抵押变现提供可能性。

大力发展土地流转合作社。与工商业资本进入农业相比，按照农民专业合作社法建立起来的规范的农民土地流转合作社，可以实现土地经营规模的扩大。土地经营规模的扩大，为耕地承包经营权的抵押贷款提供了可能。一方面，耕地承包经营权集中后，可以大大降低贷款的交易成本；另一方面，合作社的形式也可以通过对贷款年限和比例的限制，消除因为不能及时还款带来产权拍卖引发失地的政策风险。

(二) 实施经营结构改善政策支持工程

我国目前对于作为现代农业的主要经营主体一直存在着争论。从资源利用的角度看，一定的耕地经营规模是现代农业实现较高效益和国际竞争力的保障。所以，我国现代农业的经营主体肯定不是所有的小规模农户，而是通过农地流转而形成的相对较大规模的经营体。我国目前中央层面的农业补贴政策是一种普惠制的方式，但是在一些地区，特别是经济发达地区已经开始针对当地相对较大规模的农户或者合作社等组织，采取了一定的倾斜政策。这说明，我国工业化和城市化的发展，客观上已经具备了这样的条件。中央层面的农业政策，必须将农业经营结构的改善作为一个重要的政策目标，实施经营结构改善工程。主要措施是：明确未来现代农业经营主体的目标，提出现代农业经营主体的参考标准。在目前已经实施的普惠制补贴政策的基础上，建立针对相对大规模农户或者组织，或者鼓励农业经济扩大规模的补贴政策。实施针对这些经营主体的经营者培训计划，培养他们的基本素质和经营能力。

七、实施农业资源高效利用关键技术攻关计划

单产等指标反映出我国农业资源利用水平已经较高，要在此基础上进一步提高农业资源利用水平，必须依赖于科技进步，而且是有重大生产应用价值的重大技术突破。为此，必须实施农业资源利用关键技术攻关计划。

此计划的重点支持方向应该是优质高产品种的培育、节水旱作农业技术、农业机械化技术、农业工程技术等。此计划的主要措施是为关键技术研发项目提供资金支持，同时支持关键技术研发的国际交流和高层次人才引进等。此计划的主要目的在于为我国农业资源高效利用提供技术保障、技术储备和人才储备。

八、实施农业资源高效利用模式示范推广计划

如何根据我国农业的区域特点和产业特点，将农业资源利用的科技成果应用于实践，是农业资源高效利用一体化模式形成的关键，为此应该实施农业资源高效利用模式示范推广计划。此计划的内容主要包括以下两个方面：

在全国不同区域建立各种农业资源高效利用示范园区，可称为示范园区计划。主要目的在于通过示范园区试验研究，探索现有技术的集成应用，总结出适合不同区域和产品特点的资源高效利用模式。政策支持的重点是农业资源高效利用技术的集成研究和农业资源高效利用实践模式的总结研究。政策支持的主要方式是以财政资金为主的投入支持，同时适当给予技术使用等方面的其他优惠政策。

实施农业资源高效利用模式的推广培训计划。主要目的在于将示范园区形成的农业资源高效利用模式推广普及资源赋存相近的一般农业区域。政策支持的重

点是农业资源高效利用模式的总结和宣传推广活动以及相关推广人员的培训活动。政策支持可以采取以财政资金支持为主的方式。

九、实施农业水土质量提升工程

为解决耕地质量下降、肥料效益降低、农产品品质下降、污染日益严重等问题，农业部于2002年开始实施了"沃土工程"。沃土工程是通过实施耕地培肥措施和配套基础设施建设，对土、水、肥三个资源优化配置，综合开发利用，实现农用土壤肥力的精培，水、肥调控的精准，从而提升耕地土壤基础地力，使农业投入和产出达到最佳效果，增强耕地持续高产稳产能力的项目。2005年中央一号文件提出，"搞好沃土工程建设，推广测土配方施肥"。于是，农业部投入资金5.4亿元，落实了200个测土配方施肥项目县。测土配方施肥成为沃土工程的最重要的内容。2010年全面推动和深化测土配方施肥工作，具体目标任务是巩固建设2005年、2006年、2007年项目县（场、单位）1 200个（简称巩固项目县），续建2008年、2009年项目县（场、单位）1 298个（简称续建项目县）。全年计划免费为1.6亿农户提供测土配方施肥技术服务，推广测土配方施肥技术11亿亩以上，农民施用配方肥面积达4亿亩以上，测土配方施肥示范区亩均节本增效30元以上。粮棉油糖高产创建示范片和果菜茶标准园创建示范片实现测土配方施肥技术全覆盖。创建全国测土配方施肥技术普及示范县（场）100个，加大工作力度和技术推广服务力度，实现测土配方施肥技术普及所有行政村、涵盖主要作物、覆盖所有耕地土壤类型，全面提高测土配方施肥技术普及率、技术入户率和技术到田率。[①]

因此，从现代农业发展的角度看，我国应该以沃土工程和测土配方施肥项目为基础，完善现有的政策框架，实施农业资源质量提升的"沃土秀水工程"。

增大对农业水资源质量提升的关注，加大对农业水资源的监测和改善力度。现有沃土工程和测土配方项目主要着眼点都是在耕地资源，虽然部分项目涉及水资源，但是并没有涵盖水资源的所有方面。考虑到耕地资源与农业水资源之间的相互联系，单独针对农业水资源另设建设项目的必要性不大。可行的方式是，在现有沃土工程中增加充实农业水资源质量提升的内容。

强化农业资源质量提升的目的性。目前的沃土工程和测土配方施肥项目，虽然以耕地资源质量提升为内容，但只是把资源质量提升作为一个手段，存在着明

---

① 农业部办公厅和财政部办公厅：《2010年全国测土配方施肥补贴项目实施指导意见》，2010年4月2日。

显的生产导向性。从长远来看，应该强化农业资源质量自身提升的目的性。

继续加大财政投入。目前的沃土工程和测土配方施肥项目的覆盖面还不大，在增加水资源质量提升内容，更加重视资源本身质量提升目的性的同时，必须继续加大财政的投入，并努力提高相应成果的普及程度和利用效果。

十、建立现代农业资源高效利用促进专项基金

无论是农业资源条件改善和质量提升，还是农业资源高效利用体系的建立，都需要长期稳定的国家财政支持，因此可以考虑通过从国家财政和地方政府的土地出让金中提取一定的比例的方式，建立现代农业资源高效利用促进专项基金，为现代农业发展中的资源高效利用提供资金保障。

上述我国现代农业发展中资源利用战略的主要措施，如果从制度、政策和技术三个方面进行归纳，则主要采取的战略措施总结为推动 3 项改革、强化或者建立 3 个机制，实施 4 项工程和 2 大计划，并建立 1 个专项基金。也就是说，在制度建设方面，主要是推动 3 项制度改革和强化或者建立 3 个机制，即推动征地制度改革、农村建设用地流转制度改革和农地流转制度改革；强化农业资源节约保护的市场调节机制和政府责任机制，建立农业资源国家安全的风险评估与防控机制。在政策支持方面，主要是启动或者继续实施 4 项工程，即启动利用国外资源的农业"走出去"工程、实施经营结构改善政策支持工程、继续开展农田园田化工程和基础设施改善工程；以及农业水土质量提升工程。在技术选择方面，主要是实施 2 项计划，即实施农业资源高效利用关键技术攻关计划和农业资源高效利用模式示范推广计划。并作为战略实施的保障，建议设立 1 个专项基金，即建立现代农业资源高效利用促进专项基金。

第五章

现代农业发展过程中的粮食安全战略

相对于其他绝大多数工业产品而言，粮食作为人们日常消费的必需品，不具有可替代性。因此，作为世界第一的人口大国，粮食安全在我国一直是关系国计民生的大问题，也是政府和学术界关注的焦点。虽然近几十年来我国经济经历了快速增长，但随着产业结构的不断优化和调整，我国农业相对于其他产业比较优势的逐渐丧失，其在国民经济中所占比重也不断下降。由于农业生产率上升速度有限，加上由于人口增加和收入提高带来的需求快速上升，农产品，尤其是粮食的供求关系很可能趋于恶化。因此，在经济高速发展的今天，粮食安全的保障较之以前具有更加重大的意义，同时也获得了更多的关注。首先，经济发展伴随着资源的优化配置，虽然粮食在人们的消费中必不可少，但边际收益的低下使得粮食生产面临严峻的资源约束，未来我国是否仍能借由技术进步提高产量满足需求有待进一步研究。其次，经济发展之下，随着人们收入水平的迅速提高，虽然饮食结构的变化使得肉乳蛋产品的消费比重上升，粮食消费比重相应下降，但在人口快速增长的背景下，粮食消费的绝对量却不一定下降。况且肉乳蛋需要更多的粮食来转化，这将导致饲料用粮的大幅度需求上升。再次，经济的快速发展对能源的消耗提出了更高的要求。由于过去很长一段时间人们对一些不可再生能源的过度开采和消耗，未来的能源危机将成为全世界共同面临的严峻挑战，寻找新的可持续能源成为人们关注的重点。目前世界很多国家实现了对生物质燃料的研发和应用，中国也是其中一员，这一现实也会在一定程度上增加我国粮食供给的压力。综合以上各点，生产方面的资源约束越来越严峻，而经济发展导致消费仍会持续上升，在目前或者以后很长一段时间内，粮食安全能否得以保障在我国仍是未知之数。研究一定资源约束条件下我国的粮食安全战略对我国而言被赋予了新的含义。

基于此，本章主要针对现代农业发展过程中的粮食安全现状及趋势进行分析和判断，同时，结合未来经济发展的形势和趋势，以及世界粮食市场的变化，探求在开放条件下以及资源有约束条件下我国的粮食安全战略。

第一节　我国粮食安全的现状及未来趋势

要判断我国粮食安全能否得到保障，首先需要对粮食安全做出定义。为了在论证时有可操作的依据，在综合前人定义的基础上，这里界定我国粮食安全得以保障有以下两种情形：第一种是我国的供给大于或等于需求；第二种就是当国内供给不能满足需求的时候，利用库存或者进口来平抑供需缺口的途径是可实现的。因此，对是否能够保障粮食安全的判断可以通过三个步骤进行：首先要对国内供需及其缺口进行判断。如果供大于求或者供求基本平衡，那么可以判断粮食安全能够得到保障；反之，则需要做进一步的判断，即对我国的粮食库存进行分析，并在此基础上对库存是否能填补供需缺口进行判断，如果库存可以保障对剩余需求的满足，则判断粮食安全可以保障；否则，要进入第三部判断，即需要对其进口的情况进行研究，判断该缺口是否能够通过粮食的进口得到填补。对进口的判断相对来说要复杂得多：不仅要看世界粮价的变动以及我国进口占世界粮食进出口的比重，还要考虑世界粮食市场的供需情况。前者决定了我国粮食市场对世界粮食市场的依赖程度，以及世界粮食市场变化对我国粮食市场的实际影响，即判断是否"买得起"；后者决定了世界可供贸易的粮食数量及我国粮食进口的可获性，即判断是否"买得到"。

一、现阶段我国粮食产需缺口、库存及进口

根据上述对粮食安全的界定，不难发现对粮食安全的判断主要基于对国内外产需缺口的判断。

从生产上看，我国的粮食产量自 1991 年以来呈现明显的波动趋势，但 2000 年以后，基本上保持缓慢上升态势，2008 年产量达到 5.285 亿吨；分品种来看，稻谷、小麦、大豆十几年来产量基本保持不变，特别是 2000 年以后，这三种主要的粮食品种产量变动幅度很小。而玉米是现阶段产量变动最大的粮食品种，

2000 年以来，我国玉米产量持续增加，年均增长率达到 6% 左右（如图 5 - 1 所示）。总体上，2000 年以后我国粮食产量总体上是持续增长的。

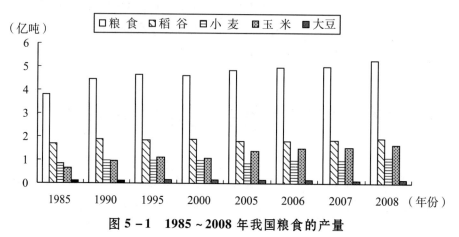

图 5 - 1　1985～2008 年我国粮食的产量

资料来源：《中国统计年鉴（2008）》2008 年产量数据来源于中国国家粮油信息中心发布数据。

　　与生产不同，需求在概念上很容易界定，但对需求的估计却很有难度。很多学者都曾对粮食的需求量进行了估计，使用的方法有很多种，得到的结果也千差万别（朱希刚，2004；陈永福，2004 等）。大体上，估计需求量的方法大致有两种：其一是根据经济学原理，当年的粮食总需求量应该满足：当年某种粮食总需求量 = 年初的粮食库存 + 当年的粮食生产量 + 当年的粮食净进口量 - 年末的粮食库存。由于库存数据很难获得，因此这种方法一般较少被采用；其二是粮食和各主要粮食产品总需求量通常被定义为口粮（人们直接消费的粮食）、饲料用粮、加工用粮、种子和储运中损耗的粮食的总和。据此，可以通过估算各种途径需要消耗的粮食计算总需求。这种方法虽然计算较为繁复且存在一定的误差，但基本所有用途的用粮量都有据可循，本部分即采用该方法对我国粮食的需求量进行估算。

　　首先，居民的口粮可以通过城乡人均粮食消费量分别乘以城乡人口数并加总获得。在计算城镇居民粮食消费量时，由于年鉴中只有城镇居民人均粮食的购买量，这个概念与人均消费量有一定程度的区别。为了较为准确估算城镇居民人均消费量，本部分在人均购买量的基础上加上了估算的城镇居民在外就餐时所消耗的粮食量，并将两者之和按一定比例（1:1.15）折算成原粮，即构成了城镇居民人均消费的粮食量；而饲料用粮的数量则可以通过将城乡居民所消耗的猪牛羊肉、禽、蛋、鱼的数量按照一定的比例折算成饲料粮的方法得到。其中，城镇居民的肉类食品、禽蛋类食品的人均消费量的计算也是通过城镇家庭人均购买量加上估算的在外就餐时的消费量得到，而具体的折算比例参考了经验数据。在估算工业用粮、种用粮和粮食损耗的时候，本部分以罗良国（2005）在《中国粮食供求状况分析》一文中所估算的 2000～2003 年的数据作为基础数据，按照固定的增长率对 2004～2007 年的数据进行外推。随着科技的发展，种用粮以及粮食损耗呈现稳定的下降趋势，所以，它们的变化率在计算时采用的是 2000～2003 年的平均增长率；而估算 2004～2007 年的工业用粮的时候，并没有采用前四年的平均增长率，原因在于：工业用粮一般用在生产酒精、啤酒、味精、白酒等用途，而在分析啤酒、味精、酒精等产量数据后发现，2004 年后这几种产品的产量年均增长幅度基本都达到了 10% 左右，远远高于 2000～2003 年的年均增长率。所以，工业用粮在估算 2004 年后的数据时采用的增长率是 10%。

通过这样的方法计算出来的需求量，口粮方面应该较为准确，误差不大；工业用粮、种用粮、损耗的估算也应该在一个合理的范围内；从饲料粮的计算看，由于本书对不同年份采用了固定的折算率，而现实中随着饲养技术的进步，折算率应有下降的趋势，所以对饲料粮的估算可能有所偏高。测算出的我国粮食需求情况见表 5－1。

表 5－1   **我国粮食需求量**   单位：万吨

| 年份 | 口粮 | | 合计 | 饲料粮 | 种用粮 | 工业用粮 | 损耗 | 总消费量 |
	农村	城镇						
2000	20 228	4 936	25 163	15 855	1 339	3 946	2 446	48 750
2001	18 985	5 024	24 009	15 722	1 268	4 315	2 336	47 650
2002	18 504	5 179	23 683	19 485	1 230	4 195	2 370	50 964
2003	17 095	5 465	22 559	21 357	1 215	4 498	2 303	51 932
2004	16 523	5 581	22 104	20 170	1 176	4 948	2 257	50 655
2005	15 568	5 702	21 270	22 889	1 139	5 443	2 212	52 953
2006	15 163	5 784	20 947	23 070	1 103	5 987	2 168	53 274
2007	14 512	6 065	20 577	23 086	1 067	6 586	2 125	53 441

资料来源：根据《中国统计年鉴》数据估算。

如表 5－1 所示，从不同用途的粮食需求看，随着人们收入水平的提高以及城市化进程的推进，居民人均消费的口粮数量越来越少。2000～2007 年，农村居民口粮的消费量平均每年下降 3.2%，城镇居民每年则下降 0.8%，而这段时间人口的增长速度只有 0.6%，因此，口粮消费量的下降是必然的趋势；同样因为收入的增长，居民的肉食消费的增加带动了我国饲料粮需求量的增长。2000～2007 年居民消费的饲料粮每年以 5.5% 的速度增长，其总消费量与口粮的消费总量基本持平，2005 年以后的饲料粮消费量甚至超过了口粮。但 2003 年以后，饲料粮消费量的年增长速度却只有 2% 。可能的原因是，当居民收入水平提高到一定程度时，居民对肉类产品的需求边际递减，甚至接近饱和。另外，饲料技术的提高，使得饲料粮需求量会有所下降。总体上，这两种途径的粮食消费量占了总消费量的 80% 以上，很大程度上决定着我国粮食消费的总体趋势。

综合粮食产需两方面的情况，2000～2008 年我国粮食仍处于持续供不应求的状态，而且粮食供求缺口在一些年份还相对较大，2003 年甚至达到产量的 20% 左右。这种情况显然并不符合本书对粮食安全定义的第一种情形（如表 5 - 2 所示），根据本书对粮食安全的界定，要判断我国是不是能维持粮食安全，需要看我国库存的调节能力。

表 5 - 2　　　　我国粮食产需缺口以及占生产量、需求量的比重　　单位：万吨

年份	产量（A）	需求量（B）	产需缺口（A - B）	｜A - B｜/A	｜A - B｜/B
2000	46 217.5	48 749.6	- 2 532	5.5%	5.2%
2001	45 263.7	47 650.4	- 2 387	5.3%	5.0%
2002	45 705.8	50 963.6	- 5 258	11.5%	10.3%
2003	43 069.5	51 932.4	- 8 863	20.6%	17.1%
2004	46 947.0	50 655.0	- 3 708	7.9%	7.3%
2005	48 402.2	52 952.6	- 4 550	9.4%	8.6%
2006	49 804.2	53 273.8	- 3 470	7.0%	6.5%
2007	50 160.3	53 441.0	- 3 281	6.5%	6.1%
2008	52 850.0	54 147.1	- 1 297	2.5%	2.4%

资料来源：《中国统计年鉴》，以及笔者计算。

粮食库存是国家的机密数据，一般很难获得。但是，根据上述推导需求的方法，可以得出：库存变动量与净进口之和应该等于供需缺口。虽然库存变动量无从得知，但从我国粮食净进口的数据可以看出，我国的粮食净进口与供求缺口差距越来越接近，2006 年和 2007 年甚至达到了供需缺口的 70%。这表明，我国粮食库存对供需缺口的调节作用正处于不断下降的态势；而净进口，特别是进口对调节粮食产需缺口的贡献越来越显著。我国能否从国外"买得起"并"买得到"足够的粮食是考虑我国粮食安全能否保障的关键。

二、世界粮食市场对我国粮食安全的影响

如前所述，世界粮食市场对我国粮食安全的影响主要体现在两个方面，即我国是不是能从国际市场上"买得起"以及"买得到"粮食。是不是"买得起"

将取决于国际市场上粮食价格的走势以及我国对世界粮食市场的关联程度；而能不能"买得到"主要取决于世界粮食市场的可供性。

为了说明我国能否"买得起"所需要的粮食，以下将从两个方面予以说明，即世界粮食价格的变动以及我国进口量占世界粮食供给的比重。

从世界粮食价格的走势来看，2000 年以后主要粮食产品的世界期货价格普遍呈现上升趋势，到 2006 年为止，粮食期货价格的增长幅度较为平缓，但在 2007～2008 年间粮食期货价格迅速增长，且幅度非常大。如图 5-2 所示，世界粮食危机中价格变动最明显的是大米以及大豆，特别是高档大米，其期货价格由 2007 年约 334 美元/吨上涨为近 700 美元/吨，上涨了 1 倍以上；中低档大米以及大豆的期货价格上涨的幅度也很高，2008 年的价格分别是 2007 年的 1.86 倍和 1.45 倍。玉米、小麦的期货价格虽然都有一定的变动，但幅度相对于大米和大豆来说较小，2008 年的玉米、小麦期货价格比 2007 年均上涨了 30% 左右。2009 年到目前为止，各主要粮食产品价格已经出现回落的趋势但仍高于 2008 年之前的水平。

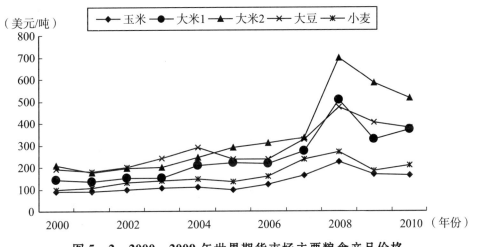

图 5-2 2000～2009 年世界期货市场主要粮食产品价格

注：1. 玉米价格指 US No. 2，Yellow，U. S. Gulf（Friday）的期货价格，价格资料来源于 USDA；

2. 大米 1 价格指 White Broken Rice，Thai A1 Super，f. o. b Bangkok（Wednesday）的期货价格，价格资料来源于 Jackson Son & Co.（London）Ltd.；

3. 大米 2 价格指 White Rice，Thai 100% B second grade，f. o. b. Bangkok（Wednesday）的期货价格，价格资料来源于 Jackson Son & Co.（London）Ltd.；

4. 大豆价格指 US No. 1，Yellow，U. S. Gulf（Friday）的期货价格，价格资料来源于 USDA；

5. 小麦价格指 US No. 2，Hard Red Winter ord. Prot，US Fob Gulf（Tuesday）的期货价格，价格资料来源于 USDA；

6. 10 年的数据指 10 年 1～8 个月数据。

资料来源：FAO，International Commodity Prices。

总体上，粮食价格在 2006 年之后的上涨会对我国的粮食安全造成一定的不利影响，但影响的程度还取决于我国粮食进口占世界粮食供给的份额，也就是我国与国际市场的关联程度。

这里用我国的进口量占世界进出口的比重来反映我国和世界粮食市场的关联程度。如果比重较大，说明我国对世界市场的依赖程度较高；反之，则表明世界粮食市场价格的变动对我国进口的影响不大。

从表 5 - 3 可以看出，我国玉米、小麦的进口量占世界进出口量的比重很小，甚至低于 1%，而大米的进口量占世界大米供应量的比重也只有 2% 左右。因此，世界小麦、玉米、大米市场的价格变动对我国相关粮食产品进口的影响程度应该不大；而我国是世界上主要的大豆进口国，大豆的进口占了世界大豆进出口量的45% 左右，说明：国际大豆市场的变动对中国的大豆进口造成的影响可能会相对较大。

表 5 - 3　　　　　我国的进口量占世界出口量、进口量的比重　　　　单位：万吨

类别	2006 年					2007 年				
	中国进口量 A	世界出口量 B	世界进口量 C	A/B	A/C	中国进口量 A	世界出口量 B	世界进口量 C	A/B	A/C
小麦	61.3	11 088	10 194	0.6%	0.6%	10	11 894	8 814	0.1%	0.1%
玉米	6.5	10 300	9 028	0.1%	0.1%	3.5	11 426	9 501	0.0%	0.0%
大米稻谷	73	2 962	2 873	2.5%	2.5%	49	2 929	2 549	1.7%	1.9%
大豆	2 827	6 524	6 403	43.3%	44.2%	3 082	6 782	6 670	45.4%	46.2%
粮食	3 186	33 938	32 215	9.4%	9.9%	3 237.5	36 497	30 695	8.9%	10.5%

资料来源：Uncomtrade。

综合世界粮食市场价格变动以及我国对世界粮食市场依赖程度两个方面的因素，可以得到：虽然世界粮食价格在 2006 年以后迅速上升，特别是世界粮食危机的 2008 年粮食上涨幅度更大；但对我国来说，我国对国际大米市场的依赖程度有限，即使大米价格上涨很多，国家也只需花费有限的外汇去购买需要的大米，因此，我国在"买得起"大米方面并不存在很大的问题；而就小麦、玉米而言，一方面其价格变动不大，另外这两种产品的国外市场供应能力也足够大，我国在保障这两种粮食产品安全方面的难度也不大；大豆是我国最主要的进口产品，占世界进出口的比重非常大，而且其进口量的年均增长率也很高，说明大豆受世界市场的影响很大，且影响程度正处于逐年增加的趋势。而与此同时，受世界粮食危机的影响，世界大豆价格上涨幅度也很大，由此可以推断，大豆是我国

受世界粮食危机的影响最大的产品，也是保障安全难度最大的产品。那么，我国是否还能够"买得起"所需要的大豆呢？

就我国的购买力来看，虽然大豆进口量很大，近年来价格也偏高，但我国完全有能力承受价格以及数量的双重波动。以进口量最大、价格最高的 2008 年为例，按国际价格折算，我国花费在进口大豆上的金额约 177.7 亿美元，仅相当于当年总出口金额的 1.5%、贸易顺差额的 6.8%，占当年外汇储备的 0.9%。因此，世界大豆价格的上涨会给中国大豆的进口造成一定负面影响，但现阶段或者在短期内我国仍可以"买得起"所需要的玉米。

而面对中国进口量的大幅增加，我国在大豆进口方面面临的另一个问题就是世界粮食危机背景下世界市场能否提供足够大豆供应，也就是我国能否从国际大豆市场上"买得到"所需要的大豆。以下将就世界市场上大豆的可供性进行说明。

要判断我国是否"买得到"所需要的大豆，就要对世界市场上大豆的可供性进行判断。

首先，从总量上看，1990 年以来，世界大豆总产量呈现明显上升的趋势，2007 年大豆的产量甚至达到了 1990 年产量的 2 倍，增长速度很快。除此之外，主要的大豆生产国以及出口国，如美国、巴西、阿根廷的大豆产量也基本上处于不断上升的态势中。世界以及主要出口国大豆产量的不断增加，为满足我国日益增长的进口需求创造了可能，保障了世界市场上大豆总量的可供性（如图 5-3 所示）。

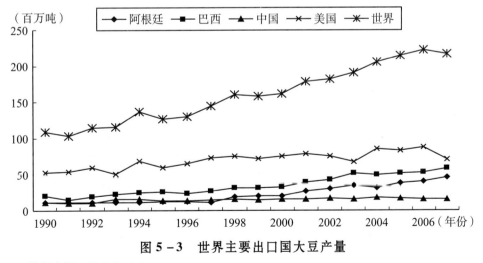

图 5-3　世界主要出口国大豆产量

资料来源：FAO Statistic。

然而，仅仅是总量的可供性并不足以说明我国能够"买得到"所需的大豆，因为我国大豆的产量存在一定的年际波动，而世界大豆市场也是如此。如果世界大豆市场可以同时保障我国在任何时间都可以"买得到"大豆的话，这样才真正可以实现世界市场上大豆的可供性。那么，我国是否可以通过国际大豆市场平抑国内产量时点上的波动呢？为了对此进行定量研究，本部分引入了波动的概念，看国际大豆市场产量的波动是否与我国大豆产量波动的相关情形一致。波动，即为时点上真实值偏离预测值的程度。一般，如果我国产量与世界产量的波动有异步性，即两者不相关，那么国际市场作为一个独立的变量，就存在着被用于平抑波动的可能性；但如果两者的波动是相关的，即我国产量的波动是世界产量的波动引起的，我国就很难利用世界市场来平抑波动。具体的波动比较方法沿用了朱晶（2000）在其论文中研究谷物生产波动的国际比较时所采取的方法，做法如下：

第一步，选取1990～2007年的数据，做我国以及世界大豆产量的趋势方程，以时间为自变量，可得以下方程：

中国大豆产量（Y）趋势方程：

$$Y = -590.88 + 0.30X$$
$$(t = 4.53) \quad R^2 = 0.56 \quad F 值 = 20.48$$

世界大豆产量（Y_w）趋势方程：

$$Y_w = -14\,418.64 + 7.29X$$
$$(t = 23.40) \quad R^2 = 0.97 \quad F 值 = 547.55$$

第二步，通过计算得到我国大豆产量以及世界大豆产量的波动量。公式为：

$$波动值 = 当年实际值 - 当年预期值$$

从图5-4中所列的波动趋势中，我们可以看出：大体上，我国大豆产量波动值与世界产量波动值年际变动趋势基本是相反的，世界市场大豆产量的波动应该可以用来平抑我国大豆产量的波动。但是，这两者之间到底有没有相关性，还需要通过数学的方法予以证明。这里设中国大豆进口量的波动值为M，世界大豆产量波动值为N，可得到两者的相关系数P：

$$P = Cov(M, N)/\delta_M \delta_N$$

其中，$\delta_M^2 = \sum (M - \bar{M})^2/(n-1)$，$\delta_N^2 = \sum (N - \bar{N})^2/(n-1)$，

$$Cov(M,N) = \sum (M - \bar{M})(N - \bar{N})/(n-1)$$

如果$|P| \geq 0.8$，表示高度相关；$0.5 \leq |P| < 0.8$，表示显著相关；$0.3 \leq |P| < 0.5$为相关；$|P| < 0.3$为不相关。

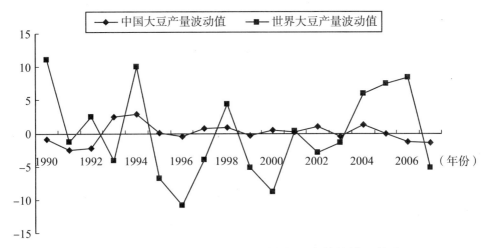

图5－4　我国大豆产量以及世界大豆产量的波动趋势

资料来源：笔者计算。

经 Eviews 软件计算，$P = 0.07$，表示我国大豆的进口与世界大豆产量之间并不相关，两者波动幅度基本不一致。也就意味着，世界大豆生产可以用来平抑我国大豆产量的波动，即通过国际市场，我国可以"买得到"所需要的大豆。通过同样的方法，本部分还计算了我国与世界主要生产国美国、巴西、阿根廷产量波动趋势的相关系数，分别是0.25、－0.05和－0.49（见表5－4）。结果表明，我国与美国、巴西产量波动的相关系数小于0.3，两者并不相关，我国可以利用美国、巴西市场平抑产量波动，但对阿根廷的进口依赖度要有所控制。

表5－4　　世界及主要出口国与中国大豆产量波动的相关系数

国家	世界	美国	巴西	阿根廷
相关系数	0.07	0.25	－ 0.05	－ 0.49

资料来源：笔者计算。

综合以上关于我国粮食安全状况的种种判断，我国虽然存在持续的粮食供需缺口，但由于除大豆之外的其他粮食产品对国外市场的依赖程度有限，因此受世界粮食危机的影响也有限，不会威胁到粮食安全；而大豆的进口虽然受世界影响很大，但是其进口金额仅占中国外汇储备很小的一部分，我国"买得起"所需要的大豆，而且我国可以通过国际市场平抑产量的年际波动，保证了我国能够"买得到"足够的大豆。因此，从我国粮食供求以及进出口现状来看，我国基本上不存在粮食安全的问题。

根据前面分析的结果来看，我国很可能目前并不需要过分担忧粮食安全问题，但这并不意味着我们可以放弃粮食安全战略的研究。原因在于，从粮食供给方面看，未来与粮食生产密切相关的耕地资源、水资源会受到一定的约束，这对我国粮食产量的提升将会带来不利影响；虽然在播种、生产、收获、灌溉、施肥等各种过程上的技术革新对提高粮食的产量都会有正面作用，但综合两方面情况，未来我国的粮食产量虽然仍会继续提高但增长的幅度会受到资源约束的限制。从需求角度来看，未来中国的口粮可能仍会继续下降，但受到人口基数增加因素的影响，口粮的下降幅度并不会太大；同时，随着人民生活水平的提高，特别是居民外食消费的增加，肉蛋奶产品的需求也会随着上升，这些需要更多的粮食才能转化，因此未来饲料用粮的需求量很可能仍会持续上升，且速度较快；除此之外，工业用粮的需求量未来也会有稳步上升。综合需求方面的因素看，未来我国粮食的消费量会继续上升，且幅度较大。从供需两个方面可以判断，未来我国粮食供需缺口仍会存在，甚至会逐渐扩大。在这样的背景下，未来我国的粮食安全将受到更大的挑战。

那么，在新时期我国应该通过何种途径保障粮食安全呢？首先，从粮食生产的角度来看，通过技术进步提高产量是保障粮食安全的重要途径之一。其次，从需求角度来看，2000 年之后我国粮食乙醇的发展政策，迅速消费了国内大量的陈化粮。发展粮食乙醇对我国粮食安全究竟有多大的影响，为了保障我国粮食安全，未来我国粮食乙醇应该遵循什么样的发展战略值得进一步的探讨。最后，考虑到我国的对外贸易依存度正逐步加大，国外粮食市场在解决我国粮食供求缺口方面的作用会更加重要，那么，国际市场对我国粮食安全会产生什么样的影响，影响程度如何，这方面的研究也会对我国制定合理的粮食安全战略有一定的指导意义。以下将分别从这几个方面论证其与粮食安全的关系。

第二节　技术进步与农业生产条件的改善

通过提高中国粮食产量保障粮食安全是现代农业发展过程中粮食安全战略的重要组成部分。而从理论上看，产量等于播种面积乘以单位面积的产量，由此可以得出，提高我国粮食产量可以从提高我国粮食的播种面积以及单位面积产量入手。在我国，粮食生产多地域性使得我国各地粮食生产出现多元多熟的现象，因此，我国实际形成的播种面积应该大致等于用于种植粮食的耕地面积乘以复种指数除以 100。因此，播种面积的提升由用于种植粮食的耕地面积以及复种指数共同决定，前者最终由我国资源投入决定，后者则取决于我国的技术进步；而单位播种面积产量提升的途径主要包括技术进步以及农业生产条件的改善两方面。由此可以推断，我国粮食产量的提升还取决于我国土地资源投入、技术进步以及农业外部生产条件。

那么，改革开放以来我国粮食产量增长的源泉在于耕地使用的增加，还是技术条件以及农业生产条件的改善？这个问题的解答对我国制定合理的提高粮食产量的战略有一定的指导意义。

1978~2008 年，我国粮食产量由 3 亿吨增长到 5.3 亿吨，年均增长率达到了 2.8%；相比之下，我国粮食的实际使用耕地面积却呈现明显的下降趋势，由 1978 年的近 4 亿公顷迅速下降到 2008 年的 2 亿公顷，年均下降 3.3%（如图 5-5 所示）。这说明我国粮食产量增长的贡献并非来源于耕地资源的投入。特别是在现阶段经济不断发展的时期，城市化导致我国的耕地面积日趋下降，因此，通过提高耕地面积来提高产量并不实际，而通过技术进步以及改善农业生产条件增加粮食单产进而提高粮食产量在现代更具有可行性。因此，本研究认为，在一定的资源约束下，研究通过技术进步以及改善农业生产条件进而提高粮食产量，保障粮食安全更具有战略意义。

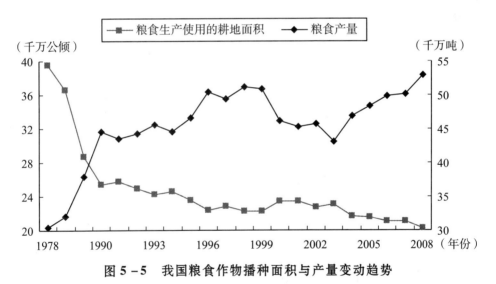

图 5-5　我国粮食作物播种面积与产量变动趋势

注：为了计算的方便，本书中粮食生产使用的耕地面积 = 粮食播种面积/复种指数 ×100，其中复种指数数据源于邓大才（2010）《粮食安全：耕地、贸易、技术与条件》一文，其他数据源于《中国统计年鉴》。

技术进步对产量的作用主要体现在两个方面：第一，通过增加复种指数，增加了耕地的利用率，进而直接提高产量。这是一种比较直接甚至大规模提高产量的方式。从 1978 年至今，我国的复种指数在技术进步的推动下逐年上升，对产量做出了较大的贡献，据邓大才（2010）测算，我国粮食单位产量增长有接近

1/4 的贡献来自于复种指数的提高。第二，通过良种的使用及推广增加产量。以水稻为例，袁隆平发明了杂交稻之后，1976 年杂交稻开始投入市场，取得了亩产比常规水稻高 80 千克左右的成绩，极大地提高了我国粮食产量。目前，虽然小麦、玉米、大豆各品种良种发展水平相对水稻种子的发展较为落后，但是品种的改良也取得了一定的进步，增加了国内小麦玉米的产量。总体上，从对过去的历史数据简单分析，我们不难看出，复种指数的提高以及稻谷品种改良是我国产量增加的重要原因。

除了技术因素之外，农业生产条件的改善对提高粮食产量也是非常重要的原因。首先，化肥的使用改变了土壤的肥力，提高了劳动生产率，众多学者的研究也都证实了化肥投入与单产之间的因果关系；其次，粮食的种植，特别是稻谷的产量与灌溉条件有不可分割的关系，一般在灌溉条件好的地方，粮食的单产也会相对较高；另外，机械的使用不仅可以节省人工，另外耕作方式的进步也会对粮食生产起到一定的作用。因此，机械的使用应该也会对提高粮食产量有益。

那么，到底 1978 年以来我国粮食产量的提高倚重哪种因素的变动？未来我国要想提高粮食产量，应该在哪些方面着手？为了解决上述问题，为制定我国粮食安全战略提供合理的政策参考，本部分将采用 1978～2008 年粮食生产相关数据实证分析各因素对我国粮食单位面积产量的影响程度，模型的设立如下：

$$\ln(PPA) = \alpha\ln(SEED) + \beta\ln(DP) + \gamma\ln(IRR) + \eta\ln(FER) + \lambda\ln(MAC) + \varepsilon$$

其中，PPA 表示单位耕地面积的产量，这里用粮食总产量/粮食生产所使用的耕地面积表示，资料来源于《中国统计年鉴》；$SEED$ 表示良种的使用情况，根据我国实际情况，良种的采用主要是杂交种子的推广，这里用杂交水稻的播种面积/水稻播种面积表示；DP 表示复种指数，数据来源如前所述；IRR 主要是反映灌溉设施的使用对产量的影响，这里用有效灌溉率，即灌溉面积/总播种面积；FER 反映的是化肥使用量，这里用每亩化肥使用量表示；MAC 表示机械总动力，用每公顷机械总动力指标表示。

通过多元回归，得到如下结果：

$$\ln(PPA) = 0.07\ln(SEED) + 1.26\ln(DP) + 0.63\ln(IRR) + 0.22\ln(FER)$$
$$- 0.07\ln(MAC) + \varepsilon$$

$$(t = 2.47) \qquad (t = 2.41) \qquad (t = 4.91) \qquad (t = 1.91)$$
$$(t = -0.75)$$

$$R^2 = 0.9264 \qquad F\ 值 = 62.94$$

回归结果表明，1978 年以后，杂交种子的推广是我国单位面积产量提高的重要源泉之一，其系数在 5% 的水平下显著为正；复种指数对我国单位面积产量

的影响在 5% 的水平下显著为正,说明随着复种指数的提高,我国单位产量耕地
所产出的粮食也会随之增加。这两个指标代表的是技术进步对我国粮食单位面
积产量的影响,回归的结果也印证了之前的判断,即 1978～2008 年这 30 年间技
术进步在提高粮食单产方面起到了重要的作用。在众多的外部条件中,化肥的
使用对粮食单产的影响在 10% 的水平上显著为正,说明每增加 1 单位的化肥使
用我国粮食单产会增加 0.22;有效灌溉面积在 1% 的显著性水平上与粮食单产
之间有正向关系。回归的结果表明,机械的使用与单产之间关系并不显著。出
现这种现象的原因在于,因为数据获取的限制,此处所选的机械设备是用于整个
农业的机械设备,并不是用在粮食生产方面的机械设备,它与粮食单产之间的关
系可能并不密切。

由回归结果可以推断,良种推广、复种制度的提高、灌溉的普及率以及化肥的
使用是导致我国粮食单位耕地面积产量上升的主要原因。而未来要想通过提高粮
食产量保障粮食安全,在不增加资源的情况下,利用良种推广、复种制度、有效灌溉
覆盖率的提高更有可操作性。

因此,从增加粮食产量角度出发,解决粮食安全问题需要进一步增加农业科研
投入,鼓励良种的研制以及复种制度的改善;同时通过良种补贴等手段,促进良种
的推广;在改善农业生产外部条件方面,可以进一步增加农村中基础设施的投资,
进一步改善农村粮食生产涉及的相关软硬件。

第三节　生物质能源的发展与粮食安全的保障

从需求角度来看,我国的粮食安全能否得到保障取决于未来我国粮食的需求
变动趋势。如前所述,未来我国饲料用粮以及乙醇用粮的增加将是导致我国粮食
总需求增长的重要因素。其中饲料用粮的增加将取决于人口的增长以及人均肉食
消费两方面,而人口增长的速度较为平稳,人均的肉食消费随着经济水平进一步发
展甚至有可能会有所下降,因此,饲料用粮在未来发展趋势较为平缓,且有迹可循;
相比之下,发展生物质能源所需要的粮食消费量则更多地取决于政府对生物质乙
醇的发展政策,一旦政府对生物质能源有一定刺激政策,就会导致生产能源用的粮
食需求快速增加,从而威胁到我国的粮食安全。因此,从这个角度出发,研究生物
质能源发展中的粮食消耗对我国粮食安全的影响更有现实意义,能有政策的借鉴
价值和战略意义。以下将就我国生物质能源的发展与粮食安全保障之间的关系进
行探讨。

一、作用机理和对结果的预测

根据前面对粮食安全的定义，粮食安全取决于粮食供需及其缺口，当我们需要利用进口来平抑国内粮食供需缺口时，世界粮食市场的供需状况及价格走势很大程度上决定了我国粮食的可获性及获得的难易程度，是我国能否保障粮食安全的关键。此外，我国自身以及世界范围内的生物质能源的使用也在一定程度上改变了原有的粮食供求状况，在扩大我国粮食供需缺口的同时，世界粮食市场的可供性也随之减弱。虽然中国是世界第三大燃料乙醇生产国，但产量仅相当于美国燃料乙醇产量的10%，且大部分自用，出口量很小，因此我国燃料乙醇的发展对世界燃料乙醇市场的影响很小，对世界粮食市场的影响也非常有限。可是从我国的粮食安全角度来看，其对粮食安全的影响主要体现在对国内粮食供需的影响方面；且生物质能源目前还并未大量普及应用，如果日后生物质能源规模不断增大，不仅会对本国粮食供求带来更大影响，甚至有可能会对世界范围内的粮食安全造成显著的影响。因此，分析生物质能源的发展对粮食安全的影响，寻求合理的生物质能源发展模式，也是我国粮食安全战略的重要内容。以下将就燃料乙醇对粮食供求产生影响的路径予以说明。

（一）影响的路径分析

燃料乙醇的发展所产生的直接影响有两方面：一方面，玉米是我国生产燃料乙醇最主要的原料，因此，燃料乙醇的增加，直接带来的效果是玉米消费量的增加，很可能加大我国保障粮食安全的压力。另一方面，燃料乙醇发展一定程度上带来了可供消费的能源增加。在我国，燃料乙醇主要用于添加到石油中制成汽车用乙醇汽油，因此，燃料乙醇最直接的作用应该是替代石油，从这个意义上看，发展燃料乙醇实质上相当于增加了石油的供应量，间接地降低了农资成本，刺激粮食生产，对保障我国粮食安全有正向的推动作用。以下将分别就这两方面分析由燃料乙醇发展所带来的对粮食安全的影响。

1. 玉米消费量的增加

由于国内对玉米需求量不断增加，而国内玉米产量在短期很难跟上需求量增加的速度，供小于求的局面会直接导致国内玉米价格的攀升。

玉米价格上涨以后，会产生两个方面的效果：一方面，在国内玉米主要用作饲料粮，而小麦、稻谷、大米和大豆也是饲料粮的重要来源，因此它们之间会存在一定的替代性，按替代性的强弱排序，这几种主要粮食产品的替代性应该是小麦、稻谷和大米较强，大豆较弱。替代性的存在导致国内玉米价格增长后，替代品的价格也会随之上涨。基于此，尽管涨幅远远低于玉米，当前国内的大米、小麦价格还是出现了一定程度的增长。另一方面，农民在安排下一期的生产时，会根据价格特别是相对价格的变动，重新安排生产，增加一些价格增幅较大的产品的播种面积，减少那些价格变动相对较慢的产品的播种面积。最近几年，我国玉米播种面积不断增加，而大豆播种面积相对萎缩，应该就是受此影响。而由于当期的播种面积有所变化，不考虑其他非正常因素，下一期的玉米产量会相应增加，而大豆的产量则相对减少，大米、小麦的产量变动不大。受产量和需求量变动的影响，粮食贸易也会有所变化，但变动的方向取决于燃料乙醇的发展速度和变化量。

2. 石油供应量的增长

石油供应量的增长会直接导致石油价格一定程度的下降，从而降低了农业生产资料的价格，可能使得粮食产量有所增长。然而，受制于较低的燃料乙醇总体产量，我国发展燃料乙醇最终对粮食产量的影响应该不会很大（如图 5-6 所示）。

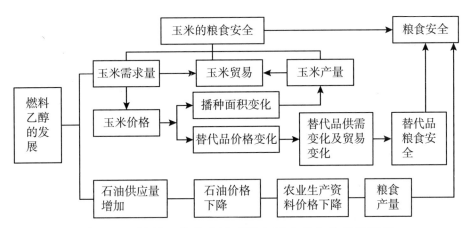

图 5-6　燃料乙醇的发展对粮食安全产生的影响路径

（二）对模型分析结果的预测

综合以上对发展燃料乙醇对粮食安全的影响路径的分析，本研究认为，发展燃料乙醇可能会产生以下影响：

（1）对主要粮食产品价格的影响：发展燃料乙醇对玉米、稻谷和大米、小麦、大豆的价格都应该产生正向影响，其中对玉米价格的正向影响最大。

（2）对主要粮食产品播种面积的影响：对玉米的播种面积产生正向影响。对其他主要粮食产品而言，由于其价格上涨幅度小于玉米，因此如果将粮食播种面积看成一个整体，小麦、大米以及大豆的播种面积在这个整体中所占的比重可能会减少；然而考虑到这些产品的价格也在上涨，故其极有可能替代其他价格下降的农产品,如棉花、蔬菜等。其价格的具体变化情况及产生的影响见一般均衡模型的模拟结果。

(3)对主要粮食产品产量的影响:播种面积的波动是产量变动的主要原因,短期内,在技术水平保持不变或较小变动的情况下,产量的变动与播种面积的变动方向应该基本一致。因此,玉米的产量在下一期会增加,其他产品则要看各方面条件均衡的结果。

(4)对主要粮食产品贸易以及粮食安全的影响:对主要粮食产品贸易及粮食安全的影响是基于以上结果的综合。因此,这里很难对其影响方向和幅度做出判断,需要对其进行实证分析。

二、对粮食安全影响的模拟

本部分通过 GTAP 模型研究我国发展燃料乙醇给粮食安全各个方面所带来的影响,其实质就是,燃料乙醇作为中间投入品,其中间投入数量的变化所引起的社会经济各部门变量的变动。因而,研究的第一步就是对燃料乙醇变动的仿真模拟。这个条件看似很容易实现,但由于 GTAP 的模型设计中并没有燃料乙醇部门,为了避开乙醇部门且能基本准确地测度发展燃料乙醇对我国粮食安全、能源安全等的影响,本研究根据燃料乙醇的投入产出关系将发展燃料乙醇的效果大体上分解为两个方面,即玉米消费量的增加(以下用 A 表示)以及石油供给量的增加(以下用 B 表示)。玉米消费量的增加带来的影响可以基本涵盖发展燃料乙醇后由于投入的变动带来的影响;而后者基本上概括了燃料乙醇作为新的产出带来的影响。总体上,我国发展燃料乙醇所产生的影响,基本等同于增加一定玉米消费量以及石油供应量所产生的效果之和。

而考虑到在 GTAP 中,某种产品供给量的增加从原理上看相当于投入产出表中该产品的中间投入量的增加,因此,石油供给量的增加在 GTAP 中很好表达;但是玉米消费量的增加却没有直接的表达方法。经过观察,GTAP 2006 年的基础数据是依据 2001 年的投入产出数据编撰的,而中国 2001 年的投入产出表中因为燃料乙醇基本还处于推行阶段,因此并没有建立玉米和燃料乙醇之间的消耗系数,基础投入产出表中的玉米仍是作为饲料、食品工业原料存在的。在目前的状况下,一部分玉米被用于生产燃料乙醇,其产生的效果基本相当于以往作为饲料或者原料投入的玉米,转移到在投入产出表中没有显示的新的投入产出关系中,从投入产出表反映出来的就是这部分玉米没有产出。因此,作为燃料乙醇原料那部分玉米消费量的增加,在 GTAP 中表现为作为原有用途的玉米中间投入的减少。

从以上的分析可以推断，发展燃料乙醇所带来的影响应等于作为中间投入的传统用途玉米供应量减少以及石油供给量增加带来的影响之和。反映在 GTAP 构建的生产结构中，就是作为中间投入的石油以及玉米供给量发生变化而引起的整个生产结构中所有其他变量相应变动之和。具体来说，石油作为一种能源投入，与煤炭、天然气等产品之间是通过固定替代弹性（CES）嵌套在生产结构中的，石油供给增加会对煤炭、天然气等其他能源产品产生一定的替代作用，从而对煤炭等产品的投入产生影响；而石油作为一种中间投入，其供给量的变化也会对其下游的产出产生一定的影响，例如，汽油、高能耗产业等。另外，石油供给的变化也会对其投入产出关系中增加值部分的各种要素的投入量产生影响。同样，玉米中间投入的减少，基于生产结构中设置的固定替代弹性，对其他类似用途的粮食产品产生替代作用，同时也会影响下游产业的产出水平，如畜牧业以及食品加工业。另外，玉米作为一种重要的土地密集型产品，其供给量的变化必然会带来投入结构中增加值部分的变动，不仅仅基于土地以及劳动力、资本等要素之间会存在一定的替代关系；更重要的是，由于各种用途的土地使用也是通过固定替代弹性嵌套在生产结构里的，玉米供给的变化，会带来玉米与大豆、大米、小麦、棉花等在播种面积上的替代（如图 5-7 所示）。

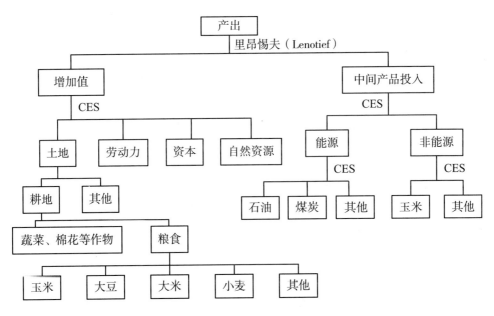

图 5-7　引入发展燃料乙醇后的生产结构

从上面的分析可以看出，我国发展燃料乙醇对粮食安全和能源安全的影响程度应该取决于生产结构中所涉及的各环节嵌套替代弹性的大小。就石油供给变动带来的影响来看，综合各种与石油相关的替代弹性，石油供给量增加所带来的影响可能主要体现在对石油下游产业产出的方面，这也是发展燃料乙醇会缓解能源安全的机理所在；就玉米供给量变动产生的影响来看，玉米以及以玉米为主要投入生产出来的产品大多属于生活必需品，其需求弹性较小，其下游产业的变动将不会很明显。由于我国玉米的用途主要是饲料粮（我国饲料粮 70% 为玉米），因此，虽然同为粮食，大米、小麦、大豆与玉米的用途基本上不重合，很难替代玉米的功能，这几种产品之间的固定替代弹性应该不大；而在土地使用方面，玉米与大豆、小麦、棉花等产品同样都是土地密集型产品，存在一定的替代关系，特别是当燃料乙醇发展到一定规模的时候，土地资源有限性的约束就会越来越显露出来，主要粮食品种在土地使用方面的替代作用将更明显，这也是人们担心发展燃料乙醇会"与粮争地"、"与人争粮"的原因。

以上是基于 GTAP 模型中嵌套的替代弹性以及发展燃料乙醇的投入产出关系作出的基本判断。当然，我国发展燃料乙醇带来的影响程度如何还要看燃料乙醇的发展政策。基于生产结构中的弹性采用的是常数，因此，发展燃料乙醇带来的影响大小应该完全取决于乙醇的数量。

很多前人的研究在模拟发展燃料乙醇带来的影响时，常将石油价格的变动作为诱发因素进行模拟，认为石油价格的变动是燃料乙醇产量的决定因素（张锦华等，2008；沈亚芳，2008；张锦华等，2008）。这样的做法有其合理性，是以燃料乙醇完全市场化运作为前提的。但是，如果考察我国燃料乙醇的发展历史，就会发现我国燃料乙醇在发展之初受到国家政策的扶持，采用的手段不仅包括直接补贴，还包括各种税收及其他的扶持手段，2006 年国家出台措施叫停粮食乙醇的发展，我国的燃料乙醇产业开始出现停滞。也就是说，在现阶段，国家政策因素对我国燃料乙醇的发展起着至关重要的作用，是决定我国燃料乙醇发展数量的重要因素。因此，本书在模拟发展燃料乙醇的影响时，直接以燃料乙醇的数量变动为诱发因素，而确定拟模拟的燃料乙醇发展数量时主要考虑的是政府对燃料乙醇的发展规划。以下将对模拟的情境设置做详细说明。

三、模拟情境的设置

本研究拟模拟我国燃料乙醇从 21 世纪初开始建立到现阶段的初具规模，其发展对我国粮食安全、能源安全造成的影响以及燃料乙醇继续发展会对我国社会经济的影响。根据这一目标，研究对模拟的情境做了如下的设置。

我国燃料乙醇的推广始于 2001 年，主要是以玉米为原料生产车用乙醇，2006 年我国乙醇产量达到了近 135 万吨，代表了我国现阶段燃料乙醇的生产能力；2006 年年底国家叫停了粮食乙醇的发展，但是，通过本书第四章对我国现阶段粮食安全与能源安全紧迫性的论证得到，在我国发展燃料乙醇仍具有一定的空间和可行性。因此，在考虑发展燃料乙醇带来的影响时非常有必要讨论燃料乙醇如果继续发展会对粮食安全和能源安全产生的影响。根据 2007 年 9 月国家出台的《可再生能源中长期发展规划》，2020 年我国燃料乙醇的发展目标是 1 000 万吨。据此，本书假设未来我国燃料乙醇产量将达到 1 000 万吨，以此作为模拟燃料乙醇继续发展的情境。考虑到如果乙醇的生产技术没有太大的革新，基于玉米生产乙醇的经济效益最高（刘笑然，2006；Simula Tokgoz，2007），未来用玉米生产燃料乙醇的可能性最大。这里假设我国未来的燃料乙醇生产仍以玉米为原料，受玉米供需状况的约束，1 000 万吨的玉米乙醇将接近我国中短期燃料乙醇发展的极限。我国在中短期内发展燃料乙醇所带来的影响应该在本书模拟的范围之内。

具体的基准方案和比较方案设置如下：

基准方案：2001 年的粮食安全、食物安全、能源安全以及总福利的状况，视为基期。

比较方案 1：当燃料乙醇产量达到 135 万吨时，我国的粮食安全、能源安全以及总福利的变化情况（这种情境与目前的状况最为接近，用于模拟现阶段我国燃料乙醇的发展带来的影响）。

比较方案 2：在未来的时间内，燃料乙醇的产量上升到 1 000 万吨，我国的粮食安全、能源安全以及总福利的变化情况（模拟我国燃料乙醇继续发展后带来的影响）。

如前所述，由于 GTAP 模型中没有燃料乙醇这个部门，研究将其分解为玉米需求量的增加以及石油供给增加带来的影响，进而转化为 GTAP 模型中便于操作的作为传统用途玉米中间投入的减少以及作为中间投入石油供给量的增多带来的影响之和。

2006 年我国燃料乙醇的产量为 135 万吨，其中绝大部分都是用玉米生产出来的。为了研究的方便，这里假设所有的燃料乙醇都是玉米生产出来的，按照 3.2 吨玉米可以生产 1 吨乙醇的折算率，现阶段我国用于燃料乙醇的玉米消耗量为 425.6 万吨，占基期玉米总消费量的 4%，也就是说发展燃料乙醇会使我国的玉米消费量较之前的年份增加 4%。如前所述，由于 GTAP 中对玉米消费量的增加却没有直接的表达方法，而根据观察 GTAP 2006 年的基础数据是依据 2001 年的投入产出数据编撰的，而中国 2001 年的投入产出表中并没有建立玉米和燃料乙醇之间的消耗系数。因此，现有情况下，部分玉米被用于生产燃料乙醇，其产生的效果基本相当于以往作为饲料或者原料投入的玉米，转移到在投入产出表中没有显示的新的投入产出关系中，从投入产出表反映出来的就是这部分玉米没有产出。因此，作为燃料乙醇原料那部分玉米需求量的增加，在 GTAP 中表现为作为原有用途的玉米中间投入的减少。因此，发展燃料乙醇使玉米的消费量增加4%，就相当于作为饲料、口粮用途的玉米投入量减少4%。由这个因素带来的影响，表示为 A（下同）。

从石油供给增加的角度，2006 年生产的乙醇按 1∶1 的比例折算为石油后，也就相当于增加了 135 万吨的石油中间投入，占当年我国石油产量的 0.6%。发展燃料乙醇的影响，即通过模拟石油供给增加 0.6% 带来的影响而得，表示为 B（下同）。综合以上两方面影响的大小，即为发展燃料乙醇对我国社会经济带来的影响。

在情境 2 中，当燃料乙醇产量达到 1 000 万吨时，也就意味着要消耗 3 200 万吨的玉米，大约相当于 2001 年玉米消费量的 30%。同时，石油的投入量会增加 1 000 万吨，相当于我国产量的 5% 左右。这两个比例都是运行 GTAP 模型需要的变动量。

由此，本书所设置的模拟情境可以转化为：

Scenario 1（以下简称 S1）：传统用途玉米的中间投入减少 4%（A）+ 石油的中间投入增加 0.6%（B）；

Scenario 2（以下简称 S2）：传统用途玉米的中间投入减少 30%（A）+ 石油的中间投入增加 5%（B）。

本书主要就是利用 GTAP 模型通过对上述两种情境下我国粮食安全、能源安全和总福利变动情况的仿真模拟，分别研究我国燃料乙醇的发展和继续发展给我国社会经济造成的影响。

四、对粮食安全的影响

（一）发展燃料乙醇对主要农产品价格影响的模拟结果

通过 GTAP 模型的模拟可以得出：在 S1 情况下，传统用途的玉米投入量减少 4% 以后，国内玉米价格与基期相比上升了 2.58%；而其他品种，如大米、小麦、大豆等品种都有所增长，但幅度较小；蔬菜、棉花的价格也有所上升，可能的原因在于玉米价格的增长导致土地价格的上扬，从而增加了生产蔬菜、棉花的成本。而石油中间投入量增加 0.6% 以后，并没有像预想的一样降低农业生产资料的价格，从而降低农产品的价格。从原因上看可能是石油供给量的增加对工业品的影响更大，工业品价格的下降幅度会明显大于农产品价格下降的幅度，因此，农产品的价格事实上呈增长趋势。从数值上看，石油中间投入增加对各种主要农产品价格的影响不是太大。综合两方面的影响，当我国的燃料乙醇产量达到2006年水平，即产量约为135万吨时，我国的玉米价格因此上升了2.58％，大米、小麦、大豆、棉花、蔬菜价格分别上涨了0.035％、0.024％、0.029％、0.028％和0.041％，涨幅均不大。

在S2条件下，作为传统用途的玉米中间投入量减少30％，会使玉米的价格比基期上涨19.33％，其他产品的价格也会上涨但幅度不大，只有0.1％左右；石油供应量比基期增加5％，给主要农产品价格带来的影响仍然很小，一般在0.1％~0.2％之间。总体上，当我国燃料乙醇的产量达到1 000万吨的时候，玉米的价格会上涨19.49％，大米、小麦等主要农产品的价格上涨幅度在0.2％~0.3％之间，其他农产品的价格会因此上升1％，而一些工业品的价格会因此下降0.007％（如表5-5所示）。

表5-5　　　　燃料乙醇的发展对我国主要农产品价格影响的
一般均衡模拟结果

单位：%

类别	S1			S2		
	A	B	总影响	A	B	总影响
玉米	2.577	0.02	2.597	19.331	0.163	19.494
大米	0.011	0.024	0.035	0.08	0.196	0.276
小麦	0.007	0.017	0.024	0.054	0.139	0.193
大豆	0.01	0.019	0.029	0.077	0.158	0.235
棉花	0.013	0.015	0.028	0.097	0.125	0.222
蔬菜	0.017	0.024	0.041	0.128	0.199	0.327
其他农产品	-0.005	0.022	0.017	0.868	0.182	1.05
其他产品	0	0.004	0.004	-0.037	0.03	-0.007

注：S1：燃料乙醇发展到135万吨，即传统用途玉米的中间投入减少4％（A）+石油的中间投入增加0.6％（B）；S2：燃料乙醇发展到1 000万吨，即传统用途玉米的中间投入减少30％（A）+石油的中间投入增加5％（B）。

资料来源：笔者使用GTAP模型模拟的结果，后表同。

从粮食安全的角度来看，玉米价格变动幅度过大，可能导致居民购买玉米不利，影响玉米的可获性；但对于其他粮食产品，燃料乙醇的发展对其影响不大。

（二）发展燃料乙醇对主要农产品播种面积影响的模拟结果

播种面积受前一期或者当期农产品的价格的影响。燃料乙醇的发展，使得这

167

些农产品的价格都发生了不同程度的变动，从而影响农户对播种的决策，进而影响到播种面积的变动。

在 S1 情形下，作为饲料或者食品工业原料用途的玉米中间投入量减少 4% 以后，玉米的播种面积因为价格的提高而增加 3.76%，大米、小麦、大豆、蔬菜的播种面积都有小幅的下降，但一般只有 0.1% 左右，棉花播种面积下降幅度更小，只有 0.038%。石油供给量增加 0.6% 对农产品的播种面积基本上没有影响，因此，在 S1 情形下，我国的燃料乙醇产量达到 135 万吨时，我国玉米、大米、小麦、棉花、蔬菜的播种面积变动为 3.76%、– 0.097%、– 0.101%、– 0.118%、– 0.038%、– 0.066%；在 S2 情形下，当我国燃料乙醇的产量达到 1 000 万吨时，石油供给量增长对主要农产品播种面积影响很小，传统玉米的中间投入量减少 30% 带来的影响基本等同于总影响。玉米的播种面积会增加 28.18%，大米、小麦、大豆、棉花、蔬菜的播种面积会分别下降 0.728%、0.755%、0.901%、0.282%、0.491%（如表 5 – 6 所示）。发展燃料乙醇对播种面积的影响也基本集中在玉米消费量增加所带来的效果方面。

**表 5 – 6　　燃料乙醇的发展对我国主要农产品播种面积影响的
一般均衡模拟结果**　　　　　　　　　　　　　　　　单位：%

类别	S1			S2		
	A	B	总影响	A	B	总影响
玉米	3.762	– 0.004	3.758	28.212	– 0.031	28.181
大米	– 0.097	0	– 0.097	– 0.731	0.003	– 0.728
小麦	– 0.099	– 0.002	– 0.101	– 0.742	– 0.013	– 0.755
大豆	– 0.098	– 0.02	– 0.118	– 0.737	– 0.164	– 0.901
棉花	– 0.038	0	– 0.038	– 0.284	0.002	– 0.282
蔬菜	– 0.067	0.001	– 0.066	– 0.499	0.008	– 0.491
其他农产品	– 0.144	0.001	– 0.143	– 1.083	0.006	– 1.077
其他产品	– 0.134	0.001	– 0.133	– 1.006	0.012	– 0.994

资料来源：笔者使用 GTAP 模型模拟的结果。

如前所述，目前国内外关于发展燃料乙醇对粮食安全负面作用的论述主要是基于其发展会带来"与人争粮"、"与粮争地"的困扰。产量是由播种面积以及单位产量决定的，而单位产量受技术进步的影响，短期内并不会有太大的变动，"与人争粮"从本质说可以归因于"与粮争地"。因此，发展燃料乙醇对我国粮食安全的影响集中体现在"与粮争地"方面。那么，现实中发展燃料乙醇是否会出现"与粮争地"的状况呢？

从结果来看，玉米的播种面积会随着燃料乙醇的发展而有所增加，而基于土地的有限性，会在一定程度上替代其他产品占用的耕地。从总体来看，受玉米播种面积增加的影响，面积减少最多的是其他农产品以及其他产品，在 S2 情境下，其他农产品以及其他产品使用的耕地面积将分别减少 1.083% 和 1.006%。这说明，随着玉米价格的提高，此类产品价格的下降，大量的草地、林地以及其他形式的耕地将退出原来用途转而生产玉米，发展燃料乙醇出现了"争草地、林地以及其他土地"的现象。就种植大宗农产品耕地的变动情况来看，玉米播种面积的增加对大豆的替代性最强，其次是小麦、大米，蔬菜，棉花最低。这是因为现实中玉米的播种条件与小麦、大豆最为接近，而蔬菜的播种条件与玉米差别较大，所以替代弹性较小。至于棉花，在北方普遍是与玉米套种在一起的，两者的替代弹性更小。从影响的大小来看，发展燃料乙醇除了对玉米产生的影响较大外，由于小麦、大米播种面积的基数很大，小麦和大米减少的播种面积绝对量也不小。特别是燃料乙醇发展到 1 000 万吨时，大米和小麦会在基期基础上分别减少约 200 万公顷，两者的加总基本相当于当下棉花播种面积的 80%，数量还是相当庞大的。

因此，总体上，燃料乙醇的发展对草地、林地以及其他形式耕地的替代作用更为显著，对粮食作物的替代作用稍小；就大宗的粮食作物而言，玉米面积增加对大豆的替代作用最明显。具体来看，现阶段燃料乙醇的发展，并没有导致"与粮争地"局面的出现；但是当燃料乙醇发展到 1 000 万吨的时候，虽然并没有根本上威胁我国的粮食安全，但是大米和小麦面积会分别减少约 200 万公顷，会对居民口粮的可获性造成较大影响，也就是说，发展燃料乙醇会出现"与粮争地"的现象是不容置疑的。

（三）发展燃料乙醇对主要农产品产量影响的模拟结果

播种面积是决定农产品产量的重要因素。从表 5 - 7 的模拟结果可以看出，发展生物能源对主要农产品产量的影响基本上与其对播种面积的影响一致。

表 5 - 7　　　　燃料乙醇的发展对我国主要农产品产量影响的
一般均衡模拟结果　　　　　　　　　　　单位：%

类别	S1			S2		
	A	B	总影响	A	B	总影响
玉米	4.439	-0.005	4.434	33.29	-0.038	33.252
大米	-0.075	0	-0.075	-0.566	0.002	-0.564
小麦	-0.077	-0.002	-0.079	-0.58	-0.017	-0.597
大豆	-0.077	-0.023	-0.1	-0.574	-0.193	-0.767

类别	S1			S2		
	A	B	总影响	A	B	总影响
棉花	−0.006	0	−0.006	−0.044	0	−0.044
蔬菜	−0.039	0.001	−0.038	−0.296	0.007	−0.289
其他农产品	−0.084	0.001	−0.083	−0.626	0.004	−0.622
其他产品	−0.005	0.002	−0.003	−0.037	0.018	−0.019

资料来源：笔者使用 GTAP 模型模拟的结果。

总体上，石油供应量无论增长 0.6% 还是 5%，对农产品产量的影响都不大。而饲料用途玉米的中间投入量的下降是导致主要农产品产量变动的主要原因。综合两方面影响，在 S1 情境下，即燃料乙醇产量为 135 万吨时，玉米产量会上升4.34%，大米、小麦、大豆、棉花、蔬菜的产量分别下降 0.075%、0.079%、0.1%、0.006%、0.039%；当燃料乙醇的产量发展到 1 000 万吨的时候，玉米的产量会上升 33%，其他主要农产品，包括大米、小麦、大豆的产量会下降0.6% ～ 0.8% 之间，蔬菜和棉花的产量下降幅度较小，分别为 0.044% 和0.289%。与玉米的播种面积的变化相比，玉米产量增加的幅度要更大，原因应该在于随着播种面积的改变，规模效应的存在使得产量变动更大。

从产量上看，发展燃料乙醇对产量的影响与对播种面积的影响有对应关系，造成的后果也类似。当燃料乙醇发展到 2006 年产量时，并未对大米、小麦、大豆产量造成较大影响；当产量发展到 1 000 万吨的时候，虽然大米、小麦、大豆的产量只比基期降低 1%，但由于我国大米、小麦的基数很大，而大豆又存在较大的供需缺口，因此，大量生产燃料乙醇很可能出现"与人争粮"的情况，从而对我国的粮食安全造成不利的影响。

（四）发展燃料乙醇对主要农产品需求量影响的模拟结果

发展燃料乙醇对我国农产品需求量的影响，可以从政府购买和私人消费两个角度来看。从总体趋势看，发展燃料乙醇会带来主要农产品价格的上升，从而减少政府以及私人对农产品的消费量。在 S1 情境下，当我国的燃料乙醇的产量为135 万吨的时候，政府对用于饲料的玉米消费量会降低 2.575%，对大米、小麦、大豆、棉花、蔬菜的消费量也会有所下降，但减少幅度介于 0.01% ～ 0.03% 之间，私人对玉米的消费量会降低 0.065%，对其他主要农产品的消费量也会下降，幅度在 0.02% ～ 0.04% 之间。需要说明的是，对玉米而言，模拟结果中，政府的农产品消费量下降幅度要大于私人部门消费量的下降幅度，原因就在于，政府消费的玉米是作为饲料或者食品工业原料存在的，而私人部门的玉米则主要作为间接食品消费，价格弹性很低，价格的上涨对这部分消费量的影响不大，而对政府部门的影响则相对较大。

同样的情况也体现在 S2 情境下，只是影响的幅度因为燃料乙醇发展规模的不同而有所区别。当燃料乙醇产量达到 1 000 万吨时，政府的玉米消费量会减少19.302%，私人部门会减少 0.468%。政府的大米、小麦、大豆、棉花、蔬菜的消费量会下降在 0.01% ~ 0.03% 之间，私人相关产品的消费量也同样会下降相同的幅度。

由于在一般情况下，私人部门的玉米需求量比政府的需求量高很多，占据总消费量的绝大部分比重。因此在就燃料乙醇的发展对主要农产品总消费量的影响进行评判时，私人部门消费量的变化应该赋予比较大的权数。

以玉米为例，发展燃料乙醇对作为饲料或者食品工业原料的玉米消费量的影响应该接近于其对于私人部门消费量的影响，即会减少 0.065% 和 0.468% 的传统用途玉米的消费（见表 5－8）。而鉴于用于生产燃料乙醇的玉米消费量提高 4% 以及 30%，总体上，燃料乙醇的发展对用于各种用途玉米总需求的影响为正。

表 5－8　　　燃料乙醇的发展对我国主要农产品消费量影响的
一般均衡模拟结果　　　　　　　　　　　　单位：%

类别	S1		S2	
	政府消费量	私人消费量	政府消费量	私人消费量
玉米	－ 2.575	－ 0.065	－ 19.302	－ 0.468
大米	－ 0.027	－ 0.016	－ 0.203	－ 0.114
小麦	－ 0.023	－ 0.016	－ 0.139	－ 0.108
大豆	－ 0.013	－ 0.015	－ 0.075	－ 0.108
棉花	－ 0.015	－ 0.037	－ 0.098	－ 0.273
蔬菜	－ 0.024	－ 0.016	－ 0.202	－ 0.117
其他农产品	－ 0.102	－ 0.06	－ 0.747	－ 0.422
其他产品	0.01	－ 0.033	0.061	－ 0.246

资料来源：笔者使用 GTAP 模型模拟的结果。

（五）发展燃料乙醇对主要农产品贸易影响的模拟结果

就贸易来看，当我国的燃料乙醇产量为 135 万吨时，由其带来的作为饲料以及食品工业原料的玉米的中间投入量减少 4%，会造成玉米的净进口额增加27.97 百万美元，大豆的净出口额增加 1.68 百万美元，其他主要农产品，包括小麦、棉花、蔬菜变动的幅度都不是很大；燃料乙醇产量增加带来的第二个效应即石油供应量增加 0.6%，会导致玉米的净进口额进一步增加 0.231 百万美元，大豆、蔬菜的净出口额则因此分别减少 1.006 百万美元和 1.334 百万美元，其他产品受石油供给增加的影响不大（如表 5－9 所示）。

表 5－9   燃料乙醇的发展对我国主要农产品净出口金额影响的

一般均衡模拟结果   单位：百万美元

类别	S1			S2		
	A	B	总影响	A	B	总影响
玉米	－27.973	－0.231	－28.204	－209.797	－1.925	－211.722
大米	0.012	－0.091	－0.079	0.091	－0.758	－0.667
小麦	0.138	－0.226	－0.088	1.034	－1.885	－0.851
大豆	1.683	－1.006	0.677	12.62	－8.381	4.239
棉花	－0.04	－0.135	－0.175	－0.298	－1.125	－1.423
蔬菜	－0.024	－1.31	－1.334	－0.182	－10.914	－11.096
其他农产品	－75.804	－16.608	－92.412	－568.529	－138.403	－706.932
其他产品	163.449	－132.001	31.448	1 225.871	－1 100.01	125.861

资料来源：笔者使用 GTAP 模型模拟的结果。

综合两种效果的影响，在 S1 情境下，当燃料乙醇产量为 135 万吨时，玉米将增加 28.204 百万美元的进口。大豆的净出口会增加 0.677 百万美元，其他产品净出口额变动不大。在 S2 情境下，当我国燃料乙醇的产量达到 1 000 万吨时，玉米的净进口将增加 211.722 百万美元，大豆的净出口会增加 4.239 百万美元，蔬菜的净进口会增加 11 百万美元，其他产品的净出口会减少，但幅度基本小于 1 百万美元。

总体上，发展燃料乙醇会造成我国主要农产品进口量增多，从产品来看，玉米受其影响最大，其次是蔬菜和棉花。

（六）发展燃料乙醇对世界价格影响的模拟结果

在 S1 情境下，我国的燃料乙醇产量只有 135 万吨，仅相当于美国产量的 10% 左右，其发展对世界价格的影响均比较小。除了玉米的世界价格会因为我国燃料乙醇的生产增加 0.276% 之外，其他主要农产品价格的变化都不是很大，均小于 0.02%。当我国燃料乙醇发展到 1 000 万吨时，玉米的世界价格将上升 2%，其他产品的价格将上涨 0.1% 左右（如表 5－10 所示）。

表 5 - 10　　　　　燃料乙醇的发展对世界价格指数影响的
一般均衡模拟结果　　　单位：%

类别	S1			S2		
	A	B	总影响	A	B	总影响
玉米	0.274	0.002	0.276	2.056	0.016	2.072
大米	0.012	0.005	0.017	0.086	0.041	0.127
小麦	0.007	0.002	0.009	0.053	0.014	0.067
大豆	0.009	0.003	0.012	0.067	0.021	0.088
棉花	0.008	0.003	0.011	0.061	0.021	0.082
蔬菜	0.011	0.007	0.018	0.079	0.057	0.136
其他农产品	0.013	0.001	0.014	0.097	0.012	0.109
其他产品	0	- 0.001	- 0.001	0	- 0.006	- 0.006

资料来源：笔者使用 GTAP 模型模拟的结果。

综合以上几个因素的影响，现阶段燃料乙醇的发展对大米、小麦等产业，甚至包括玉米造成的影响都非常有限。但是，当燃料乙醇发展到 1 000 万吨的时候，虽然从百分比来看，燃料乙醇的发展对大米、小麦、大豆带来的影响都不是很大，但由于大米、小麦无论是产量还是播种面积基数都较大，从绝对值看，还是会造成"与人争粮"、"与粮争地"的状况，只是基于变动幅度很小，因此不会从根本上改变主要粮食产品的安全。但玉米产业的粮食安全受燃料乙醇发展的影响较大，其安全状况需要重新审视。在 S1 情况下，现阶段即我国燃料乙醇产量为 135 万吨时，玉米在原有基础上产量增加了 4%，需求量也基本增加了 4%，但由于我国玉米的需求量大于供给量，从供需缺口的角度来看，供需缺口的变动量会有一定程度的上升，但幅度小于 4%。从模拟的结果看，国内玉米净出口减少了 27 百万美元，国内玉米价格增加了 2.6%，也反映了这一点。综合以上几点，在 S1 情况下，我国玉米的粮食安全会有所恶化，但幅度不大；在 S2 情况下，即我国燃料乙醇产量为 1 000 万吨时，玉米产量增加了 33%，但玉米的消费量也增加了 30%，由于消费量高于产量，导致净进口增加了 210 百万美元，且国内的价格上升了 19% 左右，连国际玉米价格指数也因为我国的变化增加了 2%。也就是说，当我国燃料乙醇产量为 1 000 万吨时，我国玉米的安全形势将更为严峻。从绝对量来看，我国如果发展燃料乙醇能否保障国内的玉米安全？

我国是国际上重要的玉米出口国，所以玉米安全问题不是粮食安全的重点。但是随着燃料乙醇的发展，玉米的安全问题也会逐渐显现出来。

根据模拟的结果，发展燃料乙醇的产量增加到 1 000 万吨时，会导致我国玉米净出口减少 210 百万美元，按国际玉米平均价格 100 美元/吨计算，相当于少出口 210 万吨的玉米，占基期净出口量的 30% 左右。当燃料乙醇继续发展后，我国玉米的进口将增多，出口将减少，很有可能出现贸易逆差的情况，引起粮食安全问题。从另一个角度看，价格的大幅上涨也对居民购买不利。因此，即使我国燃料乙醇发展到 1 000 万吨时，如果仅考虑我国玉米自给率的因素，我国的玉米安全仍能基本得到保障，然而无论从居民价格还是进口依存度方面，我国的玉米安全都受到了很大的威胁。当燃料乙醇的数量再继续增加的时候，玉米贸易逆差就有可能出现，玉米的粮食安全可能就无法得到保障。

五、发展生物质能源对我国粮食安全的影响

根据本书关于粮食安全的界定，粮食安全取决于供需及其决定的缺口以及世界市场的价格。

而由 GTAP 模型模拟的结果可知，现阶段燃料乙醇的发展并不会出现"与粮争地"的问题，对各主要农产品的价格、贸易等影响较小。当燃料乙醇发展到 1 000 万吨的时候，玉米播种面积的增加，会造成森林、草地以及其他土地面积的减少；大米、小麦、大豆等粮食的播种面积也会有所下降，虽然比例不是很大，但从绝对值方面看，数量相当可观。也就是说，当燃料乙醇发展到 1 000 万吨的时候，就会不可避免出现"与粮争地"的问题，对保障粮食安全不利，但大米、小麦的粮食安全状况并不会因此改变；就玉米而言，燃料乙醇的发展一方面会增加玉米的价格，进而会增加其播种面积，从而带来产量的提高；另一方面发展燃料乙醇虽然会降低人们对饲料用玉米以及食品工业玉米的需求量，但燃料乙醇需求量的增加，会导致玉米需求量的上升。两方面共同作用的结果就是玉米供需缺口逐渐扩大，净进口量的减少就是很好的佐证。

从数值上判断，即使在燃料乙醇发展到 1 000 万吨时，我国的玉米安全仍能基本得到保障，但是考虑到国内玉米价格会因此上涨 19%，供需缺口还会继续拉大，进口量增加导致进口依存度会变大，我国玉米安全受到的威胁不容小觑。可以预见，随着燃料乙醇的继续发展，玉米安全受到的威胁将越来越大。

第四节　国际粮食市场供求变化对我国粮食安全的影响

我国粮食安全的保障一定程度上可以依赖国际粮食市场对我国粮食供需缺口

的平抑。但如前所述，这种平抑的效果还取决于国际粮食市场对我国的影响力度以及对我国粮食的可获性两个方面。

我国对粮食的定义包括了谷物和大豆两部分。总体而言，未来世界粮食供求变动对我国国内产生的影响，主要通过两个方面实现：第一，虽然中国的谷物进口量并不是很大，占世界有效供给的比重也较小，目前并没有粮食安全的担忧。鉴于我国在世界谷物生产、消费的地位，我国在贸易中不应该只做"贸易小国"处理。同时，鉴于中国目前的大豆主要是净进口地位，而且可以预见随着中国经济的发展，未来中国的大豆需求量会不断增加，因此，国际大豆供求变动所产生的直接作用是影响世界大豆市场上大豆的供给，进而影响我国大豆的可获性，即未来几年，世界市场上是否有足够多的大豆可供中国消费，这是从大豆安全角度上的考虑。因此，预测未来世界谷物及大豆市场上的供需以及价格，进而对世界谷物及大豆市场可供性进行研究，对于我国实现保证粮食安全的政策目标有现实意义；第二，主要通过价格渠道体现。一旦国际市场供求形势发生变动，世界价格也会随之调整，虽然我国谷物及大豆市场与国际市场并不是完全整合，但国际市场价格的变动会通过进出口对国内市场价格产生影响，进而影响国内谷物及大豆市场价格的变动，最终影响国内的生产和消费。所以，以下将从直接和间接影响两种角度对世界谷物和大豆市场变动对我国国内生产消费以及粮食安全的影响予以分析。

一、世界粮食供求变动对我国粮食可获性的影响：直接影响

论证世界粮食市场上可供性是研究我国粮食安全是否能保证的前提。由于我国与 FAO 在粮食的范围界定上存在差异，因此，对该问题的研究需要从谷物和大豆两个方面进行讨论。

世界谷物供求波动对我国谷物可获性影响方面：进入 2000 年以后，随着世界谷物产量的持续增加，对国际市场谷物可供性的关注度逐渐降低。但 2006 年开始的世界粮食危机给世界人们敲响了警钟，当诸如泰国等主要的大米出口国开始对大米实施禁止出口政策的时候，谷物可供性再次引起世界的广泛关注，这也是世界供求变化给我国带来的最直接的影响。

相对于粮食危机时期世界的供求状况，未来世界谷物产量将会实现大幅度增长，预计 2012 年谷物产量将会达到 2006~2007 年的 111.7%；世界谷物的需求量在 2009~2012 年期间相对于基准期而言也会有明显的增长。综合供需两个方面的变动，未来世界谷物市场会出现供大于求的局面，且与粮食危机时

供需缺口相比，净供给将增加 70 000 千吨左右，相当于当年总产量的 3%；而就我国而言，未来产量的增长率明显高于需求的增长率，我国也会成为供大于需的国家，且相对于 2006 ~ 2007 年，我国净供给同样增加了很多（如表 5 - 11 所示）。

综合世界和我国谷物供需的相对变化趋势可以推断，在我国和世界供给形势均实现好转的前提下，未来世界谷物的可供性基本可以得到保证。

表 5 - 11 相对于粮食危机时期未来世界及我国谷物供求量的变动 单位：千吨

年份	谷物产量变动（%）	谷物需求变动（%）	净供给变动量 B	B/总产量（%）
世界				
2009	107. 6	104. 1	68 120. 2	3. 1
2010	108. 9	105. 4	66 383. 2	3. 0
2011	110. 4	106. 6	72 468. 8	3. 2
2012	111. 7	107. 8	73 258. 0	3. 2
中国				
2009	103. 0	102. 1	3 429	0. 9
2010	102. 9	102. 7	298	0. 1
2011	103. 6	102. 4	886	0. 2
2012	104. 0	103. 1	2 706	0. 7

注：谷物产量、需求变动的基准选择是 2005 ~ 2007 年的均值。
资料来源：FAO Outlook 预测数据计算而得。

世界大豆供求波动对我国大豆可获性影响方面：2009 ~ 2012 年，全球大豆产量的变化趋势是先降后升，但幅度不大。全球需求量的变化除 2009 年出现了较大幅度的增长外，其余年份增长不多。然而，全球大豆供求缺口却逐年增加，预期 2012 年缺口量将为当年产量的 381%。可见，未来全球大豆供求形势非常严峻。

就中国而言，2009 年，我国大豆供求增幅较大，比 2006 ~ 2007 年的均值产量高 11.05%。2010 ~ 2012 年大豆产量增长缓慢。尽管预期我国国内消费量的增长趋势不太高，可是供求缺口依然逐年扩大。2012 年，供求缺口占当年总产量比重的 18%。也就是说，我们在将来仍然面临大量进口的局面。结合这两方面的情况可以判断，无论是世界还是中国，大豆供求均紧张，未来我国大豆可获得性面临较大压力（见表 5 - 12）。

表 5 – 12　　　　　　　未来世界及我国大豆供求量的变动　　　　　单位：千吨

年份	大豆产量变动（%）	大豆需求变动（%）	供需缺口增加量 B
世界			
2009	96.77	126.37	50 508
2010	99.90	103.39	52 728
2011	100.10	101.26	53 559
2012	100.96	103.62	55 882
中国			
2009	111.05	105.42	32 979
2010	99.25	103.80	45 771
2011	100.29	100.73	47 202
2012	102.74	102.16	46 739

注：大豆产量、需求变动的基准选择是 2006～2007 年的均值。

资料来源：根据 FAPRI 预测的结果计算而得。

综上所述，谷物国际供给量增长在未来将快于需求量的增长，国内供求也呈现相似的趋势，供需差距将会缩小，且国际谷物市场的可供性应该不存在太大问题；与之相反，大豆在未来几年无论是国内还是世界范围内都将出现供需缺口不断拉大的趋势，当我国更多依赖进口填补缺口时，世界市场可供贸易的大豆数量也同时因供给的相对减少而可供性降低，与基期相比，我国未来大豆的可获性将相对降低。然而总体上看，由于我国粮食消费中谷物占有绝对支配地位，大豆消费相对有限，因此我国未来粮食的可获性应该可以得到保障。

二、世界粮食供求变动对国内粮食供求的影响：价格传导

（一）谷物

世界粮食危机后，世界谷物价格的高涨使得世界供求形势发生了新的变化，进而形成了新的世界价格，而该价格变动必然会通过我国谷物贸易传导到国内，从而影响国内谷物价格的变动，进而影响国内谷物供需以及贸易。因此，为了研究世界谷物价格变动对我国农业的影响，必须明确两个方面：第一，世界谷物价格的变动将引起我国国内谷物价格多大程度的变动，即世界谷物价格对我国价格的传导程度；第二，我国谷物价格的变动将怎样影响我国国内谷物的生产和消费行为。

接下来，我们需要研究国际粮价的变动将怎样影响我国国内谷物的生产、消费及贸易。为了对该影响程度做定量的测量，本课题将通过局部均衡的方式对此予以分析。具体过程以及相关结论如下：

1. 构造世界有效需求和供给的函数，计算世界价格

本书拟建立联立方程模型考察全球谷物供求关系，在模型设置时，主要借鉴谢卡尔（Sekhar, 2003）在考察世界小麦价格形成时的模型，具体形式如下：

$$\log(WWIQ) = \alpha_0 + \alpha_1 \log(WWIQ(-1)) + \alpha_1 \log(RGDP) + \alpha_2 \log(WWPR)$$
$$+ \alpha_3 \log(WPDI(-1)) + \mu_1$$
$$\log(WWPR) = \beta_0 + \beta_1 \log(WWPR(-1)) + \beta_1 \log(WWIQ) + \beta_3 \log(WPDE(-1)) + \mu_2$$
$$WWEQ = WWIQ + CF$$

其中，$WWIQ$ 表示世界谷物进口量，数据来源于 FAO 数据库；$WWEQ$ 表示谷物出口量，数据资料来源于 FAO 数据库；$RGDP$ 为主要进口国实际 GDP 的加总，选自 WDI 数据库；$WWPR$ 为世界谷物价格，源于 FAO International Price Index 数据库；$WPDI(-1)$ 表示上一期世界主要谷物进口国产量，数据取自于 FAO 数据；$WWPR(-1)$ 表示前一期价格；$WWEQ$ 表示世界总出口量，$WPDE(-1)$ 表示世界主要出口国前一期产量，数据同样源于 FAO；CF 为误差项。

选取 1983～2007 年时间序列数据对方程组进行了回归，结果表明：影响世界进口量的因素主要包括前一期的进口量、主要进口国 GDP、世界价格；影响世界价格因素包括前一期的价格、世界进口量、前一期主要出口国的产量，其中世界谷物进口量对世界谷物价格的影响在 10% 的水平上显著为正，系数是 0.326，表明进口量每增加 1%，价格会提高 0.326%。由预测的结果经计算可得，相对于基期 2007 年，2009～2012 年世界价格变动率分别为 -0.4%、-0.1%、0.3%、1.0%（如表 5-13 所示）。

表 5-13　　　　　　　　　　　　**世界谷物价格的决定**

变量	log（世界谷物进口量）	log（世界谷物价格）
log（上一期世界谷物进口量）	0.572 *** （0.168）	
log（主要谷物进口国 GDP）	0.237 *** （0.0859）	
log（世界谷物价格）	-0.0692 （0.113）	
log（上一期世界主要谷物进口国产量）	0.0388 （0.0280）	

变量	log（世界谷物进口量）	log（世界谷物价格）
log（前一期世界价格）		0.869 ***
		(0.147)
log（世界总进口）		0.326 *
		(0.175)
log（世界主要出口国前一期产量）		−0.202 *
		(0.109)
常数项	3.140 **	−0.638
	(1.530)	(1.492)
Observations	24	24
R-squared	0.934	0.591

注： *** $p < 0.01$， ** $p < 0.05$， * $p < 0.1$。

2. 世界谷物价格对国内价格的传导

首先，我们对国际和国内市场的价格传导程度进行测算。所谓传导程度，其实质即为国际价格对国内价格的影响程度。从理论上看，如果国内外市场完全整合，国内零售价格应该与国际市场价格趋同；相反，如果国内外完全不整合，国内市场的零售价格应该主要取决于国家生产者价格。由此可见，在部分整合条件下，国内谷物零售价格应处于国际谷物价格与国内生产者价格之间，具体传导的程度则取决于贸易规模，规模越高，则传导程度越大。由此，我们认为影响国内零售价格的因素应该包括：国内生产者价格、国际 CIF 价格（涵盖了运费、关税等变化）以及国内外市场整合程度。

基于以上分析，本部分首先构建影响国内零售价格的方程：

$$\ln grp_i = \alpha \ln gp_i + \beta \ln ggp_i + \gamma \ln ts_i + \varepsilon$$

其中，grp 表示国内谷物零售价格，数据源于《中国统计年鉴》；gp 表示国际谷物价格，数据来源于 FAO International Price Index；ggp 表示国内生产者价格，数据来源于农本资料；ts 表示贸易规模，具体以谷物进口/总消费量来表示，数据源于 FAO；系数 α 即为国际谷物价格对国内谷物价格的影响程度。

在具体实证的过程中，本部分主要采用 1990～2008 年谷物相关指标，通过 OLS 回归的结果为：

$$\ln grp = 0.156 \times \ln gp + 0.171 \times \ln ggp + 0.0611 \times \ln ts + \varepsilon$$

$$(t = 1.85) \qquad (t = 1.12) \qquad (t = 2.00)$$

$$R^2 = 0.49 \quad F 值 = 4.89$$

模拟结果显示，国际谷物价格每提高 1%，则国内谷物价格提高 0.156%，即国际谷物价格对国内谷物销售价格的传导率约为 15.6%。

根据前面的论述，国际谷物价格对我国价格的传导率为 15.6%，则 2009 ~ 2012 年世界价格会使得国内价格相对于 2007 年分别变动 -0.05%、-0.02%、0.05%、0.16%。

3. 国内供求模型

建立国内的供需方程，如下：

$$\log(Supcer) = \alpha_0 + \alpha_1 \log(DCP(-1)) + \alpha_2 \log(Cost) + \mu_1$$

$$\log(Demcer) = \beta_0 + \beta_1 \log(INC) + \beta_2 \log(PP) + \beta_3 \log(DCP) + \mu_2$$

其中，$Supcer$ 表示我国谷物产量，$Demcer$ 表示我国谷物消费量，源于 FAO；DCP 表示国内谷物价格，这里选取的是《农本资料》中每 50 公斤的谷物价格除以 CPI；$DCP(-1)$ 表示上一期国内谷物价格；$Cost$ 表示谷物生产成本，选取的同样是《农本资料》中三种谷物平均生产成本；INC 表示人均收入，根据城乡人均收入加权平均值除以 CPI，来自历年《中国统计年鉴》；PP 表示我国人口数，源于 FAO database。

通过回归的结果可以发现，供给与前一期价格正相关，且非常显著，与成本负相关；谷物总消费与收入负相关，可能的解释在于谷物属于劣质商品，收入越高，恩格尔系数越小，谷物的总消费也越小；与人口正相关，与价格负相关，价格越高，消费量越低。其中，供给的价格弹性是 0.214，消费的价格弹性为 -0.216（如图 5 - 14 所示）。

表 5 - 14　　　　　　　　　我国谷物国内供需决定

变量	log（供给）	变量	log（需求）
log（上一期国内谷物价格）	0.214 ** (0.0817)	log（人均收入）	-0.0977 *** (0.0161)
log（生产成本）	-0.0567 (0.0776)	log（人口数）	1.869 *** (0.130)
Constant	12.15 *** (0.0733)	log（国内谷物价格）	-0.216 ** (0.103)
		Constant	-12.85 *** (1.700)
Observations	24	Observations	25
R-squared	0.793	R-squared	0.992
Standard errors in parentheses			

注：*** p < 0.01，** p < 0.05，* p < 0.1。

经计算，控制其他因素不变的话，世界市场的供求变动引起的价格变动最终将会使得 2009～2012 年国内供给上升 －0.012%、－0.004%、0.012%、0.033%；
而需求将变动 0.012%、0.004%、－0.012%、－0.034%（如表 5－15 所示）。

表 5－15　　　　　世界谷物供求变动对我国国内供需的影响

（以 2009～2012 年为例）　　　　　　　单位：%

年份	进口量	进口量变化率 A	世界价格变化 B	国内价格变化 C	供给变化 D	需求变化 E
2007	261 863.9					
2009	259 041.4	－1.078	－0.351	－0.055	－0.012	0.012
2010	260 866.6	－0.381	－0.124	－0.019	－0.004	0.004
2011	264 633.7	1.058	0.345	0.054	0.012	－0.012
2012	269 912.9	3.074	1.002	0.156	0.033	－0.034

注：A 中基期为 2007 年；B＝A×0.326（进口价格弹性）；C＝B×15.6%（国内外传导率）；D＝C×0.214（供给弹性）；E＝C×（－0.214）（需求价格弹性）。

资料来源：笔者计算而得。

（二）大豆

本部分利用与谷物同样的分析框架和方法，首先对国际和国内市场的价格传导程度进行测算，过程如下：

1. 构造世界有效需求和供给的函数，计算世界价格

本书建立联立方程模型考察全球大豆供求关系。借鉴谢卡尔（2003）在考察世界小麦价格形成时的模型，我们的模型形式如下：

$$WSOIQ = \alpha_1 LWSOIQ + \alpha_2 RGDP + \alpha_3 WSOP + \alpha_4 WSOPS + \alpha_5 LWSOPIQ$$

$$WSOP = \beta_1 LWSOP + \beta_2 WSOIQ + \beta_3 LWSOPEQ + \beta_4 WSOPS$$

以上模型分别是大豆的需求函数和供给函数，被解释变量分别是全球大豆进口量（$WSOIQ$）和全球大豆价格（$WSOP$）。由于出口量和价格往往受上年出口和价格的影响，因此在模型中分别加入了相应的一期滞后变量 $LWSOIQ$ 和 $LWSOP$。

需求函数中其他控制的解释变量还包括世界主要进口国家的收入水平，用主要进口国家 1983 年实际 GDP 表示。主要进口国家为 2007 年进口量占全球总进口量 2% 以上的国家，分别是中国、欧盟、日本、墨西哥和泰国。$LWSOPIQ$ 是上年全球主要大豆进口国的产量，反映了上年全球大豆需求。大豆替代品价格 $WSOPS$ 是剔除了大豆后的全球油籽价格。

供给函数中其他解释变量包括世界大豆进口量 $WSOIQ$，用以反映全球大豆

需求；主要大豆出口国上年产量 *LWSOPEQ*，反映大豆供给；大豆替代品当年价格为 *WSOPS*。

模型中的所有价格数据都采用美国 1983 年为基期的 CPI 数据进行了平减；GDP 数据采用各国 1983 年 GDP 平减指数平减。所有的大豆进出口和产量数据来自 FAO，价格数据为贸易额与贸易量之比；GDP[①] 和 GDP 平减指数数据来自世界银行。估计方法采用 3 阶段估计法，使用 Stata10.0 软件估计。模型估计结果如表 5 - 16 所示。

表 5 - 16　　　　　　　　世界大豆价格的决定

变量	全球大豆进口量	全球大豆价格
前一期全球大豆进口量	0.9589 *** (0.0949)	
主要进口国 GDP	0.0775 (0.142)	
全球大豆价格	- 1.097 ** (0.4885)	
主要大豆出口国上年产量	- 0.1408 * (0.2232)	
前一期大豆世界价格		0.0934 (0.1176)
大豆替代品	- 0.6394 * (- 0.3844)	0.5894 *** (0.1361)
世界大豆进口量		- 0.6593 *** (0.1643)
上年全球主要大豆出口国的产量		**0.7967** *** (0.1771)
常数	0.6565 (0.6253)	0.1814 (0.4132)
Observations	25	25
R-squared	0.8993	0.5862
Standard errors in parentheses		

注：*** $p < 0.01$，** $p < 0.05$，* $p < 0.1$。

资料来源：笔者计算所得。

_____

① 欧盟 GDP 来自 IMF。

回归的结果表明：影响世界进口量的因素主要包括前一期的进口量、世界价格和替代品价格。影响世界价格因素包括前一期的价格、世界进口量、前一期主要出口国产量和替代品价格。其中，世界出口量对世界大豆价格的影响在 1% 的水平上显著为正，系数是 0.7967，表明进口量每增加 1%，价格会升高 0.8%。由预测的结果经计算可得，2009～2012 年世界价格变动率分别为 8.84%、8.18%、8.44%、10.86%。

2. 世界大豆价格对国内价格的传导

以"一价原则"为基础，构建影响国内零售价格的方程：

$$\ln grp_i = \alpha \ln gp_i + \beta \ln ggp_i + \gamma \ln ts_i + \varepsilon$$

其中，grp 表示国内大豆零售价格，数据来源于农本资料；gp 表示国际大豆价格，数据来源于 FAO International Price Index；ggp 表示国内生产者价格，数据来源于《农本资料》；ts 表示国内外市场的整合程度，这里用贸易规模，具体以大豆进口/总消费量来表示，数据源于 FAO；系数 α 即为国际大豆价格对国内大豆价格的影响程度。

在具体实证的过程中，本部分主要采用 1983～2008 年大豆相关指标做成混合数据，通过 OLS 回归的结果为：

$$\ln grp = 0.7063 + 0.5372 \times \ln gp + 0.3195 \times \ln ggp + 0.1716 \times \ln ts + \varepsilon$$
$$(t = 3.05) \quad (t = 2.92) \qquad (t = 1.7) \qquad\quad (t = 1.8)$$
$$R^2 = 0.48 \quad F \text{ 值} = 6.68$$

模拟结果显示，国际大豆价格每提高 1%，则国内粮价提高 0.5372%，即国际大豆价格对国内大豆销售价格的传导率约为 53.7%。

我国目前是世界大豆主要进口国，2007 年进口大豆占我国产量的比重高达 260%，根据前面测算的价格传导率 53.7%，那么，2009～2012 年世界价格会使得国内价格分别变动 4.75%、4.39%、4.53%、5.83%。

3. 国内供求模型

分别建立国内的供给方程：

$$\ln SOYQS = \alpha_0 + \alpha_1 \ln SOYPC(-1) + \alpha_2 \ln SOYCOST(-1)$$
$$+ \alpha_3 \ln SOYPS(-1) + \mu_1$$

其中，因变量是我国大豆的供给量（$SOYQS$），数据来源于 FAO。自变量包括大豆价格（$SOYPC$）和生产成本（$SOYCOST$），大豆替代品价格（$SOYPS$）数据来源于全国农产品成本收益资料汇编。数据处理方法同需求函数中价格变量。由于农民往往是根据上年的价格和生产成本作出种植决策，因此模型中的价格和成本数据采用滞后一期值。

需求方程为：

$$\ln SOYQC = \beta_0 + \beta_1 \ln INC + \beta_2 \ln PP + \beta_3 \ln SOYPS + \beta_4 \ln SOYPC + \mu_2$$

因变量为大豆的需求量（$SOYQC$），用大豆在中国的实际消费量表示，数据来源于 FAO。自变量包括大豆的价格（$SOYPC$），以农本数据每 50 公斤大豆的平均价格；大豆替代品价格（$SOYPS$）采用农本资料中两种油料销售价格表示。所有的价格均除以 1983 年为基期的 CPI 表示。人均收入（INC）采用我国的人均 GDP 表示，反映我国居民的大豆购买能力。中国总人口为 PP。人均 GDP 和人口数据来源于《中国统计年鉴》。

通过回归的结果可以发现，供给与前一期价格正相关，且非常显著，与成本负相关；需求与收入、人口和替代品价格正相关；与价格负相关。其中，供给的价格弹性是 0.31，需求的价格弹性为 -0.26（见表 5 - 17）。

表 5 - 17　　　　　　　　　我国大豆国内供需决定

变量	ln（大豆供给）	变量	ln（大豆需求）
ln（前一年大豆价格）	0.31 *** (0.0817)	ln（人均收入）	0.4634 ** (0.3004)
ln（上年大豆生产成本）	-1.0645 * (0.8324)	ln（我国总人口）	0.0263 (0.0421)
ln（上年大豆替代品价格）	-0.1203 (0.1582)	ln（大豆替代品价格）	0.3125 (0.4872)
		ln（大豆价格）	-0.2613 ** (0.1487)
Constant	12.15 *** (0.1615)	Constant	10.48 *** (5.7721)
Observations	24	Observations	25
R-squared	0.9214	R-squared	0.876
Standard errors in parentheses			

注：*** $p < 0.01$，** $p < 0.05$，* $p < 0.1$。

经最终计算，在 53.7% 的价格传导率下，世界市场的供求变动将会使得 2009～2012 年国内供给上升 1.47%、1.36%、1.4%、1.8%；而需求将变动 -1.23%、-1.14%、-1.18%、-1.52%（见表 5 - 18）。

表 5 – 18　　世界大豆供求变动对我国国内供需的影响

（以 2009 ~ 2012 年为例）　　　单位：%

年份	进口量	进口量 变化率 A	世界价格 变化 B	国内价格 变化 C	供给变化 D	需求变化 E
2007	228 334					
2009	253 576	11. 05	8. 84	4. 75	1. 47	– 1. 23
2010	251 673	10. 22	8. 18	4. 39	1. 36	– 1. 14
2011	252 413	10. 55	8. 44	4. 53	1. 4	– 1. 18
2012	259 337	13. 58	10. 86	5. 83	1. 8	– 1. 52

注：A 中基期为 2007 年；B = A × 0. 8（进口价格弹性）；C = B × 53. 7%（53. 7% 为国内传导率）；D = C × 0. 31（供给弹性）；E = C × (0. 26)（需求价格弹性）。

资料来源：笔者计算而得。

由以上分析可知，谷物的世界市场价格未来很可能呈小幅波动，大体稳定，国内供需缺口也基本稳定，对世界市场的依赖程度变化不大，因此，世界市场对国内市场的影响程度有限，不会给国内谷物供需缺口的平抑带来难度上的增加；同时，虽然大豆的世界市场价格在未来有较快的上升趋势，但未来我国大豆的供需缺口呈减小的态势，对世界市场的依赖程度也将越来越低，国内价格虽然也有所上升，但幅度大大低于世界市场价格的上升，在这样的前提之下，我国大豆供需缺口的平抑在未来也应该不会更加困难。因此，在世界粮食市场的可供性得以保证的前提之下，世界市场未来的波动应该不会明显影响到我国粮食市场的价格及供求状况，我国粮食供需缺口的平抑将在一个相对平缓的环境下得以实现。

第五节　我国未来粮食安全的保障及代价

考虑到粮食对我国的重要性，粮食安全作为一项重要的政策目标在我国长期施行。本部分拟分析未来在世界市场粮食供求发生变动的前提下，我国粮食安全是否能够保障？另外，随着农业经济的发展，资源约束在农业生产中逐渐显现。在资源有限性的背景下，我国保障粮食 95% 甚至 100% 的自给率并不是没有代价，其代价就是我们为生产更多粮食所投入的更多的社会资源，而这些社会资源如用于生产其他产品，可能会创造出其他的产出。那么，未来我国保障粮食安全需要付出何种代价？以上这些问题的回答，对我国粮食安全的保障乃至国家安全均有非常突出的意义。基于谷物与大豆虽同属于广义中的粮食产品，但基于中国的谷物与大豆供求现状以及对于粮食安全的重要性的差别，本部分仍将区分这两种产品，分别分析其未来粮食安全保障的难度以及为实现粮食安全所应该付出的代价。

就谷物而言，首先，根据联合国粮农组织的相关预测，2010～2012 年中国的谷物估计需求量在 388.584 万～391.070 万吨之间波动。根据中国政府的粮食安全标准，国内粮食自给率要保持在 95% 以上，照此标准并结合联合国粮农组织的消费量估计，到 2012 年国内市场至少要供应 371 517 千吨大米才能满足 95% 自给率的相关要求。而预测数据显示，未来我国粮食的产量仍呈逐年增加的态势，最低也能维持 389 858 千吨，到 2012 年甚至达到 394 073 千吨，由此可以判断，未来我国谷物的自给率不仅可以满足 95% 的自给率，甚至100% 的自给率也可以得到维持。

从粮食安全的角度看，我国未来粮食安全的保障程度很高，对维持国家的安定团结有利，但是，很多学者也指出，充分利用国外廉价的粮食供应可以增加国内消费者的福利水平。因此，在粮食安全得到保障的条件下，适当地进口对我国消费者有积极的意义。假设我国只维持 95% 的粮食自给率，其他的粮食供应交给进口来维持，那么，世界谷物市场以及国内生产会发生怎样的变动呢？

根据推算，2012 年我国谷物消费量将达到 391 070 千吨，意味着在 95% 自给率的前提下，我国需要增加进口 19 554 千吨，相当于除中国之外世界有效供给的 7.4%。根据计算，世界谷物市场进口价格弹性为 0.326，表明在其他条件不变的前提下，未来世界粮食的价格可能会因为中国进口增加约 2.4%。

在资源约束的条件下，维持 95% 的粮食自给率对国内生产的影响主要体现在资源的使用上，具体包括耕地、劳动力以及水资源等。

根据国家发展和改革委员会价格司《全国农产品成本收益资料汇编》公布的各种谷物单位面积产量，依照现有的技术，在 2012 年若要保证 95% 的自给率就要生产 371 517 千吨谷物，大约需要耕地 8 776 万公顷。2008 年我国生产谷物的耕地为 8 624.8 万公顷，据此判断，在生产条件、生产技术不变的情况下，2012 年要保持 95% 的自给自足率我国只要增加不足 2% 的耕地用于种植粮食；劳动力方面，根据《农本资料》统计的我国每亩谷物生产需要的用工数量可以算得我国三种谷物所需要的用工数，在保障 95% 的自给率的前提下，我国 2012 年需要投入 3 233 万的劳动力生产粮食；作物生长需要水，中国又是水资源比较缺乏的国家之一，因此在保证粮食安全的同时我们还要关注对水资源的使用情况，即生产粮食过程中所使用的全部水资源量。联合国粮农组织开发的 CROP-WAT 模型是目前世界上使用比较广泛的作物生产需水量模型。CROPWAT 模型采用了修正彭曼公式，通过采集各地的相关气候、土壤参数计算出一定的参考作物需水量，并以此为基准，运用标准彭曼公式，通过不同的作物因子对其数值进行修正，从而得到各种具体作物的需水量，然后通过对作物单位面积产量的统计，就可以计算出该作物单位质量中的虚拟水含量。但是，由于气候、土壤等参数的获得途径不相同，不同的研究者的计算结果各不相同，本书以诸多研究者的计算结果的均值作为中国粮食生产的实际需水量，分别求得各种谷物产品所需要的用水量，发现稻谷、小麦玉米的用水量分别是 1 166、1 106、697 立方米每吨，因此若要在 2012 年保证 95% 粮食国内市场自给率，大概要消耗水资源 4 246 亿立方米，占中国全部水资源的 14.7% 左右。

大豆不同于其他粮食品种，我国大豆的进口量远远高于我国的生产量，占消费量的比重也基本上达到了一半以上，从概念上说，我国的粮食安全已经基本上得不到保障。对未来大豆可获性的测算也证明，我国未来向从世界市场上买到所需要的足够的大豆，不仅要付出高昂的代价，还面临着买不到的危险。因此，对大豆而言保持国内大豆的可供性仍有一定意义。当然放弃大豆的进口在中国生产也是行不通的，原因在于，一方面，我国国内生产资源有限，用于这种资源的生产必须放弃另一种；另一方面，国产大豆在用于食用油生产时出油率低，利用效率远远比不上国外的大豆，且价格上并没有优势。本部分关于大豆自给情况的估算拟设置 3 种情形：第一种，按照我国粮食总体自给率的标准，模拟 95% 自给率情况下，我国大豆的供求缺口状况，当然这对大豆而言有一定的难度。近年来，政府和学术界更为倾向将我国粮食总体（粮食＋大豆）的自给率控制在 90% 左右。按照 2008 年相关数据推算，在我国谷物自给率达到 100% 时，我国大豆自给率可以维持在 30% 左右；当谷物自给率仅为 95% 时，大豆自给率应保持 60% 的水准。据此，本部分的情境二设置为大豆自给率 60% 的相关情况，情境三为大豆自给率 30%。

根据联合国粮农组织的预测，到 2012 年中国的大豆估计需求量约为 70 521 千吨，估计产量约为 13 639 千吨，则在 95% 自给率的前提下，我国供需缺口将达到 52 356 千吨，供给缺口达到预计产量的 358%，维持的难度非常大；未来要达到 60% 的自给率也基本上不可能，供需缺口达到 25 000 千吨以上，是我国预计产量的约 2 倍；仅是 30% 的自给率未来我国大豆生产也无法保障，供求缺口会在 6 000 千吨左右，占当年产量的不到 50%。也就是说，未来我国大豆无论是 60% 的自给率还是 30% 的自给率均很难达到，维持粮食总体 90% 自给率还需要一定的进一步增加大豆供应。

那么，假设国家未来要达到大豆自给率 95% 或者粮食总体自给率 90% 的目标，对世界大豆市场以及我国大豆生产又会有怎样的影响呢？

首先，就世界而言，情境一下，假设我国要维持 95% 的自给率，则未来我国需要多生产 50 000 千吨左右的大豆，约占 2008 年世界总进口量的 60%，这势必对世界的供求形势发生较大的影响，进而造成世界价格的变动。经测算，如果未来我国要保障 95% 的自给率，则 2012 年我国会少进口 5 200 多吨的大豆，相对于 2008 年的真实值，世界大豆的有效需求将减少 72%；根据之前测算的世界大豆进口价格弹性计算可知，世界大豆的价格将在 2008 年基础上下降 58%；即使在 60% 自给率下，我国进口将减少 25 000 千吨以上，相当于世界有效需求的 32%，世界价格也会因此下降 26% 左右；在保障大豆自给率 30% 的情境下，未来三年进口只需减少约 6 000 千吨，相当于世界有效需求的 7% ~ 8%，这时世界价格会发生小幅的变动，下降 6% 左右。可见，未来我国大豆自给率的调整对世界供求以及价格的影响是非常显著的。

从另一个层面看，假设我国要维持适当比例的大豆自给率的话，对我国国内也会造成一定的影响。情境一模式下，我国如果维持 95% 的大豆自给率，则2012 年我国需要比预期多生产 52 356 千吨的大豆。根据国家发展和改革委员会价格司《全国农产品成本收益资料汇编》公布的大豆单位面积产量，生产 1 吨大豆大约需要 0.477 公顷土地（2008 年），则如果我国在未来要保障 95% 的大豆自给率，则需要在原来的基础上多拿出的 2 497 万公顷的土地用于生产大豆，则未来我国共需要 2 497 万公顷土地用于生产大豆以满足我国大豆 95% 自给率的要求，该面积基本相当于我国 2008 年小麦的播种面积；同时，根据《农本资料》的统计，全国每亩大豆生产需要投入 3.89 标准人·年的劳动（2008 年），因此，为了多产生 52 356 千吨的大豆，我国还需要额外投入劳动力 399 万标准人·年；从水资源的角度来看，生产 1 吨大豆大约用水 268 立方米，因此若要在 2012 年保证 95% 大豆国内市场自给率，大概要多消耗水资源 140 亿立方米，相当于我国全部水资源不足 1%。在保障 60% 自给率的情境下，2012 年我国需要在原有的基础上多拿出的 1 320 万公顷的土地用于生产大豆；另需额外投入劳动力 211 万名以及水资源 74 亿立方米；而在保障 30% 自给率的情境下，我国只需要在原有的基础上多拿出 300 万公顷的土地用于生产大豆以及额外投入劳动力 50 万名以及水资源 17 亿立方米。这就是在资源约束条件下，大豆未来保持适当自给率所需要付出的资源代价。

第六章

产业链日益复杂条件下确保食品安全

第一节　我国食品质量安全问题

自 1995 年《食品卫生法》实施以来，我国政府日益重视和加强"从农田到餐桌"各个环节食品质量安全监管和控制，国内食品质量安全状况得到明显改善。但是近年来，随着瘦肉精猪肉、红心鸭蛋、三聚氰胺奶粉等多起重大食品质量安全事故的发生，国家财产和人民生命安全遭受严重打击，食品的质量安全问题再次凸显。

一、由微生物污染引起的食源性疾病

食源性疾病是指通过摄食而进入人体的有毒有害物质等致病因子所造成的疾病，目前已成为食品质量安全问题最直接的表现之一。世界卫生组织（WHO）最新公布的信息表明，全球每年发生食源性疾病的病例高达数十亿例，即使在发达国家也至少有 1/3 的人患食源性疾病，而在中国，食源性疾病也已成为普遍的公共卫生问题，其中以微生物污染引起的食源性疾病最为突出。2008 年，中国食源性疾病监测资料表明由微生物引起的食源性疾病爆发的事件数和患者数最多，分别占总量的 54% 和 74%。尽管中国已经建立起覆盖全国 21 个省（市、自

189

治区）的食源性疾病监测网，覆盖人口约 10 亿，但目前的监测体系仍不健全，疾病瞒报、漏报现象依然严重，有专家估计中国每年上报的食源性疾病发病率不到实际发病率的 10%，由微生物污染引起的食源性疾病仍是中国食品质量安全的最大威胁。

二、不当使用农业投入品

据统计，目前我国农药年用量为 80 万 ~ 100 万吨，居世界首位，平均每天每人会摄取 5 ~ 7 克农药，长期食用农兽药残留超标食品对人体健康所带来的危害十分严重，有关研究表明，近四成的恶性癌症与果蔬农药残留超标有关。尽管国家有关部门三令五申禁止在蔬菜等农产品生产中使用高毒、高残留农药，但是，不少地区仍在使用甲胺磷、氧化乐果和呋喃丹等高毒高残留农药以及激素、β_2 - 受体激动剂等兽药用于促进动物生长，近几年我国由农兽药残留引起的污染与食物中毒事件大大增加。由于多年来农兽药的大量和连续使用，蔬菜等农产品对其依赖也越来越大，迫使农民加大使用农药的剂量和频率；同时，病虫害也对农兽药产生了普遍的抗药性，当前由农兽药残留引发的抗药性问题已引起全球的普遍关注。2010 年年初，我国接连发生的"海南有毒豇豆事件"和"青岛毒韭菜事件"都是由农药残留引发的食品质量安全事件。近年来，国际社会农药残留标准日趋严格，并成为发达国家或农产品进出口国设置贸易技术壁垒的手段，据测算，我国出口农产品因农药残留问题屡遭国外拒收、扣留、退货、索赔，每年外贸损失达到 70 亿美元。

三、滥用食品添加剂、掺假造假、包装及标签不规范

在当前中国食品市场上，超量使用食品添加剂（如苯甲酸、山梨酸），违规使用人工合成色素、瘦肉精、吊白块等现象仍普遍存在。这些国家早已明令禁止使用的食品添加剂，如被人体食用会对人类健康带来潜在的危害，如孔雀石绿对治疗鱼类皮肤病有特别的效果，消毒后的鱼即使死亡颜色也较鲜亮，消费者难以从外表分辨是否新鲜，但食用后会引发基因变异导致癌症。我国当前食品生产加工行业整体实力和发展水平较低，卫生保证能力差的手工及家庭加工方式在食品加工中占相当大的比例，有的从业人员甚至未接受健康体检，农村和城乡结合部无证无照生产加工食品行为屡禁不止。不法分子违法使用食品添加剂和非食品原料生产加工食品，掺假、以次充好等人为"造假"现象较多，如早期的工业酒精事件、阜阳奶粉事件以及后来的"苏丹红"和"有毒大米"事件。此外，还存在食品包装及标签信

息缺失、不规范以及虚假标签等问题，这些无不给消费者的生命安全带来极大威胁，尤其是对经济欠发达地区的低收入人群，其利益更得不到保障。

四、生态污染、环境恶化引发的食品质量安全问题

近30年来，伴随着经济的高速增长，中国生态环境的污染和破坏不断加剧，工业三废的污染和城市排污量日益增加，加上农产品生产中大量使用农药、化肥及畜牧养殖业的粪便污染，致使中国的大气、水域和土壤污染进一步加剧。而由于空气、水体污染等环境污染问题所带来的食品污染事件也越来越多，这种片面追求经济增长给环境和生态安全带来的负面效应应该得到关注和治理。生态环境的污染和破坏，既与国内部分企业的短视行为有关，也与许多国外投资企业包括部分跨国大企业的"转移污染"分不开。一些发达国家的企业，受本国生态环境保护法律法规的制约，把在本国内不准从事的对环境和生态造成严重破坏的项目转移到正在积极吸引外资的中国来生产，无疑进一步恶化了中国的生态环境，同时也对中国食品的质量安全水平和出口贸易造成严重的负面影响。

五、新技术、新资源应用带来食品质量安全新隐患

首先，大量食品新资源（例如食品添加剂新品种、新型保鲜剂及包装材料、食品加工过程中使用的微生物新品种等）、新工艺及新技术（例如现代生物技术、酶制剂）等的不断出现，造成直接应用于食品及间接与食品接触的化学物质日益增多，已经成为食品质量安全亟待重视和解决的问题。其次，方便食品、保健食品等新的食品种类近年来在我国大量增加，其行业的快速发展给国民经济带来了新的增长点，但也增加了食品质量安全风险，很多新型食品在没有经过危险性评估的前提下，就已经在市场上大量销售。例如，保健食品的不少原料成分作为药物可以应用，但不少传统药用成分并未经过系统的毒理学评价，作为保健食品长期、广泛食用，其安全性值得关注。此外，中国转基因作物的研究发展迅速，达到了国际先进水平，但安全性评价工作却远远滞后。

第二节 从农田到餐桌的全程食品质量安全管理

在以政府为主导的宏观食品质量安全管理体制下，"从农田到餐桌"各环节

的不同微观参与主体建立自己的食品质量安全管理体制，下面将介绍其中一些关键的管理体制。

一、初级农产品生产的源头治理与产地准出制度

目前，我国对初级农产品生产环节的食品质量安全监管，主要以农产品生产过程信息的记录追溯和产地准出制度为重点，全面实施"无公害食品行动计划"，加强农产品和农药、兽药等农业投入品的监管；严格质量标准，规范农业生产行为，全面实施农产品安全监测制度。与市场准入制度相对应和衔接的"产地准出制度"特指农产品生产基地准出，具体要求为标准生产、健全档案、强化监测、推行标识和实施准出。基地生产、对外销售的所有农产品都必须要求注明基地名称、生产者姓名、品种、数量、采摘时间和质检员姓名等信息，形成质量可追溯机制。同时，所有农产品基地都要建立健全农药、兽药、饲料等农业投入品使用档案和生产、出场记录，如实反映农产品生产过程、用药情况、采收日期，以及农业投入品名称、生产企业、采购地点、购入数量、产品批准文号、用法用量、安全间隔期等；还要求在初级农产品生产的田间地头配备食品质量安全检测仪器，并实现与管理部门的信息联网，农产品要有质量安全检测报告，并出具基地生产的农产品的包装标识。

二、食品加工环节的许可、准入及检验制度

目前我国主要采取生产许可、市场准入、进货验收、出厂强制检验等制度措施，强化食品生产加工环节企业的质量安全管理。

生产许可与市场准入制度。从事食品生产加工的企业，必须按规定程序获取工业产品生产许可证，其所生产加工的食品必须经检验合格并加印（贴）食品质量安全市场准入（即 QS）标志后，方可出厂销售。食品生产许可证编号由英文字母 QS 和 12 位阿拉伯数字组成，取得食品生产许可证的企业应当在其产品包装或者标识上加印食品生产许可证编号。据统计，截至 2009 年年底，我国共有 40 多万家的食品生产加工企业，但获得生产许可证的只有 12 万家左右，还有 16 万家食品生产加工企业什么证照都没有。

进货验收与出厂检验制度。首先，食品生产加工企业须对用于生产加工食品的原材料、食品添加剂、包装材料和容器等实施进货验收制度，验明标识并向供货单位索取合格证明，或者自行检验、委托检验合格，建立进货台账。其次，食品出厂必须经过检验，未经检验或者检验不合格的，不得出厂销售。具备出厂检

验能力的企业，可以按要求自行进行出厂检验。不具备产品出厂检验能力的企业，应委托有资质的检验机构进行出厂检验。此外，食品生产加工企业还要建立生产和销售记录，具体信息包括食品的名称、规格、批号、购货单位名称、销货数量、销货日期等内容。

认证制度。国家鼓励食品生产加工企业根据国际通行的质量管理标准和技术规范获取质量体系认证，如危害分析与关键控制点管理体系认证（HACCP），提高企业质量管理水平。2002 年 3 月，国家认证认可监督管理委员会发布了《食品生产企业 HACCP 认证管理规定》，鼓励出口食品生产和加工企业建立 HACCP体系，同时，卫生部门制定和实施了《食品企业 HACCP 实施指南》，指导国内食品企业建立和实施 HACCP 体系。

三、流通环节的市场准入制度

农产品批发市场。作为中国农产品流通的主要渠道和中心环节，批发市场承担着近 70% 鲜活农产品的流通任务，加强对农产品批发市场食品质量安全的监管有利于提高整个流通领域乃至生产环节的食品质量安全水平。然而，从现实情况看，目前对农产品批发市场环节食品质量安全监管问题的研究仍然相对比较薄弱。根据课题组 2008～2009 年两次对北京市农产品批发市场的大范围调研显示，目前，我国农产品批发市场食品质量安全监管主要包括信息管理、经销商管理和产品安全检测三个方面（见图 6－1），其中，市场信息管理的主要措施有索证索票制度、场厂（地）挂钩制度和购销台账制度。经销商管理主要是实施准入制度、档案管理制度、培训制度和信用记录制度。食品质量安全检测手段主

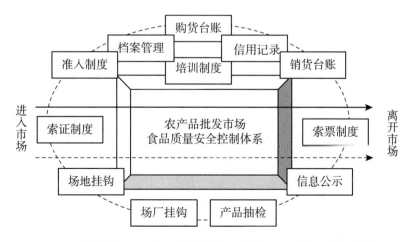

图 6－1　传统模式下农产品批发市场的食品质量安全控制体系

要有产品抽检制度、备案登记制度和信息公示制度。然而，从现实情况看，目前对农产品批发市场环节的食品质量安全监管问题仍然相对比较薄弱，本书将在第五章中对此问题做详尽论述，此处不做过多的介绍。

连锁超市。超市环节流通的食品一般可以分为包装食品和散装食品，其中我国农产品经由超市流通的比例很小，据统计只占不到5%。此外，由于其经营主体单一、大批量统一集中采购、冷链运输条件、每个商品上都有商标等标识及标签结算条码，因此，超市的食品质量安全控制能力相比批发市场要高很多，食品价格信息的采集和追溯能力较强，一些超市还建立自己的农产品供应基地，通过基地直采来保障食品质量安全。超市环节的食品质量安全监管可以分为两个方面：一个是超市本身的食品质量安全控制系统；另一个是超市通过与供应链上下游的联合合作构成的食品质量安全控制系统。超市本身的食品质量安全控制系统代表性的有HACCP质量管理体系、家乐福质量体系和ISO9000国际管理体系认证。德国的麦德龙超市是最早将HACCP食品质量安全管理体系引入中国的超市，该体系在德国市场已发展成熟，可以实现从供应商选择、配送中心检验、物流运输中心检验、运输过程中的温度控制、收货、储存和销售等各个环节的全方位监控。家乐福质量体系脱胎于HACCP质量管理体系，是家乐福集团的一个自有品牌，预加入该体系的食品必须通过家乐福自己的审核，并对食品的生产流通全过程进行跟踪，还会通过外聘专家对食品进行外部控制，从而使超市的食品质量得到可靠保证。此外，中国许多超市通过导入ISO9001标准，构建食品质量管理体系，确保食品质量安全，如华联超市的生鲜食品加工配送中心已通过ISO9001和HACCP认证。

集贸市场。2003年3月，卫生部出台了《集贸市场食品卫生管理规范》，针对集贸市场内从事食品（包括食品原料）生产、加工或经营活动的单位和个人（进场经营者）的生产、加工经营活动提出了要求。第一，集贸市场的选址、卫生设施设备、卫生管理机构和管理员、卫生管理制度制定等情况必须通过卫生行政部门的卫生审查。第二，集贸市场应指定一名负责人为集贸市场食品卫生责任人，并配备专职食品卫生管理员，对进入集贸市场的食品和集贸市场内的食品生产经营活动进行卫生检查。第三，集贸市场还应配备快速检测设备和检测人员，开展对可能受农药或其他污染物污染的蔬菜、农副产品、食品原料和食品进行快速抽样检测。第四，进场经营者需要向卫生行政部门申请办理卫生许可证的，在取得卫生许可证后方可开展食品生产经营活动，并进行健康检查和接受食品卫生知识培训。进场经营后还应建立进出货台账制度，台账中应注明所销售食品的来源、数量、保质期，并定期查验所销售食品的保质期限。第五，市场开办者对检查中发现的问题，应立即对该食品采取控制措施，并及时向卫生或工商行政管理部门报告，同时督促进场经营者及时采取整改措施。

四、餐饮消费环节的卫生许可制度

餐饮消费环节具体包括餐馆、快餐店、小吃店、饮品店、食堂等向消费者提供餐饮服务的场所。2000年，我国为加强餐饮业的卫生管理制定和实施了《餐饮业食品卫生管理办法》，要求餐饮业经营者必须建立健全卫生管理制度，配备专职或兼职的食品卫生管理人员，定期维护和校验各种防护设施设备，对食品采购、储存、加工及加工人员、餐饮具的卫生提出了具体要求。2010年3月，国家食品药品监督管理局发布了《餐饮服务许可管理办法》和《餐饮服务食品质量安全监督管理办法》，两办法于2010年5月1日开始实施，其中规定，食品药品监管部门负责餐饮服务食品质量安全监督管理，国家对餐饮服务实行许可制度。申请从事餐饮服务的单位和个人需依法取得《餐饮服务许可证》，并依照法律法规、食品质量安全标准及有关要求，从事餐饮服务活动，对社会和公众负责，保证食品质量安全，接受社会监督，承担社会责任。被吊销餐饮服务许可证的单位，其直接负责的主管人员，自处罚决定作出之日起，5年内不得从事餐饮服务管理工作。此外，食品药品监督管理部门还根据餐饮服务经营规模，建立并实施餐饮服务食品质量安全监管量化分级、分类管理制度。

第三节　提升食品质量安全水平的瓶颈

中国的食品产业在经历了前些年粗放式的快速发展后，生产加工环节规范化、标准化程度低，流通过程损耗大、效率低，产品质量安全保障体制不完善等问题日益凸显。当前，中国食品质量安全已进入了"高位瓶颈期"，主要体现在以下几个方面。

一、缺乏有组织的统一规范管理

初级农产品生产环节包括粮食、蔬果等的种植，猪、牛、羊等畜禽饲养，水产养殖等农业生产过程，是农业产业链的源头和食品质量安全保障最重要的关口。我国是一个传统农业大国，但农业生产目前仍处于以家庭为单位的小农经济阶段，农业生产经营分散、生产方式落后、安全监管工作起步较晚、基础较差等食品质量安全隐患和制约因素还比较多，生产环节的农产品质量安全水平与人民群众不断增长的需要还存在较大差距。此外，分散的生产方式难以保证对农业投入品的安全控制，特别是在病虫害防治方面表现得尤为明显。由于缺乏统一规范的管理，滥用抗生素、激素、农药、化肥等现象普遍存在，中国初级农产品的农药残留量时有超标，在原料质量难以保证的情况下，即使最先进的生产工艺与设备也难以生产出符合国际标准的安全食品。

二、食品质量安全研发力量薄弱

首先，国内存在众多小规模且布局分散的食品加工企业和作坊式加工厂，这些企业资金有限、生产设备落后、经济效益低、管理者的食品质量安全认知有限，一般都缺乏规范的食品质量安全管理和控制技术，更不会投入大量人力、物力和财力引进并实施 GMP、HACCP 等先进食品质量安全管理体系。因此，众多小规模食品加工企业的存在，降低了整个食品产业集中度，进一步制约了整个行业竞争力的提高和质量安全水平的提升。其次，中国食品加工产业整体设备落后、种类少且自主研发能力弱，技术含量高且能带动食品工业技术升级的关键设备大多从国外引进。中国作为发展中国家，现代工业体系尚在建立之中，工业基础还不够雄厚，精密化制造和高技能产业工人等制造业的关键环节还比较薄弱，制约了装备制造业的发展，进而延缓中国食品加工产业的发展进程。最后，目前我国政府对食品加工产业的科技投入有限，且主要侧重于食品科学的基础研究和重大行业共性技术的研究，针对具体食品的技术创新和生产工艺创新则主要依赖于企业自身的研发投入。然而，大多数食品加工企业由于自身规模较小和资金有限，更多地重视其生产经营活动而忽视对食品质量安全技术的研发和经费投入。因此，研发投入不足和管理方式落后，致使食品工业技术创新不足，从而造成产品品种少、档次偏低、技术含量不高、质量安全性难以保证的现状。

三、流通渠道混乱，流通过程的食品质量安全控制存在难度

目前我国食品流通混乱、渠道多样，存在农产品批发市场（包括产地市场和销地市场）、农贸市场、连锁超市、便利店等核心流通主体，它们之间以及它们与生产环节各主体之间通过不同的方式结合，形成不同的食品流通模式，而不同主体之间又需要多次的食品运输、装卸和储存等过程。因此，不同的流通渠道、流通模式、参与主体及运输储存手段对食品的质量安全控制起着至关重要的作用。其中，农产品批发市场是我国食品流通的主要渠道，但是，由于其脱胎于

计划经济时期，市场管理主体和经营主体较为复杂，国有、集体、私营等性质掺杂其中，存在市场管理者和经营者目标不一致的现象，进而影响市场的管理效率。其次，市场中未经加工的鲜销产品占交易产品的绝大部分，农产品采后商品化处理、保鲜储藏及加工比例低，农产品分等分级、半成品加工和规格化包装等增值服务能力较弱，标准程度还很低。发达国家农产品在超市销售的比例超过75%，美国、德国达到96%，而我国平均只有5%左右，"农民卖的是原始产品、贩子搞的是混装混销、市民吃的是大路货色"，与绿色、安全、卫生的食品消费理念相去甚远。此外，农产品批发市场内的交易商大多是分散的、受教育程度不高的农民或社会闲散人员，他们更关注的是自身经济利益问题，而非所经销的食品质量安全问题。因此，目前流通过程中的食品质量安全控制存在一定难度。

四、各环节不同参与主体之间的信息不对称问题

信息不对称存在于食品生产流通的各个环节，从食品流通过程的角度，只要存在买卖的交易，存在各方利益的冲突，就会出现信息的不对称，如生产者与加工商、加工商与经销商、经销商与购买者、政府与各环节主体之间等。各个主体为了追求自身利益最大化，就会隐瞒或虚假提供有关食品质量安全的信息，食品市场上就会出现生产者道德风险问题，"三鹿问题奶粉事件"即是典型的例子。市场主体之间的这种信息不对称，一方面会使每个主体花费大量成本去收集信息辨别真伪、优劣，进而降低了市场整体运行效率；另一方面也会使各主体之间形成长期固定的关系代替信息的搜寻以降低成本，这必然增加了食品质量安全的风险。根据笔者2008年对北京大型农产品批发市场经销商的调查显示，近47.2%的经销商对所经营食品的质量安全是依靠交易双方长期以来形成的信誉，无法知道商品质量的确切信息。政府与生产加工企业也存在着信息不对称问题，政府由于财力、监管机构设置等的制约，所获取的食品质量安全信息也是不完全的。当政府的监管力度不足时，在利益的驱使下食品生产加工者就会出现投机倾向，从而降低政府监管效率并增加食品质量安全风险。

五、食品从业人员的质量安全认知及控制意识薄弱

目前我国的食品从业人员既包括生产环节的农户、合作社及成员、加工企业管理者及员工，也包括流通环节的超市、批发市场、农贸市场的管理者和经销商以及其他分散的零售摊主，还有消费环节的餐饮从业人员等。尽管他们出于职业的原因都会比较关注食品的质量安全问题，但由于本身受教育程度较低、信息获

取渠道有限、获取和接受新知识的能力较弱等原因，这些食品从业者对食品质量安全问题的认知水平一般较低，且对其自身在食品质量安全监管和控制中的作用认识不足。通过调查发现，很多食品从业人员对于我国实施较早且推广度较高的食品质量安全技术比较了解，如无公害农产品、绿色农产品认证等；但对于新近实施的且名称比较学术，从字面上不好理解其含义的技术手段认知度不高，如可追溯体系、HACCP 体系等。此外，行业协会的成立有利于对食品从业人员进行规范化、组织化的管理，有利于对会员开展有针对性的教育和培训，提高其食品质量安全认知水平，并逐步提高行业从业人员准入标准。但是，由于我国行业协会起步较晚，分散的、小规模的个体经营仍是目前食品市场的主要组织形式，现有的一些行业协会还多附属于政府机构或大型企业，真正由食品从业人员自发成立并代表其利益的行业协会还很少，同时，目前行业协会的社会发展环境还不成熟，这些都是造成我国食品从业人员质量安全认知及控制意识较低的主要因素。

第四节　食品安全行政管理体制改革

目前发达国家的管理体制主要有"集中式"和"分散式"两种。"集中式"是将所有与食品质量安全有关的活动合并至一个部门，直接由这个部门对全国的食品质量安全工作进行统管，以丹麦和德国为代表。"分散式"主要指食品质量安全管理职能主要由三四个部门负责，但还有数十个辅助部门提供支持服务，以美国和加拿大为代表。从理论分析和实践经验来看，"集中式"可以保证食品质量安全的政府职能全部集中到一个行政管理部门，对于提高食品质量安全水平是相当有效的，如职责明确；行动统一而迅速；可以集中有效利用政府公共资源，行政成本较低，效率较高等。而"分散式"的多部门食品质量安全管理虽然是目前最常见的组织结构，但存在很多弊病，如监管职能重叠，责任很难明确；官僚主义严重；监管部门之间协调困难；政府监管的资源浪费，行政成本较高，效率低下。目前国际上普遍认可的发展趋势是由"分散式"向"集中式"转变，总体来看，我国的食品质量安全仍属于"分散式"的多部门管理体制。

一、多部门的监管主体存在职能交叉与监管真空问题

为保障食品质量安全，中国政府树立了全程监管的理念，坚持预防为主、源头治理的工作思路，形成了"全国统一领导，地方政府负责，部门指导协调，各

方联合行动"的监管工作格局（见表 6 - 1）。2003 年以来，中国政府宏观的食

表 6 - 1　　　　　　　　中国食品质量安全监管体系

	监管部门	监管环节	具体职能及监管内容
食品安全管理委员会	卫生行政管理部门（属地管理）	综合协调	组织拟定食品质量安全标准；组织查处食品质量安全重大事故；统一发布重大食品质量安全信息；组织开展食品质量安全监测＼风险评估和预警；拟定食品质量安全检测机构资质认定条件和检验规范
	农业行政管理部门（属地管理）	农产品生产环节	农产品与农业投入品（农药＼肥料＼饲料＼兽药及其添加剂）的质量安全监管；农业转基因生物安全评价及管理；农业生产基地的建设管理；种畜禽生产经营许可证颁发与监管；动物疫情风险评估；国家级水产原良种场审批；农业质检机构的认证与管理
	质量监督检查检疫部门（垂直管理）	食品生产加工环节	组织实施国内食品生产许可＼强制检验＼QS 等准入制度；产品防伪监管；产品质量监督抽查；推行法定计量单位和国家计量制度；监管产品质量检验机构；调查处理国内食品生产加工环节的食品质量安全重大事故；协调指导并监督管理全国认证认可工作
		食品进出口环节	出入境商品检验＼卫生检疫＼动植物检疫；进出口食品质量安全认证认可＼标准化；出口计量器具监管
	工商行政管理部门（垂直管理）	流通环节	承担监管流通环节食品质量安全的责任；按分工查处假冒伪劣等违法行为；指导消费者咨询、申诉、举报受理、处理和网络体系建设工作；保护经营者和消费者合法权益
	食品药品监督管理部门（垂直管理）	消费环节	拟定消费环节食品质量安全监管政策＼规范＼规划并监督实施；组织查处消费环节食品质量安全违法行为；指导地方食品质量安全监管、应急、稽查和信息化建设
	商务部门（属地管理）	流通环节	生猪等畜禽屠宰企业监管，酒类产品质量安全监管；进出口食品质量安全监管；指导督促流通企业建立食品质量安全管理制度
		消费环节	餐饮业的规范化经营监管；开展对流通＼餐饮企业的法律宣传和培训活动

品质量安全管理体制经历了四次大的改革和调整：第一次是 2003 年国家食品与药品监督管理局的成立，其作为国务院直属机构负责食品质量安全的综合监督、协调和依法组织开展对重大事故查处。第二次是 2004 年 9 月，按照一个监管环节由一个部门监管的原则，采取"分段监管为主、品种监管为辅"的方式，进一步对食品质量安全监管部门的责任、职能作了进一步明确和调整，强化了地方政府对食品质量安全监管的责任，促使地方政府能根据当地具体情况，充分利用行政资源，提高食品质量安全监管效率。第三次是 2008 年 9 月，国务院机构改革对食品质量安全监管的部门职能作了新的规定：卫生部牵头建立食品质量安全综合协调机制，承担食品质量安全综合协调、组织查处食品质量安全重大事故的责任；农业部负责农产品生产环节的监管；国家质量监督检验检疫总局负责食品生产加工环节和进出口食品质量安全的监管；国家工商行政管理总局负责食品流通环节的监管；国家食品药品监督管理局负责餐饮业、食堂等消费环节食品质量安全监管。第四次是 2009 年 6 月，《食品质量安全法》的正式实施及 2010 年初食品质量安全管理委员会的成立。从这四次调整可以看出政府对食品质量安全问题的高度重视，希望通过调整政府监管机构职能以实现食品质量安全的有效控制。但是，中国的这种多部门食品质量安全监管体制，很容易造成"人人都在管，人人都管不好"的局面。

尽管中国政府在不断调整和明确食品质量安全监管部门及其职责范围，并成立了食品质量安全管理委员会来统一牵头协调各部门监管职能，但多部门的食品质量安全监管模式仍未改变，农业、工商、质检、卫生、商务等部门均以不同的形式参与食品质量安全监管，这种分散的监管模式无法形成合力，不能有效发挥其食品质量安全监管作用，从根本上讲仍存在分段管理、多头解决、各自为阵的体制性矛盾。虽然原则上各部门应按照食品流通各环节实施分段监管，但面对日益复杂的食品供应体系，食品的生产、加工、流通、消费等环节之间并不是截然分开的。因此，在一些环节和产品上存在多个部门都在监管，职能交叉重复现象；而在另一些环节和产品上则会出现"监管真空"，大家谁都不去管，从而难以形成完整的监管链条。如何协调和组织各个相关部门，理顺食品质量安全监管体系，明确各部门责任，这是一项很重要的任务。

二、信息不对称问题

目前中国食品质量安全涉及的六大监管部门系统内部管理方式不同，其中，工商、质检和食药部门都是垂直管理，卫生、农业和商务部门是属地管理。这种隶属关系的差异与各部门与当地政府的关系也不同，地方监管机构可能迫于保护地方利益，成为不法企业和不法分子的"保护伞"，从而造成中央和地方政府机构的信息不对称。此外，整个监管体制结构难以形成有效整合，各监管部门之间、监管部门与企业、企业与消费者、政府与消费者之间缺乏对食品质量安全信息的有效沟通和交流。

三、多部门的分散抽检导致监管效率低下

目前，我国对食品质量安全实行以抽查为主要监管方式，并根据抽查的需要，对产品进行强制检验和企业的分类监管。政府食品质量安全监管机构设施不合理，分工不明确，检验设施投入不足，缺乏必要的质量管理规范、技术操作规程和检测手段，对食品质量安全不能进行有效监管。一方面是抽检的形式化问题。目前中国农业、质检、工商、食药监、卫生等部门根据各自职责对各环节的食品质量安全进行抽检，虽然抽检的侧重点有所不同，但在一定程度上已经形式化，检查之前事先通知，或者让企业或市场主动送检，这种做法难以检出问题。另一方面是信息发布的规范化和抽检标准化程度低。食品监督抽查、检测和信息发布，不仅专业性、技术性很强，而且对食品经营者和社会公众均影响较大，无论监管模式如何，都应当有统一的抽检标准、抽检程序和信息发布渠道。但是，实际上目前各部门对生产加工企业及交易市场的食品抽样和检测缺乏统一的规范管理，检测水平也参差不齐，甚至采用的检测标准也不统一，导致食品抽查、检测程序和检测结果"混乱"的现象较为严重，农夫山泉"砒霜门"事件的发生便是一个生动的例子。

第五节　食品质量安全技术信息

本节主要对中国食品质量安全技术控制体系进行介绍和分析，具体包括食品质量安全标准体系、检验检测监测体系和认证体系三部分内容。

一、食品安全标准整体水平落后

新中国成立初期，中国食品标准很少，20 世纪 70 年代末后才开始日益丰富，但主要限于食品添加剂的产品标准，食品卫生（安全）标准还很少。进入80 年代后，一系列食品卫生标准陆续发布，如《蒸馏酒及配制酒卫生标准

（GB2757 - 1981）》、《中式糕点质量检验方法标准（GB3865 - 83）》、《糕点、饼干、面包卫生标准（GB7100 - 86）》等；90 年代初期，卫生部颁布了一批农药残留等检验标准，随后农业部也相继制定并颁布了我国第一批绿色食品标准（1995 年）和第一批无公害食品标准（2001 年）。1995 年颁布实施的《食品卫生法》使食品质量安全标准的制定和管理逐步走上了法制化轨道。进入 21 世纪后，中国对食品类标准又进行了多次大范围的颁布和修订，在制修订过程中也越来越重视食品的质量安全指标，而不是之前一味地只强调理化指标。2010 年初，卫生部清理废除了 23 件原有的部门规章，成立了第一届食品质量安全国家标准审评委员会，会同有关部门完成了乳品安全标准清理整合工作，同时开展了食品中农兽药残留、有毒有害物、致病微生物、真菌毒素的限量标准，以及食品添加剂使用标准等基础标准整合工作。第一届食品质量安全国家标准审评委员会由 10 个专业分委员会的 350 名委员和工业和信息化、农业、商务、工商、质检、食品药品监管等 20 个单位委员组成，主要职责是审评食品质量安全国家标准，提出实施食品质量安全国家标准的建议，对食品质量安全国家标准的重大问题提供咨询，承担食品质量安全标准其他工作。委员会下设食品产品、微生物、生产经营规范、营养与特殊膳食食品、检验方法与规程、污染物、食品添加剂、食品相关产品、农药残留、兽药残留 10 个专业分委员会。

目前，我国在食品质量安全标准体系建设方面已经取得了长足的发展，但是，标准繁多、管理水平较低、与国际标准差距明显仍是当前不容忽略的问题。

（一）生产型标准居多，食品质量安全标准欠缺

我国食品质量安全所遵循的标准是《农产品质量标准》、《食品卫生标准》、《产品质量标准》以及一些强制性的地方标准和行业标准。这些标准大多都属于产品型标准，是对食品的主要技术指标、检验规则、包装标识、运输储藏等制定的标准，而专门针对食品质量安全性的标准却长期被忽略。在质量安全标准方面则存在国家标准少而行业标准多的问题，繁多的地方标准和行业标准，为食品质量安全监管制造了不少障碍，也使得食品生产者、经营者和消费者存在一定的认知混乱问题。因此，缺少一个统一的、权威的和强制性的食品质量安全标准，使得企业能够按照这一食品质量安全标准生产，监管部门按照这一食品质量安全标准进行监管，从而达到控制食品质量安全的目的。

（二）标准设置偏低，与国际标准存在差距

目前我国食品质量安全标准采用国际标准的比例为 60% 左右，食品行业国家标准的采标率则只有 14.63%，而英、法、德等国在 20 世纪 80 年代采用国际

标准已达 80%。虽然我国目前的食品质量安全标准的制定会更多地参照国际标准，并且与国际食品法典标准的一致性日渐提高，但与美日欧等发达国家相比，存在指标项目仍然偏少，标准设置仍然偏低等问题，如前不久发布的酱油行业标准中三氯丙醇的限量与欧盟标准相差 50 倍。以农药残留限量指标为例，国际食品发展委员会（CAC）有 3 338 项，欧盟 14.5 万项，美国 1 万多项，日本 5 万多项，而中国国家标准和行业标准仅有 484 项，且标准总体水平偏低。此外，前不久由美国 CNN 曝光的麦当劳麦乐鸡中含有"聚二甲基硅氧烷"和"特丁基对苯二酚"，但这两种化学成分却属于我国允许使用的合法食品添加剂，且其使用含量也均符合我国现行的国家食品添加剂使用卫生标准（GB2760），这也说明了我国在食品质量安全标准设置上与国际标准间的差距。

（三）标准制定重复、交叉且不配套，标准修订滞后

目前有关食品质量安全的国家标准、行业标准和地方标准很多，存在一定的重复、交叉和相互矛盾问题。如农业部 2002 年将"孔雀石绿"列入《食品动物禁用的兽药及其化合物清单》中，但国家质检总局与国家标准化管理委员会 2006 年发布的《水产品中孔雀石绿和结晶紫残留量的测定》中却规定孔雀石绿在水产品中的检出率不得超过 1 克/1 000 吨。同时，现行的《食品中农药残留限量标准（GB2763）》和《农产品中农药最大残留限量标准（NY1500）》中对农药最大残留限量标准的制定也存在很多重复现象。此外，一般发达国家的食品技术标准更新周期为 3~5 年，而我国许多食品标准都是 20 世纪 80~90 年代制定发布且一直使用至今的，更新速度很慢，许多国家标准中的限量标准（如农药残留限量标准，无公害、绿色食品标准等）不能跟随检测标准和行业标准及时修订。此外，还存在一些高新技术产品如转基因产品的技术标准存在空白，标准制定不配套如卫生标准制定相对超前而质量标准制定相对落后等问题，难以保障消费者利益，也不能适应企业产品出口和国际市场的需要。

（四）标准制定分散，协调统一能力较弱

中国有国家标委会，其他与食品质量安全有关的部门又有各自的标委会，几乎每个监管机构都有权制定相关的食品质量安全标准。实际上前者无力过细地审定数量庞大且更新很快的食品质量安全标准，后者则分散于多个部门，常难以协调，造成目前标准制定泛滥，甚至出现了不同机构重复制定标准和标准打架的现象。以苹果为例，既有国家质检总局颁布的《苹果冷藏技术（GB/T8559-2008）》等国家标准，也有很多行业标准，如农业部颁布的《绿色食品标准（NY/T268-1995）》和《苹果产地环境技术条件（NY/T856-2004）》，还有进

出口商品检验检疫局颁布的《进出口鲜苹果检验规程（SN/T0883 – 2000）》、原商业部颁布的《苹果销售质量标准（SB/T10064 – 1992）》，原国家轻工业部颁布的《糖水苹果罐头（QB/T3612 – 1999）》，此外还有很多相关的地方标准，等等。因此，有必要对标准的制修订机构和部门进行资源整合，提高标准制定的统一性、权威性、专业性和时效性。目前，由农业、商务、工商、质检等20个单位组成食品质量安全国家标准审评委员会的成立，可以看做是我国建设标准统一制定、部门协调配合的食品质量安全标准体系迈出的坚实的一步。

二、检验检测和监测基础相对薄弱

中国食品质量安全检验检测体系框架已基本形成，建立了一批具有资质的食品检验检测机构，形成了"国家级检验机构为龙头，省级和部门食品检验机构为主体，市、县级食品检验机构为补充"的食品质量安全检验检测体系。目前，全国共有3 913家食品质量检测实验室通过了实验资质认定（计量认证），其中48个国家级质量监督检测中心，35个食品类重点实验室，检测能力和检测水平达到或接近国际较先进水平。在进出口食品监管方面，全国共有进出口食品检验检疫实验室163个，专业技术人员有1 189人。中国目前正在启动的《食品药品监督管理系统基础设施项目》总投资88亿元，正在实施《全国农产品质量安全检验检测体系》建设总投资59.06亿元。目前已建成的国家级（部级）农产品质检中心323个、省地级农产品质检机构1 780个，已经初步形成了部、省、地（市）、县级的食品质量安全检验检测体系。食品质量安全风险监测是指通过系统和持续地收集食源性疾病、食品污染以及食品中有害因素的监测数据及相关信息，并进行综合分析和及时通报的活动。食品质量安全监测体系的建设主要包括监测网络布局、人员培训、技术推广与咨询、常规研究、食品质量监测报告等。从2000年起，中国开始进行食品污染物监测网和食源性疾病监测网的建设，目前，已有16个省（直辖市）纳入食品污染物监测网，21个省（直辖市）纳入食源性疾病监测网，覆盖全国80%以上人口。2010年初，通过了《食品质量安全风险监测管理规定》，对食品质量安全风险监测第一次进行了法律界定与约束。但是，我国食品产业技术门槛低，食品质量安全检测手段相对落后，检测标准和检测机构还不健全，食品质量安全监测网络体系还不完善。

（一）政府检验检测资源重复配置，而企业检验检测基础薄弱

一方面，食品质量安全检验检测仪器、设备、药剂等的购买和定期维护成本很高，一般的食品生产加工及经营企业很难独自承受。目前，全国约有大大小小

6万余家企业从事米、面、油、酱油、醋5类食品的生产加工，其中近80%是家庭作坊式的小企业，约64%不具备保证产品质量的基本生产条件，相当数量的企业不具备产品检验能力，存在着严重的质量安全隐患。另一方面，近年来我国为提高食品质量安全检验检测能力，投入了大量资金购买检测设备并建立检测室，但是，这些检测资源都分散在农业、质检、卫生、工商、商务等不同部门下。例如，农业部下属的食品质量安全检测中心有农业部畜禽产品质量监督检验测试中心、农业部蔬菜品质监督检验测试中心（北京）、农业部农产品质量监督检验测试中心（北京）、农业部兽药安全监督检验测试中心（北京）、国家环保产品质量监督检验中心等，以及分布在各省市产品检测机构有70余家。此外，国家质检总局也有国家及各省进出口检验检疫局和县级分支机构从事食品质量安全的检验检疫工作。各个部门自成体系开展本领域的食品质量安全检验检测，彼此之间缺少交流和沟通，造成了一定的重复投资和重复建设，使投入资金和检测资源都没有达到有效配置和利用。

（二）食品质量安全检验检测的专业人员紧缺，检测规范性差

食品质量安全检验检测体系需要大量经验丰富的食品质量安全检测专家和业务熟练的前端检测人员。但是，我国食品质量安全领域目前还缺乏这样一支权威的专家队伍和大批高质量的专业检测人员，现有的食品质量安全检测室大多是近几年刚刚成立的，检测人员的工作经验和专业技能都需要进一步提高。此外，一些食品检验检测机构不够规范，食品检验方法、规程不统一，检验结果不够公正、不合理的检验检测还时常发生，例如，2010年初发生的"农夫山泉砒霜门事件"便是由于检测设备的老化以及检测程序的漏洞造成检测结果出现偏差而发生的。

（三）食品质量安全信息发布渠道多、更新慢

食品质量安全风险监测的一个重要工作就是收集食品质量安全风险信息，根据这些信息制定年度或临时性的监测计划。但是，目前我国食品质量安全信息发布的渠道很多，网络资源也很丰富，既有全国性的综合食品信息网站（如中国食品在线、中国食品质量安全资源数据库、中国食品质量安全网等），也有区域性食品信息网（如山东食品网、上海食品网等），又有不同品种的食品质量安全技术信息网站（如肉类食品技术网、中国调味品信息网、粮油商务网等），同时还有不同企业的信息库（如东方食品网等）。众多渠道的食品质量安全网站信息繁杂多样，难辨真假且更新速度很慢，这些对食品质量安全风险信息的收集、进行系统性和持续性的风险监测都有很大影响。

三、认证体系的实施推广范围仍然有限

目前，我国已基本建立了从"农田到餐桌"全过程的食品认证体系，包括饲料产品认证、良好农业规范（GAP）认证、无公害＼绿色＼有机食品认证、食品质量安全管理体系（GMP、HACCP）认证、食品质量安全市场准入制度的QS认证等（见表6－2）。

表6－2 中国食品质量安全认证体系

认证名称	管理机构	标准等级与性质
无公害食品	农业部（农产品质量安全中心）	强制性国家、行业标准
绿色食品	农业部（中国绿色食品发展中心）	推荐性农业行业标准
有机食品	环保总局（有机食品发展中心）	符合国际或国家有机食品要求和标准
QS认证	国家质量监督局设立的专业认证机构	强制性国家标准
HACCP认证	质检总局（国家认证认可监管委）	推荐性标准
GMP认证	食品药品监督管理局（药品认证管理中心）	强制性行业标准
GAP认证	质检总局（国家认证认可监管委）	推荐性国家标准

目前我国还没有形成统一的食品质量安全认证体系，主要表现在以下几个方面：

（一）缺少一个专门的认证管理机构

从表6－2可以看出，几种认证分属不同的部门管理，其认证程序、标准等级、管理手段和监管制度都存在很大的差异。这不仅给食品生产经营企业带来了一定的区分和选择难度，也给消费者带来一定的认知困难。此外，分属不同部门的各种认证机构，由于其国有或事业单位的性质，缺乏提高竞争力和自身服务意识的动力，存在一些认证机构缺乏职业道德参与弄虚作假等现象，造成通过认证的食品质量良莠不齐，难以在消费者中树立形象。

（二）HACCP、GMP及GAP等认证体系未得到大范围的推广使用

目前，我国的食品安全认证领域，无公害、绿色和有机食品认证发展迅速，据统计，全国已有3 044家企业的7 219个产品获得了绿色食品标志使用权，实

物总量达 4 988 万吨；14 088 个无公害农产品通过认证，认定有规模的无公害农产品基地达 16 679 个。此外，QS 认证由于其强制性特征也得到了广泛应用。但是，HACCP、GMP 及 GAP 等在国际上较为广泛接受并被认为是最有效的食品质量安全控制体系，在我国却没有被广泛采用。一方面，是政府的宣传和推广力不够，制定的相应惩罚标准和措施缺乏灵活性和激励性，造成一些食品生产经营企业缺乏动力和约束力去建立和实施这些认证体系。迄今为止，我国 40 多万家的食品生产加工企业中仅有不足 1 万家企业通过或正在进行 HACCP 的认证工作；截至 2007 年年底，全国仅有 98 家企业获得 GAP 认证证书。另一方面，也是由于实施主体对相关认证认知不清。国内一些企业建立了 HACCP 系统，但其本身并不清楚 HACCP 与 GMP、SSOP、ISO9001 之间的关系，把本应作为基础控制程序的内容也列为关键控制点，过多过滥的选择导致几乎所有环节都成为关键点（CCP），使 CCP 管理失去了其原有的意义和作用。

四、应急管理体系发展滞后

目前，我国食品质量安全突发事件应急管理体系已初步形成，包括应急法制、体制、预案和预警体系。首先，在法律层面上，2007 年 11 月 1 日施行的《突发事件应对法》、2009 年 6 月 1 日实施的《食品质量安全法》等法律法规对突发事件应急管理作了具体规定。国家建立了统一领导、综合协调、分类管理、分级负责、属地管理的应急管理体制；建立重大突发事件风险评估体系，对可能发生的突发事件进行综合性评估，减少重大突发事件的发生，最大限度地减轻重大突发事件的影响；建立有效的社会动员机制，增强公民的公共安全和防范风险意识，提高全社会的避险救助能力。其次，在预案层面上，国务院制定国家突发事件总体应急预案，组织制定国家突发事件专项应急预案；国务院有关部门根据各自的职责和国务院相关应急预案，制定国家突发事件部门应急预案；地方各级人民政府和县级以上地方各级人民政府有关部门根据有关法律、法规、规章、上级人民政府及其有关部门的应急预案以及本地区的实际情况，制定相应的突发事件应急预案。2006 年 1 月 8 日，国务院发布《国家突发公共事件总体应急预案》，以此为总纲进一步细化分解，同年 2 月 27 日发布了《国家重大食品质量安全事故应急预案》，按食品质量安全事故的性质、危害程度和涉及范围，将食品质量安全事故分为特别重大食品质量安全事故（Ⅰ级）、重大食品质量安全事故（Ⅱ级）、较大食品质量安全事故（Ⅲ级）和一般食品质量安全事故（Ⅳ级）四个等级。最后，在预警层面上，各监管部门根据各自职责，加强对重点产品、重点环节、重点场所的食品质量安全日常监管；建立重大食品质量安全信息数据库和信息报告系统，及时分析对公众健康的危害程度、可能的发展趋势，及时作出预警；建立食品质量安全事故的通报与举报制度等。

然而，我国食品质量安全应急管理体系在应急管理理念、监测预警、应急检验、善后应急处理和体制性衔接等方面仍存在一些问题亟待解决。

（一）"重应急、轻预防"的思想观念仍普遍存在

虽然我国已经提出了突发事件应坚持以预防为主，预防与应急相结合的工作原则，但在实际工作中，并没有把应对突发事件作为一种独立的、常态的管理方式，对事件发生概率和影响存在的侥幸心理，间接导致政府对应急管理专家和应急管理人才重视不够。目前，我国大多数应急管理人员未经过专业性应急管理培训，在处理食品质量安全突发事件时容易陷入被动。

（二）监测预警和应急检验能力较弱

我国食品质量安全监测体系起步较晚，至今还存在基础设施薄弱、运转经费不充足、人员编制偏紧等问题，很容易导致食品质量安全信息的采集不全面、不准确，进而降低监管部门对食品质量安全突发事件的应急处理能力。此外，应急检验能力较弱且分布不均衡，目前我国食品质量安全检测人员和检测仪器设备配备不足，尤其是在乡镇基层和中西部地区检测人员素质较低、相关专业知识欠缺等问题普遍存在，这些都会直接影响食品质量安全突发事件的处置效果。

（三）善后应急处理保障体系不健全

食品质量安全突发事件的发生具有广域性，受害者数目众多，损害程度一般较重，损害赔偿金数额巨大，由于目前的善后保障体系还不健全，仅凭企业资产，很难使受害者获得完全救济和赔偿。同时对一些食品生产供给者和加工商来说，他们本身也是受害者，他们的利益谁来保障，如何保障？2008年"三鹿问题奶粉事件"爆发后，大批奶农和奶粉企业出现产品滞销而大量倾倒鲜奶，造成企业的经济损失和一定的环境污染，同时还有个别厂商为了减少经济损失没有销毁问题奶粉，从而造成近期"三聚氰胺问题奶粉回潮"事件的发生。此外，食品质量安全事件发生后，社会自我动员和主动应对能力仍十分薄弱，公民及社会组织在应急管理中所起的作用微乎其微，这在一定程度上加重了政府应急处置的负担。

（四）体制性衔接不够清晰顺畅

目前我国食品质量安全的责任体系是按照"全国统一领导、地方政府负责、

部门指导协调、各方联合行动"的工作原则,地方政府负总责,监管部门各负其责,企业作为食品质量安全第一责任人。在现行监管行政体制下,大多数地方实行分级管理,少数地方实行省以下垂直管理,责任主体众多,而食品质量安全突发事件的广域性和专业技术性较强,一旦发生突发事件,由谁报告、向谁报告、如何判断、如何控制、由谁牵头处理等一系列责任分配问题不够明晰,各部门之间的协调配合能力不强,会降低食品质量安全应急管理的工作效率。

第六节　食品安全政策法规体系

新中国成立60年来,我国食品质量安全法律法规建设从最初的单项条例、办法,到1995年颁布实施《中华人民共和国食品卫生法》,再到2009年制定和实施《中华人民共和国食品质量安全法》,食品质量安全法律法规建设工作已经步入了一个新的阶段。

目前,我国的食品质量安全法律法规体系主要可以分为以下四个层面:第一个层面是法律,由全国人大及其常务委员会制定并具有最高的法律效力,目前我国已有食品质量安全相关法律十几部,如《中华人民共和国进出口商品检验法》(1989年实施,2002年修订)、《中华人民共和国食品卫生法》(1995)、《中华人民共和国动物防疫法》(1997年实施,2007年修订)、《中华人民共和国农产品质量安全法》(2006)及《中华人民共和国食品质量安全法》(2009)等。第二个层面是法规,具体是由国务院根据宪法和法律制定而成,包括一些实施细则、实施条例和发展纲要等法规性文件,如《国务院关于加强新阶段"菜篮子"工作的通知》(2002)、《国务院办公厅关于实施食品药品放心工程的通知》(2003)、《国务院关于加强食品等产品安全监督管理的特别规定》(2007)、《生猪屠宰管理条例(修订)》(2008)。第三个层面是规章制度,是由国务院各部委及其他具有行政管理职能的机构根据法律和法规制定的规章和管理办法,如《餐饮业食品卫生管理办法》(2000)、《无公害农产品管理办法》(2002)、《食品添加剂卫生管理办法》(2002)、《食品生产加工企业质量安全监督管理办法》(2003)、《流通领域食品质量安全管理办法》(2007)等。第四个层面是一些部委规范性文件,如各部委颁发的通知、公告和管理规定,如2002年,卫生部《关于印发食品企业HACCP实施指南的通知》;2004年,国家食品药品监督管理局关于印发《食品质量安全信用体系建设试点工作方案》的通知等。

经过多年的努力,我国虽然已经初步形成了较为完善的食品质量安全法律法规体系，但与发达国家相比，还存在着明显的差距，主要表现在以下几个方面：

一、系统性和完整性较差

目前我国的食品质量安全法律法规体系还是不够完善，没有覆盖"从农田到餐桌"的全过程。过多地强调对农产品生产环节，如产地环境、饲料投入等法律规范的制定，而忽略了对流通环节尤其是农产品批发市场和农贸市场的食品质量安全控制。一些部门针对流通环节的食品质量安全管理虽然已经出台了一些规章制度和管理办法，如卫生部 2006 年颁布的《集贸市场食品卫生管理规范》、商务部 2007 年颁布的《流通领域食品质量安全管理办法》等，但由于这些都没有上升到法律的高度，使其执行力度和推广范围都受到很大限制。此外，对不同种类食品的贮存、运输条件作出规范要求的法律法规也较为欠缺，且缺少全国统一性的法律规范。现有的一些管理规范多是地区性的，各地都有自己的一套管理制度，随着食品运输流通渠道的多样化和长距离发展，不同地区管理规范间的差异不利于对食品运输及贮存全过程质量安全进行统一、规范的控制和管理。

二、更新不及时

我国很多有关食品质量安全的法律法规和规定都出台时间较早，有些至今从未修订过，其中的一些措施、执行标准没有根据时代的要求进行更新和修订，早已不能适应现代食品产业的发展。法律修订的频率低、速度慢会导致其执行力下降、可操作性变差。例如，1993 年颁布实施的《农产品质量安全法》在 2000 年进行过一次修订，1993 年颁布实施《农业法》在 2002 年修订过一次，等等，这些法律大多数都是十年才修订一次，其他的法规和相关规章及管理办法修订的时间则更长，或者制定出来后从未做过修订。而近几年来，国内外的各种食品质量安全事故却频频发生，如不根据形势对相关法律法规作出适时修订，则无法满足消费者及其他利益相关者和整个社会发展的需要。我国应根据现实情况及时修订相关法律，以保证依照法律采取的措施正确可行并能够有效地预防食品质量安全事故的再次发生。

三、统一协调能力差

由于我国食品质量安全管理是涉及多个部门的分散监管模式，所以各个监管部门都会根据其职能和监管需要制定各项规章制度和规范性文件。虽然是按照"分段监管为主，品种监管为辅"的原则，但仍会存在职能交叉和重叠问题，所以，同一个食品生产加工或经营企业可能会同时面对来自不同监管部门法律文件和规章制度，同时，由于目前我国食品质量安全监管部门的协调配合能力较差，这些法律文件和规章制度还存在相互冲突和内容重叠等问题。例如，2000 年由人大常委会修订《产品质量法》、2005 年国家质检总局发布的《食品生产加工企业质量安全监督管理实施细则》以及 2009 年实施的《食品质量安全法》中都对生产加工企业食品质量安全保障的责任和义务作了具体说明，其中有很多看似重复的内容和信息，但实质上又存在一定的差异。对于目前我国整体素质偏低的食品生产经营企业从业人员来说，很难理解和吸收其中的内容和存在的差异，进而降低了法律法规等的实施效果和企业的执行力度。

第七节　国际食品质量安全体系经验

国内外食品质量安全管理体系主要有 GMP（良好生产规范）、GHP（良好卫生规范）、GAP（良好农业规范）和 HACCP（危害分析与关键控制点）。HACCP 是一种通用模式，GHP、GAP、GMP 由于具有鲜明的行业特点，大多在特定的领域进行推广，各个国家、各个行业差异较大。目前，国际上广泛接受的是食品企业 GMP 规范及 HACCP 控制体系，这些技术可以明显节省食品质量安全管理中的人力和经费开支，又能最大限度地保证食品的质量安全，是世界上公认的最为有效的食品质量安全控制体系，然而这些技术体系目前在中国都没有得到广泛采用。

一、良好农业规范（GAP）技术及评价

（一）GAP 的产生与发展

农产品标准及认证体系（Good Agricultural Practice，Eurep-GAP）是 1997 年由欧洲零售商协会 Eurep（Eurep 是以欧洲大型超市为会员的行业协会）自发组织并制定起来的农产品标准，通过第三方检查认证来协调 Eurep 会员（包括农业生产者、加工商、分销商、零售商及其他与农业相关的企业）的农产品生产、储藏和管理，使其按照国家政府、欧洲市场和非政府组织制定的农业标准进行生产和经营，从根本上降低农业生产中的食品安全风险，增强消费者对 Eurep-GAP

211

产品的信心。2001 年，Eurep 秘书处首次将 Eurep-GAP 标准对外公开发布。目前，Eurep-GAP 认证已经被 61 个国家的 24 000 多家农产品生产者所接受，同时更多的生产者和加工商正在加入此行列。

（二）GAP 的技术特点

Eurep-GAP 标准主要是针对初级农产品生产的种植业和养殖业，具体包括大田作物、果蔬的种植，畜禽、牛羊、生猪的养殖，以及上述产品的采收、清洗、摆放、包装和运输过程的质量安全控制。它是以危害分析与关键控制点（HACCP）、良好卫生规范和可持续发展农业为基础，针对不同品种分别制定了一套初级农产品生产操作规范体系，呼吁农业生产者关注环境保护、动物福利及工人健康福利，号召减少农业生产环节农用化学品和药品的使用，避免受到外来物质的污染和危害。因此，从广义上来讲，GAP 是一种通过经济的、环境的和社会的可持续发展理念和措施来保障食品安全的方法和体系。

（三）GAP 在中国的应用发展

中国良好农业规范（China-GAP）是国家认监委参照 Eurep-GAP 有关标准并结合中国国情，根据中国的法律法规推出的一种自愿性产品认证，强调从源头控制食品安全。2003 年，卫生部发布了《中药材 GAP 生产试点认证检查评定办法》，作为官方对中药材生产组织的控制要求，同年 4 月，国家认证认可监督管理委员会首次提出在食品链源头建立良好农业规范体系，并于 2004 年初着手相关标准的翻译和资料收集工作，同时成立了我国 GAP 合格评定体系专家组，起草编写相关规范和标准。2006 年 1 月，国家认监委制定了《良好农业规范认证实施规则（试行）》，并会同有关部门联合制定了良好农业规范系列国家标准，用于指导认证机构开展作物、水果、蔬菜、肉牛、肉羊、奶牛、生猪和家禽生产的良好规范认证活动，每个标准包含通则、控制点与符合性规范、检查表和基准程序。在农业生产环节推广 GAP 认证，可以从操作层面上落实农业标准化，有利于提高我国常规农产品的质量安全水平和在国际市场上的竞争力。截至 2007年年底，全国已有 111 家试点企业按照 GAP 要求开展生产，80 家试点企业签订了 GAP 认证合同，98 家企业获得 GAP 认证证书，还有 126 家未列入试点的企业根据自身发展需要也已正在积极申请参加试点和获得认证。

二、良好操作规范（GMP）技术及评价

良好生产操作规范（Good Manufacturing Practice，GMP）是政府强制性的食

品生产、贮存卫生法规。GMP 要求食品生产企业具备合理的生产过程、良好的生产设备、正确的生产知识和严格的操作规范，以及完善的质量控制与管理体系和严格的检测系统，确保终产品的质量符合标准。

（一）GMP 的产生与发展

GMP 的概念起源于美国，1963 年，美国食品和药品管理局（FDA）颁布了世界上第一部药品生产管理规范，即药品 GMP（1964 年在美国开始实施）。1996 年版的美国 GMP 第 110 节内容包括：定义、现行良好操作规范、人员、厂房及地面、卫生操作、卫生设施和设备维护、生产过程及控制、仓库与运销、食品中天然的或不可避免的危害控制等。除了以上基本准则外，美国还制定了各类食品的 GMP，如熏鱼、低酸性罐头食品、冻结原虾、辐照食品等的 GMP。世界卫生组织（WHO）于 1969 年号召各成员国制定药品 GMP，联合国食品法典委员会（CAC）将 GMP 作为实施 HACCP 体系的必备程序之一，自美国之后，世界上不少国家和地区，如日本、加拿大、新加坡、德国、澳大利亚、中国台湾等都曾积极推行食品 GMP，实践证明，GMP 是保证生产出高质量产品的有效工具。

日本管理食品的行政部门较多，有厚生省、农林水产省和公平交易委员会等，其中，厚生省主管食品卫生，依食品卫生法实施监督指导。1975 年，厚生省参照美国食品 GMP 制定了本国的食品卫生规范，但在执行上仅起到技术性行政指导作用，在法律上不具约束力，仅仅作为推动企业自身管理的技术指引。而农林水产省主管食品品质，依照"农林产品规格化与质量指示合格化"（即 JAS 制度）进行管理，包括 JAS 规格制度与质量指示基准制度两种，其中前者属于自愿性质，后者属于强制性质。对日常生活用品存在有安全性问题的产品，日本实行安全认证制度。加拿大政府在食品工业界大力推广 GMP，但是，加拿大的食品 GMP 既包含政府制定的有关食品控制法规，也包含企业自身管理章程，其 GMP 含义不同。具体有三种实施情况：①生产企业必须遵守政府系列法规中的 GMP；②鼓励生产企业自觉遵守政府出版发行的 GMP 工业企业操作规程；③为有利于出口以及与国际同步而执行的由国际组织制定的 GMP。加拿大卫生部（HPB）按照《食品和药物法》制定了《食品良好制造法规》（GMRF），其描述了加拿大食品加工企业最低健康与安全标准。农业部建立了食品质量安全促进计划（FSEP），旨在确保所有加工的农产品以及这些产品的加工条件是安全卫生的。欧盟对食品生产、进口和投放市场的卫生规范与要求包括以下六类：①对疾病实施控制的规定；②对农药残留、兽药残留实施控制的规定；③对食品生产、投放市场的卫生规定；④对检验实施控制的规定；⑤对第三国食品准入的控制规定；⑥对出口国当局卫生证书的规定。

（二）GMP 的技术特点

GMP 是一种具体的食品质量保证体系，要求从原料接收直到成品出厂的整个过程中，进行完善的质量控制和管理，包括食品工厂在制造、包装及贮运食品等过程的有关人员以及建筑、设施、设备等的设置，卫生制造过程、产品质量等管理均能符合良好生产规范，防止食品在不卫生条件或可能引起污染及品质变坏的环境下生产，减少生产事故的发生，确保食品质量安全卫生和品质稳定。GMP 可以说是执行 HACCP 的基础。

GMP 大致可分为三种类型：第一种是由国家政府机构颁布的 GMP，如美国 FDA 制定的低酸性罐头 GMP 和我国制定的《保健食品良好生产规范》。第二种是行业组织制定的 GMP，这类 GMP 可作为同类食品企业共同参照、自愿遵守的管理规范。第三种是食品企业自定的 GMP 为企业内部管理的规范。此外，从 GMP 的法律效力来看，又可分为强制性 GMP 和推荐性 GMP。强制性 GMP 是指食品生产企业必须遵守的法律规定，由国家或有关政府部门颁布并监督实施。推荐性 GMP 由国家有关政府部门或行业组织、协会等制定并推荐给食品企业参照执行，但遵循自愿遵守的原则，不执行不属违法。GMP 的特点是以科学为基础，将各项技术性标准规定得非常具体：①确认食品生产过程安全性；②防止异物、毒物、微生物污染食品；③有双重检验制度，防止出现认为的损失；④标签的管理，生产记录、报告的存档以及建立完善的管理制度。

（三）GMP 在中国的应用发展

中国食品企业质量管理规范的制定工作起步于 20 世纪 80 年代中期，从 1988 年起，先后颁布了 19 个食品企业卫生规范，如食品企业通用卫生规范（GB14881 - 1994）、罐头厂卫生规范（GB8950 - 1988）、白酒厂卫生规范（GB8951 - 1988）、酱油厂卫生规范（GB8953 - 1988）、食醋厂卫生规范（GB8954 - 1988）和食用植物油厂卫生规范（GB8955 - 1988）等。这些卫生规范制定的目的主要是针对中国大多数食品企业卫生条件和卫生管理比较落后的现状，重点规定厂房、设备、设施的卫生要求和企业自身卫生管理等内容，借以促进中国食品企业卫生状况的改善。其指导思想与 GMP 的原则类似，即将保证食品质量的重点放在成品出厂前的各个生产环节上，而不仅仅着眼于终产品上，针对食品生产全过程提出相应技术要求和质量控制措施，以确保终产品卫生质量合格。卫生规范与 GMP 的不同之处是它主要围绕预防和控制各种有害因素对食品的污染，保证产品卫生安全这一目的相应要求而制定的，对保证产品营养价值、功效成分以及色、香、味等感官性状未作出相应的品质管理要求。

1998 年，鉴于制定中国制定食品企业 GMP 的时机已经成熟，考虑到与国际接轨的需要，卫生部制定并发布了《保健食品良好生产规范》和《膨化食品良好生产规范》，这是中国首批颁布的 GMP 标准，与"卫生规范"相比，增加了品质管理的内容，并在生产过程的要求中，对重点环节制定了具体的量化质量控制指标。除强调控制污染措施外，还提出保证其营养和功效成分在加工过程中不损失、不破坏、不转化，确保其在终产品中的质量和含量的要求。此外，还规定了生产和管理记录的处理、成品售后意见处理、成品回收、建立产品档案等新的管理内容。

三、危害分析与关键控制点（HACCP）技术及评价

危害分析与关键控制点（Hazard Analysis Critical Control Point，HACCP）是近年来各国都备受重视并逐渐应用于控制食品质量安全的一种新的保证体系，比 GMP 前进了一步，包括从原材料到消费者制作食品的整个过程的危害控制。

（一）HACCP 的产生与发展

HACCP 食品质量安全管理体系是在 1959 年美国皮尔斯柏利（Pills-bury）公司与美国航空航天局纳蒂克实验室在联合开发航天食品时初步形成的。美国宇航局的人造空间计划的微生物安全系统对航天食品的卫生安全提出了相当高的要求，宇航员需要安全、卫生的食品，皮尔斯柏利公司提出了新的概念——HAC-CP，专门用于控制食品生产过程中可能出现危害的位置或加工点，包括原材料生产、储运直至食品消费等过程。HACCP 被纳蒂克实验室采用修改后用于太空食品生产。

1972 年，美国于首先成功地应用 HACCP 对低酸罐头的微生物污染进行了一系列规定，并要求建立一个以 HACCP 为基础的食品质量安全监督体系。1989 年，美国国家食品微生物标准顾问委员会起草了《用于食品生产的 HACCP 原理的基本准则》，并把它作为工业部门培训和执行 HACCP 原理的法规，该准则自 1992 年以来历经修改和完善，最终形成了 HACCP 的 7 个基本准则。1995 年 FDA 颁布了《水产品 HACCP 法规》，1996 年美国农业部食品质量安全监督局（FSIS）颁布了《致病性微生物的控制与 HACCP 法规》，要求国内和进口肉类食品加工企业必须实施 HACCP 管理。1998 年 FDA 提出了《应用 HACCP 对果蔬汁饮料进行监督管理法规（草案）》，并于 2001 年正式颁布法令开始实施。

1997 年 6 月，CAC 大会通过了《HACCP 应用系统及其应用准则》，并号召各国积极推广应用。FAO 于 1994 年起草的《水产品质量保证》文件中规定应将

HACCP 作为水产品企业进行卫生管理的主要要求，并使用 HACCP 原则对企业进行评估。1993 年，欧共体开始对水产品的卫生实行 HACCP 管理制度；同期，加拿大也推出一个食品质量安全强化计划，要求在所有农业食品的生产中应用HACCP，每个工厂负责建立自己的 HACCP 计划，农业部对 HACCP 计划实施情况进行评估并帮助工厂执行计划；日本、澳大利亚、新西兰、泰国等国都相继发布其实施 HACCP 原理的法规及命令。迄今为止，HACCP 已成为世界公认的可以有效保证食品质量安全的管理系统。

（二）HACCP 的技术特点

HACCP 是一套通过对整个食品链，包括原辅材料的生产、食品加工、流通，乃至消费的每一环节中的物理性、化学性和生物性危害进行分析、控制以及控制效果验证的完整系统。不同于传统的事后最终产品的检验系统，它是对生产过程各环节的全程控制。1993 年 CAC 正式发布了 HACCP 的 7 项原则，即：①进行危害分析，评价其危害和风险，就是对产品或生产过程的准备和保护措施进行描述；②确定关键控制点（CCP）以控制危害；③建立和确定每个 CCP 相对应的临界值；④确定检测过程以检测 CCP；⑤当发生 CCP 偏离临界值（偏差）时，采取纠偏措施；⑥建立有效的记录系统为 HACCP 计划提供证据；⑦建立技术过程系统以验证 HACCP 系统的正确。由此可知，HACCP 实际上就是一种包含风险评估和风险管理的控制程序，既是生产企业安全控制的方法，又成为政府进行监管的有效办法。

（三）HACCP 在中国的应用发展

中国食品企业中 HACCP 的应用起步较晚。卫生部系统从 20 世纪 80 年代开始在有关国际机构的帮助下开展 HACCP 的宣传工作，并于 90 年代初开展了乳制品行业的 HACCP 应用试点，制定了《在出口食品企业中建立 HACCP 质量管理体系导则》及一些在食品加工方面的 HACCP 体系的具体实施方案。1993 年，国家卫生部与 WHO 提出了 HACCP 应用技术的培训计划，卫生部食品卫生监督检验所举办了 WHO/食品生产企业 HACCP 研讨培训班。同时还举办了其他类型的全国性的 HACCP 和 GMP 培训班，对推广应用和深入研究 HACCP 系统起到了重要作用。在监督实践中，中国食品卫生工作者还解决了一些食品卫生领域管理中的具体实施问题，取得了明显的成效。2002 年 7 月，卫生部印发了《食品企业HACCP 实施指南》，至此 HACCP 系统在中国正式推广实施，已有 80% 以上的出口水产品加工厂建立了 HACCP 系统。但是，对于传统农产品来说，由于我国目前十分缺乏对农药、兽药残留物等安全水平的检测手段，因此在各类初级农产品质量安全控制中推广和应用 HACCP 食品质量安全检测检验系统存在一定难度。

推广和实施 HACCP 体系对提高中国食品企业生产管理水平，保证食品质量安全，增强国际竞争力，适应加入 WTO 要求，促进出口创汇和企业发展具有深远意义。但与一些先进国家相比，中国对 HACCP 的研究及经验总结仍较为缺乏，主要表现在：①缺乏系统的研究，特别是各关键点（CCP）的数据记录；②缺乏一套适合于中国的、按行业区分的 HACCP 指南；③缺乏评价和认识个别企业 HACCP 系统的技术准则；④实施 HACCP 的企业数量很少，除个别水产品出口企业不得不执行 HACCP 外，HACCP 的概念、原理和应用仍未能引起大多数食品生产厂商的重视，这种状况将会对中国对外贸易的发展和食品质量安全管理效率的提高起到负面的影响。

四、食品信息可追踪系统技术及评价

食品信息可追踪系统是在食品的整个生产、加工和零售过程或供应链体系中跟踪和追溯产品流向或产品特性的记录系统，它有利于食品供应链过程的透明化，增强供应链不同利益方之间的合作和沟通，从而识别出发生食品质量安全问题的根本原因，获得全面可靠真实的信息，明晰相关企业的责任，提高食品质量安全管理水平。

（一）食品信息可追踪系统的产生与发展

可追踪系统最初应用于汽车、飞机等一些工业品的召回制度中，这些产品价值高，危险性大，通过标识的方法对这些产品进行跟踪与追溯，有效地减少了潜在质量问题发生的概率。20 世纪 80 年代后期，可追溯系统开始被引入并应用在食品企业的质量安全管理和控制中，最初由欧盟为应对疯牛病（BSE）问题于 1997 年开始逐步建立起来。欧盟委员会将可追踪系统定义为"食品市场各个阶段的信息流的连续性保障体系"，规定食品及相关物品在生产、加工、流通的各个阶段必须确立这种可追踪系统，并对各个阶段的主体作了规定，以保证可以确认各种提供物的来源与方向。可追踪系统能够从生产到销售的各个环节追踪检查产品，有利于监测任何对人类健康和环境的影响。通俗地说，该系统就是利用现代信息管理技术给每件商品标上号码、保存相关的管理记录，从而可以进行追踪的系统。

国际上，欧盟、美国等发达国家和地区要求对出口到当地的食品必须能够进行跟踪和追溯。欧盟管理法规 No. 178/2002 要求，从 2005 年 1 月 1 日起在欧盟范围内销售的所有食品都能够进行跟踪与追溯，否则就不允许上市销售；2006年1月1日实施的新法规中，也重点强调食品生产过程中可追踪管理和食品的可追踪性，如法国的家乐福超市，欧洲零售商协会（Eurep）、北欧超市联合会等都将建立可追溯系统作为其质量保障体系的一部分。美国食品与药品管理局（FDA）要求在国内从事生产、加工、包装或掌握人群或动物消费的食品部门于2003年12月12日向FDA进行登记，以便进行食品质量安全跟踪与追溯。日本于2001年开始实行食品溯源制度，是亚洲最早实行溯源制度的国家，从最初的牛肉已经推广到猪肉、鸡肉等肉制品和水产品、蔬菜产业等，并计划在2010年前实施所有食品生产的可追踪系统。

（二）食品信息可追踪系统的技术特点

食品信息可追踪系统主要涉及产品个体或批次的标识、产品移动或转化的时间和地点信息，以及中央数据库和信息传递系统三个方面基本要素。近几年来，食品信息可追踪系统关键技术的研究和应用都有了很大的突破。

在产品个体或批次的标识方面，需要具备成本低、易识别、易收集及易将标识信息录入数据库等特点。目前，针对动物个体，在饲养场常用的标识有文身、耳标、射频标识（RFID）和抗体等。其中，应用最多的就是RFID技术，包括项圈电子标签、纽扣式电子耳标、耳部植入式电子芯片以及通过食道放置的瘤胃（网胃）电子胶囊等。在屠宰加工厂常用的标识有条形码（纸质和塑料）、分子标记、微波雷达和智能托盘等；在果蔬等种植产品上，主要运用条形码技术。在众多编码系统中，由国家物品编码协会和美国统一代码委员会共同开发、管理和维护的全球统一标识系统EAN-UCC编码应用最为广泛，已被20多个国家和地区采用。构建食品信息可追踪系统的另一个技术要素是中央数据库和信息传递系统，基于纸张的记录很难满足日益复杂的食品体系和快速追溯的需求，食品生产、加工、运输和销售等各环节的信息必须记录到中央数据库或者与数据库框架无缝连接。网络是将所有分散的个体及各环节的信息连在一起的桥梁，LAN、WAN等有线网络技术，GPRS、蓝牙等无线通信技术以及Internet技术为可追溯系统提供了支撑。通过Internet及XML技术的应用，可以实现数据集中贮存、管理，数据输入后可立即查询，突破企业防火墙的限制，拥有低维护成本和客户端零安装优势。

（三）食品信息可追踪系统在中国的应用发展

中国食品信息可追踪系统建设还处于起步阶段，2002年5月24日农业部第13号发布的《动物免疫标识管理办法》规定，对猪、牛、羊必须佩戴免疫耳标，建立免疫档案管理制度。此后，各地区、各部门开展了一系列试点示范工作：2004 年，农业部启动"进京蔬菜产品质量追溯制度"；南京市启动农产品质量IC 卡管理体系；上海市搭建"上海食用农副产品质量安全信息平台"，对食用农副产品的生产过程监控、条码识别和网络查询进行系统管理，企业通过"食用农副产品安全信息条形码"给每个产品建立起相应的生产档案；海南有关部门通过采用 EAN-UCC 系统，对该省水产品生产、包装、储藏、运输、销售的全过程进行标志；天津率先实施猪肉安全追踪制度；山东在寿光田苑蔬菜基地和洛城蔬菜基地采用条码技术进行蔬菜质量安全可追踪系统的探索。

尽管中国已积极推行了食品信息可追踪系统，但在实践过程中还存在一些问题：①中国食品行业的小规模经营，标准化程度低，无包装、无标识等现象是实行食品信息可追踪的最大难点；②国内生产者对建立食品信息可追踪系统的内在需求不足；③国内食品信息可追踪系统配套技术（如条形码及网络数据库等技术）不成熟；④分段管理的监管体制不利于食品信息可追踪系统的建立。

第八节　构建我国食品质量安全保障体系

自 1995 年《食品卫生法》实施以来，我国政府日益重视和加强"从农田到餐桌"各个环节食品质量安全监管和控制，国内食品质量安全状况得到明显改善。但是近年来，随着瘦肉精猪肉、红心鸭蛋、三聚氰胺奶粉等多起重大食品质量安全事故的发生，国家财产和人民生命安全遭受严重打击，食品的质量安全问题再次凸显。

一、总体构建思路

食品质量安全体系的建设和发展是我国"十一五"期间食品质量安全管理工作的重大成就，对今后发展将产生深远影响。如何继承和发扬"十一五"发展经验，在"十二五"新的历史起点上，乘胜而为，与时俱进，实现新发展、开创新局面，这是需要我们进一步深入思考和合力破解的新课题。2010 年 4 月19 日，国务院副总理、国务院食品质量安全委员会主任李克强在全国食品质量安全工作电话会议中指出，"做好食品质量安全整顿工作，要坚持统筹兼顾，长短结合，标本兼治，把当前集中整顿与长效机制建设结合起来，通过落实企业食品质量安全主体责任、健全食品质量安全法律法规体系和标准体系，逐步形成企业自我约束、行业诚信自律、政府有效监管、社会广泛参与的食品质量安全工作新机制，提高食品质量安全整体水平"。

为此，笔者自 2008 年暑期开始有计划地进行专题研究。2008 年 7 月至 2009 年 7 月，对北京市场的食品质量安全状况开展了一系列的实地调查，包括农产品批发市场食品质量安全管理控制体系现状，超市食品质量安全管理控制体系现状，消费者和经销商的食品质量安全认知情况进行了大范围的调研。2009 年下半年，专门组织 51 名本科生深入山东、河南、河北等蔬菜主产省对农户及农民合作经济组织的食品质量安全认知及控制行为开展调研活动。又先后到陕西、山东等地开展实地调研。在集中各地调研成果，认真分析当前形势，综合考虑我国实际情况的基础上，我们提出了我国食品质量安全体系的构建应坚持"以科学发展观为指导，理顺食品质量安全监管体制，提高监管效率，进一步宣传和推广《食品质量安全法》及其实施条例，完善与国际接轨的食品标准，提高食品质量安全认证范围和管理水平，增强企业食品质量安全管理的技术创新能力，全面建设我国食品质量安全体系"的总体思路。

在这个总体思路的指导下，构建与完善我国食品质量安全体系总体上要把握好以下几个方面的内容：一是逐步建立健全食品质量安全行政管理体系。明确各监管部门的职责分工及权力范围，突出政府监管重点，该管的要管住管好、不该管的要坚决放开，进一步把政府监管的立足点和着眼点转变到促进企业自律、推进市场机制规范上来，一手抓强化监管，一手抓扶优扶强。二是进一步完善食品质量安全法律法规体系和标准体系的建设，强化以风险分析和评估为前提的食品质量安全法律法规和标准的制定，加快与国际先进标准体系的接轨。三是建立以预防为主食品质量安全技术保障体系建设。遵循食品质量安全监管规律，对食品生产、加工、包装、运输、贮藏和销售等各个环节，对食品生产经营过程中涉及的食品添加剂、加工操作设备、贮藏运输工具等各有关事项，有针对性地确定有关制度，并建立良好农业规范（GAP）、良好生产规范（GMP）、危害分析与关键控制点（HACCP）体系认证等机制，做到防患于未然。同时，建立食品质量安全事故预防和处置机制，提高应急处理能力。同时，强化食品生产经营者食品质量安全第一责任人的制度，逐步引导生产经营者在食品生产经营活动中重质量、重服务、重信誉、重自律，以形成确保食品质量安全的长效机制，加大对食品生产经营违法行为的处罚力度。四是统一、畅通、便利的食品质量安全信息传达体系构建。建立国家食品质量安全风险监测制度，制定并实施国家食品质量安全风险监测计划，建立快速、方便的食品质量安全信息沟通机制和网络平台，任何组织或个人有权检举、控告违反食品质量安全法的行为，有权向有关部门了解食品质量安全信息，对监管工作提出意见。五是要切实提高全社会对食品质量安全的认知，强化对食品从业人员的食品质量安全知识水平、职业道德的教育培训，广泛宣传食品质量安全知识及相关法规，提高消费者的认知水平，从舆论氛围和认知意识上促使食品生产经营者加强食品质量安全控制和管理。

二、逐步建立健全食品质量安全行政管理体系

在现代经济社会中，食品的生产分工日趋专业化，流通渠道日趋复杂化，对食品生产经营企业的质量安全管理需要有一定强制力和组织性的权威和服从机制来实现，即食品质量安全行政管理体系的构建。作为食品质量安全管理的中枢神经系统，行政管理体系的构建应发挥其权威性、及时性和统一性等特点。我国现行的食品质量安全监管体制已不能适应现实的需要，亟须重新组建。从国际经验来看，加强食品质量安全管理部门之间的协调是食品质量安全管理体制改革的核心。以科学的风险评估为基础、通过各部门之间协调一致的行动来防范"从农田到餐桌"全过程中可能出现的各种风险，最终确保消费者的食品质量安全。

（一）理顺政府食品质量安全监管体制，实现统一规范管理

由分散监管转为集中监管已成为世界各国食品质量安全监管的发展趋势，我国也在顺应这一趋势整合监管机构，提高监管效率，逐步将食品质量安全协调和监督职能独立出来，2010年初设立了由3位副总理和15位部长组成的国务院食品质量安全委员会，从更权威的角度、在更高的行政层次上实现对食品质量安全监管部门的统一监督和协调。政府应根据新出台的《食品质量安全法》明确食品生产、加工、流通和消费过程中各参与主体的质量安全监管责任，为其指明方向，做好规划，使各参与主体在进行质量安全管理时有据可依、有据可查。此外，政府还应逐步理顺各部门食品质量安全的监管职责，做到不重复不空缺。任何监管部门在对食品企业和市场实施监管措施时，要充分兼顾各方利益，与企业、市场及其他监管部门进行交流，充分考虑到措施的可行性、企业的接受程度及预期效果。

（二）进一步加强政府食品质量安全管理的公共服务职能

食品质量安全管理具有一定的社会公益性，政府部门应加大对"从农田到餐桌"各参与主体食品质量安全管理的专项资金投入。目前由于我国食品生产经营企业规模差异较大，筹建及经营主体呈现多元化，同时政府现有的扶持手段呈现单一化、渠道分散且信息不畅等特点，因此，能争取到政府资金扶持的企业

一般都是一些大型的国有企业或信息比较灵通的企业和市场，对于那些小型企业则很难得到政府资金和扶持政策的惠顾。因此，我国亟须建立一套统一的、涵盖中央地方的多层次的食品生产经营企业食品质量安全扶持项目，在企业用地、用水、用电、税收、贷款贴息等方面给予政策优惠，为食品生产经营企业加强食品质量安全管理营造良好的政策环境。应加快制定各个执法部门统一的食品监督抽查程序，明确食品检测应委托统一的食品检测机构，执行统一的食品质量安全检测标准，并明确统一的食品质量安全信息发布机构，确保公众得到权威的食品质量安全信息。

（三）加强风险管理理念，推进食品质量安全风险管理进程

立足全过程控制和推行风险管理是《食品质量安全法》的核心理念。食品质量安全的风险管理，应从生产、市场、监控、评估四个方面进行规范，以保证食品质量安全的全过程控制。在生产管理方面，包括宏观规划生产布局与产业政策、农用资料使用标准、生产操作规程、食品原料和加工标准等。在市场管理方面，包括供销储备政策、市场准入标准、标签管理规定、食品销售规定等。在监控管理方面，包括市场执法机构及执法规范、认证机构及认证规范、检测机构及检测规范等。在评估管理方面，包括残留物最高限量标准、产品质量标准、取样检测方法标准等。当前中国尚未实行食品质量安全风险管理，应制定风险管理的有关法律，推行食品质量安全的风险分析、风险评估和风险沟通，实现从"事后监管"到"事前预防"，这也是实现中国食品质量安全管理与国际接轨的迫切要求。

（四）进一步强化食品质量安全市场准入制度

加强市场准入管理，健全市场管理和食品生产许可证制度、生产成品市场准入制度和不安全食品强制返回制度，严把质量安全关，并逐步推行资格认证制度，或通过完善的市场体系，实现产地直销、直供、配送、连锁服务，实现产供销的一体化。将食品质量安全管理的责任落到实处，从源头、生产、流通、销售等各环节控制食品的污染，从而提高食品的安全性。推行食品市场准入制度，要求国家和省级龙头企业、现代化和标准化示范区率先对产品进行自检，检验合格方可出产地。推行产销合作机制，推行"场地挂钩"、"场厂挂钩"的连锁经营和直销配送，鼓励批发市场、超市和大型农贸市场设立无公害农产品、绿色食品专柜。引导和督促批发市场、超市和大型农贸市场实行抽检制度，并及时公布检测结果。实行食品标签制度和追溯处理制度，对有毒有害物质超标的食品，由市场所在地行政主管部门向产地行政部门通报，并限期整改。

三、进一步完善食品质量安全法律法规体系和标准体系的建设

一种食品从农田到餐桌，要经过生产、加工、流通等诸多环节，而随着社会分工的细化和国家贸易的扩大，食品供给系统变得越来越复杂化和多元化，食品供给链越来越长、环节越来越多、范围越来越广，加大了食品风险的发生概率。为了保证食品的安全供给，中国应建立涉及所有食品及其从生产到消费方方面面的食品质量安全政策法规和标准体系。

（一）强化各部门责任，全面清理现行食品质量安全标准

食品质量安全标准体系建设需要各部门密切配合，各负其责。按照职责分工，卫生部负责制定和公布食品质量安全国家标准；国家标准化委员会负责对"清理与食品质量安全有关的产品和卫生标准，构建食品质量安全标准体系"工作的组织和协调；国务院其他行业管理部门负责行业标准的清理、制修订和管理工作，并协助做好国家标准的清理和制修订工作；各地标准化行政主管部门负责地方标准的清理、制修订和企业产品标准的备案管理工作，推动食品标准的实施，并对标准的实施情况进行监督，共同做好食品质量安全标准清理和体系建设工作。具体包括：①对现行有关食品质量安全的国家标准、行业标准和地方标准进行集中清理，以解决标准之间交叉、重复、矛盾以及重要指标缺失等问题；②国家标准的修订和清理应注意整合食品卫生标准、质量标准、农产品质量安全标准以及行业标准中强制执行的内容，进一步体现国家标准的统一性；③对有关食品质量安全的强制性标准和推荐性标准重新进行合理定位，使标准体系结构更为合理；④对已备案的企业产品标准进行全面清理，凡与国家法律法规、强制性标准要求相矛盾，或低于国家标准要求的企业产品标准一律取消备案；针对企业制定的产品标准低于相应推荐性标准的问题，应研究强化企业产品标准备案，以提高企业产品标准水平。

（二）与国际接轨，不断更新食品质量安全相关法规政策和标准的制修订

对现有法律法规进行认真清理、补充和完善，对一些涉及食品质量安全的旧法进行废止、修改和整合，将散存于各法律法规中有关食品质量安全的内容整合，尽可能减少和避免立法和执法上的相互冲突。实现国际化与本土化的有机结合，既学习借鉴国外好的经验，又要立足于本土的现实和资源。根据中国食品卫

生检测标准比较落后的情况和中国食品生产中存在的问题，要加强与国际食品法典委员会的合作，参照国外的食品质量安全法规，尽快形成法律、法规和标准相配套的食品质量安全法律体系，尽快与国际接轨。完善中国食品质量安全理念，充分反映新形势下消费者对食品质量安全的要求；同时，把立法及其实施过程作为教育的过程，采取尽可能多的方式做好相关法律知识的普及工作，提高从事食品生产、加工以及销售等主体的法治意识和消费者自身保护意识。

根据目前国际食品质量安全技术发展趋势和国内出现的多起食品质量安全事件，加快启动一批重要标准的修订，严格遵循《食品质量安全法》要求，突出与人体健康密切相关的限量规定，体现了标准的强制性，如食品质量安全过程控制标准，生物激素、有害重金属元素、有害微生物限量和检验方法标准等的修订工作。在修订过程中，要加强对国际食品法典委员会（CAC）等国际标准化组织发布的标准、指南等技术文件的搜集、分析和研究，对适合我国国情和发展需要的国际标准，要尽快转化为我国的标准。此外，还应加大我国参与国际标准化活动的力度，增强我国对国际标准制定的影响力；积极引导企业实质性地参与国际标准化活动，鼓励有条件的企业参与国际标准的制修订工作，提高我国食品质量安全标准的整体水平。

（三）创新标准化工作机制，提高标准制定的科学性和合理性

第一，加强食品质量安全标准的前期研究。根据国内外食品市场发展的需要，加强食品中有毒有害物质残留限量、食品标识、转基因产品安全评价以及检验方法等标准的前期研究，可尝试建立食品质量安全检测数据库，为标准的制修订提供现实依据。第二，食品质量安全标准的制定必须以风险评估为基础，提高标准的合理性和有效性。第三，提高标准制修订工作的透明度和公众的参与程度。食品质量安全标准的计划立项、起草、审查等全过程要公开透明、协调一致，在标准制定过程中广泛听取各方意见，吸收有条件的社团、企业和专家参与标准的制修订工作。第四，建立有效的反馈机制，注重收集整理标准制修订和实施全过程的各方信息。第五，要符合我国国情和食品产业实际，注重标准的可操作性和可实施性，同时明确标准的统一归口解释部门，体现标准的权威性。

（四）加强食品质量安全标准的宣传和培训，进一步引导企业标准体系建设

一是要加强对食品生产经营企业负责人、技术人员及操作人员的食品质量安全标准的宣传和培训工作，通过开展各种类型的标准宣传和标准化知识培训，使

其了解、熟悉食品质量安全标准，提高企业负责人标准化意识和质量安全意识，普及企业员工的食品质量安全标准知识。二是要提高食品质量安全标准化工作人员的整体素质。在全国范围内对标准化技术委员会、各级标准化行政主管部门和食品生产企业标准化技术人员开展标准化法律法规、标准化基本理论知识以及重要标准的宣传与培训工作，努力培养出一批既有标准化知识又具备专业知识的业务骨干。此外，还应积极引导食品生产经营企业建立企业标准体系，促进企业管理水平和产品质量安全水平的提高；同时，加强对食品生产经营企业产品标准的监督检查和备案管理，促使企业严格按照标准组织生产，提高企业执行标准的自觉性。

（五）加强队伍建设，提高执法人员素质，加大对食品质量安全违法的惩罚力度

要严把执法人员进入关，实行"执法准入"制度，在选拔、任用、考核行政执法队伍方面，要让一些政治性强、思想品德好、个人素质高、德才兼备的人员充实进去。法制机构的工作人员必须经过一年以上行政稽查执法岗位锻炼，具有一定的执法经验，才能配备到法制工作岗位。各执法部门可以不定期举办培训班，不断增强执法人员的道德、法律、业务等方面的素质。此外，加大对食品质量安全违法的惩罚力度，是健全中国食品质量安全法律法规体系的关键环节。食品质量安全是最重要的公共安全，生产者、消费者、政府之间的博弈，决定着食品质量安全的动态平衡和发展态势，当前由于食品质量安全违法成本极低，大量非法加工窝点得不到有效打击，法律法规没有起到惩戒作用，造成食品质量安全事件时有发生。在英国、美国、加拿大等国，农产品质量安全的违法者不仅要承担对于受害者的民事赔偿责任，而且还要受到行政乃至刑事制裁。这些制裁措施除罚款外，主要还有没收和销毁违法产品、责令停产停业和吊销营业执照等，违法情节严重的，还可能被判处监禁。因此，在健全中国食品质量安全法律法规体系时，应明确各方食品质量安全管理职责及违法惩罚规定，依法施以严厉惩罚，使造假者的违法成本远远大于其违法收益。

四、建立以预防为主食品质量安全技术保障体建设

技术保障体系是食品质量安全管理的前提和基础，中国应逐步建立起以食品生产经营企业为主体的食品质量安全控制体系，同时进一步加强和完善食品质量安全检验检测和风险监测等技术保障体系建设。

225

（一）加快引进和建立国际先进食品质量安全保证体系

在食品增值链中对食品质量安全保证的要求，催生出大量的食品质量安全保证体系，如 GAP、GMP、HACCP、可追溯等，其目的是减少食源性疾病和提高食品质量安全。未来几年，随着食品市场的成熟和力量的增强，这些国际先进的食品质量安全保证体系将得到广泛应用，尤其是在中国市场。因此，我国的食品生产经营企业应主动研究和导入这些质量安全保证体系，并将该系统应用于企业内部风险管理、制定差异化战略和认证过程。从管理视角来看，生产经营企业对这些食品质量安全保证体系的重视以及政府加强食品质量安全监管都有利于食品质量安全体系建设的投资增加和未来发展。

（二）进一步提高企业食品质量安全管理的规范化和标准化程度

一是引进先进食品质量安全控制技术，逐步推行现代化的全程冷链运输和储藏系统，采取电子结算、拍卖等先进的交易手段，加快食品"从农田到餐桌"全过程的标准化管理进程。二是严格市场准入制度，加强食品生产许可和流通许可管理。规范食品企业及个体经销商的管理，完善食品流通市场的标准化管理，对进场经销商的资质规模、果蔬产品来源、产地检测报告等必须做到统一、明确的规定，对不符合条件的经销商坚决不准许入市交易。三是加强对食品生产经营企业或市场从业人员的标准化管理，对其业务素质和技能水平进行定期培训和年度考核，制定各项奖惩措施激励从业人员积极主动提高自身业务水平。四是对食品生产经营企业和市场环境的规范管理，企业或市场应坚持每日对生产操作及交易环境的检查与考核，坚持开展每月的卫生达标活动，维持食品生产经营环境的整洁有序，进一步提升消费者对食品质量安全水平的信心。

（三）整合检测资源，加强食品质量安全检验检测体系建设

食品质量安全检验检测和监测预警是食品质量安全监管的基础，而中国目前的食品质量安全检验检测机构比较分散且一般都隶属于各个不同的食品质量安全监管部门，这种体制不利于部门内部监管和检测工作的统一、协调。因此，应进一步加强食品质量安全检验检测机构整合和监测预警体系建设。首先，要资源整合，将现有的分散在农业、质检、卫生、工商、商务等部门下的各个食品质量安全检测实验室，根据其所属部门、地理位置、规模大小、检测产品重点等指标进行资源整合和集中，提高检测室的规模、实力和检测结果的权威性。其次，严格检验检测机构资质认定和检验人员管理。重新对现有的食品质量安全检测实验室

进行统一评估和资质审核，不符合标准或设备仪器利用率低的检测室应坚决关闭，将其检测设备、仪器和检测人员合并至其他审核合格的检测室。最后，实现资源共享。逐步将食品质量安全检测室面向社会，实现检测资源和检测信息的共享，避免不必要的重复检测。此外，还要培育一批高素质的专业检测人员，不但精于检测工作，了解检测技术的发展趋势和动态，具有较高的理论造诣和丰富的实际工作经验，而且熟悉食品的生产过程和加工工艺，善于从产品的外观捕捉到产品的违禁添加物，为产品质量监督和打击假冒伪劣产品寻找到直接的突破口和切入点。

（四）加大政府对食品安全技术的投入力度和针对性

在检测资源整合的基础上，政府要逐步加大对有资质、有规模、有实力的食品质量安全检测室的资金投入和政策支持，扶优扶强。围绕食品质量安全监管工作的重点，选择重点产品、重点项目、重点机构，进一步提升其食品质量安全检验检测能力。首先，要不断加强硬件建设，不断充实新的仪器设备，掌握先进的测试手段。其次，要加大对肉类制品、乳制品等高风险食品的检验检测频次，定期公布检验检测结果。加强食品质量安全监测能力建设。最后，要建立食品质量安全研究的国际合作基地，加强对涉及食品质量安全共性和普遍性问题的研究，加强与发达国家在食品质量安全方面的合作研究，提高快速、准确鉴定食品中危害因子的技术和能力。但是，在引进和借鉴国际先进技术时应考虑到技术的可获得性、国际兼容性、经济可承受性和合理的实施时效性。

（五）逐步推行公益性的食品质量安全检测等技术服务

质量安全检测是一项公益性的事情，农户和市场对此没有积极性，是需要政府出面去办的事情。一方面，果蔬类农产品一般生产规模较小，且大多是一家一户分散的个体农户，让其承担产品质量安全的检测任务不太现实。高额的检测成本和政府及市场硬性的检测规定，只会让其走向另一个极端——弄虚作假。另一方面，如果在每个批发市场都设立食品质量安全检测室只会造成检测资源的浪费和检测成本的增加，而且市场管理者处于减少成本、减少麻烦和自我护短的心理，市场质量安全检测室也往往是为了应付检查和上报数据，难以发挥应有监管作用。因此，如果政府将各个批发市场的检测职能集中起来，将市场检测室作为政府的驻场机构，派遣检测人员和提供运行费用，对各个批发市场实行统一的抽样检测。这样既能够保证检测数据的公正，提高对外发布信息的公信力，又有利于提高检测效率；还能够对问题产品的处理进行监督和追踪，及时将检测结果反馈给产地，对产地生产环节质量安全的管理具有指导意义。

五、统一、畅通、便利的食品质量安全信息传达体系构建

食品质量安全信息传达体系包括信息收集、信息跟踪、风险预警监测、信息发布、信息交流和信息咨询等内容，健全完善的信息传达体系是食品质量安全管理不可或缺的有机组成部分。

（一）建立统一协调的食品质量安全信息收集和交流体系

首先，各地食品质量安全主管部门要充分利用现有食品质量安全信息管理网络，保障信息资源共享，实现食品质量安全信息建设平台网络化、食品质量安全信息内容系统化、食品质量安全信息使用社会化。应明确各监管部门对食品质量安全信息发布的职责，同时构建部门间信息沟通平台，实现互联互通和资源共享。农业部门发布有关初级农产品农药残留、兽药残留等检测信息；质检、工商、卫生和食品药品监管 4 个部门联合发布市场食品质量监督检查信息；食品药品监管局负责收集汇总、及时传递、分析整理，定期向社会发布食品质量安全综合信息。尽管"从农田到餐桌"过程中各食品生产经营主体的规模不同、地理位置各异，但经营的产品品种大同小异，可能遭受的质量安全风险也大致相同。因此，有必要加强各食品生产经营企业之间以及政府与企业之间的沟通交流、信息共享，使其能够共同抵御和应对各种食品质量安全风险。最后，尽快建立统一的食品质量安全信息的发布和传递渠道，保证政府出台相关文件的权威性，尽量避免不同主管部门各自发布信息引起公众的认知混乱，同时，加强食品质量安全相关信息的传递，使其能够及时、迅速地传达给食品生产经营相关主体，提高其食品质量安全认知水平。

（二）加强食品质量安全风险监测体系建设

我国应建立起覆盖各省、市、县并逐步延伸到农村地区的食品污染物和食源性疾病监测体系，加强食品质量安全风险监测数据的收集、报送和管理，提高食品质量安全水平。一是建立国家食品质量安全风险监测制度，制定并实施国家食品质量安全风险监测计划，加强地区性食品质量安全风险监测，建立快速、方便的食品质量安全信息沟通机制和网络平台。二是发布年度食品质量安全风险监测评价报告，建立食源性疾病报告机制。三是构建食源性疾病和食物中毒报告信息采集网络，建立食品质量安全有害因素与食源性疾病监测数据库。四是实施食品质量安全风险评估制度，对相关食品质量安全风险和隐患进行风险评估。五是加

强食品质量安全监测信息的报告系统建设。监测信息报告系统既可以保证常态和紧急状态下的食品质量安全监测信息报告，又可在突发事件发生后作为指挥系统，重大食品质量安全事故发生后，应急指挥部应当及时主动地向社会发布食品质量安全事故信息。最后，根据"两网"（食品污染物监测网和食源性疾病监测网）建设要求，进一步加强食品质量安全监测网络与技术能力建设，成立由医学、农业、食品、营养、检验检疫等方面的食品质量安全专家队伍，开展综合性食品质量安全调研，将监测网络延伸到市县；对高风险食品原料、配料和食品添加剂开展主动的动态监测，逐步将检测范围覆盖到食品生产、流通和消费各个环节；加强食源性疾病监测和信息报告工作，在医疗机构设立监测点，加强食源性疾病症状监测和信息收集。

（三）健全食品质量安全风险预警与快速反应体系

食品质量安全各级监管部门应做好食品质量安全风险预警和快速反应体系的建设工作，及时收集、整理、汇总和分析国内外食品质量安全风险信息，并及时向公众发布预警信息，指导所属部门有针对性地开展食品质量安全监督检测、检验检疫工作，确保一旦发生食品质量安全事故，能够早发现、早报告、早处置，最大限度减少事故损失。食品质量安全预警体系包括两个层面：一是常规食品质量安全风险预警，重点在预警工作的经常化和规范化，加强平时的管理和监控。二是应对突发事件。应对突发事件关键在对突然发生问题的处理程序和处理能力上，应着力保证程序的有效性、科学性和合理性，因此，应在常规预警基础上，建立一套快速启动和应对的制度和系统。但是，目前中国有关食品质量安全突发事件的法律法规体系建设仍不完善，已制定的有关条例可操作性尚需改进和加强。此外，还应逐步提高公共卫生机构系统的反应速度和协调机制，进一步完善食品质量安全突发事件的应急报告和信息公布制度，做到信息透明化。

六、提高食品安全认知水平，加强从业人员的职业道德培训

（一）加强对消费者的食品安全知识的普及、宣传和教育

出于对自身及家人健康安全的考虑，消费者对食品安全相关知识的了解越多，就会越看重食品的质量安全水平，从而自觉地加入到食品安全监管的队伍中来，制约食品供给者的行为，促使其规范生产和流通。因此，应通过网络媒体、

现场推介、展销会等各种形式加强对消费者食品安全相关知识的宣传，各个食品市场也应主动搜集、整理各项食品安全政策、标准、法规、措施等信息，并通过其网络平台或市场公共区域及时传达给消费者，通过信息强化，提高场内消费者的食品安全认知水平和对食品安全的信心。同时，还能够积极引导消费者，规范其购买行为，增强其法律意识，发挥消费者在食品安全监管中的社会监督职能，在碰到食品安全问题时，能够积极举报并拿起法律的武器维护自身利益。

（二）加大对从业人员培训力度，促进其组织化、规模化发展

众多分散的个体农户和经销商的存在，不利于对其食品质量安全控制行为的监管，此时，农民经济合作组织和经销商合作组织的存在便可化解这一难题。目前我国农民经济合作组织已得到了迅速发展，但其规模、实力和规范化程度仍需进一步提升，尤其是由村委会领办及农民自己组成成立的合作组织。相对而言，经销商合作组织的发展较为缓慢，应鼓励经销商建立经销商合作组织，促进经销商队伍向组织化、规模化和规范化方向发展，食品经销商可以根据其经营产品品种、经营规模、家乡等因素组成不同经销商合作组织，制定组织规章、统一管理组织成员，通过共担风险、互助互利的方式实现组织内成员的利益共担与互享。经销商合作组织的成立，还有利于提升个体经销商的地位和实力，增强其在食品交易中的话语权，而其所在市场也可以借助于经销商合作组织更高效地管理经销商。此外，市场主体应主动改善经销商的经营设施和经营环境，定期组织对经销商进行业务知识及食品质量安全信息的培训，开展各项竞赛活动提高其业务素质和技能水平，增强其食品质量安全意识。

（三）推进食品生产经营企业诚信体系建设

食品生产经营企业作为食品质量安全的第一责任人，有义务承担让百姓吃上安全食品的社会责任，而诚信守法经营就是企业履行社会责任的基础和重要内容，也是企业生存、发展的前提。2009 年 12 月 22 日，由国家食品药品监督管理局与工业和信息化部、国家发改委、监察部、农业部、商务部、卫生部等联合制定了《食品工业企业诚信体系建设工作指导意见》。主要目标是用 3 年左右时间，初步建立起比较完善的食品工业企业诚信管理体系、诚信信息征集和披露体系、诚信评价体系和政府协同推动、行业协会组织实施、食品企业积极参与、诚信责任有效落实的视频工业企业诚信体系运行机制。从食品生产经营企业自身来讲，一方面，要加强对其自身的诚信管理，逐步建立食品质量安全可追溯系统和档案管理制度，建立企业产品不良记录收集、管理和通报制度，加强对不同产品等级的分类监管；另一方面，要积极开展企业内部的食品质量安全管理知识培

训，重点培养食品质量安全管理专业人才，加快建设具有良好职业操守、具备较强理论和实践能力的专业食品质量安全管理队伍，为食品企业质量安全管理体系建设提供人才保障。

从政府角度来讲，要鼓励食品生产经营企业通过努力，不断提高食品质量安全信用水平，对长期守法诚信企业要给予宣传、支持和表彰，如在年检、抽检、报关等方面给予便利，建立长效保护和激励机制。对严重违反食品质量安全管理制度，制假售假等严重失信的企业，实行重点监管，可采用信用提示、警示、公示，取消市场准入、限期召回商品及其他行政处罚方式进行惩戒，构成犯罪的依法追究其刑事责任。以食品生产经营企业信用建设为核心，进一步改善食品质量安全信用环境，培育食品质量安全信用意识，规范食品企业生产经营行为和食品市场秩序，全面提高食品质量安全水平，逐步建立和健全中国食品质量安全信用体系。

第七章

我国农产品加工与流通发展研究

第一节　我国农产品加工业现状

一、经济结构

经济指标包括反映农产品加工业规模的农产品加工业增加值及其占 GDP 比重，反映农产品加工深度的农产品加工业增加值与农业增加值的比值，农产品加工业的就业规模，反映农产品加工业在国民经济中与其他行业关联程度的农产品加工业及其子行业的感应度系数和影响力系数。

（一）农产品加工业规模

农产品加工业增加值呈上升趋势，但是其占 GDP 的比重呈先增后减趋势，即农产品加工业绝对规模不断变大，而相对规模则先变大后缩小。表 7 - 1 是 1987～2007 年中国农产品加工业及其构成的增加值情况①。从表 7 - 1 中可以看

---

① 按照国家统计局的国民经济行业分类标准，农产品加工业包括农副食品加工业、食品制造业、饮料制造业、烟草制品业、纺织业、纺织服装鞋帽制造业、皮革毛皮羽毛（绒）及其制品业、木材加工及木竹藤棕草制品业、家具制造业、造纸及纸制品业、印刷业和记录媒介的复制业、文教体育用品制造业等 12 个子行业。在具体的核算中，尤其是投入产出表的较粗部门分类中，农产品加工业又分为食品制造及烟草加工业、纺织业、服装皮革羽绒及其他纤维品制造业、木材加工及家具制造业、造纸印刷及文教用品制造业等 5 个子行业。

出：农产品加工业增加值从 1987 年的 1 336.89 亿元增加到 2007 年的 25 294.72 亿元，20 年间增加了 18 倍，即使扣除物价因素，也增加了 10 余倍。再看农产品加工业的五个子行业增加值增长情况。虽然在个别年份存在数据异常，但是总的趋势也是上升的，食品制造及烟草加工业从 1987 年的 485.78 亿元增加到 2007 年的 10 178.45 亿元，纺织业从 1987 年的 425.92 亿元增加到 2007 年的 4 914.81 亿元，服装皮革羽绒及其他纤维制品制造业从 1987 年的 133.77 亿元增加到 2007 年的 4 031.43 亿元，木材加工及家具制造业从 1987 年的 68.64 亿元增加到 2007 年的 2 612.95 亿元，造纸印刷及文教用品制造业从 1987 年的 222.79 亿元增加到 2007 年的 3 557.07 亿元。

表 7 - 1　　　1987 ~ 2007 年农产品加工业及其构成的增加值情况　　单位：万元

年份	食品制造及烟草加工业	纺织业	服装皮革羽绒及其他纤维制品制造业	木材加工及家具制造业	造纸印刷及文教用品制造业	农产品加工业
1987	4 857 817	4 259 174	1 337 722	686 357	2 227 857	13 368 927
1990	8 194 497	6 504 380	2 281 791	957 933	3 549 937	21 488 538
1992	10 442 197	78 262 14	3 210 003	1 232 775	4 763 126	27 474 315
1995	36 711 096	15 255 837	12 131 951	4 316 506	10 731 983	79 147 373
1997	38 257 398	26 142 544	18 992 819	6 261 379	13 906 946	103 561 086
2000	46 108 690	28 790 358	16 155 025	3 414 495	13 272 241	107 740 809
2002	44 971 867	22 312 735	16 296 894	10 774 876	23 728 121	118 084 492
2005	72 640 407	33 075 664	30 510 196	13 917 096	26 738 890	176 882 254
2007	101 784 536	49 148 147	40 314 318	26 129 501	35 570 743	252 947 245

注：本数据来自历年中国投入产出表，包含行业中所有企业的数据。

表 7 - 2 是 1987 ~ 2007 年中国农产品加工业及其构成占 GDP 的比重。从表 7 - 2 中可以看出，农产品加工业增加值占 GDP 比重从 1987 年的 11.702% 上升到 1997 年的 13.680%，随后下降到 2007 年的 9.508%。从 5 个子行业的增加值占 GDP 比重看，食品制造及烟草加工业从 1987 年的 4.252% 上升到 1995 年的 6.175%，随后下降到 2007 年的 3.826%；纺织业不断下降，从 1987 年的 3.728% 下降到 2007 年的 1.847%；服装皮革羽绒及其他纤维制品制造业从 1987 年的 1.171% 上升到 1997 年的 2.509%，随后下降到 2007 年的 1.515%；木材加工及家具制造业规模相对较小，在 1987 ~ 2007 年期间都小于 1%；造纸印刷及文教用品制造业规模在 1% ~ 2% 之间波动。

表 7 - 2　　　　　1987～2007 年农产品加工业增加值及
其构成占 GDP 的比重　　　　　单位：%

年份	食品制造及烟草加工业	纺织业	服装皮革羽绒及其他纤维制品制造业	木材加工及家具制造业	造纸印刷及文教用品制造业	农产品加工业
1987	4.252	3.728	1.171	0.601	1.950	11.702
1990	4.674	3.710	1.301	0.546	2.025	12.256
1992	3.919	2.937	1.205	0.463	1.788	10.312
1995	6.175	2.566	2.041	0.726	1.805	13.314
1997	5.054	3.453	2.509	0.827	1.837	13.680
2000	4.993	3.118	1.749	0.370	1.437	11.667
2002	3.690	1.831	1.337	0.884	1.947	9.690
2005	3.926	1.788	1.649	0.752	1.445	9.560
2007	3.826	1.847	1.515	0.982	1.337	9.508

（二）农产品加工深度

随着经济发展水平的提高，中国农产品加工深度也在提高。因为农产品加工业主要是对农业部门的产品为原材料进行加工的，因此，可以把农产品加工业增加值与农业增加值的比值作为衡量农产品加工深度的指标。农产品加工业增加值与农业增加值的比值越大，意味着农产品加工深度越高。表 7 - 3 是 1987～2007 年中国农产品加工业及其构成与农业增加值的比值。从表 7 - 3 中可以看出，1987～2007 年，农产品加工深度呈稳步上升趋势，农产品加工业增加值与农业增加值的比值从 1987 年的 0.418 增加到 2007 年的 0.767。从 5 大子行业看，食品制造及烟草和造纸印刷及文教用品制造业的加工深度增长较快，分别从 1987 年的 0.152 和 0.070 上升到 2007 年的 0.355 和 0.124；纺织的加工深度相对稳定，介于 0.120 到 0.180 之间；服装皮革羽绒及其他纤维制品制造业和木材加工及家具制造业的加工深度增长都很快，分别从 1987 年的 0.042 和 0.021 增加到 2007 年的 0.141 和 0.091。

表 7 - 3　　1987～2007 年农产品加工业增加值及其构成与农业增加值的比值

年份	食品制造及烟草加工业	纺织业	服装皮革羽绒及其他纤维制品制造业	木材加工及家具制造业	造纸印刷及文教用品制造业	农产品加工业
1987	0.152	0.133	0.042	0.021	0.070	0.418
1990	0.163	0.129	0.045	0.019	0.071	0.427
1992	0.178	0.134	0.055	0.021	0.081	0.469

年份	食品制造及烟草加工业	纺织业	服装皮革羽绒及其他纤维制品制造业	木材加工及家具制造业	造纸印刷及文教用品制造业	农产品加工业
1995	0.302	0.125	0.100	0.036	0.088	0.651
1997	0.260	0.177	0.129	0.042	0.094	0.703
2000	0.301	0.188	0.106	0.022	0.087	0.704
2002	0.270	0.134	0.098	0.065	0.143	0.710
2005	0.315	0.143	0.132	0.060	0.116	0.767
2007	0.355	0.171	0.141	0.091	0.124	0.883

（三）农产品加工业与国民经济其他行业的关联性

本书分别从影响力系数和感应度系数来分析农产品加工业的5大子行业与国民经济其他行业的关联程度。影响力系数反映某一部门增加一单位最终使用时，对国民经济其他部门所产生的生产需求波及程度；感应度系数反映当国民经济各部门增加一单位最终使用时，需要某部门为其他各部门生产而提供的产出量。

从表7-4中可以看出，一些农产品加工业的子行业的影响力系数大于感应度系数，即其生产对其他部门的影响要大于其他部门生产对该部门的影响，如纺织业；一些农产品加工业的子行业的影响力系数与感应度系数相当，即其生产对其他部门的影响与其他部门生产对该部门的影响基本相同，如食品制造及烟草加工业和造纸印刷及文教用品制造业；另一些农产品加工业的子行业的影响力系数小于感应度系数，即其生产对其他部门的影响要小于其他部门生产对该部门的影响，如服装皮革羽绒及其他纤维品制造业、木材加工及家具制造业。从时间上看，纺织业的影响力系数有较大幅度的下降，而且感应度系数基本稳定；食品制造及烟草加工业的影响力系数呈上升趋势，而其感应度系数呈不规则变化；其余三个行业的影响力系数和感应度系数在1987~2007年期间无明显变化规律。

表7-4　1987~2007年中国农产品加工业的影响力系数和感应度系数

年份	影响力系数					感应度系数				
	（1）	（2）	（3）	（4）	（5）	（1）	（2）	（3）	（4）	（5）
1987	0.936	1.816	0.615	0.678	1.119	1.044	1.207	1.201	1.144	1.121
1990	0.853	1.940	0.577	0.610	1.088	0.948	1.159	1.166	1.130	1.101
1992	0.827	1.489	0.467	0.565	0.926	0.974	1.182	1.206	1.147	1.109
1995	0.894	1.755	0.566	0.594	1.023	0.908	1.224	1.254	1.117	1.162
1997	1.017	1.647	0.626	0.696	1.141	1.008	1.134	1.128	1.153	1.097

续表

年份	影响力系数					感应度系数				
	（1）	（2）	（3）	（4）	（5）	（1）	（2）	（3）	（4）	（5）
2000	0.940	1.624	0.566	0.553	1.045	0.944	1.147	1.156	1.180	1.127
2002	0.945	1.164	0.607	0.748	1.326	1.015	1.198	1.230	1.153	1.086
2005	1.001	1.068	0.561	0.666	1.193	0.965	1.161	1.164	1.137	1.138
2007	1.242	1.143	0.639	0.727	1.121	0.992	1.214	1.215	1.143	1.154

注：（1）~（5）分别是食品制造及烟草加工业、纺织业、服装皮革羽绒及其他纤维品制造业、木材加工及家具制造业、造纸印刷及文教用品制造业。

（四）农产品加工业的就业规模

农产品加工业提供了大量的就业岗位，其中以女性居多。2008年，城镇农产品加工制造业年末从业人口为1050.9万人，占制造业总从业人口的30.6%；其中，女性从业人员为578万人，占农产品加工业从业人员总数的55%，高于制造业的42.055%和全国平均的37.561%。在农产品加工业内部，纺织业、服装皮革羽绒及其他纤维品制造业的女性员工比重较高，近70%；造纸及纸制品业的女性员工则仅为37.152%，低于全国平均水平。

二、组织形式

（一）市场

目前我国已形成由众多农产品企业组成的特色块状经济格局。水产品加工区主要在浙江、江苏、福建、山东、广东、辽宁等沿海省份；果品加工业主要在陕西、山东这两大果品生产地；肉类加工主要分布在河北、河南、湖南、四川等中部省份以及东北地区；玉米加工业主要集中在吉林；大米加工业主要集中在黑龙江；水稻加工业分布在湖北、湖南、四川等水稻种植大省；饲料加工业分布在辽宁、江苏、山东、广东、四川等省份；食用植物油加工业分布在江苏、山东等省份；乳品加工业集中在内蒙古；皮革加工业集中在河北；羽绒制品加工业集中在江苏和浙江；茶叶加工业分布在安徽、江西、福建、江苏、浙江、云南、四川、湖南等省。

（二）经营主体

目前我国农产品加工业经营主体呈多元化发展趋势，但是仍存在规模偏小、产业链不完善、企业与农民利益不一致的问题。

我国目前的农产品经营主体主要包括个体户、乡镇企业和大企业。我国东部沿海发达地区的农产品加工企业往往采取个人独资企业或者合伙制企业的经营方式。但是，这种类型的企业由于个人财力和能力的限制，很难扩大生产规模，达到合适的经营规模。

我国的农产品加工业主要集中在乡镇企业中。其中，有7个行业中乡镇企业所占比重超过50%，9个行业中乡镇企业比重超过45%。截至2009年，全国乡镇企业中规模以上的农产品加工企业总共有101 241个，占全国农产品加工业总数的82.1%；规模以上乡镇企业中从业人员占全国农产品加工业人员的63.4%；规模以上乡镇企业总产值占全国农产品加工业总产值的55.9%。

一些地方已经建立和完善企业与基地、农户的利益连接机制的"企业＋农户"模式。如伊利集团和蒙牛集团这两大牛奶加工业巨头，和奶农签订了订单合同，使奶农有了稳定的收入，促进了奶农养殖奶牛的积极性。另外，在河南、河北、山东、吉林等省，订单农业也比较流行。但是，更多的农产品加工企业还没有完全与农民形成风险共担、利益共享的机制，企业对行业和地方经济的带动能力不强。

（三）政策支撑

中国各级政府对农产品加工业有一系列的政策规划。2007年农业部颁布的《农产品加工业"十一五"发展规划》指出：十一五期间，农产品加工业力争实现年均增长12%的发展速度，2010年农产品加工业产值突破7万亿元，农产品加工业产值与农业产值之比超过1.5∶1。农业部的"十二五"规划中，提出从四个方面大力发展农产品加工业：一是重点培育一批产业关联度大、带动能力强、有国际竞争力的大中型农产品加工龙头企业，带动相关产业发展；二是鼓励引进国外先进加工技术，支持企业与各类研发机构联合开展重大关键加工技术的攻关，加快科技成果的转化应用；三是加大对农产品加工企业原料基地建设；四是制定实施农产品加工业发展规划，加强行业管理和自律。

三、技术水平

农产品加工技术的不足阻碍了农产品的深加工能力，使得农产品资源开发利用程度较低。中国的农产品资源很丰富，但是大多数农产品的加工程度仍然较低，多数农产品还是直接出售原始产品，导致农产品附加值低。农产品加工技术的低水平，使得产品质量不高，名优产品比例低；同时，一般性普通品种多，而专用品种少。

我国农产品加工技术装备行业稳步发展，装备水平大幅提高，装备创新体系逐步形成。但是，我国农产品加工装备行业中的大多数企业是依靠自身的力量完成新产品的开发，存在产品技术含量低、市场竞争能力不高、重复建设、自主研发能力低、生产标准水平低等问题。目前，我国以食品工业为对象的农产品加工装备制造企业约 4 000 多家，产品种类约 4 000 多种，行业产品销售收入近 600 亿元。科技部联合多部门进行对与人民生活密切的主要农产品关键技术与加工设备进行攻关，取得不少成果。近年来，各级政府实施了一系列政策以支持农产品加工技术。

下面比较中国农产品加工业在制造业中的全要素生产率和效率情况。

本书采用基于 DEA 的 M 氏指数法计算从 2005 年到 2009 年中国农产品加工业的全要素生产率的动态演化及其在制造业中的地位。根据中国统计年鉴数据，以规模以上制造业企业为研究对象，以经过价格平减的工业总产值作为产出，以固定资产原值与固定资产净值的均值作为资本存量，以就业人数作为劳动者投入，采用 DEAP2.1 计算得到中国制造业 36 个子行业的全要素生产率及其构成的动态演化。根据新古典增长理论，全要素生产率指除资本和劳动所无法解释的经济增长部分，即全要素生产率水平越高，相同的资本和劳动投入会得到更多的产出。全要素生产率增长率越高，意味着在资本和劳动增长率不变的情况下，其产出的增长率会越高。

全要素生产率可以看做是有技术、管理等因素共同影响的。基于 DEA 的 M 氏指数法的优点是可以把全要素生产率的增长率分解为技术进步增长率和技术效率增长率。如果技术水平不变，技术效率增长率越高，全要素生产率增长率越高；如果技术效率水平不变，技术进步增长率越高，全要素生产率增长率越高。

表 7 - 5 是计算得到的 2005 年到 2009 年中国制造业 36 个子行业的全要素生产率及其构成的动态演化。从表中可以看出以下几点：第一，农产品加工业的全要素生产率年均增长率在 2005 年到 2009 年之间达到 7.0%。这意味着即使农产品加工业的资本和劳动投入水平维持不变，农产品加工业的产值也能年均增长 7.0%。第二，农产品加工业的全要素生产率增长率与制造业平均全要素生产率增长率非常接近，但是农产品加工业的技术效率年均增长率更高，而技术进步年均增长率则较低。这说明，制造业总体的技术进步水平要高于农产品加工业，但是后者对现有技术的使用更为有效。第三，农产品加工业内部全要素生产率增长率差异大。食品制造业、饮料制造业、印刷业和记录媒介的复印业的全要素生产率年均增长率高于 10%，而纺织业、纺织服装鞋帽制造业、皮革毛皮羽毛（绒）及其制品业、家具制造业的全要素生产率年均增长率不足 6%。第四，农产品加工业内部的技术效率、技术进步存在分化。纺织业、纺织服装鞋帽制造业、皮革毛皮羽毛（绒）及其制品业、家具制造业、文教体育用品制造业的技术存在较大幅度的退步，而其技术效率增长率则很高，这意味着这些行业的技术前沿面在下降而生产点离前沿面更接近。这可能是由于这些行业的企业更有积极性去采取已有的技术，而不是追求技术进步。农副食品加工业、食品制造业、饮料制造

业、烟草加工业、造纸及纸制品业、印刷业和记录媒介的复印业则是技术进步水平和技术效率同时提高，这说明这些行业的全要素生产率的增长是由技术的提高和技术效率的改善同时推动的，是一种可持续的增长方式。

表7-5　　中国制造业36个子行业的全要素生产率及其构成的
动态演化（2005～2009年）　　　　　　单位：%

行业	技术效率 年增长率	技术进步 年增长率	全要素生产率 年增长率
煤炭开采和洗选业	12.5	2.9	15.8
石油和天然气开采业	-10.7	11.9	0.0
黑色金属矿采选业	14.4	2.7	17.6
有色金属矿采选业	7.0	1.6	8.7
非金属矿采选业	19.3	-5.2	13.2
其他采矿业	5.6	-2.0	3.4
农副食品加工业	5.2	2.3	7.7
食品制造业	7.9	3.1	11.2
饮料制造业	6.6	5.0	12.0
烟草制品业	1.5	7.8	9.4
纺织业	13.4	-7.0	5.4
纺织服装、鞋、帽制造业	14.2	-10.3	2.5
皮革、毛皮、羽毛（绒）及其制品业	13.6	-10.3	1.9
木材加工及木、竹、藤、棕、草制品业	20.0	-8.6	9.8
家具制造业	14.9	-10.3	3.1
造纸及纸制品业	3.6	5.3	9.1
印刷业和记录媒介的复制	6.5	3.9	10.6
文教体育用品制造业	12.9	-10.3	1.4
农产品加工业平均	10.0	-2.5	7.0
石油加工、炼焦及核燃料加工业	0.0	9.0	9.0
化学原料及化学制品制造业	1.5	5.8	7.3
医药制造业	5.8	4.8	10.8
化学纤维制造业	0.4	6.7	7.1
橡胶制品业	5.8	3.5	9.5
塑料制品业	10.3	-2.8	7.1

行业	技术效率年增长率	技术进步年增长率	全要素生产率年增长率
非金属矿物制品业	11.1	4.1	15.7
黑色金属冶炼及压延加工业	-3.3	7.2	3.6
有色金属冶炼及压延加工业	2.6	5.8	8.5
金属制品业	11.0	-8.2	1.9
通用设备制造业	10.3	-3.1	6.9
专用设备制造业	11.0	-1.2	9.7
交通运输设备制造业	6.4	4.6	11.3
电气机械及器材制造业	10.4	-6.2	3.5
通信设备、计算机及其他电子设备制造业	-3.4	2.6	-0.9
仪器仪表及文化、办公用机械制造业	10.3	-9.1	0.3
工艺品及其他制造业	15.6	-10.3	3.7
废弃资源和废旧材料回收加工业	0.0	-3.9	-3.9
制造业平均	7.6	-0.2	7.1

第二节　国际农产品加工业发展经验

一、经济结构

本书将从反映农产品加工业规模的农产品加工业增加值占 GDP 比重、反映农产品加工深度的农产品加工业增加值与农业增加值的比值、农产品加工业各子行业的影响力系数和感应度系数，分析国际农产品加工业的发展经验。

（一）农产品加工业规模

为了便于国际比较，按照 OECD 投入产出表对行业的划分，农产品加工业分为食品饮料和烟草业、纺织及纺织品皮革制鞋业、木材木制品加工和家具业、造纸印刷和出版业等 4 个子行业。根据 OECD 投入产出表（2010 年版），本书计算了 1995 年、2000 年、2005 年左右的 42 个世界大部分发达国家和主要发展中国家的农产品加工业增加值占 GDP 比重的情况。为了便于研究，本书将各国农产品加工业增加值占 GDP 比重与各国的经济发展水平相结合。图 7-1 是各国农产

品加工业增加值占 GDP 比重。从图 7 – 1 中可以看出，农产品加工业的相对规模
会随着经济发展水平的提高而下降。

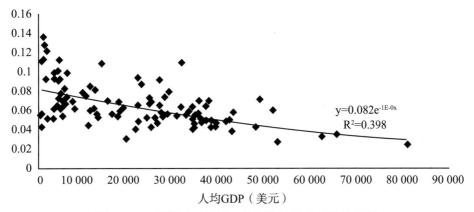

图 7 – 1　各国农产品加工业增加值占 GDP 比重

（二）农产品加工深度

从理论上讲，随着经济发展水平的提高，居民对农产品加工的要求会提高。
同时，随着技术水平的提高，农产品加工深度也会提高。图 7 – 2 中农产品加工
业增加值与农业增加值的比值随着人均 GDP 的提高而呈现对数式增长，体现了
国际农产品加工深度的一个发展经验。

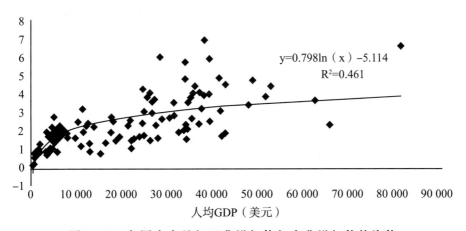

图 7 – 2　各国农产品加工业增加值与农业增加值的比值

（三）农产品加工业的产业关联性

各国农产品加工业的影响力系数都大于 1，而且与经济发展水平相关性很

小。图 7 - 3 是各国农产品加工业的影响力系数与人均 GDP 的散点图。从图 7 - 3 中看出，4 个行业的影响力系数值大都分布于 1 ~ 1.5 之间，而且与人均 GDP 之间的斜率几乎为零。为了进一步分析影响力系数与经济发展水平的关系，本书计算了影响力系数与人均 GDP 之间的相关系数，得到食品饮料和烟草业、纺织及纺织品皮革制鞋业、木材木制品加工和家具业、造纸印刷和出版业的影响力系数与人均 GDP 之间的相关系数分别为 0.076、- 0.163、0.220 和 - 0.035。4 个子行业影响力系数的均值分别是 1.299、1.255、1.227 和 1.166，变异系数分别是 0.101、0.099、0.099 和 0.104，这说明各国农产品加工业的影响力系数比较稳定。随着经济发展水平的提高，农产品加工业的相对规模会缩小，但是其对其他行业的影响程度则并不改变。

农产品加工业不同子行业的感应度系数受经济增长的影响有差异。如图 7 - 4 所示，纺织及纺织品皮革制鞋业的感应度系数会随着经济发展水平的提高而下降，两者之间相关系数为 - 0.538；其他 3 个行业的感应度系数在经济增长推动下仍然比较稳定，食品饮料和烟草业、木材木制品加工和家具业、造纸印刷和出版业的感应度系数与人均 GDP 之间的相关系数分别为 0.030、0.057 和 0.209。4 个子行业影响力系数的均值分别是 1.062、0.964、0.859 和 1.330，变异系数分别是 0.173、0.222、0.139 和 0.240，这说明农产品加工业的感应度系数稳定性要低于影响力系数。

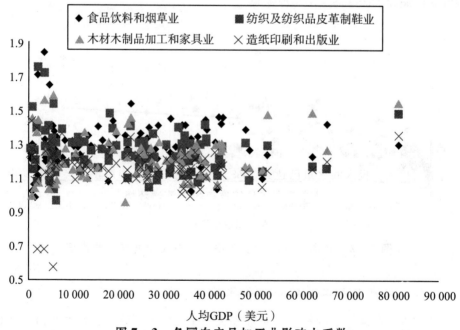

图 7 - 3 各国农产品加工业影响力系数

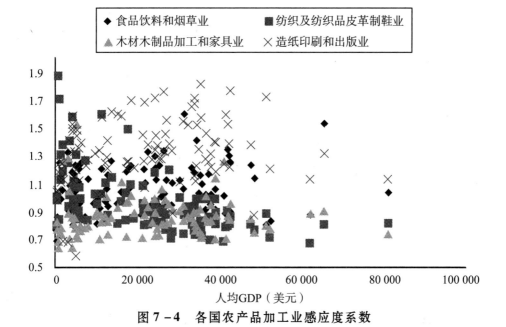

图7-4 各国农产品加工业感应度系数

二、组织形式

(一)市场

一些发达国家有完善的农产品市场体系,高水平流通效率。如韩国通过采取以下措施,提高了市场营销系统的效率:一是对产地农产品流通进行改革。政府给予一定的资金补贴,由农协把产地的农民组织起来,建立综合的农产品加工处理场,通过筛选、分等、包装,把农产品直接销售给大型商场、超市、批发商、团体消费者和出口国外。二是加快农产品批发市场建设,政府加大对批发市场建设资金的投入,投入的比重已达到70%。农业财政投入中用于农产品批发市场的比重提高到30%。三是改善农产品销地市场的流通环境。

(二)经营主体

在经营主体方面,一些国家之间存在差异。下面分别比较美国和日本的情况。

美国的农产品经营主体有三大类,分别是综合型农产品加工企业、契约型农产品加工企业和合同型农产品加工企业。综合型农产品加工企业是工商资本兴办的企业,工商资本直接渗透到农业,将农业生产与产前、产后各关联环节纳入到一个统一的经营体内，形成完全纵向一体化的综合经营，企业一般规模较大，实力较强。经营范围涉及供、产、销各个领域。这类企业的特点有：一是集生产和服务于一身，能减少各环节之间的交易费用，从而降低了经营成本；二是能够在内部各部门之间平衡盈亏，使总公司保持总体盈利；三是农业的产前、产后部门与农业生产直接结合在一个经济实体中，免去了许多中间环节，加快了产品进入加工和投放市场的速度。契约型农产品加工企业是指农产品加工企业与农户签订合同，明确双方的责任与义务，建立严格的经济责任和稳定的业务关系，通过工商企业负责向农场主供应农用物资，提供技术服务，保证农产品的加工和销售；农场主则按照合同向对方提供农产品，并且保证合同规定的数量、质量、交货期限等条件。通过合同契约把农产品加工企业与农户联结起来。这类企业的特点有：一是合同双方均保持经济上、法律上的独立性，各自实行独立核算。农业生产与产品的加工销售是由不同的经营者独立进行的，双方能够发挥各自的经营灵活性和积极主动性；二是通过合同建立了严格的经济责任和稳定的业务往来关系，从而保障了一体化经营的正常运行；三是把农产品的产、供、销诸环节整合成一个完整的产业链；四是加工企业与农户风险共担，利益共享。合作社型农产品加工企业由农业合作社兴办，每个农户都与合作社订立合同，一般为期 3 年。合同规定各种条件和双方承担的义务，如产品的品种、数量、质量、供货期限和地点等。如果农户达不到关于产品质量的规定或其他要求，合同可以提前废除。期满后合同可以重订，条件也可以修改。

日本的农产品加工主要在农协系统，经营主体主要是合作加工企业。虽然政府对新建农产品加工企业有很多支持和扶持政策，但是大多数大型农产品加工企业还是主要依靠自身的实力进行农产品加工。在日本，为了满足加工的要求，他们在生产上都实行统一的生产布局，在一个区域集中生产统一品种、统一规格的产品，方便了加工需求。我们应按照农业部优势农产品区域规划和农产品加工业发展的要求，建立规模化、标准化、专用化的优质原料基地。在形成了一定的原料生产规模后，鼓励农产品加工企业进行产地加工，构建与农产品优势区域布局相适应的农产品加工业的产业群，逐步形成原料基地、加工企业和销售市场之间布局合理、畅通便捷的储藏运输网络。日本中央和地区以上农协自己有规模比较大的农产品加工企业，可直接收购基层农协的农产品进行加工，基层农协是农户与加工企业间的联结纽带。日本的农产品加工企业，无论是生产规模，还是自动化程度都较高，从而有力地提高了产品质量。

（三）政策支撑

发达国家对农产品加工业也有很多支持政策。

美国政府的对农产品加工业的支持主要在以下四个方面：一是通过对农业补贴或提供贷款担保，促进农产品加工业所需原料的稳定化和标准化。二是通过规范有序的管理体系，确保加工农产品和食品的质量安全。通过行之有效的监督机制，提高农产品加工业和农业产业体系的规范化水平。三是通过建立完善的服务体系，为农产品加工业发展创造良好的社会环境。四是通过行业协会等中介机构，推动农产品加工业更加健康快速地发展。

日本农林水产省对农产品加工业提供大量的政策支持。一是对农协经营的农产品加工企业的补贴。二是对民间企业进入农产品加工业的鼓励和帮助。三是对农产品加工技术的科研投入。四是投资设立农林水产先进技术产业振兴中心和日本食品产业中心以鼓励企业进行开发创新。五是重视食品消费市场调查与预测。

欧盟国家通过增值税优惠、所得税优惠支持农产品加工业的发展。在增值税方面，一是通过免税和退税。目前法国、意大利、荷兰等国家采取这一政策，其内容包括允许农业经营者在销售农产品时向购买者索取农产品价格一定比例的税收补偿，同时对一些农产品实施退税。二是采用特别税率。目前已有英国、德国、奥地利等国家采取这一政策，其内容是对农产品加工业征收增值税时采用显著低于基本税率的特别优惠税率。在所得税优惠上，主要通过减免优惠和亏损结转方式来支持农产品加工业的发展。

三、技 术 水 平

单种农产品的加工技术。如美国的湿法加工玉米，大豆加工技术、马铃薯加工技术，发达国家高度发达的食品加工机械部门，不断利用新原理、新技术、新工艺、新材料，间接实现了先进技术在食品加工领域的应用。食品加工机械产品品种齐全，机械化、自动化程度很高，不仅使得加工企业的生产效率大大提高，而且保证产品质量稳定、统一、可靠和产品标准化、系列化。发达国家食品加工机械一般具有动力、燃料及水消耗少的优点。

世界许多经济发达国家陆续实现了农产品保鲜产业化，美国、日本的农产品保鲜规模达到70%以上，意大利、荷兰等国家也达到了60%。在工业发达国家，80%以上的粮食和50%以上的果蔬实现了工业化转化，工业食品的产值占到整个食品产值的80%~90%。美国对农产品的采后保鲜与加工的投入，已占农业全部投入的70%，以农产品加工为基础的食品加工业已成为美国各制造业中规模最大的行业。

实行标准化管理。许多发达国家要求食品加工业在管理上实行"良好生产操作规程（GMP）"，在安全控制上普遍实行"危害分析与关键控制点（HAC-CP）"体系和ISO9000族质量保证体系，使食品生产从最终产品检验为主的控制方式，转变为生产全过程的质量控制。

建立有固定的原料基地为保证产品质量，在基地的选择上，不仅考虑加工品种的专业化、规模化，还认真选择基地的气候生态条件和化肥种类等因素。粮油加工业中，以专用粉为例，日本有 60 多种，英国有 70 多种，美国达 100 多种，日本专用食用油油脂达到 400 多种。

随着食品化学、生物技术及其他相关学科的发展，农产品加工技术发展迅速，一批高新技术如瞬间高温杀菌技术、微胶囊技术、微生物发酵技术、膜分离技术、微波技术、真空冷冻干燥技术、无菌贮存与包装技术、超高压技术、超微粉碎技术、超临界流体萃取技术、膨化与挤压技术、基因工程技术等，已在农产品加工领域得到广泛应用，并将迅速普及与深化。

精深加工能力越来越强，资源综合利用度越来越高。对农产品原料的综合利用，既可提高经济效益，又能有效解决环境污染，已成为农产品加工的发展方向。如对植物的根、茎、叶、花、果的充分利用，对畜禽、水产品副产物利用等，已有很多成功的例子。农产品的加工向分子水平进军，研究利用原料的功能成分、分子水平提取，研制人体所需的营养保健食品（又称分子食品），使农产品精深加工能力得以提高。

新型、高效、节能、环保的加工设备。加工技术的高新化将带动加工设备的高新化，如多功能饮料罐装生产设备，无菌包装技术设备，果蔬激光分级、清洗、包装成套设备，膜分离技术设备，超微粉碎设备，速冻设备等。加工原料专用化发达国家农产品加工率达到 70% 以上，其农产品品种大多为加工专用品种，种养生产过程按加工的技术要求，既保证了产品的质量，又降低了加工过程的成本。

下面以美国和日本的制造业全要素生产率变化来分析农产品加工业与制造业技术水平的演化情况。本书的美国制造业全要素生产率数据来自美国经济研究局与美国统计局经济研究中心联合编制的制造业数据库（NBER-CES Manufacturing Industry Database）。巴特尔斯曼和格雷（Bartelsman and Gray，1996）[①] 对该数据的编制和应用做了详细的说明。该数据库编制了从 1958 年到 2005 年 459 个制造业子行业的全要素生产率指标，其中有 168 个子行业属于农产品加工业。为了便于比较，本书采用几何平均法计算了制造业总体全要素生产率和农产品加工业全要素生产率。

图 7 - 5 是美国从 1959 年到 2005 年制造业全要素生产率增长率的变化趋势。从图 7 - 5 中可以看出：第一，美国制造业总体的全要素生产率增长率要高于农产品加工业。经计算，美国制造业全要素生产率在 1959 年到 2005 年期间年均增长

---

① Bartelsman，E.，Gray，W.，1996，The NBER Manufacturing Productivity Database，Technical Working Paper 205，NBER.

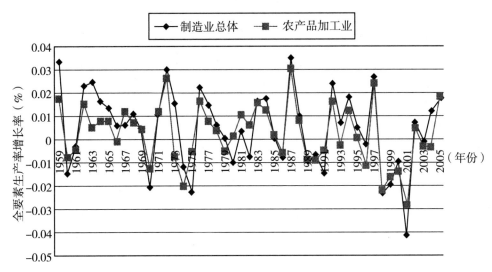

图 7-5　美国制造业全要素生产率增长率（1959～2005 年）

率为 0.45％，而农产品加工业全要素生产率在这一期间年均增长率为 0.24％。这也说明，伴随着农产品加工业增加值在国民经济中随着经济增长的下降，其全要素生产率增长率也是较低的。第二，农产品加工业的全要素生产率增长率的走势与制造业总体的全要素生产率增长率走势非常相似。经计算，两者之间的相关系数高达 0.87。这也反映了农产品加工业的发展与制造业，甚至与国民经济的发展都是息息相关的。

为了进一步反映农产品加工业内部的全要素生产率情况，本书按照该数据库的行业分析，把农产品加工业分为食品饮料业、烟草业、纺织业、皮革鞋和其他纺织品业、木材和木制品业、家具业、造纸和纸制品业以及印刷出版业等 8 个子行业。图 7-6 是 2005 年农产品加工业全要素生产率水平，以 1987 年的全要素生产率为 1。从图 7-6 中可以看出：第一，不管是制造业、农产品加工业，还是农产品加工业的 8 大子行业，其全要素生产率从 1987 年到 2005 年增长较少，甚至好多行业是下降的。第二，近一半农产品加工业的全要素生产率都高于制造业，如食品饮料业、烟草业、纺织业、家具业，而另外 4 个行业接近或低于制造业。

日本的制造业全要素生产率数据来自中岛等（Nakajima et al.，2004）[1]，包括 22 个制造业部门 1961～1995 年的全要素生产率增长率变化情况。表 7-6 是日本制造业全要素生产率增长率在 1961～1995 年期间的变化趋势。由于没有提供制造业总体的全要素生产率数据，也无法对农产品加工业进行加总，因此，这

---

[1]　Nakajima, T., Nomura, K., Matsuura, T., 2004, Total Factor Productivity Growthl Survey Report, Published by the Asian Productivity Organization.

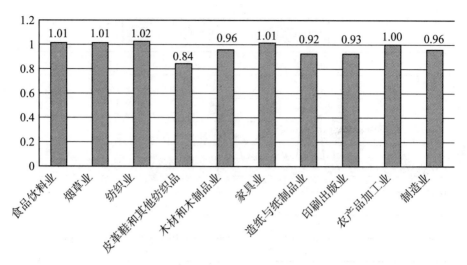

图 7 – 6   2005 年农产品加工业全要素生产率比较

里以分析农产品加工业的各个子行业为主。从表 7 – 6 中可以看出：第一，农产品加工业内部的全要素生产率差别较大。食品业和出版业在 1961～1995 年期间全要素生产率增长率小于 0，意味着这两个行业的全要素生产率水平是在下降的。相比之下，纺织业、纸和纸浆业的全要素生产率增长率较高，在 1% 左右，意味着这两个行业的全要素生产率在 30 多年间有很大的提升。第二，农产品加工业各子行业的全要素生产率在不同的时期呈下降趋势。除了纺织业、纸和纸浆业外，1992 年到 1995 年期间，其他行业的全要素生产率水平都是下降的。与此对应的是，在 1992～1995 年期间，除了通用机械和杂项制造产品之外，其他制造业的全要素生产率水平仍然是上升的。第三，农产品加工业的全要素生产率增长率从总体上看要小于非农制造业。这说明，要正视农产品加工业在科技进步方面在制造业中所处的不利地位。

表 7 – 6   日本制造业全要素生产率增长率演化（1961～1995 年）　　单位：%

行业	1961～1973 年	1974～1985 年	1986～1991 年	1992～1995 年	1961～1995 年
食品业	– 0.08	– 0.09	– 1.11	– 0.33	– 0.29
纺织业	– 0.07	1.81	1.26	2.24	1.07
服装业	1.29	0.07	– 0.88	– 0.60	0.28
木材业	– 0.31	2.75	– 0.75	– 0.94	0.59
家具业	0.82	0.11	0.87	– 3.00	0.15
纸和纸浆业	1.80	– 0.07	1.68	0.33	0.97
出版业	– 2.32	– 1.63	0.60	– 1.49	– 1.49
皮革业	1.70	– 0.07	– 0.16	– 1.69	0.39

行业	1961~1973 年	1974~1985 年	1986~1991 年	1992~1995 年	1961~1995 年
橡胶业	2.11	-0.14	1.92	-1.62	0.88
石，黏土业	1.65	-0.56	0.85	-0.37	0.52
铁和钢	0.95	-0.11	0.20	1.22	0.49
有色金属产品	0.93	0.79	0.40	2.24	0.94
金属制品	2.85	-0.18	1.32	0.71	1.31
通用机械	0.54	1.64	0.65	-0.72	0.79
电动机械	0.42	2.23	2.90	1.05	2.93
车辆	2.47	1.44	0.66	0.07	1.53
其他运输机械	1.06	0.40	0.60	0.05	0.64
精密机械	3.39	2.43	0.44	0.21	2.19
杂项制造产品	2.28	-0.08	0.59	-0.14	0.90
化学工业	2.91	0.44	0.77	2.56	1.65
石油工业	-2.13	0.61	2.70	1.69	0.08
煤	-0.63	-2.45	0.07	4.73	-0.52

第三节　国际农产品加工业发展经验对我国的启示

一、经济结构

要在战略高度重视农产品加工业的发展。随着经济增长，农产品加工业在国民经济中的数量的重要性会下降，而且全要素生产率也会下降，有可能成为弱势行业。因此，需要政府对农产品加工业进行多种政策扶持，引导农产品加工业朝深加工的集约型发展。

农产品加工业需要转型发展，避免粗放型发展造成的损失。目前我国农产品加工业增加值占 GDP 比重在 10% 左右，而美国、日本等发达国家该比重在 4% 左右。虽然在行业增加值的绝对量上仍然是增长的，其份额的下降趋势是不可逆转的。

农产品加工业需要进一步提高加工深度，以满足经济发展的需要。目前我国农产品加工业增加值占农业增加值的比值不足 1，而美国、日本等发达国家该比值接近于 5。引导农产品加工企业提高加工深度，增加高附加值、高科技含量的产品研发，把"高产量、高能耗"的粗放型增长转变为"高质量、高效益"的集约型增长。农产品加工业发展对于延伸农业产业链，使农业不再是仅仅提供工业和生活原料和初级产品的基础地位，而成为一种从"从田间到饭桌"的综合产业，提高农产品的附加值。由农产品加工业发展所增加的农产品附加值，既可以带动种养殖业的发展，增加农民收入，也可以拉动服务业的发展，优化农产品的贸易条件，促进城乡协调发展。同时，提高农产品加工业的加工深度还可以提高农业的整体效益，因此，农产品加工业的发展牵动着国民经济运行的好坏。

二、组织形式

积极推广"股份合作"、"龙头企业 + 专业合作组织 + 农民"等新模式，积极培育具有创新能力的农产品加工业企业群体和企业家群体，鼓励农民以土地承包权、资金、劳动力、品牌等要素入股，促进企业与农民结成更牢固的利益关系。股份制可以降低甚至杜绝农民的机会主义行为和龙头企业在谈判能力不对等的情况下对农民的盘剥，通过股份分红使农民获得投资收益的平均利润。大力推进产业化经营，提升农产品加工业的国际竞争力。要坚持大、中、小农产品加工企业共同发展，重点扶持一批大型农产品加工企业，实施产加销一体的产业化经营，提高中国农产品加工企业在国际市场上的竞争力，提升整个农产品加工产业在国际上的地位。进一步规范发展订单农业，明确农民与企业双方权利义务，引导农户推行标准化生产、实施"良种良法"，发展符合企业加工需要的绿色安全农产品和优质农产品，提高合同履约率。完善农产品加工企业带动农户的组织制度和利益联结机制，创新机制，使农民从生产、加工、制造、流通、服务等各个环节获得更多的收入，调动农户参加产业化经营的积极性。同时切实抓好中介组织、行业协会及各类专业协会的建设，充分发挥各类行业协会和中介组织在农产品加工技术推广、培训、管理、信息等方面的服务功能和作用，使其带动农户遵从市场规则，维护农产品生产、加工、贸易中各个方面的利益。

积极推动农产品加工业园区的建设，整合和集约利用资源，走集群化发展道路，形成经营规模，发挥产业集聚效应。选择资源丰富、市场配套性强、可以形成产业集聚和经济优势的农产品生产区域，培育壮大一批成长性好、带动能力强、有国际竞争力的龙头企业，大力培育和发展经济效益明显、产业关联度高、专业分工明晰、生产加工销售及服务性企业相对集中的农产品加工产业集群或园区。

积极推行公共财政扶持农产品加工业。第一，要建立一个标准体系，以确定选择扶持的对象。第二，在选择支持的内容上，要突出重点。第三，要意识到对农产品加工业的扶持不仅只是财政扶持，更重要的是提高政府的公共服务效率和质量。第四，通过财政扶持杠杆，充分发挥财政资金的引导社会资金向农产品加工业的投入。第五，要建立和完善实施过程中的效果评估和监督机制，使财政扶持政策真正落实到农产品加工业的发展上。

积极推出税收政策对农产品加工业的支持。适度降低农产品加工业的增值税率；加快对农产品加工业实行增值税转型；适度降低农产品加工企业所得税税率；采取多样化的税收优惠方式。

三、技术水平

要重视和加大对农产品加工的科技投入，提升农产品加工业的整体科技水平。技术和装备水平低是中国农产品加工整体上处于加工多、水平低、规模小、综合利用差和耗能高的初级阶段的主要原因。中国科技投入的重点是在生产上，大部分的科研经费用于农业投入部门和农业生产部门，而对农业产后领域的科研投入不大重视，导致了农产品加工领域技术创新能力较低，科学和技术支撑，尤其是基础性的研究严重不足。组织实施一批支持农产品加工业发展的重大项目，提升农产品加工业的原始创新能力和科技水平。培育农产品加工技术装备的骨干企业，建设农产品加工技术装备研发中心，加大对农产品技术装备的资金投入，做好农产品加工技术装备联合攻关，鼓励农产品加工技术装备技术创新。

加强农产品质量与安全技术措施的研究。要在加快农产品加工业发展的同时，特别重视农产品的质量与安全研究，加快制定农产品的质量标准，确保农产品加工业健康发展。

建设稳定的加工专用品种和优质原料示范基地，采用高新科技提升传统农产品加工业，建立和完善标准化体系和全程质量控制体系，加快传统农业工业化生产，加大对农产品加工业基础设施建设的支持力度。以优势农产品产业带和种养殖基地为支撑，选择并着重培育加工专用品种，建立一批农产品加工专用原料基地。鼓励农产品加工企业直接参与加工专用原料的生产，建设专业化生产、规模化种养、标准化管理的原料基地。

对现有的科技、人力和物质等产业资源进行整合、优化，大力发展农产品精深加工，减少低水平重复建设和无序竞争，提升农产品加工业的效益。

抓好农民培训和素质提高的工作，针对农产品加工业的技术要求，大力实施对相关人员的技能培训，提高劳动力素质，增加农产品加工业的劳动力产出水平。

第四节 中国农产品流通现状特征及趋势

要实现农业的现代化，农产品流通必须实现现代化。因为农产品流通连接生产者和消费者，要实现农产品的"大生产、大市场"，就必须实现农产品的"大流通"。农产品流通的发展一要面向生产者，解决农产品的销售和增值问题；二要面向消费者，满足消费者高品质、多样化、方便快捷的消费需求。

由于农业的生产规模小，农业生产者不具备远距离销售农产品的能力，同时，由于农产品的易腐性等特点，因而如何让农产品以较快的速度卖出去就成为了重要的问题。当然，农产品流通绝不仅仅是解决农产品卖难的问题，最根本的是要解决"小生产"与"大市场"之间的矛盾。要通过农产品流通的发展，使供应、生产、加工、销售等环节形成有机的整体，形成有效的市场价格信号且进行有效的传导，并能够指导农业生产，实现农业生产的现代化，实现产品增值和农民增收，同时为人们提供充足、丰富、营养的食品。

一、中国农产品流通模式

从世界范围来看，农产品流通整体上主要有两大类模式：一是以农产品批发市场为核心的市场内流通模式；二是以中间企业或大型终端零售企业为主导的一体化流通模式。其中，一体化流通模式因主导主体的不同又有不同种类。我国的农产品流通也不外乎这些模式。但是具体来看，中国由于农业生产整体上以小规模经营为主，导致农产品流通基本以市场内流通模式为主，这一模式承担了70%的农产品流通份额（见图7-7）。

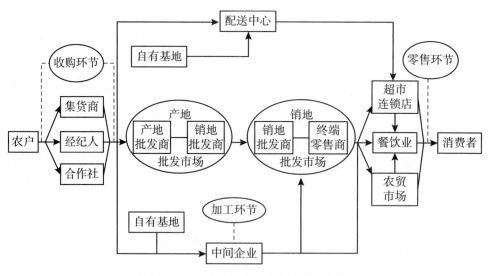

图7-7　中国农产品流通渠道结构

（一） 以批发市场为核心的流通模式

市场内流通就是以批发市场为核心的流通模式。目前，在中国这一流通模式一般包括农产品的产地收购、产地批发、销地批发、零售等诸多环节。每个环节的农产品交易都是买断关系，各环节之间的联系不紧密。农民先把农产品卖给收购商，而之后的销售活动和农民再没有关系，实际上农民被隔离在市场之外。

（二） 垂直一体化流通模式

垂直一体化流通是这样的流通模式，流通中各环节的交易是交易双方以产权结构或合同等契约形式界定交易的内容，包括交易的方式和权责的分配。这是一种长期稳定的交易关系。交易双方主体的行为是在合同约束下完成，而不是在市场价格指导下进行。在这种模式下，农产品不是通过市场进行流通，而是通过一体化的组织进行，直接由生产者那里到达销售终端，减少了流通环节，降低了交易费用，但其成功运行的关键是契约的完备性及执行力。根据一体化程度，一体化流通主要有两种类型：产权结构型和契约合同型。产权结构型是指农产品的生产、加工和销售等环节统一地由一个经营主体完成，这是一种完全的一体化，是一种以股份等形式确定产权结构及权责利益关系的组织形式。契约合同型是指农产品生产和流通中的各环节由多个独立的经营主体参与，各主体之间以合同契约建立交易关系。根据主导主体的不同有：以零售企业为主导的"农超对接"模式；以中间企业为主导的加工带动模式；以合作社为主导的合作社一体化模式。

"农超对接"模式。"农超对接"就是指大型超市直接从产地批发市场或通过收购商从农民那里购买农产品，经自己建立的配送中心，直接配送到销售终端，是一种直销模式。这一模式大大减少了中间环节，同时农民能够直接接受来自销售终端市场信息的指导，从而提高了生产和流通的效率。

加工带动模式。在这一模式下，农产品不经过传统的批发商这个中间环节，而是加工企业直接或通过收购商从农户那里收购农产品，在进行加工后再直接销售给各类零售商。这一模式的优点是不仅中间环节少，而且能够提高农产品的附加值；但也存在一个问题，即农民和加工企业之间的利益分配问题。

合作社一体化模式。合作社一体化模式是指通过与合作社签订合同的方式将自己的全部或部分产品交给合作社经营，再由合作社完成分拣、包装、销售，甚至包括加工在内等环节，合作社通过自己在技术设备、市场信息、销售渠道方面的优势使社员获得最大经济效益。合作社模式可以使社员保持独立生产的积极性和创造性，集中精力发展生产，减少中间流通环节，降低流通成本，提高流通效率，是对农民最有利和最有效的模式。

二、中国农产品流通各环节中的组织与主体

(一) 生产者

目前从整体上来说,我国农业生产仍以家庭为单位的小规模经营为主。虽然我国也存在一些国有农场、企业自有生产基地以及农业生产合作社,但这些并普遍,不是主流。据统计,目前我国农业生产主体农户的数量为 2.4 亿户,平均每户拥有的耕地只有 7 亩左右。由于我国农产品生产过于分散,70% 左右的农户要靠自己解决农产品的远销问题。

另一方面,农业生产集中程度和专业化程度不断提高,已经基本形成全国性的区域中心。例如,东北三省区高油高蛋白等优质专用大豆面积占全国优质专用大豆面积的 74.4%,比上年提高 1.5 个百分点。冀、鲁、豫、皖四省优质专用小麦面积占全国优质专用小麦面积的 58%。2008 年 11 个油菜良种补贴实施省份油菜面积 5 672 千公顷,比上年增加 826 公顷,占全国增量的 86.8%。农业生产组织化程度普遍提高,各种类型的农业合作社、合作经济组织在全国遍地开花,有效解决了小生产与大市场的矛盾。农业产业化全面推进,2008 年全国主要农作物订单面积发展到 36 600 千公顷,比上年增加 4 460 多千公顷。其中主要粮食品种订单面积 22 600 千公顷,增加 2 840 千公顷。

(二) 收购者

由于单个农户无法独立完成农产品的远销,他们一般先把农产品卖给收购商,再由收购商和后面的运销主体进行交易。这些收购商主要有集货商、经纪人和农业合作社。其中,集货商和农户之间对农产品是一种卖断关系,而经纪人只是充当农户和后面的运销主体之间的桥梁,只收取一定的佣金,并不直接买卖农产品。合作社和农户的交易关系介于两者之间,虽然也购买社员的农产品,但这不是一种完全的买断关系,合作社实质上是代表农民销售农产品。

当前,我国农户主要通过集货商来销售自己的农产品,借助经纪人和合作社的比较少。但是,后两种途径却在不断发展,其中农产品经纪人由 2005 年的 10.88 万户增加到 2008 年的 40.24 万户,增长近 4 倍。这说明对农产品经纪人的需求比较大,其对农产品流通有重要作用。

(三) 批发市场

规模变化。中国农产品批发市场发展迅速,数量由 1991 年的 1 509 个发

展到 2003 年的 4 290 个，自 2001 年后的 10 年中市场数量渐趋于稳定，进入结构整合与质量提升阶段。2007 年市场数量是 4 150 个，但成交总额与场均成交额仍不断增长，反映在亿元交易额以上农产品批发市场的数量不断增加上，如表 7 - 7 所示。

表 7 - 7 　　　　　　2000～2008 年亿元交易额以上农产品批发市场发展情况

年份	市场数量（个）	摊位数（个）	营业面积（万 m²）	成交额（亿元）	场均营业面积（万 m²/个）	场均成交额（亿元/个）	单位摊位营业面积（m²/个）	单位摊位成交额（万元/个）
2000	1 142	653 815	1 915.88	3 667.79	1.68	3.21	29.30	56.10
2001	1 210	710 419	2 158.31	4 017.24	1.78	3.32	30.38	56.55
2002	1 189	688 725	2 242.66	4 339.52	1.89	3.65	32.56	63.01
2003	1 198	664 152	2 418.53	4 759.51	2.02	3.97	36.42	71.66
2004	1 213	671 447	2 463.74	5 478.17	2.03	4.52	36.69	81.59
2005	1 256	731 912	2 836.69	7 083.17	2.26	5.64	38.76	96.78
2006	1 482	878 451	3 996.39	9 190.93	2.70	6.20	45.49	104.63
2007	1 545	928 387	4 179.61	11 060.60	2.71	7.16	45.02	119.14
2008	1 551	858 148	4 785.99	11 849.58	3.09	7.64	55.77	138.08

资料来源：中华人民共和国国家统计局贸易外经统计司；中华人民共和国商务部市场运行调节司；中国商业联合会信息部：《中国商品交易市场统计年鉴》，中国统计出版社 2001～2009 年版。

农产品批发市场按照不同的方式有不同的分类类型。按经营商品范围划分为：专业批发市场和综合批发市场。综合批发市场是市场内经营多种商品，各种商品品种关联不大的批发市场。专业批发市场是指专门经营一种商品及相关商品的批发市场。近年来，专业市场呈逐年增长率上升趋势，全国亿元以上农产品交易市场中，专业市场数量构成比例由 2002 年的 29.9% 上升到 2008 年的 59.4%。专业市场中，蔬菜市场比例最大，2008 年占全部的 18.1%。按市场所服务的地域特点分：产地批发市场、销地批发市场和区域中转（集散型）批发市场。产地批发市场是指在农产品生产地建立的市场，一般是在农产品生产比较集中的地区形成，通常交通比较便利并能辐射周边地区。产地批发市场的典型特征是"买本地、卖全国"，有集货、分货交易功能。销地批发市场是以满足城市农产品消费需要的公益性农产品交易场所，多位于城市边缘或城市内部，典型特征就是"买全国、卖本地"，具有集散、交易、价格、信息、结算、商流和物流及配送等功能。区域中转（集散型）批发市场多处于交通枢纽或传统的集散中心，典型特征就是"买全国、卖全国"，起着连接产地和销地的中转站作用。它一般由产地批发市场发展而来，除交易本产地的特色产品，还因为拥有区位优势、交通条件、品牌优势、信息集散优势、集聚效应等，成为远距离运输的集货和中转市场。批发市场的构成在产地和销地间也不断在变化。产地批发市场日益减少，主要是由农业生产的不断集中引起的，而销地批发市场稳中有升，主要是由零售的不断发展及竞争程度不断加剧造成的。按经营业务的特点分：以批发业务为主的批发市场、以零售业务为主的批发市场。

（四）加工等中间企业

我国承担农产品一体化流通的中间企业有所发展，但仍然不足。拿农产品加工业来看，其增加值呈上升趋势，从 1987 年的 1 336.89 亿元增加到 2007 年的 25 294.72 亿元，扣除物价因素，20 年间增加了 10 余倍。农产品加工业经营主体也呈多元化发展趋势，但仍是存在规模偏小、产业链不完善、企业与农民利益不一致的问题。

我国目前的农产品经营主体主要有个体户、乡镇企业和大企业。东部沿海发达地区的农产品加工企业往往采取个人独资企业或者合伙制企业的经营方式。但是，这种类型的企业由于个人财力和能力的限制，很难扩大生产规模，达到合适的经营规模。整体上，我国的农产品加工业主要集中在乡镇企业。截至 2009 年，全国乡镇企业中规模以上的农产品加工企业总共有 101 241 个，占全国农产品加工业总数的 82.1%，规模以上乡镇企业总产值占全国农产品加工业总产值的 55.9%。另外，多数农产品加工企业没有完全形成与农民形成风险共担、利益共享的机制，企业对行业和地方经济的带动能力不强。

（五）零售商

农产品零售终端主要有农贸市场、超市、餐饮业等，其中超市和餐饮业发展迅速（见表 7 - 8）。

表 7 - 8　　　　　2005 ~ 2008 年综合连锁零售企业发展情况

年份	门店数（个）	营业面积（万 m²）	单店营业面积（m²/个）	销售额（亿元）	单店销售额（万元/个）
2005	33 347	3 053.13	915.56	4 546.72	1 363.46
2006	39 688	3 551.90	894.96	5 162.38	1 300.74
2007	47 629	3 987.38	837.17	6 099.21	1 280.57
2008	52 761	4 568.46	865.88	6 715.61	1 272.84

资料来源：中华人民共和国国家统计局：《中国统计年鉴》，中国统计出版社 2007 ~ 2009 年版。

但是，目前我国农产品零售终端仍以传统的农贸市场为主，超市和餐饮业所占的比例较少。目前发达国家农产品超市零售的比例在70%以上，其中美国和德国更是达到95%，而我国平均只有6%。

（六）消费者

消费者虽然不是农产品流通的组织主体，但它是农产品流通的终端，其消费偏好及行为的变化直接影响农产品流通的变化。随着经济发展和人民生活水平的提高，由于食物消费的刚性，人们对农产品消费的数量渐趋稳定，而对农产品的品种和质量提出了更高的要求。同时，人们的消费购物方式也在发生变化，到大型超市购物的次数增加，网上购物、电视购物等新购物方式正在兴起。另外，现在人们到外就餐的比重增加，直接推动餐饮业的发展。但是，目前由于整体上居民收入水平并不算高，决定了消费仍然处在不高的水准，对食物消费也是如此，这表现为，居民主要到农贸市场购买农产品，购买时更看重价格而不是品质。

三、中国农产品流通的特征

（一）总特征及发展阶段认识

整体上看，目前我国农产品流通的主要特征是：一方面，流通环节多、流通主体组织化程度低。但是，另一方面，我国农产品流通体系解决了十几亿人的吃饭问题，而且目前正处在流通渠道结构不断优化、流通组织主体不断发育的过程中。因此，整体上我国农产品流通正处在由传统经济流通模式向现代流通模式迈进的发展阶段。

（二）农产品流通已突破时间和空间上的限制

随着人们对食品高品质消费需求的增加，流通渠道的不断变革，伴随专业化与规模化的农产品生产向主产地集中的趋势，以及温室栽培技术和先进冷藏技术的发展和应用、交通运输条件的改善，我国农产品流通朝着"大生产、大流通"的方向迈进。一方面，农产品的供应已基本突破季节限制，实现了周年供应；另一方面，过去那种城市农副产品的供应主要由城郊及周边地区承担的状况正在改变，逐渐向广域流通转变。

（三）农产品流通环节较多

我国农产品当前主要通过以批发市场为核心的渠道流通，中间要经过产地收购、产地批发、销地批发、零售等诸多环节。虽然有些情况下其中部分环节可能被省去，但大多时候还是要经过这么多的环节。过长的环节增加了流通成本，制约了流通效率的提高。

（四）流通主体组织化程度低

无论是农户还是批发商，抑或是经纪人等，当前中国这些农产品流通主体的组织化程度都普遍不高。据对北京新发地农产品批发市场实地的相关调研，年成交额在 5 000 万元以上的批发商只占 12.6%，1 000 万 ~ 5 000 万元的占 29.6%，而绝大部分只在 100 万 ~ 1 000 万元之间（《中国农产品实操手册》）。过低的组织化程度使他们的交易行为不够规范且难以被有效管制，影响了交易效率的提高。虽然近年来，经纪人及批发商等主体在不断发育成长，但和"大生产、大流通"要求仍然相去甚远，这其中尤为关键的是作为生产者农民的组织程度没有什么大的提高，直接制约后面各个流通环节的发展。

（五）农产品批发市场的特征

从单个批发市场看，目前农产品批发市场的特点是：平均交易规模大，市场运行机制以现货、现金交易为主，批零兼营相对比较普遍，批发市场功能由产品集散、辅助流通向价格决定、质量监控发展。产生这种特点的原因主要有农业生产集中程度不断提高，基础设施改善和技术手段的推进提高农业生产率并扩大农产品流通范围，零售阶段市场结构变化以及城市消费者数量增多。

从批发市场的构成变化看，目前我国大多农产品批发市场批零兼营，但是由零售市场向批发市场发展的趋势明显。在全国亿元以上农产品交易市场中，以经营批发业务为主的市场数量由 2002 年的 42.5% 上升到 2008 年的 56.5%，成交额比例由 2002 年的 60.6% 升至 2008 年的 83.4%。批发市场的构成在产地和销地间也不断在变化。产地批发市场日益减少，由 2000 年的 2 578 个减少到 2007 年的 1 600 个，主要是由农业生产的不断集中引起的，而销地批发市场稳中有升，由 2000 年的 1 954 个增加到 2007 年的 2 550 个，主要是由零售的不断发展及竞争。

四、中国农产品流通的发展趋势

农产品批发市场目前仍然是中国农产品流通的主要渠道，但随着连锁超市经营规模的不断扩大，以及分店数量的增加，配送中心应运而生。配送中心直接面向多个生产者，通过统一采购、分类、仓储、加工、配送，直接运送到连锁超市门店，既满足不同销售差异化要求，又保证品质的统一，同时减少了流通环节，降低了流通成本和农产品的损耗。另外，农产品加工不断发展，企业增加值不断上升。因此，未来中国农产品流通的演进将有三大主线：

（一）以服务为主导的批发市场升级

随着批发市场的集约化整合，其规模的扩大、实力的增强，以及农产品流通发展的要求，农产品批发市场将会提供更多的增值服务，如仓储、加工、配送、信息服务、金融服务等，将向具有综合服务功能的现代化批发市场发展。

（二）以连锁超市为主导的"农超对接"

由于连锁零售企业面临竞争的激烈程度增强，零售企业必须控制农产品的采购成本并提高产品品质，那么从产地直接采购农产品就成为必然的选择。随着农产品经纪队伍的壮大，零售企业向分散的农户直接采购农产品成为了可能。因此，"农超对接"的农产品流通模式将来会有很大的发展空间。

（三）农产品加工环节不断发展

未来随着人们对食品品质需求的提升及食品加工技术的发展，农产品加工环节将会有很大的发展空间。食物供给和消费将由以传统的初级农产品为主转向经过精深加工的食品构成逐渐增加的方向发展。

第五节　中国农产品流通的薄弱环节

近些年来我国农产品流通的发展受到了各级政府和企业的高度关注，取得了一定的成就。但是我国农产品流通依然面临着小规模且分散的生产方式与大市场、大流通和多品种、多样化消费需求形成的矛盾，导致了一些农产品流通成本过高、流通渠道不畅，影响了农产品的流通效率。

一、各环节整合程度不高，农民与市场脱节

由于流通主体组织程度低及流通渠道的不完善，导致流通各环节的整合程度不高。各个环节之间的交易基本是买断关系，每个环节的交易主体在完成交易后和后面的环节再没有关系。这种松散的流通链条大大降低了流通效率，使得农民没能真正进入市场。分散的农民经营规模小、经济实力弱，在生产经营上存在着严重的自发性和盲目性。这样，一方面，他们在市场交易中往往处于不利地位，对风险的承担能力也很有限；另一方面，受利益的驱使，有经营低品质甚至假冒伪劣产品的激励，会破坏市场，损害消费者的利益。

二、流通成本过高

由于农产品流通环节过多，导致流通成本过高，主要来源于三个方面：一是广域流通及过多的环节导致的物流费用增加；二是批发市场等收费过高；三是流通过程中层层加价。农产品从农民手中最后到消费者手中，价格往往上涨了两三倍。根据农业部的调研，从农民出售一斤西红柿 1.40 元到超市零售价 3.8 元，上涨了 1.7 倍；每斤尖椒农民出售价 1.25 元，超市零售价格为 6.5 元，上涨 4.2 倍；每斤油菜农民出售价 0.40 元，超市零售价格为 2.20 元，上涨 4.5 倍。其中，运输成本明显增加。据中国社科院农村发展所调查，从山西蔬菜主产县寿阳到上海约 1 000 公里左右，一辆载 35 吨蔬菜的运输车要交纳过路费达 4 700 元之多。

从流通的单个环节来看，在收购环节，我国农民组织化程度不高，农民专业合作社和农产品运销组织没有广泛开展开来，农民没有组织起来进入市场、获取信息，单个的农民进入市场大大增加了流通的成本。在流通环节中，我国农产品的流通是主要采用以批发市场为核心的流通模式，批发市场对农产品价格有决定性的作用。但是我国的批发市场很多是在集贸市场上发展起来的。政府对农产品批发市场的建设一直也很支持，承担了前期的投资建设任务。但是，对于后期的市场运营，则过度强调市场化改革，运营主体主要是企业，而且对企业的行为没有很好的约束，导致这些企业成为了追求利润最大化企业。根据相关调研数据，在调研的典型农产品批发市场中，实行完全企业化管理的占 59.4%，管理混乱、多头管理的占 6.2%，政府参与管理的占 34.4%（《中国农产品批发市场实操手册》）。由于企业追求利润最大化，全国又没有统一的批发市场法规，使得许多批发市场管理收费秩序较乱，而且收费日渐增多。目前我国批发市场的主要收入

来源是租金和佣金，占到90%以上。市场往往要收买卖双方少则3%～6%、多则7%～8%的服务费，过高的收费已严重制约了市场的发展，同时也变相提高了农产品的终端销售价格。

三、价格形成及传导机制不完善

由于我国农产品批发市场发育的不完善，缺乏全国统一的、开放的、规范的大市场，具有价格形成机制的少，且区域分布不均衡。同时没能形成以批发市场为中心，联结各个初级市场和零售市场的市场体系。因此，我国农产品在流通过程中不能形成全国统一的、合理有效的价格。

另外，农产品流通环节过多，而且各环节中的交易是买断关系，各流通主体的联系不紧密，生产者和消费者被很大程度隔离开来，从而终端价格不能有效向上传导，价格传导被层层阻隔，越往上游价格扭曲程度越大，这就是"牛鞭效应"。由于农户得不到及时有效的价格信息，只能按上期价格指导生产，因而很容易使农产品市场产生"蛛网波动"。

同时，在这样的价格形成和传导机制中容易产生投机行为。中间商在从上一环节（如农户）收购来农产品后其销售行为并不能得到法规和市场的约束，这样一旦市场价格出现意外上涨，他们往往囤积居其，进一步推动了价格的上涨和市场的波动。

四、农产品的标准化及深加工程度不够

由于中国人多地少，目前农产品的生产在很多地区甚至是在主产区，仍普遍存在着追求数量而忽视质量的问题，特别是后期加工处理非常落后，市场流通的大多数产品无品牌、无包装、无分级。产地收购及批发环节一般只进行原始的集货，缺乏对农产品进行分拣、包装及初加工的功能。农产品的品质、品牌上不去，农产品附加值较低。目前我国农产品加工业增加值占农业增加值的比值不足1，而美国、日本等发达国家该比值接近于5。

五、农产品流通基础设施不能确保农产品高效流通

多年来，国家和不同经济结构的农产品流通主体对大城市的蔬菜流通设施建设都进行了不同程度的投入，对农产品流通发展起到了一定的促进作用。但是，

相对于满足日益提高的全国城乡消费水平和支持有效生产而言，尚不能满足大市场、大流通需要。（1）产销地市场的流通设施少且简陋，有的产地市场连大棚都没有，建设或改造缺乏资金支持。（2）农产品运输保鲜设施落后，我国封闭车或冷藏车运输使用率仅为5%，而日本等发达国家90%以上的生鲜食用农产品都要经过预冷处理，如我国由于蔬菜流通保鲜技术应用较差，使蔬菜综合损耗高达20%以上；据统计，我国每年有3.7万吨蔬菜、水果在运送路上腐烂，其损失足可以供给2亿人食用。而发达国家果蔬产品平均损耗率仅为5%左右，其中美国为1%~2%。（3）产地基本无相关标准农产品的选别设施，丧失了在产地提高商品率和增加农民收入的机会。

六、缺乏配套的法律法规与农产品大流通相适应

农产品流通的有效运行，必须有相应的法律支撑。国外发达国家都相当重视建立和健全相关的法律法规，依法对流通各主体行为进行严格监管，保障食品安全，保证农产品流通渠道的畅通。我国农产品流通的政策法规建设明显滞后，执行非常不力，不利于农产品流通的发展。（1）缺少规范农产品流通的法律法规；（2）农产品采摘缺少标准化、规范化的指导或监管；（3）产地经纪人多而无组织；（4）缺少中立性的产销地农产品检测机构和强制性的规定；（5）缺少产销地不合格农产品处理机制；（6）缺少持续性的预防措施和财政预算，过去采取的一些措施基本是针对出现问题的"拯救式"对策等。

第六节　中国农产品流通的发展战略

要发展中国农产品流通，就是要继续深化农产品流通的体制改革，完善农产品流通的市场体系。中国农产品流通体制改革的方向应该是以市场化为导向，建立起市场调节与政府调控优势互补的流通体制。一要加快建立统一、规范、竞争、有序的农产品大市场、大流通，深化以粮棉为代表的农产品流通体制改革，加快构建与工业反哺农业、城乡统筹等大政方针相匹配的农产品流通政策体系。二要加快健全以批发市场为中心，以集贸市场、连锁超市和其他零售市场为基础，以现代期货市场、电子商务为先导，以农超对接和加工带动为补充的现代农产品流通体系。

一、流通主体的培育

现代化的农产品流通要以现代化的组织主体为基础，目前中国流通主体的组织化程度比较低，因此要提高中国农产品流通的水平，必须提高流通主体的组织化程度，培育适应现代化流通需要的组织主体。

（一）农民合作经济组织的培育

中国农产品流通的根本问题是"小生产"与"大市场"的矛盾，要从根本上解决问题，就必须提高农民的组织化程度。因此，应当培育和发展农民合作经济组织。农民只有通过自己的组织才能公平地参与市场谈判。提高农民组织化程度的策略应该是先实现流通环节的农民组织化，再带动生产环节的组织化。这是因为农业生产的特点决定了农民的组织化不会在生产过程中自发产生，而且从世界农业合作社的发展历程看，也证明了这一点，先是有销售合作社，然后才有服务合作社和生产合作社。一方面可以发展新型的运销合作经济组织；另一方面可以供销合作社的作用，供销合作社具有完备的网络渠道优势，通过改革传统供销合作社，可以使其在农产品流通发展和提高农民组织化程度方面发挥重要力量。

（二）大型批发商的培育

目前我国农产品批发商普遍规模较小，进入批发市场的门槛低，缺乏必要的市场约束和激励机制，既影响了农产品质量和标准化体系建设，又影响了市场交易秩序。因此，要培育大型批发市场组织，以扩大交易规模，提高交易的组织化、专业化程度，为拍卖制度的发展提供良好的条件。

培育大型市场批发商，首先要建立完善的市场管理制度，规范市场秩序，营造一个公平公正的竞争环境。其次，要建立电子结算系统，以保证大额交易的资金安全。

（三）中介组织的培育

要积极培育农产品流通的中介服务组织，他们是农产品流通的润滑剂。重点发展代表农民利益并为农民服务的流通组织，如农民销售合作组织、农民协会、代理商等。要加强农产品经纪人队伍建设，一要在政策上和资金上给予支持，二要在法规上规范和制约其行为。

二、完善以批发市场为核心的流通模式

要健全我国农产品流通体系，首先要完善以批发市场为核心的流通模式，这也是我国目前农产品流通的主要模式。我国农产品批发市场虽已有相当程度的发展，但从总体上仍然处在初级形态，没能形成为现代化的农产品交易提供服务的服务体系。当前要改善市场内流通模式，必须发展和升级单个农产品批发市场，要建立合理的批发市场空间布局体系。

（一）大力发展产地批发市场

目前我国农产品销地批发市场还是有一定程度的发展，而产地批发市场发展不足。随着城市大型超市、连锁店的不断发展，位于城市的销地批发市场的作用将会下降。而产地批发市场对农民出售农产品、带动当地经济发展有着重要作用，同时产地也要形成价格，因而产地农产品批发市场的发展意义重大。

（二）促进单个批发市场的升级

单个批发市场的发展重点在其运行机制改造和功能的升级上，主要应从下面几个方面着手：

市场主体培育。目前批发市场的收费过高，这和其公益性不足有关。因此，批发市场的投资主体和运营主体应该分开，运营主体要培育半公益性主体，即微利保本经营的企业，可以通过国家参股、市场交易主体参股等形式实现。此外，可通过政策法规等手段，如减免税费等政策，保证市场的公益性。在市场交易过程中，对卖方而言，要培育和发展农民合作组织；对买方而言，要培育大型的批发商，上面已经分析，在此不再赘述。

交易模式变革。目前我国农产品批发市场农产品交易以现货对手交易为主，而且处在低级形态，即小规模的、分离的面对面议价交易，这已经不适应现代化农产品流通体系发展的需要，必须改进农产品交易方式，一方面要规范和提升对手交易方式，扩大其规模；另一方面应积极引进多种交易方，如拍卖交易、期货交易、网络交易、仓单交易等，从而提高农产品的交易效率。所有这些高效的交易方式都要以农产品的标准化为基础，因此要建立健全农产品标准化体系。严格执行"质量等级化、重量标准化、包装规格化"的"三化标准"，建立具有可比性、准确性和权威性的信息系统，以作为市场交易的参考。

基础设施建设。为了保障农产品批发市场农产品流通的高效运行，还必须有相应的配套条件，即完善的基础设施，发达的物流系统、信息系统和金融系统，完备的法律法规。

批发市场的空间布局调整。从规模经济角度来说，单个批发市场存在一个最优规模，而一定规模的批发市场其空间辐射范围是有限的。从市场结构来说，一定区域内不同的批发市场之间存在竞争关系，这种竞争程度同样不能过大也不能过小。这些都要求在空间上批发市场要有个合理的布局，密度不能过大也不能过小。同时，从批发市场层次和类型来说，有中央批发市场和地方批发市场，有综合批发市场和专业批发市场，有产地批发市场和销地批发市场，这些要求批发市场的空间布局要功能完善和层次合理。总之，要建立密度适中、功能完善、层次合理的农产品批发市场空间布局体系。

（三）加强各个流通环节的整合

针对整个流通链条比较松散的状况，应加强各个环节的整合，提高流通的一体化程度。在流通主体改革和流通渠道优化的基础上，可以发展委托交易。因为委托交易使交易不再是买断关系，一个交易主体的行为贯穿几个环节甚至整个链条，从而使得流通中各个环节前后联系紧密，整合度提高。

三、促进垂直一体化流通模式的发展

要大力发展农超对接、加工带动的流通模式，以及电子商务等新型流通业态，作为批发市场流通模式的补充，并适应未来的变化趋势。

（一）大力发展加工带动型的流通模式

农产品加工业发展可以延伸农业产业链，提高农产品的附加值，增加农民收入，也可以拉动服务业的发展，优化农产品的贸易条件，促进城乡协调发展。但是，随着经济增长，农产品加工业在国民经济中的数量的重要性会下降，有可能成为弱势行业。因此，政府要对农产品加工业进行多种政策扶持。

要引导农产品加工业朝深加工的集约型方向发展。目前我国农产品加工业增加值占农业增加值的比值不足 1，而美国、日本等发达国家该比值接近于 5。要引导农产品加工企业提高加工深度，把"高产量、高能耗"的粗放型增长转变为"高质量、高效益"的集约型增长。

积极培育具有创新能力的农产品加工业企业群体和企业家群体，重视和加大对农产品加工的科技投入，提升农产品加工业的整体科技水平，提升农产品加工业的国际竞争力。

同时，要完善农产品加工企业带动农户的组织制度和利益联结机制，使农民从生产、加工、制造、流通、服务等各个环节获得更多的收入，调动农户参加产业化经营的积极性。中国农民组织化程度低，要发展加工带动型的流通模式，可以选择"加工企业＋生产基地＋生产农户"的模式。加工企业通过建立生产基地与农民联系起来，对农民进行技术指导和市场引导，既保证原料来源的数量和品质的稳定，又提高了农民组织化程度。

（二）促进"农超对接"模式的发展

"农超对接"在减少流通环节，提高农产品标准化程度方面有着重要的优越性，同时也适应未来人们喜欢超市购物的消费习惯的转变。为了与小规模的农户相适应，可以选择"大型连锁超市＋生产基地＋农户"或"大型连锁超市＋农业生产合作社＋农户"的模式。通过"农超对接"，一方面为超市提供稳定的有品质的货源，另一方面农民可以获取即时的有效的市场信息从而指导生产。

（三）鼓励电子商务等新型流通业态的发展

电子商务目前在中国的发展已经很迅速，对农产品流通，也应该鼓励尝试这种新型的流通模式。政府应出台相关政策法规以引导和规范这类新型的流通模式和主体行为。

四、完善政府的调控机制

农产品因是人们生存的基本保障而有很强的公共品属性，农业因比较优势低而在发展过程中存在很大的市场失灵的地方，这些都要求政府在农业发展过程中发挥重要作用，在农产品流通过程也是如此。

（一）支持服务体系

政府一方面要加大对和农产品流通相关的基础设施建设的投入，对流通的发展给予充分的政策支持；另一方面应提供包括市场信息等在内的公共品的服务，以保证农产品流通的顺畅。

266

（二） 市场调控体系

应建立完备的农产品收储体系及预警系统，以调节供求，稳定农产品价格，避免市场较大的波动。

（三） 行为监管体系

要制定完善的法律法规，规范和约束流通主体的交易行为以及自身的监管行为，保证农产品的质量安全和流通的顺畅。

第八章

我国现代农业区域发展模式研究

改革开放以来，中国农业生产取得了巨大的进步，大部分农产品都实现了自给。但随着城市化和工业化的逐步推进，农业比较利益的相对低下使经济资源出现了从农业流向工业、由农村转向城市的现象和趋势，农业生态环境也在不断恶化，中国农业生产发展面临的资源与环境约束问题将会更加严重。因此，在农业资源原本稀缺且持续流失的中国，为了进一步提升农业的发展水平以支撑整个经济的发展，就必须提高资源利用率、土地产出率和劳动生产率。这就需要在充分利用各地区农业发展条件的基础上，选择一定的现代农业发展模式，转变农业经济增长方式，因地制宜的发展农业。

从国外现代农业的发展过程可以看出，现代农业的发展并没有固定的统一的模式。一个国家（或地区）究竟采取何种模式、利用何种方式建设现代农业，是该地区影响农业发展的各种因素共同作用的结果。因此，我们在现代农业的发展过程中，不可能完全照搬或模仿别的国家（或地区）的现代农业发展模式。

中国幅员辽阔，自然环境复杂、地形种类繁多、经济发展水平地区差异较大，在现代农业的发展过程中，必须根据各地区经济、社会、文化和自然环境等的差异，选择不同的、适合本地区的农业发展模式。因此，如何根据资源、社会、文化等禀赋条件，充分发挥各地区的比较优势，提出适合中国不同区域的现代农业的发展模式具有一定的理论价值和重大的现实意义。

本章首先从诱导性技术变革理论、比较优势理论和可持续发展理论的视角阐明了现代农业区域发展模式研究的理论基础，并对当今国内外最典型的现代农业发展模式的概念、目标与作用进行梳理，通过深入剖析各类模式所对应的经典案使用形成资本密集型产业和产品；劳动存量富裕的国家劳动要素价格相对便宜，劳动要素大量使用形成劳动密集型产业和产品。生产要素资源的丰缺程度决定了生产成本的差异，生产成本的差异又决定了产品价格的差异，产品价格的绝对差异一旦高出运输费用，两国间的贸易就成为可能。

比较优势理论不仅解释了国际贸易的动因和流向，而且对于现实的国际贸易和分工具有重要的指导意义。根据比较优势原理，各国应当生产相对具有比较优势的产品，同时进口具有相对劣势产品，这样可以达到资源的最佳配置，并增进社会福利。即便其所有产品与国外相比都处于绝对劣势，但与潜在的贸易对象国相比，只要各产品的劣势程度有所不同，对外贸易就有利可图。

因此，比较优势原理对国内现代农业发展的地域分工和布局同样具有重要的指导意义。由于中国各地区的资源禀赋、市场条件和人文背景差异明显，现代农业的发展应根据各地区农业生产的比较优势状况实现生产的分工和布局，这样才能达到地区和全国资源配置效率的最佳和福利的最大化。

三、可持续发展理论

可持续发展理论在 20 世纪 80 年代中期由欧洲一些发达国家首先提出，主要是指当代所有的经济活动和行为既要满足当代人的需要，又不要对后代的生存和发展造成负面的影响。我们认为，该理论的核心思想主要有以下两点：发展的可持续性，即当前的决策不应该对保持或改善将来的生活水平的前景造成危害；发展的协调性，即人类的经济和社会发展必须限定在资源和环境的承载能力之内，也就是经济、社会、资源和环境四大系统之间要协调发展。

将可持续发展理念引入现代农业区域发展模式研究是基于以下几个出发点：第一，现代农业的发展与其他产业、当地社会经济发展水平、地区市场化程度和进出国际市场的便利程度等密切相关，因此，在现代农业发展过程中，必须要协调现代农业与当地社会经济水平的发展、协调农业与其他产业的发展、协调本区域农业与区域外经济的发展等等，实现经济意义上的可持续发展。第二，现代农业是对传统农业的改造，是将新的农业生产要素诸如化肥、农药等引入农业生产，这必将对当前的生态环境造成一定的影响，这种影响超过一定的程度，最终也必将影响到现代农业的发展。因此，在现代农业发展过程中，要针对不同地区现代农业的发展水平和生态环境的承受程度，坚持生态环境可持续的发展理念，减少现代农业的发展对生态环境造成的负的外部效应。第三，现代农业建设所提供的必须是安全的、满足市场需要的农产品，现代农业的发展必须与食品安全目标一致，这是现代农业可持续发展的基本保证。

例，得出一般性的规律和启示，以小放大，分析案例成功所具备的条件及适用区域，为中国现代农业发展提供有参考价值的理论基础与实践模式。在此基础上，根据《国民经济和社会发展"十一五"规划纲要》确定的西部大开发、东北地区振兴、中部地区崛起和东部地区率先发展的区域发展总体战略，针对各区域农业发展的现实条件，按照西部、东北、中部和东部四大区域①，基于宏观层面的视角，分别从四大区域农业发展的现状、存在问题、农业发展的比较优势和现代农业发展所处的阶段等四个方面进行深入分析，明确各区现代农业发展的思路，确定各区现代农业发展的主导模式。最后，根据分析结果，提出进一步推进中国现代农业区域发展的政策建议。

第一节 现代农业区域发展模式选择理论

一、诱导性技术变革理论

在坚持生态和高效原则的基础上，现代农业区域发展模式选择从理论上看可以归结为一种诱导性技术变革行为，是一种从传统农业向现代农业转变的过程。20世纪70年代，著名农业发展经济学家速水佑次郎和费农·拉坦提出了新的农业发展理论——诱导性技术变革论。在该理论中，土地和动力（机械技术）被看作互补的，并且是劳动的替代品；而生物技术和基础设施被看作互补的，并且是土地的替代品。图8-1解释了机械技术的进步过程。I_0^*代表零期IPC，它是一系列较无弹性的单位等产量曲线的包络线。当价格比率在某个时期为BB时，由I_0代表的某种机械技术（如农用拖拉机）被发明出来了。相应的最小成本即P点，在这一点上，该理论认为，一国选择农业技术进步的决定性因素取决于该国的资源禀赋状况，具体表现为：土地资源丰富、劳动和机械技术的非人力动力实现了最优组合。一般地，一种能够使得每个劳动者耕种更大面积土地的技术将要求每个劳动者有更高的畜力和机械动力，这就意味着土地和动力之间存在互补关系，可以用一条直线［A，M］来表示。I_1^*代表第

---

① 本研究中，西部地区：内蒙古、陕西、青海、甘肃、宁夏、新疆、西藏、四川、重庆、广西、云南和贵州等12省、市、自治区。东北地区：辽宁、吉林、黑龙江3省。中部地区：河南、湖北、湖南、江西、安徽和山西6省。东部地区：北京、天津、河北、山东、江苏、浙江、福建、广东和海南等10个省市。

一期的 IPC。

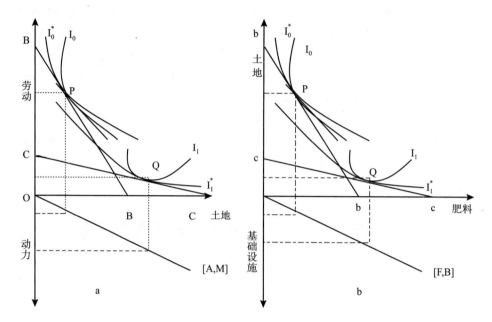

图 8 - 1　诱导的农业技术变革模型

假定由于某种原因从零期到第一期劳动相对土地变得更为稀缺，还假定由于动力资源增加或者价格下降，而引起动力价格相对于劳动工资率下降了。那么价格比率从 BB 到 CC 的变化引起了另一种技术的发明，可用 I₁ 表示。这种新的技术能够使一个农产工人使用更大数量的动力，耕种更大的面积。如此，劳动价格的相对上升诱致了节约劳动型技术的产生。B 表示的是生物技术——即由于土地价格的相对上升而诱致的节约土地型技术的进步过程。诱致性技术创新是一个动态的发展过程，其中不平衡或不均衡的出现是诱致技术变革和经济增长的一个关键因素。该理论对于如何研究农业发展作出了极大的贡献。

根据该理论，劳动力稀缺的国家，应选择以提高劳动生产率为目标的机械技术进步的道路（M 技术），以美国、加拿大和澳大利亚等国家为代表；劳动力资源丰富、土地资源稀缺的国家，应选择以提高土地生产率为目标的生物化学技术（BC 技术），以日本、韩国和中国台湾地区为代表；劳动力与土地资源禀赋情况适中的国家，应同时选择以提高劳动生产率和土地生产率为目标的中性农业技术，以法国、德国、荷兰等西欧国家为代表。与新古典经济学和传统的发展经济学不同，该理论将农业技术的变革过程看作是农业发展经济制度的内生变量，即农业技术的变化不是随着人类科学知识的发展和技术自发进步的产物，而是人们对资源禀赋变化和需求增长的一种动态反应，是人们追求效益最大化的理性选择的结果。

上述模型对农业资源禀赋与技术变革之间的关系进行了良好的解释，但对文化禀赋和制度变革之间的关系解释力度较弱，也不能确定解释长期影响社会和经济变革的各种因素，不能在一般均衡条件下分析历史变革有可能导致对有关技术和制度变革关系。因此，速水佑次郎将农业的诱导性技术变革模型进行了完善，将文化禀赋、政策或制度引入模型，对全方位分析各地区的农业发展路径的选择与农业经济增长方式转变提供了完整的理论研究范式。

现代农业区域发展模式，在经济、管理学意义上可以看作是一种技术组合、组织经营管理形式、产业组织方式等，每类模式潜在的最大生产力的发挥都需要有一定的资源禀赋条件、社会经济发展条件、人文条件和政策制度条件与之相匹配。中国地域辽阔，不同地区在农业发展的各种条件方面存在较大的差别，农业发展具有的优势和面临的约束条件也千差万别。因此，应在充分遵循诱导性技术变革理论和自然规律的基础上，在不同的地区，因地制宜地选择一定的农业发展模式就成为农业可持续发展的必然选择。因此，诱导性技术变革理论是本研究所依据的核心理论。

二、比较优势理论

标准的比较优势理论最早是由李嘉图在亚当·斯密绝对利益说的基础上发展起来的。他继承了斯密关于自由竞争的贸易政策思想，并补充和完善了绝对成本利益论遗留下的理论缺陷。该理论认为，决定国际贸易流向及利益分配的不是绝对成本的低廉而是相对成本的低廉。一国并不一定要在某种产品生产成本上居绝对优势时才可从贸易中获利。除非它与潜在的贸易对象国相比，全部产品生产成本均处于相等比例的劣势中才无贸易利益可言，否则，只要它集中生产并出口其具有"比较优势"的产品，进口其处于"比较劣势"的产品，它就能够从国际分工和交换中获取"比较利益"。

相对利益学说的假设前提注定了它的局限性：现实中的国际贸易不仅取决于单一的工资成本，更取决于构成实际生产成本的一切生产要素的价格差别。相对利益说只考虑了单一经济要素即劳动力对贸易分工的作用，忽略了诸如资本、技术和自然资源等生产要素对国际贸易格局的影响。因此，以俄林为代表的新古典贸易理论从均衡分析法出发，将决定国际贸易的因素由单纯的劳动力扩展到资本和劳动力两种生产要素，并建立了资源禀赋学说，也被称为赫克歇尔·俄林定理（H-O 定理）。该理论认为，各国生产要素禀赋丰裕程度的差异决定了生产中使用的要素比例的差异。资本存量丰富的国家资本要素价格相对便宜，大量资本的

第二节　国内外现有的现代农业发展模式与案例

模式是对事物的类型和原型的描述或是对典型体制和体系的描述，任何模式都来源于实践，它是群众性创造性思想的具体体现。运行模式是指从具有典型代表性的农业经济现象中概括抽象出的经济运行的原则规定和类型，它是在一定农业经济发展阶段，代表某一产业发展方向的典型经验，能在同类条件下推广。由于在农业生态类型、自然资源条件、社会经济条件和农业人文环境上的差异，使得不同地区在现代农业的发展与运作上，形成了不同的运作模式。将这些模式进行梳理，并分析每类现代农业发展模式适用的一般性条件。在此基础上，对每类模式所对应的经典案例进行剖析，得出每个案例成功的原因或条件，这对我们结合中国农业区域的特点，选择合适的现代农业发展模式具有十分重要的参考价值。

一、国外现代农业发展的主要模式

从世界不同国家建设现代农业的实践来看，主要发达国家根据本国的自然条件、资源情况以及经济发展水平，在发展现代农业上采取了不同的发展模式。按照资源禀赋的状况来分，大致分为以下三种模式：

（一）以美国为代表的"劳动节约型"现代农业发展模式

美国农业资源丰富，地广人稀，人均耕地资源丰富。这一资源禀赋特征，使得土地、生产设备的价格长期相对较低，而农业劳动力的价格则相对较高，表现为农业机械技术发展十分迅速。美国的历史背景、资源禀赋及政策制度条件等因素使得美国现代农业的发展经历了三个阶段：第一阶段，农业机械革命时期。20世纪30年代，拖拉机耕地已在美国普及。到1959年，美国小麦、玉米等主要农作物的耕、播、收割等已达100%的机械化。此后，为适应家庭农场多样化和大型化发展的市场需求，不断推出小型多功能的多品种农机和大功率、高度自动化的大型农机。第二阶段，农业生物和化学技术革命时期。60年代以后，工业化、城市化的迅速发展所带来的直接后果就是土地价格的快速上升，耕地非农化速度明显加快，土地利用率的提高成为农业发展面临的重要矛盾。这阶段美国农业发展的重点从机械化开始转向采用生物和化学技术，包括大量使用化肥、农药和土

273

壤改良剂，以提高土地的产出率。1950 年平均用量达到 86 千克/公顷。同时，为改善土壤的酸碱度和长期施用化肥的不利影响，美国还逐年增大了土壤改良剂的用量，到 1970 年这一用量达到了 126 千克/公顷。第三阶段，农业良种化时期。70 年代前后，美国为适应不同地区气候和土质要求，培育出许多杂交品种，并开始利用遗传生物工程等方法，使农产品产量与品质大幅度提高。此后，随着计算机技术和生物技术的应用，相继出现了"精准农业"和"基因农业"等方式，特别是许多特大农场走向了"计算机集成自适应生产"，农业生产更趋向工厂化、自动化、组织化、社会化和国际化，美国农业的现代化水平不断提高。

（二）以日本为代表的"土地节约型"的现代农业发展模式

与美国相反，日本的农业资源特别是耕地资源禀赋十分匮乏，数据显示，日本现有耕地约 500 万公顷，人均耕地 0.04 公顷左右，每个农业人口人均耕地不足 0.2 公顷，土地的相对价格很高。土地的高度紧张，使日本农业的发展采用了全盘合作化的土地节约型模式。1949 年日本进行了土地改革和农协重组，大力推进旨在迅速提高产量的水利化、化肥化、良种化等措施，使日本农业装备水平大为提高，新经营体制得到确立。1961 年日本制定的《农业基本法》，进一步体现了日本农业现代化道路的选择，在路径选择上，期望通过农业劳动力的大量转移，加上大力推进以小型机械化为主体的农业科技革命，以形成经营规模不断扩大的独立经营农户，来最大化实现上述目标。大体到 20 世纪 70 年代初期，农业现代化的目标已基本实现：包括水稻在内的农业机械化程度达到 90% 以上，以机械化为中心的水利、良种和栽培技术达到较高水平，稻谷的劳动生产率提高了近两倍，农户家庭收入与城镇职工家庭收入基本持平。最后，日本通过税收优惠等扶持措施，支持建立由农户参加的、覆盖全国的农业协会组织，为农户提供金融、农资供应、产品销售、生产经营指导等服务。

（三）以荷兰为代表的"中间类型"现代农业发展模式

荷兰的设施农业是欧洲现代农业的一个典范。由于荷兰土地资源有限，劳动力也比较缺乏，自 20 世纪 60 年代起，荷兰政府以节约土地、提高土地生产率为目标调整农业结构和生产布局，使农业生产向产业化、集约化和机械化发展。其中温室设施农业是荷兰最具特色的农业产业，居世界领先地位。温室产品完全可以按照工业生产方式进行生产、管理和销售，因此也被称为"工厂化农业"。目前，荷兰温室建筑面积为 11 亿平方米，占全世界玻璃温室面积的 1/4，主要种植鲜花、蔬菜和水果，具有自动化程度和生产水平高，集约化、规模化、专业化生产，规范有序的市场经营特点。荷兰的温室产品中有 50% ~90% 用于出口，其中温室蔬菜占本国蔬菜的外销比例高达 86%，同时荷兰注重遗传工程的投资，采取优选本国或适合于本国环境的世界各地的家禽家畜、农作物良种，依靠遗传工程进行改良，使得荷兰成为世界上四大蔬菜种子出口国之一。与许多欧洲国家一样，荷兰的家庭农场规模一般较小，但农业合作经济组织类型很多，大体上分为信用合作社、供应合作社、农产品加工合作社、销售合作社等，合作社覆盖农业生产、供销、农机、加工、保险、金融等领域，为农业生产提供各种周到的社会化服务，既解决了农户进入市场的问题，又保护了农民的利益，对提高荷兰农业的市场竞争力起到关键作用。同时，合作社将众多的农户连接起来，一方面为议会、政府制定农业政策提供建议，另一方面是连通政府和农户之间的桥梁。就环境而言，荷兰通过立法、政府计划和税收等手段强化对农业环境的保护，生产者及产销各环节都要在市场上通过环境质量认定来显示自己的特色，以彰显自身产品和经营的比较优势与市场竞争力。

从国外经验来看，一个国家（或地区）究竟采取何种现代农业发展模式，是由其客观的资源禀赋条件、政策制度基础、经济社会发展水平和历史文化背景等决定的。我国要立足资源禀赋，充分发挥比较优势，积极探索适合本地实际的现代农业发展模式和实现形式。同时，根据各地现代农业发展的不同基础，采取差别扶持政策，强化各项条件支撑，逐步形成区域分工合理、特色鲜明、优势互补、协调高效的现代农业发展格局，努力走出一条中国特色现代农业发展道路。

二、中国典型的现代农业发展模式、适用条件及案例分析

近年来，中国一些地区结合自身的资源禀赋、市场条件等基本情况，大力推进现代农业建设，取得了积极成效，探索出了一些行之有效的发展道路。从农业发展的主要驱动力角度，大体可以将现代农业发展模式分为以下六类：

（一）龙头企业带动型现代农业发展模式

所谓龙头企业带动型的现代农业发展模式，是指由龙头企业作为现代农业开发和经营主体，本着"自愿、有偿、规范、有序"的原则，采用"公司＋基地＋农户"的产业化组织形式，向农民租赁土地使用权，将大量分散在千家万户的土地纳入到企业的经营开发活动中来（蒋和平，2007）。

这类模式的主要作用是通过延伸延长整个农业产业链来提高农产品附加值，促进农村劳动力就业，增强农民抵御市场风险的能力，推动农业与非农产业的协调发展，进而推进农业增效、农民增收和农村发展，这类模式适用于农业生产条件较好与农业附加价值较低的农产品主产区。下面以福建省超大现代农业集团为

275

例进行分析。

超大现代农业集团，作为一家农业科技型龙头企业，以"走绿色道路，创生态文明"为经营理念，致力于绿色生产资料开发、绿色生产基地建设、绿色农业科技开发、绿色营销网络拓展，构建起一条从种子、有机肥料、生物农药供应到农产品生产加工基地到社区连锁专卖、单位配送、批发网络、出口创汇的"绿色生态产业链"，开创了一条以无公害、有机果蔬产品为主营产品的产业化经营成功之路。

福州超大现代农业发展有限公司（简称"超大"）成立于1997年，2000年在中国香港主板上市，是国家农业产业化重点龙头企业、全国三绿工程达标单位、国际有机运动联盟（IFOAM）会员、福建省高新技术企业、福建省农业产业化龙头企业协会会长单位，被授予"全国农业产业化优秀龙头企业"、"中国大企业集团竞争力500强"、"福建省品牌农业企业金奖"等称号，并连续五年荣膺"中国500个最具价值品牌"，跻身"亚洲品牌500强"，是中国农业行业最具竞争力与最具增值潜力的品牌之一。据统计，2003年超大集团固定资产近40亿元，销售总额11.7亿元，出口创汇5 700多万美元，实现利税7.7亿元，带动农户年均增收在1 500元左右。

目前，超大集团在福建、广东、广西、海南、江苏、山东、辽宁等13个省市区建立农业生产基地30多个，其中自有基地0.73万公顷，合作基地1.33万公顷；建有生物有机肥厂、生物农药厂、植物生长剂厂、食品加工厂等20多家，生产的绿色农产品畅销海内外。同时，超大集团本着"自愿、有偿、规范、有序"的原则，采用"公司＋基地＋农户"的产业化组织形式，向农民租赁土地使用权。当地农民除了定期向超大收取租金外，还当起了超大农业的"产业工人"，据统计，2006年仅超大集团自营基地便吸纳农村剩余劳动力3万多人，带动农户达2万多。

超大现代农业集团作为龙头企业，成功地带动了当地农业产业化发展，必然有其特殊的发展优势，下面从市场条件、资源禀赋等方面进行深入剖析，找出该模式发展所应该具备的各种条件。

资源禀赋。一是土地资源较丰富，且主要位于农业主产区。超大集团在吉林等农业主产区建立了40多个农产品生产基地，总面积达40多万亩。二是发展资金充裕。2000年，超大集团股票在香港联交所主板上市，几年来通过国际资本市场共募集资金40多亿元人民币，为企业的发展提供了重要资金保证。三是农村剩余劳动力较多，劳动力成本较低。据统计，2006年仅超大集团自营基地便吸纳农村剩余劳动力3万多人，带动农户达2万多人。

市场条件。2006年国内市场有机食品销售额达到56亿元，国内消费量超过了出口量。随着中国人均收入水平的提高，以及绿色消费理念的深入，有机农产品的市场前景将越来越广阔。据预测，2015年中国有机农产品将达到248亿~594亿元的市场规模。而针对国际市场，由于发达国家有机农产品消费增长强劲，而由于劳动力成本等原因生产发展趋缓，中国有机农产品面临着广阔的国际市场空间。有专家认为，中国有机农产品成本低在国际市场上有竞争优势，可以预见未来十几年内，出口增长速度应该高于国际市场的增长速度。据此，以欧洲过去几年有机农产品市场增长率的下限20%和中国过去几年实际出口增长率的下限30%测算，中国有机农产品出口在2010年可以达到7.25亿~8.25亿美元的规模，2015年将达到10亿~37亿美元的规模。

社会政策环境。政府继续加大对农业的支持力度，出台强农惠农的政策。2009年2月，政府发布了关于促进农业稳定发展农民持续增收的若干意见。这是2004年以来连续第六份关于"三农"问题的"一号文件"。政府2009年"三农"财政预算为人民币7.161亿元，比上年增长20%。此外，2008年10月党的十七届三中全会提出的土地承包制长久不变将促进农地使用权的流转，有利于土地集约化，提高生产力，推进农业组织化、标准化、产业化生产。这些社会政策环境都将有利于超大的发展，促进超大带动农业产业化发展。超大集团对"公司＋农户"的传统农业产业化经营模式进行创新，创建了以"公司与基地一体化、农民工人化"为核心的"公司＋基地＋农户"的新模式，为解决当前农村小规模、大群体的分散经营与安全农产品生产发展所需要的生产规模化、技术标准化的矛盾提供了有效的组织方式，为其对农产品生产实行"五个统一"的全程质量监控提供了可能。

这类模式的形成与发展主要是以比较优势理论为基础，在广域的范围内充分利用各地区农业的生产比较优势，基于成本最小化原则建立农产品生产基地，并充分利用各地区政策优势、技术优势和市场优势，采取多元化的农业生产、产品加工及市场开发策略，形成从生产、加工、流通到销售的产业体系和消费模式，最大化资源的优化配置，提高农业的附加价值。

（二）特色农业主导型现代农业发展模式

该模式指以特色农产品生产为核心，形成地域特征突出、产品特征鲜明、市场竞争力较大的农业产业体系，从而促进现代农业的发展。具体是指在当地重点发展"特"、"优"、"名"、"精"、"新"等农产品，同时开发具有独特历史、民族和文化等非物质资源。

这类模式主要作用是利用地区特色的农业资源、农业技术与传统、农业文化与习俗条件，使其转化为现实的生产力，最大限度地提高当地特色资源的利用率和产出率，保护并传承当地的农业文化与习俗，并带动当地农村劳动力的就业。这类模式主要适用于拥有特色农业资源与特色农业民俗文化等特点的地区。下面以赣南脐橙产业为例进行分析说明。

自 20 世纪 70 年代开始种植脐橙以来，赣南脐橙产业从无到有，从小到大，经历了一条艰难曲折的发展道路。目前全市果业总面积 263 万亩，其中脐橙 153 万亩，水果总产量达到 140 万吨，其中脐橙 100 万吨。赣州已经成为脐橙种植面积世界第一，年产量世界第三、全国最大的脐橙主产区。全市果业产业集群总产值达 60 亿元，其中果品销售收入 25 亿元。全市有脐橙种植户 24 万户，从业人员 70 万人，果农人均果业收入达 2 700 元，其中信丰、安远、寻乌产量、质量最为突出。如今，赣南脐橙已被列为全国十一大优势农产品之一，为国家地理标志保护产品，荣获"中华名果"荣誉称号。赣南脐橙不仅牢牢占据了国内脐橙消费高端市场，还漂洋过海，远销国际市场。果业已成为农民收入的重要来源，成为致富一方百姓的富民产业，成为赣州农村全面实现小康目标的甜蜜希望。

江西省赣南特色农业主导型模式的成功，必然有其独特的发展优势，下面从市场条件、资源禀赋等方面进行深入剖析，找出发展该模式所应该具备的各种条件。

资源禀赋。一是气候适宜脐橙生长。赣南地处中国亚热带南缘，属亚热带季风湿润性气候，年平均气温 18.9℃，1 月最冷月平均温度在 7 ~ 8.5℃，年平均降雨量 1 400 ~ 1 600 毫升，年日照时数 1 813 小时。根据标准[①]，赣南辖区 18 个县市均为宽皮柑橘气候最适区，多个县市如于都等也是脐橙（比普通甜橙更耐寒）的气候最适区。二是土地资源丰富。赣南可供开发的宜果缓坡低丘山地面积 450 多万亩，植被好、土层深厚、土质肥沃、山地平缓，建园难度小、成本低，并且还有 200 多万亩的旱地、高排田、缺水田和退耕还林地，适宜种植柑橘，发展潜力巨大。三是农业生产技术条件优越。赣州市政府积极与中国农科院柑橘研究所、华中农业大学柑橘研究所等科研单位合作，在柑橘引种、栽培技术、病虫害防治技术上接受支持和指导。另外，赣南地区也有本土的赣州市柑橘研究所作技术后盾，各辖区果树站和果业局也有相当数量的技术人员，这些本土技术人员更了解当地的情况，可以及时指导生产活动，与大型科研单位合起来打造了赣南地区坚实的技术基础。

市场条件。针对国际市场上，世界上大多数国家不产脐橙，国内其他产区不

[①] 根据何天富主编《柑橘学》的中国柑橘生态区划（何天富，1999），甜橙生态最适宜区年均温为 18 ~ 22℃，≥10℃年均积温为 5 500 ~ 8 000℃，极端低温大于 - 3℃，1 月均温为 7 ~ 13℃，极端最低温平均值大于 - 1℃；宽皮柑橘生态最适宜区年均温 17 ~ 20℃，大于等于 10℃年均积温为 5 500 ~ 6 500℃，极端低温大于 - 5℃，1 月均温为 5 ~ 10℃，极端最低温平均值 - 4 ~ 0℃。

能产出高品质的脐橙，赣南脐橙的国际销路也越来越宽。近年来，赣州市积极创新销售模式，通过举办国际脐橙节等形式，建立立体营销体系，让赣南脐橙香飘四海。便利的交通条件，有利于降低运输成本、缩短运输时间和减少运输损失，使得赣南作为一个优质柑橘特别是脐橙商品基地，占领了国内外市场，取得了竞争的先机。

社会政策环境。赣州市政府对赣南脐橙发展给予了高度重视。在政策上，出台了一系列鼓励干部群众开山种果的优惠政策和措施，准许以调换、租赁、转让、入股等形式对山地经营权实行流转，进行规模开发；在财政上，市、县、乡三级都建立果业发展基金并列入财政预算，每开发 1 万亩由市财政奖励扶持 50 万元。

这类模式的形成和发展主要以比较优势理论和可持续发展理论为指导，在具备特色农业资源、农业文化与传统的地区，在坚持可持续发展原则的基础上，通过资源利用、政策保障和市场开发的手段充分发挥特色农业资源、文化和传统的比较优势，以提高地区资源的利用率，并实现农业的可持续发展。

（三）规模经营推动型现代农业发展模式

该模式就是通过将分散的土地进行整合，使农业生产在一定规模基础上进行，通过土地的规模经营建设现代农业。

这类模式主要作用是通过资源的合理组合，利用农业人地比例相对较低的特点，在土地经营制度方面进行相应的创新，改变农地细碎化经营和效率缺失的现象，大力发展商品型规模农业，实现机械化、规模化和商品化生产，实现农业发展的规模经济，以此带动整个农业产业化的发展。这类模式主要适用于耕地面积较大，人地比例较低和农业生产条件较好的地区。

黑龙江省垦区分布在黑龙江省 12 个地（市）69 个县（市、区），总面积 5.43 万平方公里，占全省土地面积的 12.2%，是目前中国规模最大、商品率最高的现代化垦区。几年来，黑龙江垦区大力进行结构调整，形成粮牧并举的发展格局，同时改善水利、农机等设施装备，采用 GPS 全球卫星定位系统、集成推广了保护性耕作等十大农业新技术，深入实施"无公害绿色食品行动计划"，建起了中国耕地规模最大、机械化程度更高、综合生产能力最强的国有农村群，初步形成了以水利化、机械化、规模化等为主要特征的现代农业生产经营模式。目前，垦区田间作业综合机械化率已达 95%，基本实现了农业机械化；人均生产粮食 35.4 吨，农业科技贡献率达 67%，比全国平均水平高出 20 多个百分点；接近世界发达国家水平；农业生产实现了全作物、全面积、全过程的标准化，无公害、绿色、有机产地认定面积达到 4 459.5 万亩，占垦区农作物面积的 90%。

在提高粮食综合生产能力的同时，垦区特别注重推进农业产业化经营，相继打造了九三油脂、完达山乳业、北大荒米业等省级以上重点产业化龙头企业14家，培育了"北大荒"、"完达山"和"九三"等知名品牌，成为中国驰名商标。现垦区年粮食加工转化能力达到1 400万吨，处理鲜奶能力77万吨，生猪屠宰能力500万头，可实现粮食和农畜产品全部加工转化增值，成为拉动全省食品工业持续增长的一支重要力量。

资源禀赋。一是土地资源丰富，农业生产规模较大。黑龙江垦区现有土地总面积5.76万平方公里，其中耕地3 100多万亩。另外，目前，垦区有家庭农场20余万个，其中13公顷以上规模家庭农场占68%，规模最大的家庭农场经营水田100公顷，经营旱田667公顷。通过积极推进土地适度规模经营，使35%的规模家庭农场经营了垦区82%的耕地。二是农业生产资金充足。改革开放以来，垦区认真贯彻落实中央一系列宏观调控政策，固定资产投资规模成倍增长，投资增速不断加快，投资总规模由1978年的3.1亿元扩大到2008年的78.1亿元，增长了24.1倍，翻了4.7番，年均增速达11.4%。30年来，垦区累计完成全社会固定资产投资650.5亿元，累计新增固定资产480.1亿元。三是农业生产的科技水平较高。垦区的机械化和标准化作业水平已具备了发展优势产业的能力，垦区田间作业综合机械化率已经达到95%。近几年，垦区大力建设现代装备型农业，用现代工业成果改造农业生产方式。通过大规模更新和引进国际先进的大马力农业机械，建设了226个现代农机装备作业区。截至2008年年末，垦区拥有农用机械总动力564.3万千瓦、农用大中型拖拉机4.37万台、机动水稻插秧机4.94万台、联合收获机1.64万台、农用飞机47架，农机装备水平不断提高，推进了土地适度规模经营，改变了劳动密集型的农业生产方式。

市场条件。黑龙江省地处东北亚中央，与俄罗斯接壤，边境线长，是进行对外贸易和国际交往的重要通道，而垦区又大多数处在省内的边境地带，对俄贸易有着非常好的地理条件。目前，黑龙江省已经形成了铁路、公路、内河航运与海运、航空、管道等五种现代交通运输方式组成的发达交通运输网，这就为垦区农产品贸易提供了便利的条件。

社会政策环境。近几年，国家和省政府都十分重视垦区农业的发展，特别是现代农业和农业产业化的发展，为此出台了一系列倾向于垦区的优惠政策，如对基地农户购买大型农机的补贴政策；对农户购买奶牛的补贴政策、饲料地优惠政策；每年农垦总局出资50万元奖励5个青贮先进农场和出资100万元奖励10个优质水稻基地队政策；优良品种种子后补助政策；小水利建设投资、粮食处理中心、粮仓和水泥台面等项目建设集中向基地农场投入。

该类模式的形成与发展主要是以诱导性技术变革理论和比较优势理论为基

础，充分尊重经济规律和自然生态法则，在人均耕地较多且存在农业劳动力大量外出务工的地区，可以通过政府引导和市场参与的手段实现耕地的规模化经营，培育农业生产和经营的增长极，充分发挥地区资源的比较优势，并创造相应的政策机制和市场条件，诱导技术创新、理念创新和管理创新。

（四）农业科技园驱动型现代农业发展模式

该模式是指在条件适宜的农村兴建高效农业科技园区，在园区内以农业结构调整为突破口，运用现代农业科学技术和经营管理方式，政府引导、企业运作、中介参与，引进龙头企业，以农业科研、教育和技术推广单位作为技术依托，引进国内外高新技术和资金、各种设施，集成现有的农业科技成果，对现代农业技术和新品种、新设施进行试验和示范，形成高效农业园区的开发基地、中试基地、生产基地，以此推动农业综合开发和现代农业建设的运行模式，与农民专业合作组织对接，大力发展优势产业和产业化经营，从而提高农业的综合效益，促进农业增效、农民增收和农村发展（蒋和平，2007）。

这类模式的主要作用是利用地区的科技、人才和资本的集聚与辐射优势，赋予农业发展以高科技属性，赋予农产品生产的中高端市场化目标，赋予农业经营管理的娱乐、休闲和教育功能等，这类模式一般适用于经济发展水平较高、辐射能力很强的城市郊区。

许昌市高效农业园区始建于 1995 年，2001 年 9 月被科技部正式批准为首批国家农业科技园区（试点）。到 2001 年，许昌由传统农业走向现代农业的实践，取得了明显成效：有 100 多万亩农田成为亩均纯收益超过 3 000 元的高效农业园区，农民人均纯收入达到 2 625 元，比 1995 年增加 1 107 元，农业科技的贡献率达到 45%，比 1995 年提高了 12 个百分点；54 万农户实行"订单农业"，每年的合同金额达 30 多亿元。整个园区为"一园九区"格局，即以花卉产业化示范园为核心和重点，花卉产业化示范区、无公害蔬菜生产示范区、中药材生产示范区、优质小麦产业化示范区、优质烟叶生产示范区、农作物种子产业化示范区、畜牧业生产示范区、农产品加工示范区。2006 年，园区面积达到 11 万公顷，一园九区内承担各类项目 147 个，培育出河南众品、北方花卉、华龙食品、湖雪面粉等一批具有较强示范带动能力的农业产业化龙头企业，园区内农民人均纯收入达到 5 315 元。

资源禀赋。一是自然条件优越。许昌市属北温带季风气候，是半湿润地区。同时该地又属于黄淮平原，土层深厚、肥沃，农业生产条件优越，土地资源生产率高于北部省 1/3，南部省 1/4，单位成本相对较低，具有明显的发展农业的自然禀赋优势。二是农业生产资金充足。近几年来，许昌农业园区已累计投入资金 6 亿元，其中本市工商企业、职工、农民和各种经济组织投入资金达4.5亿元。外资企业112家，外商直接投资3 143万美元。三是劳动者素质较高。全市先后与中国科学院、中国工程院、中国农科院、中国林科院等28个科学院所、重点院校建立联系，加大人才培训和农村人力资源开发的力度。吸引了556名市外科技人员在许昌参与科技承包，调动了本市2 094名农业科技人员积极投身园区建设。

市场条件。境内京广铁路、京珠高速公路、107国道及省道纵横交错，为农产品贸易提供便利条件；许昌市周边北有郑州、南有武汉、东有合肥、西有西安等大中城市群，农产品市场需求量很大，是许昌园区农产品主要市场；另外，目前许昌市周边有郑州国家粮食批发市场、许昌花卉苗木批发市场等流通渠道畅通，这些农产品市场的成熟发展，基本保障了园区农产品的销路。

社会政策环境。许昌市政府积极支持农业科技园区发展，在政策上，利用土地、税收等优惠政策吸引国内外企业参与园区建设和产业发展，积极培育和规范市场体系建设；在资金上，市、县两级每年在财政安排农业产业化经营专项资金，采用贷款贴息等方式，支持花木龙头企业采用新技术，开发新产品，拓展新市场。据统计，截至2008年，省、市、县集中财政、项目和金融资金，累计达到21.5亿元。

该模式的产生与发展主要是以诱导性技术变革理论和增长极理论为指导，通过引进具备高科技属性的企业，建立农业科技园区，充分利用地区科技、人才和资本聚集的优势，提高农业生产与经营的高科技属性。

（五）现代农业设施支持型现代农业发展模式

该模式就是通过建立现代化的设施条件，提高农业经济效益的发展模式。设施农业是通过采用现代农业工程和机械技术，改变动植物生长的自然条件，为动植物生长提供相对可控制甚至最适宜的温度、湿度、光照、水肥和气候等环境条件，在一定程度上摆脱对自然环境的依赖而进行有效生产的农业。设施农业包含设施栽培、饲养，各类型玻璃温室，塑料大棚，连栋大棚，中、小型塑棚及地膜覆盖，还包括所有进行农业生产的保护设施。设施栽培可充分发挥作物的增产潜力，增加产量。由于有保护设施，防止了许多病虫害的侵袭，在生产过程中不需要使用农药或很少使用农药，从而改善商品品质，并能使作物反季节生长，在有限的空间中生产出高品质的作物。设施农业是涵盖建筑、材料、机械、自动控制、品种、园艺技术、栽培技术和管理等学科的系统工程，其发达程度是体现农业现代化水平的重要标志之一，它具有高投入、高技术含量、高品质、高产量和高效益等特点，是最具活力的现代农业发展模式。

这类模式的主要通过加大农业生产（或畜牧业养殖）的投入，以提高单位面积土地的产出率、资源利用率和饲料转化率，该类模式主要适用于耕地资源比较稀缺（或机会成本较大）、社会经济发展水平较高、技术水平较高、资本丰厚并具有政策引导与支持的地区。

潍坊市地处山东半岛中部，共有耕地 71.67 万公顷，其中设施农业耕地面积 10.13 万公顷。潍坊市从 20 世纪 90 年代初开始发展设施农业，2005 年时农业增加值达到 201.4 亿元，农民人均纯收入达 5 017 元，农产品出口创汇 7.5 亿美元。潍坊市的设施农业以设施园艺业为主，设施蔬菜种植居多，少量温室种植花卉、果树、苗木等，经营形式以农户分散经营为主，少量采用公司与农户签订种植购销合同的方式。2007 年，我市设施园艺共建棚 87.6804 万个，并配套了各种形式的园艺生产机具及技术，机械化水平逐年提高。设施养殖相对较少，主要以养鸭、养鸡、养猪为主。近几年，为发展养殖业，提高养殖效益，全市各级政府大力推广设施养殖技术，兴建各类规模养殖场 9 800 多个，从业人员 161 089 人。设施园艺业每年年产值可达 987 048 万元。设施养殖业年产值可达 477 181 万元。

资源禀赋。一是土地资源有限。目前，潍坊市总人口 850.7 万，耕地面积 68.1 万公顷，人均耕地面积 1.2 亩，低于全国（2008 年）平均水平 1.4 亩。二是社会经济发展水平较高。2008 年，该市银行各类存款余额 260 多亿元，户均存款 10 万多元，农民人均纯收入保守统计近 8 000 元。三是农业生产技术水平较高。潍坊市从 1999 年开始建设潍坊至寿光、青州、诸城、昌邑四条"农业高新技术走廊"战略工程，四条走廊总长 250 千米，集中了 272 处农业科技示范园区，12 万公顷的农业综合开发、节水灌溉、生物工程、进口及国产现代温室等各类项目区和示范区。在引进国内外高科技人才方面，国家农业科技园区不仅聘请专家为园区顾问，还在园区内设立研发中心、博士后流动站，还与科研院所、大专院校建立了长期的科技合作关系。

市场条件。潍坊充分发挥沿海优势，通过政策扶持，扩建和新建了一批设施齐全、功能完善、辐射带动能力强的大型农副产品专业批发市场。另外，国内已有 60 多个大中城市的 200 多家批发市场、超市和高端餐饮消费机构到潍坊挂牌，建立了农产品直供直销关系，产品还远销日本、韩国、新加坡、美国、欧盟等 10 多个国家和地区。

社会政策环境。潍坊市各级政府高度重视设施农业的发展，为更好地发展设施农业，采取了以下几项措施：一是树典型，搞好示范推广。树立良好的典型，让广大菜农看得见、摸得着，有非常直观的认识，为他们树立了良好的学习榜样。二是搞好技术培训和技术指导，举办各种形式的设施农业培训班，使广大农民掌握有关的技术知识。三是每年全市将设施农业的发展任务指标分解到各乡镇，各乡镇再细化到各村，年底进行全面检查验收，把设施农业的发展情况列入各级政府年终考核的重要目标之一，并制定了一系列相关奖惩政策，根据任务指标完成情况进行奖惩兑现。四是为设施农业的发展创造良好的外部环境。主要是积极到外地宣传本市的设施农业发展情况，以及对各级市场进行强化管理，严厉打击强买、强卖、欺行霸市行为，为广大农民创造良好的市场环境。

该类模式的形成与发展主要是以诱导性技术变革理论为指导，在耕地资源比较稀缺（或机会成本较大）、社会经济发展水平较高、技术水平较高、资本丰厚并具有政策引导与支持的地区，可以充分引导生产主体采取集约化的农业生产方式，提高资源利用率和土地产出率。

（六）休闲观光拉动型现代农业发展模式

该模式是以农业和农村为载体，以田园景观和自然资源为依托，利用农村设施与空间，结合农林牧渔生产、农业经营活动、农村文化及农家生活，经过规划设计与建设，使其成为一个具有农业经营特色的经济区域。休闲观光农业，是一种由农业和旅游业两大产业部门交叉融合的新型产业，是调整农业产业结构中出现的一种新型农业生产经营方式，它具有如下特点：既是农业发展的新途径，也是旅游业发展的新领域；既可发展农业生产、维护生态环境、扩大乡村游乐功能，又可达到提高农业效益与繁荣农村经济、调整和优化农业结构、满足游客回归大自然、陶冶情操和休养健身的目的。近年来，随着农业多功能性理念的提出，人们发现，现代农业不仅具有生产性功能，还具有改善生态环境质量，提供观光、休闲、度假、教育与文化体验等生活型功能。随着生活节奏的加快与竞争的日益激烈，城镇居民对城郊农业观光旅游的需求越来越旺盛，观光休闲农业将具有广阔的市场前景。这类模式比较适用于交通较为方便的城市郊区。

素有"北京米粮仓"的北京市顺义区自然条件优越，交通便利，历史上曾是北京市重要的农副产品生产和加工基地。近几年，顺义区按照"绿色国际港时尚休闲地"的目标定位，明确提出了大力发展都市现代农业的发展思路，"以建设都市型现代农业的总体定位，围绕农业休闲旅游产业做文章"，取得显著成效。目前顺义区已经发展起来了一系列具有较强市场竞争力的特色产品，建立起了一大批现代化的果园和农业休闲观光基地，既促进了当地农民的增收，又改善了当地的生态环境，给人们带来了文化生活享受，产生了良好的经济和社会效益。截至2009年年底，顺义区共有观光园73个，比上年同期增加2个；累计接待77.2万人次，比上年同期增长26.2%。观光园实现总收入10 058.8万元，比上年同期增长24.2%。

资源禀赋。一是该地区自然条件优越，气候湿润，农业条件良好。就顺义而言，这个素有"北京的乌克兰"和"京郊米粮仓"美誉的农业大区，几千年来形成的农耕文化、民俗文化同样也是一个可以利用的珍贵的旅游资源；二是农地资源丰富，结构多样。顺义区总耕地 70 万亩，其中菜田 16 万亩，果林面积 13.5 万亩，林木覆盖率达 24.6%，全区有水产养殖面积 3 万亩。[①]

市场条件。北京市发达的经济水平和庞大的人口基数（城市人口 700 万）为发展旅游产业提供了良好的经济基础和消费潜力。从消费能力来看，2007 年前 11 个月北京市城镇居民人均消费性支出 14 081 元，其中教育、文化和娱乐服务支出高达 2 251 元，32.2% 的恩格尔系数显示出在满足了吃、穿的基本需求之后，人们的消费倾向逐渐转向文化、旅游等消费领域。据北京市调查，每年大概有 67.3% 的家庭选择到郊区休闲旅游，其中有 16.9% 的家庭每年到郊区旅游 3 ~ 5 次，全市有 15.3% 的市民到郊区旅游 5 次，北京市民对休闲度假型和生态环境类旅游项目的需求率分别达到 78% 和 48.3%。[②]

社会政策环境。一是政府支持观光农业的发展。2007 年初，顺义区委、区政府出台财政扶持政策，划拨专项基金 100 万元扶持了 5 家渔场，鼓励发展休闲渔业产业，建设高标准垂钓园区，对达标企业进行资金补贴，带动了顺义区休闲渔业的迅猛发展[③]；二是法定节假日的增多。2008 年开始实行的新法定节假日制度，增加了居民的闲暇时间。同时，长短假期的安排，给京郊观光休闲农业这种中短途旅游带来了新的商机。

该类模式的形成与发展主要是以比较优势理论和可持续发展理论为基础，利用相应的农业资源，把握城市居民消费行为，在城市郊区采取企业化的运作模式合理开发和利用农业资源，实现农业集生产、休闲、娱乐、教育和环保等功能于一身的多元化发展模式。这类模式比较适用于交通较为方便的城市郊区。

第三节　西部地区现代农业发展模式选择

一、西部地区农业发展现状及特征

目前，西部地区人口有 2.87 亿，占全国人口的 22.1%，农业劳动力约为

---

① 资料来源：北京市顺义区农业信息网。

② 曹承忠、郭建强、刘娟等：《首都都市型现代农业发展研究》，载于《北京农业职业学院学报》2007 年第 2 期。

③ 资料来源：http://www.cnfm.gov.cn/info/display.asp? id = 28855。

1.03 亿人，占全国农业劳动力数量的 1/3 强。总人口中少数民族有 6 500 万人，占全国少数民族人口总数的 86%。同时，西部地区土地资源优势突出，全区耕地面积为 4 495.05 万公顷，占全国耕地总面积的 37.8%，农业劳均耕地面积为 6.56 亩，超过全国平均水平（见表 8-1）。全区横跨黄土高原、青藏高原、云贵高原和四川盆地，自然气候复杂，大部分地区处于温带和暖温带，日照时数 2 500~3 400 小时，≥10℃积温 4 500~7 000℃。受大陆性气候的影响，西北内陆地区降雨量稀少，气候干旱，水土流失严重，自然灾害频繁，生态环境脆弱，农业经济发展缓慢，社会经济各项事业落后，是中国全面建设新农村和小康社会的重点和难点地区。

表 8-1　　　　2008 年西部耕地资源禀赋条件和有效灌溉情况

地区	农业从业人数（万人）	耕地面积（千公顷）	劳均耕地面积（亩/人）	有效灌溉面积（千公顷）	有效灌溉率（%）
内蒙古	556.696	7 147.2	19.26	2 871.3	40
广西	1 549.434	4 217.5	4.083	1 521.4	36
重庆	681.2489	2 235.9	4.92	658.9	29
四川	2 192.692	5 947.4	4.069	2 506.7	42
贵州	1 206.04	4 485.3	5.58	917.4	20
云南	1 678.639	6 072.1	5.43	1 536.9	25
西藏	89.2798	361.6	6.08	220.7	61
陕西	910.381	4 050.1	6.67	1 301.4	32
甘肃	734.3908	4 658.8	9.52	1 254.7	27
青海	123.2948	542.7	6.60	251.7	46
宁夏	136.3527	1 107.1	12.18	451.9	41
新疆	419.9036	4 124.6	14.73	3 572.5	87
西部地区	10 278.35	44 950.5	6.56	17 065.5	37.97
全国	30 654	121 715.9	5.96	58 471.68	48.04

资料来源：《中国统计年鉴（2009）》，经作者计算整理所得。

改革开放以来，西部地区农业发展呈现出以下几个特征：①农业发展水平不断提高，无论是农业在地区 GDP 的比重，还是农业 GDP 占全国农业 GDP 的比重都相对较高，农业占基础地位不断巩固。据统计，2008 年，西部地区农林牧渔业总产值达到 14 860.4 亿元，比 2000 年增加 9 107.3 亿元，增长 158.3%。粮食播种面积和产量进一步提高，2008 年西部地区粮食播种面积达到 3 255.2 万公顷，比 2000 年增长 5.7%，产量由 2000 年的 1.29 亿吨增加到 2008 年的 1.4 亿吨，增长了 8.5%。[1] ②特色农业成为农村经济发展的支柱产业。目前西部已初步形成专用玉米、糖料、制种、棉花、苹果、肉羊和牛奶等优势产区，特色农产品在全国已占有举足轻重的地位。资料显示，新疆优质的长绒棉花总量已占全国的 1/3，制糖用甜菜产量占全国的近 2/3，广西的甘蔗总产量超过全国的 1/2，云南贵州两省烟叶年产量约占全国的 1/2，内蒙古牛奶产量占全国的 1/5 以上，新疆和内蒙古的绵羊毛约占全国的 1/2。[2] ③农业生态环境明显改善，环境承载能力显著提高。在充分尊重自然规律的基础上，中央财政安排大量资金支持西部改善农业生产条件和生态环境，改造中低产田约 150 万公顷。据初步统计，2000～2009 年上半年农业部通过优质粮食产业工程、种养业良种、动植物保护、农村沼气等项目，累计安排西部地区农业投资 381 亿元，同时开展了测土配方施肥补贴、水稻良种推广补贴、棉花良种补贴、农机具购置补贴等各项财政补贴补助项目，2002～2009 年农业部累计安排西部地区财政资金 304.7 亿元。[3] 到 2007年，结合退耕还林、退牧还草、生态家园建设工程，建成了 100 多万户沼气池，逐步解决农村能源问题，改善了农民生产生活条件，生态环境保护程度和环境承载能力明显加强。

二、西部地区农业发展存在的问题

西部地区是中国农村经济发展的落后地区，也是中国贫困人口最为集中的地区。农村经济落后直接导致农业投入的能力严重不足，2008 年西部地区单位耕地面积的化肥投入和机械动力数分别为 20.79 千克/亩和 4.10 千瓦/公顷，远远低于 28.69 千克/亩和 6.75 千瓦/公顷的全国平均水平，西藏、青海、贵州、甘肃和内蒙古等省的单位面积的施肥水平则只有 8.48 千克/亩、9.95 千克/亩、12.35 千克/亩、11.65 千克/亩和 14.37 千克/亩，直接表现为这些省耕地产出率十分低下。

总体而言，西部地区单位耕地面积的产出效率和劳动生产率远低于全国水平（见表 8-2），土地资源禀赋的优势并未转化为现实的竞争优势。同时，西部地区农业发展面临着资源与生态环境的严重约束，西北内陆地区水资源极为短缺，年均降水量不足 200 毫米，农业灌溉条件较差，这也是西部地区耕地产出率较低的重要原因之一。

---

①③ 资料来源：农业为西部经济发展奠定基础——访农业部副部长。
② 尹昌斌等：《我国区域现代农业发展途径与战略重点》，载于《农业现代化研究》2007 年第 6 期。

表8-2　　　　　　2008年西部地区农业劳动生产率和耕地产出率

地区	农业从业人数（万人）	耕地产出率（元/亩）	农业劳动生产率（元/人）
内蒙古	556.696	668.423	12 872.51
广西	1 549.434	1 749.43	7 142.87
重庆	681.2489	1 387.86	6 832.66
四川	2 192.692	1 801.96	7 331.38
贵州	1 206.04	690.84	3 853.88
云南	1 678.639	857.37	4 651.98
西藏	89.2798	805.54	4 894.30
陕西	910.381	1 277.01	8 522.27
甘肃	734.3908	757.80	7 210.93
青海	123.2948	721.53	4 764.03
宁夏	136.3527	789.71	9 617.62
新疆	419.9036	1 267.52	18 675.53
西部地区	10 278.35	1 064.58	8 030.83
全国	30 654	1 536.04	9 148.61

资料来源：《中国统计年鉴（2009）》，经作者计算整理所得。

目前，西部地区水土流失面积占土地总面积的60%以上，土地荒漠化面积占其土地总面积的20%以上。其中，森林覆盖率较低是该地区自然环境质量状况的重要特点之一，特别是新疆、宁夏、青海、甘肃和内蒙古等省的森林覆盖率更是只有5%左右（见表8-3），加上滥砍滥伐和过度放牧的现象严重，西部地区的草地退化、土壤盐碱化和土地沙漠化的趋势也没有得到有效遏制，生态环境脆弱，自然灾害频繁，农业的成灾率要高于全国平均水平（见表8-4），其中，重庆、西藏、云南、甘肃和青海等地的农业成灾率。既要保护生态环境，又要增加农民收入，对于经济发展落后、农民文化素质低和农业粗放经营的西部地区来说，具有较高的难度。

表8-3　　　　　　2008年西部地区森林覆盖率

地区	林业用地面积（万公顷）	森林面积（万公顷）	人工林（万公顷）	森林覆盖率（%）
内蒙古	4 403.61	2 050.67	241.29	17.7
广西	1 366.22	983.83	449.62	41.41
重庆	366.84	183.18	62.87	22.25

地区	林业用地面积 （万公顷）	森林面积 （万公顷）	人工林 （万公顷）	森林覆盖率 （％）
四川	2 266.02	1 464.34	343.29	30.27
贵州	761.83	420.47	183.5	23.83
云南	2 424.76	1 560.03	251.45	40.77
西藏	1 657.89	1 389.61	2.76	11.31
陕西	1 071.78	670.39	169.21	32.55
甘肃	745.55	299.63	67.32	6.66
青海	556.28	317.2	4.36	4.4
宁夏	115.34	40.36	9.81	6.08
新疆	608.46	484.07	45.9	2.94
西部地区	16 344.58	9 863.78	1 831.38	20.01
全国	28 492.56	17 490.92	5 364.99	18.21

资料来源：《中国环境统计年鉴（2009）》。

表 8 - 4　　　　　　　　　2008 年西部地区农业成灾率

地区	受灾面积	成灾面积	成灾面积占受灾面积比重（％）
内蒙古	2 497	1 318	52.8
广西	2 306	1 129	49.0
重庆	662	399	60.3
四川	1 412	637	45.1
贵州	1 760	1 050	59.6
云南	1 460	882	60.4
西藏	54	36	67.5
陕西	1 047	502	48.0
甘肃	1 334	841	63.0
青海	122	73	59.9
宁夏	667	283	42.4
新疆	2 171.7	1 326.09	61.06
全国	39 990.03	22 283.47	55.72

资料来源：《中国统计年鉴（2009）》。

三、西部地区农业发展的比较优势

西部地区地域辽阔，地形、气候、生态环境复杂多样，区域农业发展的潜力主要体现在特色农产品生产上，其中无公害特色农业的发展具有先天性的优势。新疆气候干燥，光热丰富，非常适合棉花种植，棉花生产的综合比较优势指数大于3。甘肃河西走廊、新疆、宁夏和内蒙古的河套平原，具有独特的气候资源，特色优质瓜果产业优势明显。重庆的柑橘、云南的花卉、茶叶和药材等都具有很大的综合竞争优势。广西是中国最大的甘蔗集中产区，蔗糖综合比较优势指数达到3.80。西南地区的牧草资源丰富，国内著名的五大草场都集中在西部，草地资源总面积和人均面积均较大，具有发展草食畜牧业潜力。青藏高原毛、绒、肉等生态特色型农产品前景广阔。另外，西部地区是中国少数民族聚居地，观光旅游吸引力大，有民族特点的农产品市场广阔。同时，西部现有44个国家级重点风景区和近200个省级自然保护区，加上历史遗迹、民俗风情，形成了西部独特风格、传统文化与现代文明相结合的环境优势资源。总之，西部地区农业资源多样，发展特色农业前景广阔。

四、西部地区现代农业发展水平的评价

对各地现代农业发展水平进行客观评价是合理布局的前提和确定发展方向的依据。遵循客观性、综合性、可操作性和可比性的指标选取原则，借鉴相关研究成果，选择农业投入水平、农业产出水平、农村社会与经济发展水平、农业可持续发展水平等四个方面作为现代农业综合发展水平（A）的衡量。其中，农业投入水平（B_1）方面主要由农业劳均投入（C_{11}）、农业科技投入占农业总产值的比重（C_{12}）、农村劳动力受教育的程度（C_{13}）、农业劳均耕地面积（C_{14}）、单位耕地面积总动力数（C_{15}）、有效灌溉率（C_{16}）和单位耕地面积化肥施用量（C_{17}）等7个指标构成，农业产出水平（B_2）由农业人均GDP（C_{21}）、农产品加工率（C_{22}）、农业劳动生产率（C_{23}）、土地生产率（C_{24}）[①]、农民人均纯收入（C_{25}）和农产品商品率（C_{26}）等6个指标构成，农村社会经济发展水平（B_3）由每万人拥有专业协会的个数（C_{31}）、城镇人口占总人口的比重（C_{32}）和农村

---

① 农村劳动力受教育水平＝初中以上农村劳动力人数/农村劳动力人口总数，因为现代农业需要的新型农民，因此本研究将农村劳动力的人力资本属性考虑进来；单位耕地面积化肥施用量（千克/公顷）＝化肥有效成分总量/耕地总面积；土地生产率（亿元/公顷）＝农业总产值/耕地面积。

劳动力就业率（C_{33}）等 3 个指标构成，农业可持续发展水平（B_4）主要由农业成灾率（C_{41}）和森林覆盖率（C_{42}）等两个指标构成。[1] 在上述指标建立的基础上，借鉴已有的研究，本课题采用专家评价法和层次分析法，构建了现代农业综合发展水平的评价模型组。该评价模型组包括现代农业综合水平测评总模型（A_T）及农业投入子系统模型（B_1）、农业产出子系统模型（B_2）、农村社会经济发展子系统模型（B_3）和农业可持续发展水平子系统模型（B_4）等四个一级子系统模型。[2]

农业现代化综合发展水平评估总模型为：

$$AT_t = W_1 B_1 + W_2 B_2 + W_3 B_3 + W_4 B_4 = \sum_{i=1}^{4} W_i B_i$$

式中 B_i 为一级子系统指数，W_i 为各级子系统的权重，T_t 为评价区域，t 为时期。

四个一级子系统模型分别如下：

（1）农业投入一级子系统测评模型（B_1）：

$$B_1 = W_{11} C_{11} + W_{12} C_{12} + W_{13} C_{13} + W_{14} C_{14} + W_{15} C_{15} + W_{16} C_{16} + W_{17} C_{17} = \sum_{i=1}^{7} W_{1i} C_{1i}$$

（2）农业产出一级子系统测评模型（B_2）：

$$B_2 = W_{21} C_{21} + W_{22} C_{22} + W_{23} C_{23} + W_{24} C_{24} + W_{25} C_{25} + W_{26} C_{26} = \sum_{i=1}^{6} W_{2i} C_{2i}$$

（3）农村社会发展一级子系统测评模型（B_3）：

$$B_3 = W_{31} C_{31} + W_{32} C_{32} + W_{33} C_{33} = \sum_{i=1}^{3} W_{3i} C_{3i}$$

（4）农业可持续发展一级子系统测评模型（B_4）：

根据上述指标体系和模型，考虑到数据的可获得性，我们只能对 2005 年中国各省（市、自治区）现代农业发展水平的综合指数进行测算，测算结果见表 8 - 5。通过测算结果我们可以看出，与发达国家（或地区）农业的发展水平相比，中国现代农业的建设还处于起步阶段和发展阶段。[3][4] 因此，本书以 20、15、10 作为划分点，将中国省级现代农业发展水平大致划分为四类：综合发展指数 ≥20 的为Ⅰ类地区，依次为北京、上海、福建和浙江（东部地区）；综合发展指数在 15~20 之间的为Ⅱ类地区，依次为天津、广东、江苏、山东（东部地区）；综合

---

[1]　农业部课题组：《现代农业发展战略研究》，中国农业出版社 2008 年版。

[2]　蒋和平、辛岭：《建设中国现代农业的思路与实践》，中国农业出版社 2008 年版。

[3]　农业部软科学委员会办公室：《推进农业结构调整与建设现代农业》，中国农业出版社 2005 年版。

[4]　张晓山、宋洪远、李惠安：《调整结构·创新体制·发展现代农业》，中国社会科学出版社 2007 年版。

发展指数在 10~15 之间的为Ⅲ类地区，依次为海南、河北、辽宁、湖南、湖北、河南、江西、吉林、广西、新疆、安徽等 11 个省；综合发展指数≤10 的为Ⅳ类地区，依次为内蒙古、黑龙江、山西、四川、重庆、山西、宁夏、陕西、云南、青海、甘肃、贵州、西藏等 12 个省（市、自治区）。

表 8-5　　2005 年西部各省（市、自治区）现代农业综合发展水平

地区	投入指数	产出指数	社会发展指数	可持续发展指数	现代农业发展水平	类型
内蒙古	14.17	9.29	7.44	1.45	9.98	Ⅳ类
广西	12.28	11.78	7.07	3.01	10.53	Ⅲ类
重庆	10.58	10.17	8.12	1.63	9.28	Ⅳ类
四川	11.02	10.41	7.44	3.02	9.56	Ⅳ类
贵州	9.28	4.38	6.75	2.56	6.19	Ⅳ类
云南	9.89	6.22	6.41	2.96	7.19	Ⅳ类
西藏	4.94	3.48	5.32	3.71	4.24	Ⅳ类
陕西	12.20	5.23	8.78	2.68	7.82	Ⅳ类
甘肃	11.18	3.88	6.92	0.48	6.44	Ⅳ类
青海	11.35	4.70	6.49	1.93	6.93	Ⅳ类
宁夏	13.06	6.63	6.77	0.19	8.24	Ⅳ类
新疆	15.01	10.88	4.88	0.06	10.50	Ⅲ类

　　资料来源：2006 年《中国统计年鉴》、《中国食品工业年鉴》、《中国农村统计年鉴》、《中国国土资源年鉴》以及《中国农业统计资料汇编》等。

　　从测算结果来看，中国西部地区的省（市、自治区）的现代农业综合发展指数除新疆外都在 10 以下，还处于现代农业起步的第一阶段，属于现代农业发展第四类区域。数据显示，西部地区现代农业发展的投入相对不足，除新疆外，本区其他的农业投入指数均低于全国平均水平，造成了该地区耕地产出效率和农业劳动效率较低；中国西部地区位于亚欧内陆，离海洋较远，降水量较少，气候干旱，自然生态环境比较脆弱，表现为西部各省现代农业的可持续的发展指数极低，现代农业发展所面临的生态环境约束问题严重。

五、西部地区现代农业发展的思路及模式选择

（一）发展思路

　　西部地区的现代农业的发展水平均处于起步的第一阶段，本区域大部分省份

农业的发展面临经济基础薄弱与生态环境恶化的双重制约，农业发展的各项指标均相对落后，农业发展的可持续性较差，农业发展的潜力和比较优势集中体现在特色农产品生产上。该区域现代农业建设应在稳定发展粮食生产的基础上，以生态保护为核心，走资源持续利用、特色产品开发为重点的生态、特色型农业。选择产业发展基础好的重点县市，按照产业化发展思路，建设一批特色农产品标准化生产示范基地。注重特色农产品产地环境保护，实施耕地保护，积极推广沼气等农村能源综合利用技术，发展生态农业，保护生态环境。

（二）模式选择

保证基本口粮生产，大力发展特色农业主导型现代农业发展模式。西部地区大部分省份农业的发展面临经济基础薄弱与生态环境脆弱的双重制约，农业发展的各项指标均相对落后，农业发展的可持续性较差，农业发展的潜力集中体现在特色农产品生产上。该地区现代农业建设应在稳定发展粮食生产的基础上，以生态保护为核心，走资源持续利用、特色产品开发为重点的生态、特色型农业。选择产业发展基础好的重点县市，按照产业化发展思路，建设一批特色农产品标准化生产示范基地，培养现代农业发展的增长极，形成对周边地区现代农业发展的辐射效应。注重特色农产品产地环境保护，实施耕地保护，积极推广沼气等农村能源综合利用技术，发展生态农业，保护生态环境。

西部地区应加大基本农田建设，推行旱作节水、保护性耕作技术，稳定发展粮食生产，努力实现口粮基本自给。继续实施退牧还草，大力发展生态型特色农业，保护西部生态环境，加快发展优质棉花、糖料、水果、甘蔗、蔬菜、花卉、茶叶、蚕桑、中药材和名特优畜禽、水产品等具有优势的农产品生产，建设特色农产品生产基地，实现特色农业产业化经营。

在内蒙古及农牧交错区，坚持以畜牧业为重点，强化农牧结合，在加强草原和高标准基本农田保护建设的基础上，重点发展特色小杂粮、反季节蔬菜，加强奶业产业化基地建设。黄土高原区，要加大天然草场保护力度，治理水土流失；加强农田建设，发展旱作节水农业，推广保护性耕地技术；推进苹果产业带建设，扩大优质果品出口。甘新区应利用优越的光热条件，加强优质高产的棉、糖、大麦、制种、优质瓜果基地以及以羊为主的畜牧业基地建设。重点发展特色农产品加工业，增加农产品附加价值。青藏区应以保护和建设天然草地生态系统为主，加强人工草场建设，调整畜群结构，提高牲畜的出栏率和畜产品品质，开展毛、绒、肉的综合利用，合理开发特色野生资源。西南地区重点加强甘蔗、水果、蚕桑、花卉和中药材等特色农产品的基地建设，稳定发展生猪生产，并充分利用草山草坡资源，大力发展草食畜牧业。

第四节　中部地区现代农业发展模式选择

一、中部地区农业发展现状及特征

中部地区地处我国腹地，属"浅内陆地区"，南北兼备和多样性的自然条件使其农业基本资源优势显著。中部地区河流纵横，平原众多，气候适宜，雨量适中，耕地多于东南沿海，是国内光热水土资源组合较好的地区（见表8-6），平原地区农田水利设施基本配套，高产稳产田约占总耕地面积的40%。该区历史上就是我国的主要粮仓之一，靠发达的农业种取得"得中原者得天下"的历史地位和享有"两湖熟、天下足"的美誉。中部地区大宗农产品的生产优势明显，是国内粮食、棉花、油料、麻类、蚕丝、茶叶、肉类和淡水产品的主要产区，也是重要的烟叶、柑橘和禽蛋产地，林特产品发展潜力较大。

表8-6　　　　中部地区农业耕地资源禀赋及有效灌溉情况

地区	农业从业人数（万人）	耕地面积（千公顷）	劳均耕地面积（亩/人）	有效灌溉面积（千公顷）	有效灌溉率（%）
河南	2 847.3	7 926.4	4.18	4 989.197	62.94
湖北	1 016.7	4 664.1	6.88	2 330.17	49.96
湖南	1 889.9	3 789.4	3.01	2 708.965	71.48
山西	642.8	4 055.8	9.46	1 254.56	30.93
江西	903.9	2 827.1	4.69	1 841.169	65.12
安徽	1 605.3	5 730.2	5.35	3 453.73	60.27
中部	8 905.9	28 993	5.60	16 577.79	57.17
全国	30 654	121 715.9	5.96	58 471.68	48.04

资料来源：《2009年中国统计年鉴》及作者计算所得。

改革开放以来，东部地区的粮食种植面积逐渐减少，粮食产量也随之逐年减少，中部地区在维护粮食安全中的作用越来越明显。总的来说，中部地区农业的发展呈现如下特征：①大宗农产品生产在全国占有突出地位。除棉花外，其他大宗农产品无论是在总量还是在全国所占的比重都呈现上升趋势。2008年，中部6省粮、棉、水果、肉、蛋在全国所占的比重都在30%左右，油料比重也达到了40%以上。②大宗农产品商品化程度较高。中部地区历来是大宗农产品的调出区，商品率较高。③农区畜牧业得到较快发展。资料显示，2005 年，畜牧业总产值达到 3 699 亿元，占农业总产值的 36.5%，比全国平均水平高出 1.8 个百分点，比 1980 年提高了近 20 个百分点。④农业投入增加迅速。2008 年，中部单位耕地面积投入的机械动力数和化肥数量分别达到 9.14 千瓦/公顷和 39.01 千克/亩，超过同时期的 6.75 千瓦/公顷和 28.69 千克/亩的全国平均水平（见表 8 - 7）。

表 8 - 7　　　　　中部地区单位耕地面积机械动力数和化肥施用情况

地区	耕地面积（总资源）（千公顷）	单位耕地面积的总动力数（千瓦/公顷）	单位耕地面积化肥施用量（千克/亩）
河南	7 926.4	11.89	50.61
湖北	4 664.1	5.99	46.84
湖南	3 789.4	10.61	39.30
山西	4 055.8	6.18	17.00
江西	2 827.1	10.42	31.36
安徽	5 730.2	8.38	35.76
中部	28 993	9.14	39.01
全国	121 715.9	6.75	28.69

资料来源：《中国统计年鉴（2009）》，经作者计算整理所得。

二、中部地区农业发展存在的问题

中部地区是大宗农产品生产基地，但由于城镇化发展的滞后，使得农产品市场的发育水平较低，资金、技术等方面的欠缺，农产品加工转化增值较落后，产业化水平不高。农产品加工水平低，使得农业的附加价值较低，对农业产业链延伸的带动力不足，农户经营规模偏小，导致种粮效益相对较低，农业增产和农民增收之间难以形成良性互动。长期以来，中部地区普遍存在"农业大省、经济小省、财政穷省"现象，农民收入增长缓慢，特别是粮食丰收、农业增产时，容易出现农产品价格下跌，农民增产不增收（见表 8 - 8、表 8 - 9）。

表 8 - 8　　　　　　　　2008 年中部地区城市化水平

地区	城镇人口		农村人口	
	人口数（万人）	比重（%）	人口数（万人）	比重（%）
河南	3 397	36.03	6 032	63.97
湖北	2 581	45.20	3 130	54.80
湖南	2 689	42.15	3 691	57.85

地区	城镇人口		农村人口	
	人口数（万人）	比重（%）	人口数（万人）	比重（%）
山西	1 539	45.11	1 872	54.89
江西	1 820	41.36	2 580	58.64
安徽	2 485	40.50	3 650	59.50
中部	14 511	41.73	20 955	58.27
全国	60 667	45.68	72 135	54.32

注：1. 本表数据根据 2008 年人口变动情况抽样调查数据推算。全国总人口根据抽样误差和调查误差进行了修正，分地区人口未作修正。2. 全国总人口包括现役军人数，分地区数字中未包括。

资料来源：《中国人口和就业统计年鉴（2009）》。

表 8-9　　　　　　　　　　2008 年中国各地区市场化指数

地区	排序	得分	地区	排序	得分	地区	排序	得分
浙江	1	9.35	四川	11	7.17	吉林	21	4.54
江苏	2	9.46	江西	12	6.75	上海	22	4.47
山东	3	8.86	黑龙江	13	6.69	新疆	23	4.25
河北	4	8.49	广西	14	6.41	内蒙古	24	3.26
湖北	5	8.21	辽宁	15	6.24	北京	25	3.18
河南	6	8.21	天津	16	6.19	甘肃	26	3.03
福建	7	8.20	广东	17	6.16	贵州	27	1.88
湖南	8	7.57	山西	18	6.13	宁夏	28	0.05
安徽	9	7.36	海南	18	4.93	云南	29	-0.26
重庆	10	7.33	陕西	20	4.90	青海	30	-1.23

三、中部地区农业发展的比较优势

中部地区耕地面积占全国的 23.5%，拥有江汉、洞庭湖和黄淮等肥沃平原，气候适宜，雨水充足，光照时间长，适合水稻、小麦、玉米、棉花、油菜等大宗农作物种植，是全国重要的粮棉油生产基地。有研究表明，中部地区油菜的综合比较优势指数在四大区域中占第一位，水稻和小麦的综合比较优势指数高达 1.05 和 1.11，油料和粮食生产优势明显。中部地区的猪肉、牛肉产量在全国所占的比重都较高，畜牧业发展的优势比较明显。此外，长江中游四省可利用的内陆水产养殖面积高达 230 万公顷，占全国 44.7%，具有突出的淡水养殖优势（见表 8-10）。

表 8 - 10　　　中国猪肉、牛肉产量地区比较（2004～2008 年）　　单位：万吨

地区	猪肉产量			牛肉产量		
	2004 年	2006 年	2008 年	2004 年	2006 年	2008 年
中部地区	249.29	272.84	243.1	30.36	32.7	24.45
西部地区	114.17	129.05	114.27	15.35	18.57	17.4
东部地区	146.81	160	137.95	19.2	20.1	14.74
东北地区	122.56	137.19	137.07	39.23	43.22	36.76
全国总量	632.83	699.08	632.39	104.14	114.59	93.35
中部地区占全国比重	39.4%	39.1%	38.4%	29.2%	28.5%	26.2%
西部地区占全国比重	18.1%	18.5%	18.1%	14.7%	16.2%	18.6%
东部地区占全国比重	23.2%	22.9%	21.8%	18.4%	17.5%	15.8%
东北地区占全国比重	19.4%	19.6%	21.7%	37.7%	37.7%	39.4%

　　资料来源：根据历年《中国统计年鉴》计算整理所得。

四、中部地区现代农业发展的评价

　　中部地区农业的耕地资源、水资源、劳动力资源较丰富，历来是我国大宗农产品的重要生产基地，粮、棉、油等重要作物产量长期居全国首位，是我国重要的商品粮、棉、油生产基地，从现代农业综合发展水平测度结果可以看出，除山西省外，中部所有省份的现代农业发展处于起步的第二阶段。从现代农业综合发展水平的测度结果来看，在投入指数和产出指数方面，中部地区都相对较高。由于城市化、农产品市场化、组织化的程度较低，使得中部社会发展指数并不高。同时，中部地区农业可持续发展的程度也偏低（见表 8 - 11）。

表 8 - 11　　　　2005 年中部各省（市、自治区）现代农业综合发展水平

地区	投入指数	产出指数	社会发展指数	可持续发展指数	现代农业发展水平	类型
湖南	13.87	16.08	7.87	2.87	13.06	Ⅲ类
湖北	13.07	14.41	7.00	2.14	11.87	Ⅲ类
河南	15.07	12.83	6.39	1.62	11.72	Ⅲ类
江西	13.29	13.18	7.12	4.46	11.62	Ⅲ类
安徽	13.60	10.19	7.25	1.91	10.20	Ⅲ类
山西	13.86	6.92	7.42	1.09	8.80	Ⅳ类

　　资料来源：2006 年《中国统计年鉴》、《中国食品工业年鉴》《中国农村统计年鉴》、《中国国土资源年鉴》以及《中国农业统计资料汇编》等。

五、中部地区现代农业发展的思路及模式选择

（一）发展思路

在尊重生态规律和经济规律的基础上，保护种粮农民生产积极性，强化粮食主产区的功能和地位，保障国家粮食安全；大力发展高附加值农业，积极延长延伸农业产业链，实现产业化经营；发展多元化经营，实现种植业、养殖业和林业的同步发展，增加农民收入。

（二）模式选择

中部地区应推进大宗农产品生产，发展以龙头企业带动型现代农业发展模式。中部地区应充分发挥本区大宗农产品生产优势，稳步提高粮食综合生产能力，发展加工型商品农业，延伸产业链。深化结构调整，大力发展畜牧业，增加农民收入。继续加强水稻、小麦、棉花、油菜、肉牛肉羊和淡水产品等六大优势农产品产业带建设。

作为保障中国粮食安全的重点区域，应以提高农业产业化和装备现代化为重点，发展优势、特色产业主导型现代农业。该区域绝大多数省份是中国的大宗农产品生产的大省，大宗农产品生产地位突出。现代农业发展应积极培育优势特色产业，因地制宜地推进大宗农产品生产，以水稻、小麦、棉花、双低油菜、生猪、水产品等六大优势农产品产业带和高效特色农产品基地建设为重点，强化农业基础设施建设，改善农业物质装备，提高粮食主产区农业综合生产能力。同时，加大中部地区的产业化发展水平，延长延伸农业产业链，增强农民抵御市场风险的能力，实现农业增效、农民增收和农民发展。

长江中游区如湖南、湖北省重点推动水稻、棉花规模化生产，发展农产品深加工。畜牧业发展牛、山羊、猪、鸭等生产；水产养殖业发展各种鱼类、贝类等养殖和水生植物生产；山区发展茶叶、板栗、银杏、油茶、油桐、中药材等生产。黄淮平原区建设小麦、玉米国家级生产基地，发展牛、羊、猪、鸡等为主的现代畜牧业，发展农产品深加工，推行循环农业。

第五节 东部地区现代农业发展模式选择

一、东部地区农业发展现状及特征

东部地区地处沿海，水网密布，灌溉条件优良；交通、区位、市场和劳动力质量优势明显，城市对农村辐射能力较强，是中国经济发展水平最快、收入水平最高的地区。但是东部地区仅占国土面积的 13.5%，耕地面积占全国的 31%，其中，高产稳产田占耕地总面积的 80% 以上。东部地区农业发展呈现出如下特征：①高效农业发展迅速。从农业生产结构来看，比较效益较高的畜牧业、渔业、水果和蔬菜等产品的生产迅速发展。同时，农业劳动生产率和土地生产率较高，其中，农业劳均创造农业产值比全国平均高 50% 左右。②外向型农业成为农业发展的强力增长点。东部地区拥有良好的进出国内外市场的条件，多年来，东部地区农产品出口值年均增幅均超过 12%，占全国农产品出口总值的比重稳定在 70% 左右。③农业发展的现代化水平逐渐提高。由于农业劳动力价格水平不断上升和地区农业技术的进步，东部地区农业装备水平领先全国，平均每亩耕地农机装备动力达到了 0.64 千瓦，比全国平均高出近 1 倍。农产品加工程度和产业化经营水平相对较高，东部地区食品工业总产值相当于地区农业总产值的 1.07 倍（见表 8 – 12）。

表 8 – 12　　2008 年东部地区单位耕地面积化肥和机械动力的投入数量

地区	耕地总面积 （千公顷）	单位耕地面积 的总动力数 （千瓦/公顷）	单位耕地面积 化肥施用量 （千克/亩）	耕地产出率 （元/亩）	农业劳动 生产率 （元/人）
北京	231.7	11.53	39.22	3 246	17 083.91
天津	441.1	13.53	39.12	1 852.7	15 701.29
河北	6 317.3	15.08	32.97	2 147.1	13 669.69
上海	244	3.91	39.13	3 055.2	22 636.3
江苏	4 763.8	7.62	47.69	2 938.8	22 899.08
浙江	1 920.9	12.20	32.27	3 801.9	16 311.3
福建	1 330.1	8.36	59.48	5 802.8	17 870.94

地区	耕地总面积 （千公顷）	单位耕地面积 的总动力数 （千瓦/公顷）	单位耕地面积 化肥施用量 （千克/亩）	耕地产出率 （元/亩）	农业劳动 生产率 （元/人）
山东	7 515.3	13.77	42.25	2 663.6	15 004.06
广东	2 830.7	7.40	53.37	4 640.1	12 690.26
海南	727.5	5.13	41.8	4 010.1	19 754.39
东部地区	26 322.3	11.54	42.73	3 415.8	17 393.03
全国	121 715.9	6.75	28.69	1 536.04	9 148.61

资料来源：《中国统计年鉴（2009）》，经作者计算整理所得。

二、东部地区农业发展存在的问题

农业资源非农化趋势和农业资源过度利用问题突出，资源节约型、环境友好型农业发展亟待加强。据统计，全国水资源开发利用程度为20%，但北方多数区域已经超过50%，远远超过了国际上公认的40%的警戒线，其中海河流域接近90%、黄河流域67%、淮河流域59%、内陆河流域超过40%。[①] 东部地区人多地少，耕地资源严重不足。与配第一克拉克定理一致，由于经济快速发展，东部地区农业资源出现严重的非农化倾向，导致东部地区粮食面积和产量不断萎缩，从昔日的"鱼米之乡"变成粮食的净调入区。同时，长江中下游及珠江闽江区域水资源虽然相对丰富，但由于工业化过程中对环境污染监管力度不够，导致江河污染问题日益突出。[②] 农业环境威胁了安全生产，也影响到农产品出口，制约着外向型农业发展。

三、东部地区农业发展的比较优势

东部地区是中国经济最发达的沿海地区，人口密集，耕地资源短缺但水热条件良好，区位优势明显，科技发达，劳动力素质相对较高，经济发展水平较高，

---

① 资料来源：国家发改委宏观经济研究院课题组报告，2003年。
② 据《中国网》报道，目前黄河干流近40%河段的水质为劣五类，基本丧失水体功能，黄河流域每年因污染造成的经济损失高达115亿～156亿元；有专家发出警告，如果再不抓紧治理长江污染，十年之内长江水系生态将濒临崩溃。如果有一天遇到大旱，可能作为世界第三大河流的长江要变成臭水沟了；自2000年开始淮河污染持续反弹，到2004年1～3月加速恶化，淮河流域污染状况已回到10年前开展大规模治污前的原点。

城市化程度较高，具有发展资本和技术密集型农业的优势。东部地区资金比较充足，生产投入能力强，农民增收后劲足，具备率先实现现代农业的条件。东部地区拥有良好的国内外市场进出条件，发展外向型农业前景广阔。同时，东部家禽的产量占全国的49.80%，主要分布在河北、江苏和山东三省，牛肉产量达到全国的45.90%，主要分布在河北、海南和山东三省。集中了全国近70%的海水可养殖面积，各省都具有海水和淡水水产养殖优势（见表8－13）。

表8－13   2008 年东部地区城市化水平

地区	城镇人口（万人）	总人口（万人）	城镇人口占总人口比重（%）
北京	1 439.055	1 695	84.90
天津	908.2248	1 176	77.23
河北	2 928.31558	6 988.82	41.90
上海	1 673.17556	1 888.46	88.60
江苏	4 168.7739	7 677.3	54.30
浙江	2 949.12	5 120	57.60
福建	1 798.396	3 604	49.90
山东	4 482.60148	9 417.23	47.60
广东	6 048.0328	9 544	63.37
海南	409.92	854	48.00
东部地区	26 805.61512	47 964.81	55.89
全国	132 802	60 667	45.68

资料来源：《2009 年中国统计年鉴》及作者计算所得。

四、东部地区现代农业发展阶段的评价

现代农业综合发展水平的测度结果表明，东部地区的投入指数、产出指数和社会发展指数等都很高，远远超过全国平均水平，具体表现为单位耕地面积的投入、单位耕地面积产出和农业劳动生产率和城市化水平等方面。但是，由于化肥的集约投入，农药、饲料添加剂使用不科学、不规范、秸秆等农业废弃物利用率，低小规模养殖场畜禽粪便综合利用程度不高，种养结合关联度不够紧密和种养结合的生态补偿机制尚未真正建立起来，使得东部地区农业发展面临沉重的环境压力，使得东部地区现代农业发展的可持续指数很低，上海市农业的可持续发展指数更是只有 0.97（见表8－14）。要警惕其他省份可持续发展水平的下滑。

表 8 – 14　　　2005 年东部各省（市）现代农业综合发展水平

地区	投入指数	产出指数	社会发展指数	可持续发展指数	现代农业发展水平	类型
北京	22.39	36.78	9.78	3.17	25.32	Ⅰ类
上海	20.48	37.85	8.32	0.97	24.76	Ⅰ类
福建	14.52	31.87	7.27	4.78	20.31	Ⅰ类
浙江	17.15	29.37	8.34	4.30	20.20	Ⅰ类
天津	20.54	26.47	7.86	2.33	19.82	Ⅱ类
广东	13.53	26.90	8.59	3.82	17.89	Ⅱ类
江苏	17.26	24.48	8.04	1.46	17.79	Ⅱ类
山东	17.40	21.81	8.65	2.02	16.80	Ⅱ类
海南	12.03	21.09	7.92	3.63	14.72	Ⅲ类
河北	17.39	16.05	9.67	2.44	14.43	Ⅲ类

资料来源：2006 年《中国统计年鉴》、《中国食品工业年鉴》《中国农村统计年鉴》、《中国国土资源年鉴》以及《中国农业统计资料汇编》等。

五、东部地区现代农业发展的思路及模式选择

（一）发展思路

围绕率先实现农业现代化的目标和要求，发展高效农业和外向型农业，增强农产品国际竞争力；大力推行循环农业，防治农业面源污染；严格控制耕地占用，保护耕地质量；努力提高农业自主创新能力和应用水平，实现农业增长方式转变。

（二）模式选择

东部地区稳定发展粮食生产，大力发展设施支持型现代农业发展模式。严格保护耕地资源，发挥技术、资本和管理优势，大力推行设施农业建设，率先推进农工贸、产加销一体化经营，形成多元化产业；依托地域优势，发展外向型农业，促进农产品出口；开发利用海水资源，发展深水大网箱养殖。

环渤海地区，在发展设施农业带动性的现代农业基础上，主要面向日韩和欧盟市场、开拓俄罗斯市场，重点发展蔬菜、水果生产和海水养殖，发展劳动密集型农产品加工业。具有加强辐射能力大城市郊区，应在发展设施农业的同时，积极发展休闲观光拉动型现代农业发展模式和农业科技园驱动型现代农业发展模

式。东南沿海地区，面向我国港澳台地区、东南亚和欧美市场，发展优质高档菜篮子产品；利用东盟自由贸易区的建立，促进亚热带花卉、水果、名特优水产品等规模化生产和出口。东南山区，应因地制宜大力发展食用菌、特色水果和特色茶叶等农产品的生产。

东部地区中的北京、上海是中国城乡一体化程度最高和经济、社会最为发达的大都市，在地区经济、国民经济中处于增长极的地位，对周边地区乃至全国经济、产业的发展具有很强的带动与辐射效应，因此，其现代农业的发展应利用毗邻大都市的区位条件，充分发挥资本、技术、市场和制度等方面的优势，采用都市型现代农业发展模式，一方面提升农业生产和农产品的科技含量，实行健康养殖，生产出单位价值较高的农产品以满足城市居民的物质需求，实现农业的设施化、精准化、标准化和产业化。另一方面充分利用城乡统筹发展程度较高的优势，拓展农业的功能，以农业和农村为载体，以田园景观和自然资源为依托，利用农村设施与空间，结合农林牧渔生产、农业经营活动、农村文化及农家生活，大力发展观光休闲农业，满足都市居民对农业环境、文化、教育和娱乐等方面的精神需求。福建、浙江两省地处中国东南沿海，发展现代农业应充分利用自身区位、资本和技术等方面的优势，大力发展外向型创汇农业，建设规模化、设施化和标准化的农产品出口创汇基地，重点发展优质种苗、特色蔬菜、优质花卉、名优水果、优质家禽和特种水产。利用两省外向型企业众多，应采取相应措施吸收大企业、大集团投资农业，大力发展面向台湾市场的外向型农业和农产品加工业基地，带动该区域农业结构优化和产业升级。虽然上海的现代农业综合发展水平相对较高，但其农业可持续发展指数很低，只有 0.97，远远落后于中国的其他地区，因此，上海在现代农业发展过程中，要对农业生态环境的建设给予足够的重视。

第六节　东北地区现代农业发展模式选择

一、东北地区农业发展现状及特征

东北地区的农业生产条件优越，人均耕地资源相对丰富，光热水等条件的匹配较好，是中国最重要的商品粮基地。据国土资源部数据显示，2008 年东北地区共有耕地面积 2 145 万公顷，占全国耕地总面积的 17.62%，人均耕地 0.21 公顷，为全国平均水平的 2 倍多，分别为长江中下游地区、黄淮海地区的 2.7 倍和 2.3 倍，农业劳均耕地更是达到 15.97 亩，为全国平均水平的 2.68 倍（见表 8 - 15）。

表 8 - 15　　　2008 年东北地区耕地资源禀赋条件和有效灌溉情况

地区	农业从业人数（万人）	耕地面积（千公顷）	劳均耕地面积（亩/人）
辽宁	698.204	4 085.28	8.78
吉林	510.964	5 534.64	16.25
黑龙江	775.6019	11 830.12	22.88
东北地区	1 984.77	21 450.04	15.97
全国	30 654	121 715.9	5.96

资料来源：《中国统计年鉴（2009）》，经作者计算整理所得。

　　总的来说，东北地区农业发展呈现出如下特征：①粮食生产稳步发展。2000～2008 年，东北的粮食播种面积的耕地占比始终保持在 80% 以上，比全国平均高出 20 多个百分点，人均粮食产量达 689.7 公斤，是全国平均水平的 1.9 倍。②畜牧业发展势头强劲。东北地区粮食生产的迅速发展为本地区畜牧业的发展提供了丰富的饲料来源，带动了畜牧业迅速发展。该地区的畜牧业总产值由 2006 年的 1 565 亿元增加到 2008 年 3 068.8 亿元，年均增长 32%。同时，该地区畜牧业占农业总产值的比重从 2006 年的 36.92% 迅速增长到 2008 年的 49.38%，成为全国畜牧业比重最高的区域。资料显示，2008 年，该地区人均肉、蛋、奶和水产品分别达到 72.7 公斤、39.7 公斤、51.4 公斤和 44.8 公斤，分别是全国平均的 1.2 倍、2.3 倍、1.8 倍和 1.2 倍。③农业生产的商品化、专业化和社会化程度高。东北作为中国最重要的商品粮基地，已成为国内粮食商品率最高的区域。据统计，每年可提供商品粮 3 000 万～3 500 万吨，约占全国商品粮总量的 40%。其中黑龙江省商品粮量最多，吉林省粮食商品率最高，除个别年份外，两省粮食商品率均在 60% 以上，部分商品粮基地县和国营农场的粮食商品率超过了 70%。① 同时，东北也是中国农产品生产专业化程度最高的地区。如吉林的玉米占全省粮食播种面积的 2/3 以上，黑龙江的大豆和粳稻种植分别占 42% 和 18.8%，已基本形成中国最大的专用玉米、高油大豆和北方优质稻产业带。

二、东北地区农业发展存在的问题

　　农业基础设施标准低，水土流失现象和农业资源质量退化严重。农业基础设

---

① 程叶青、张平宇：《东北地区农业可持续发展问题探讨》，载于《经济地理》2007 年第 1 期。

施标准低，不配套，年久失修，以旱涝、低温冻害为主的自然灾害频繁，造成年际间产量大量波动。资料显示，东北地区一般灾害造成粮食减产可达 500 多万吨，严重灾害损失粮食 1 400 万吨。目前，东北地区有效灌溉面积平均只占耕地面积的 1/5~1/4，远低于 45% 的全国平均水平，因此，遭遇干旱年份往往受灾严重，使得东北地区粮食产量年均波动幅度高达 9.6%。

黑土地水土流失现象严重，质量退化。由于不合理的垦荒和顺坡更加导致黑土地大量流失，土层变薄。目前东北黑土区水土流失面积占土地总面积的 27%，土壤侵蚀模数达 11 万立方米/平方公里，甚至超过了黄土高原的侵蚀强度。同时，由于过度依赖土地自然肥力，忽视了有机肥投入和土壤培肥，耕地有机质含量大于 4% 的一级耕地面积减少了约 43%。此外，土壤次生盐渍化、碱化、沙化和板结等现象日趋严重。

三、东北地区农业发展的比较优势

东北地区处于北温带季风气候区，人均耕地是全国的 2.3 倍，人地比例较低，农业的规模化经营条件优越，在玉米、大豆和甜菜的生产方面具有较强的综合比较优势。东北地区生产规模大、机械化水平高、生产成本相对较低，具有明显的比较优势（见表 8-16）。同时，东北地区是中国最大的余粮区，有着广阔的草原，饲料、饲草、蛋白质资源极为丰富，资源地域组合优势突出，是建立优势畜牧产品基地的理想区域，如黑龙江初步形成了奶牛产业带。

表 8-16　　　　东北地区种植业主要品种与全国对比的规模
比较优势指数（1979~2006 年）

年份	1979	1982	1985	1988	1991	1994	1997	2000	2003	2006
稻谷	0.21	0.23	0.34	0.39	0.43	0.45	0.61	0.66	0.59	0.70
小麦	0.64	0.59	0.53	0.46	0.47	0.38	0.32	0.16	0.08	0.08
玉米	1.99	2.00	2.09	2.13	2.11	2.11	2.04	1.75	1.70	1.70
豆类	3.06	2.92	3.09	3.23	3.23	2.97	2.69	2.90	2.96	2.83
薯类	0.31	0.35	0.35	0.35	0.34	0.35	0.37	0.47	0.46	0.39
甜菜	5.72	5.39	5.21	5.13	5.09	4.78	4.21	4.17	3.81	3.10

资料来源：历年《中国农业年鉴》和《中国统计年鉴》。

四、东北地区现代农业发展阶段的评价

根据现代农业综合发展水平的测算结果，由于东北地区拥有广袤的耕地，人

地比例较低，具备规模经营的现实基础。但农业产品市场、经济发展水平和城市化的水平相对较低，使得资源优势并未表现出相应的市场竞争力，社会发展指数相对低下。同时，由于森林的大面积砍伐，近年来东北地区特别是黑龙江省的自然灾害频繁，质量较好的黑土地也在不断流失，农业的可持续发展程度相对较低（见表 8 – 17）。

表 8 – 17　　　　　2005 年东北各省（市、自治区）现代农业综合发展水平

地区	投入指数	产出指数	社会发展指数	可持续发展指数	现代农业发展水平	类型
辽宁	14.48	17.58	8.02	2.37	13.90	Ⅲ类
吉林	13.40	12.51	7.25	2.44	11.20	Ⅲ类
黑龙江	13.76	8.59	7.29	3.54	9.70	Ⅳ类

资料来源：2006 年《中国统计年鉴》、《中国食品工业年鉴》《中国农村统计年鉴》、《中国国土资源年鉴》以及《中国农业统计资料汇编》等。

五、东北地区现代农业发展的原则、思路及模式选择

（一）发展思路

大力发展商品型规模农业，加快粮食带和奶牛带的整合发展；保护耕地资源，遏制黑土地水土流失；延伸农业产业链条，加快粮食加工转化；转变农业增长方式，发展现代农业；建设国家级大型商品粮基地，实现机械化、规模化生产。

（二）模式选择

东北地区应以建设稳固的商品粮基地为主，发展主要以规模经营推动型现代农业发展模式。应以强化农业装备现代化水平为重点，利用农业人地比例相对较低的特点，在土地经营制度方面进行相应的创新，改变农地细碎化经营和效率缺失的现象，大力发展商品型规模农业，实现机械化、规模化生产，简称稳固的国家商品粮基地。在保障国家粮食安全目标的前提下，由单一粮食生产向粮、经、饲三元结构转变，加大优质、高效农产品生产力度。依托粮食资源组合优势，把畜牧业建设成为农区的支柱产业，培育新的经济增长点，推进畜牧业跨越式发展。以发展乳制品工业为龙头，促进玉米带—奶牛带的整合。

松辽平原区，大力发展专用玉米、高油大豆、优质水稻等粮食生产，建设国

家级大型商品粮基地；利用充裕的粮食资源，发展粮食精深加工；利用三江平原丰富的水资源，实现旱田改水田，建设大型优质水稻生产基地；黑龙江农垦率先实现集约化、规模化和现代化生产。丘陵山区应依托大兴安岭、长白山等丰富的山地生态优势，开发利用林特产资源，加大食用菌、人参、鹿茸、林蛙等林特产品生产。辽东半岛应面向大中城市的市场需求，依托独特的生态环境条件，发展绿色水果和畜产品生产。

第九章

现代农业发展的产业组织体系研究

现代农业的关键就是用现代经营形式推进农业，用现代产业体系提升农业。现代农业产业体系，核心是现代农业组织形式，就是在农业产业链理念的指导下发展起来的各种组织模式。因此，农业产业链建设是我国现代农业的重要组成部分和产业支撑。

卢良恕（2006）认为现代农业的一个重要的新特点就是实现种养加、产供销、贸工农一体化生产，使农业的内涵不断得到拓宽和延伸，农业的链条通过延伸更加完整，农业的领域通过拓宽，使得农工商的结合更加紧密。张晓山（2006）认为发展现代农业，需要创新农业基本经营制度，扩展农业产业链条，发展多元化的组织形式。

然而，中国的国情与国外有着很大的区别，我国是传统的小农社会，农业生产规模小，农户的物质资本、人力资本薄弱。以农户超小规模经营为基础的小农经济，难以灵敏捕获变幻莫测的市场信息，难以有效获得快速更新的品种和技术，难以充分保障农产品质量安全，难以有效抵御自然和市场风险（郭晓鸣等，2009）。

如何通过整合现代农业产业链将家庭经营的小农经济和现代市场经济相联系，如何通过产业链将现代农业的生产要素植入传统的小农经济，如何构建适合中国特色的现代农业组织形式，是本章研究的重点。

第一节　理论基础和整体思路

一、理论基础

垂直协作①（Vertical Coordination）是指在某种产品的生产和营销垂直系统内协调相继各阶段的所有联系方式，这些联系方式包括市场交易、合同、合作社和一体化等各种形式（Mighell et al., 1963；Martinez，1999，2002；夏英等，2000）。即垂直协作可以采用从最松散的纯粹市场交易到最紧密的一体化经营等一系列形式。纯粹市场交易（Spot Market）和垂直一体化（Vertical Integration）是垂直协作的两个极端，居于两者之间的是各种不同紧密程度的形式，包括各种不同的合同关系、合资关系或战略伙伴等。其中，农业领域内的合同方式根据控制力度的不同，可以分为三种：销售合同、生产合同与生产资料供应型合同（Mighell et al., 1963）。不同的合同方式在风险的分担、激励因素以及产权的安排方面都有着相当大的差别（Mahoney，1992）。在垂直协作关系内，被联合与控制的因素主要有：价格、数量、时间、质量和交换的条件（Sporleder，1992；Martinez，2002）。

国际上关于垂直协作的理论主要有产业组织理论（Industrial Organizational Theory）、交易成本理论（Transaction Cost Theory）、委托—代理理论（Principal-Agent Theory），以及资源基础论（Resource-based Theory）等理论。产业组织理论认为垂直协作产生的原因在于市场的不完全竞争或市场失灵（Sporleder，1992）。交易成本理论认为垂直协作形式选择的合适与否在于交易成本的节约，而交易的频率（Frequency）、资产专用性（Asset Specificity）和不确定性（Uncertainty）是决定交易特征以及合宜的治理模式（Governance Structure）的三个主要维度（Williamson，1985，1991）。委托—代理理论认为由于个人的有限理性，外在环境的复杂性和不确定性，信息的不对称，造成了契约（Contract）的不完备（科斯等，1999），该理论主要研究如何有效地设计合约以减少道德风险

---

① 桑乃泉（2001）将（Vertical Coordination）翻译为纵向联合。王秀清和孙云峰（2002）称为纵向协调。这里采用的是广义的垂直协作定义，包括了市场交易形式，而狭义的垂直协作不包括市场交易形式（Hobbs，1997）。

（泰勒尔，1997）。资源基础论把垂直协作形式的中间模式都看作是战略联盟（Strategy Alliance）（Contractor，et al.，2002），从收益最大化的角度来解释战略联盟形成的原因，认为联盟形成和成功运转有助于企业长期利润的最大化（Tsang，2000）。因为垂直协作形式选择动机是多样化的，所以没有一种理论能提供完美的解释，不同理论的综合运用能加深我们对垂直协作现象的理解和预测力。

国际上农业领域的垂直协作也受到学者的广泛关注（Marion，1985；Frank，et al.，1992；Sporleder，1992；Knoeber et al.，1995；Boehlje，1995）。农业领域内的垂直协作形式也不断地发生变化，合同、垂直一体化或合资企业等方式不断地替代市场交易方式（Marion，1985），即协作的密切程度越来越高。消费者需求的变化和科技的进步被看作是变革的两个重要推动力（Barkema，et al.，1999）。交易成本是用来分析农产品供应链垂直协作的重要理论基础，Frank 等人（1992）经验验证了交易成本是农业产业垂直协作方式的决定性因素。Martinez（1999，2002）在交易成本理论的基础上，利用资产专用性、不确定性等维度对农产品等产品营销系统的垂直协作机制进行了比较分析，指出交易成本是决定肉鸡和生猪差异性的垂直协作形式的关键因素。

对农户的垂直选择行为及其影响因素研究方面，国外也进行了比较多的研究。克里本斯登（Kliebenstein et al.，1995）从收益和风险角度比较了美国生猪生产阶段所使用各种不同合同方式，指出合同的使用提高了个体参加者的竞争力，并指出农户使用合同的主要原因是减少风险，获得资金和增加收入。对美国肉鸡养殖农户的实证研究也指出生产合同的采用将一般性的生产风险和价格转移至加工厂商，农户只承担少量的因管理不善所导致的损失（Knoeber，et al.，1995）。保罗（Poole et al.，1998）在对西班牙水果种植农户营销渠道选择行为研究中指出农户面临的价格的不确定性和付款的不确定性，是影响农户营销决策选择的主要因素。

有研究表明，交易成本的存在影响了农户的垂直协作选择（Hobbs，1997；Davis，2002）。交易成本主要可以分为三类：①信息成本，该成本产生在交易开始之前，包括价格搜寻、产品比较成本以及寻找识别合宜的交易伙伴的成本；②协商谈判成本，包括佣金的支付、协商交易条件的成本以及起草合同的成本、执行交易的成本；③监督成本是指保障交易条件实现的成本（Hobbs，1997）。而且，研究表明，农户的选择行为不仅受到其个人特征、家庭特征、生产特征等因素的影响，社会资本也是影响农户垂直协作行为选择的重要因素（Batt，2001；Davis，2002）。社会资本包括由重复交易所形成的信任关系，由声誉所带来的信任关系和基于亲戚、熟人等身份特征而产生的信任关系。对信任的相关研究表明，信任可以通过避免极其耗费成本的谈判和签约过程，从而降低交易成本（Dyer，

1996，1997；Gulati，1995；Sako，1992），并影响垂直协作形式的选择。凯普和高瑞（Kemp and Ghauri，2001）认为如果是在一个高度信任的环境下，双方之间的矛盾就会以一种双方之间都满意的方式在早期得到解决。信任的存在可以简化烦琐的订立、监督和执行合同过程，从而降低交易成本（Hill，1990）。越是合作程度高的战略联盟，越是不依赖正式的合同，双方之间的信任起到了关键的作用。而我们通常所指的关系实际上可以界定为一种信任（Chen，2001）。

现实中，农户面临的垂直协作方式选择通常是多样化的（如图9－1所示），包括市场交易（Spot Market）、合同形式（Contracts）、合作社（cooperative）、垂直一体化（Vertical Integration）等形式。

交易形式	交易特征	控制强度
市场交易（Spot Market）	交易双方无期限约定，是一次性买断或者次次买断关系。交易双方不是利益共同体。	控制强度逐渐增强
合同形式（Contracts） 销售合同（Sale Contracts）	交易双方只对数量和价格作限制，交易关系不稳定。交易双方不是利益共同体。	
生产合同（Produce Contracts）	交易双方提供生产资料并对养殖过程进行限定，一般形成长期稳定的交易关系。交易双方结成利益共同体。	
合作社（Cooperative）	合作社的社员（即农户）通过共同制定的章程，把农产品的销售或加工交给合作社控制，并根据交易额分享合作社剩余。但农户在生产上仍然是独立的。所以农户与合作社的交易比生产合同的控制强度要强些。	
垂直一体化经营（Vertical Integration）	农产品生产、加工、流通一体化到一个企业内部。属于要素契约性质。	

图9－1　不同交易形式的交易特征及控制强度

我国传统农产品供应链的生产方式以分散、独立以及小规模为主，垂直协作的模式以市场交易为主，这种状况已经成为整个农产品加工行业及其供应链发展的障碍。可以认为，将农户整合入紧密协作的供应链系统是农产品供应链管理的关键。供应链的密切协作有利于减少产品质量等方面的不确定性，提高供应链的效率和有效性。以生产合同、合作社、垂直一体化等紧密协作为特征的垂直协作方式逐渐替代传统的市场交易形式，应是提高我国农产品的品质以及国际竞争力的主要途径。

二、整体思路

（一）现代农业产业链的经营主体

现代农业产业链是由一家企业建设还是由产业链条上每个产业主体共同建设？新产业组织理论认为信息不对称在产业链整合过程中增加了协调成本，交易费用大大提高，而且各个不同的市场主体因为拥有各自的利益而存在双重加价的价格扭曲，每个主体在每个阶段都加上自己的价格——成本边际，导致整个产业链的利润大大降低，因此，以龙头企业和合作社为主体，通过纵向一体化来建设完整的产业链条，这样可以责任明确、利益清楚、降低交易成本。

农业产业链条上的市场主体众多，比如，加工企业、经销商、农户等，一般而言，农业企业是农业产业链条中实力最强的主体。相对其他主体而言，企业拥有更加超前的经营理念、现代化的技术水平、强大的资源整合能力和较高的市场营销水平，可见，农业企业更容易建设成功的产业链。从整个链条的方便性上看，由于农业企业处于整个链条的中间，而且业务交叉更多，因此，农业龙头企业组建产业链最合适。

由以农民自主、自愿成立的各类专业合作社组建产业链也是可能的。合作社的发展不仅有效解决了农户分散生产、规模小、科技推广难、标准难统一等问题，促进了农业生产的规模化、专业化、标准化和现代化，更重要的是它以代表和维护农户的利益为根本宗旨，成为农户利益忠实的代言人。

（二）现代农业产业链的构成要素

现代农业产业链的构成要素，也即"链"什么？一个利益共享、风险共担的产业链条，需要在产业环境与农业企业资源联动优化的基础上，将原料采购与贸易、种苗提供、农业加工生产、农业园区建设与服务、农业流通模式、农产品收购、农产品加工生产、农产品销售等八大环节联结起来，形成现代化的产业链。

现代农业产业链要想各个环节都能形成一个整体，提高控制和协调的效率，需要建立公共信息平台。首先，企业要通过现代化的电子信息网，建立产业链各环节共享的信息平台，让各环节的信息共享实现全方位、零距离。其次，通过内部媒体、流通网络和培训系统等多种形式，大力宣传产业链发展战略、广泛深入宣传农业管理法规、政策和农业安全使用技术，突出宣传种植、养殖和科学消费的知识，促进和提高农业生产和消费水平。

（三）现代化农业产业链的建设方式

现代化农业产业链应当怎样链？

首先，应当建立纵向一体化的链接机制。从制度经济学的角度看，产业链组织的形成是一种制度选择和制度创新，对此是需要付出成本的，这种成本是一种交易费用。市场结构通常是不完善的，企业具有以内部一体化替代市场组织的作用，能够以市场交易"内在化"来克服市场结构的缺陷。产业链组织中的"龙头"企业支配资源配置，将市场交易内部化，可以节省交易费用。多个产业链的主体作为独立的经济体，又客观存在自我利益的追求，相互间在进行产品或服务供需交换、谋求共同战略利益的同时，也存在利益差异与冲突。因此，为了实现农业产业链各合作主体的共同战略利益，使加盟产业链的各个利益主体都能受益，就必须形成一种长期合作博弈的机制来加强成员间的合作，使得成员能够风险共担、利益共享。主要通过专用性投资，使各方套牢（锁定）。

其次，建立"公司＋合作社＋农户"、"公司＋农业园区＋农户"的组织形式。传统的以"销售合同"为主要特征的"公司＋农户"模式出现了很多问题，主要是农户组织程度不高造成交易成本巨大，而且各方违约严重影响了小农户的利益，也会损害企业利益。

"公司＋合作社＋农户"的组织形式解决了一系列的问题，因而具有先进性。合作社通过对外讲价和对内服务，能够把被商人占去的一部分利益转移到社员的手里。渠道行为理论[①]认为，渠道系统中相互依赖的本质是对资源的依赖，因而进入渠道关系的成员必须拥有一定数量的对方需要的资源，这种资源，占有量的多寡不仅是该成员能否进入渠道关系的前提条件，而且也决定了该成员在渠道权力结构中的位置。因此，合作社的建立可以增强农户与同一产业链上的上游的农业生产资料生产企业和下游的农产品加工企业或农产品配送企业的谈判能力。

在"公司＋农业园区[②]＋农户"的生产模式中，公司是主导，确保园区的统一设计；生产标准的制定；投入物资（化肥、饲料等）的供应；技术指导；回

---

① 渠道是营销渠道或分销渠道的简称，指的是产品由生产者向消费者或用户转移过程中发挥必要功能的组织或个人及其活动。探讨渠道成员如何建立和利用权力（Power），如何处理冲突（Conflict），如何通过合作（Cooperation）获取竞争优势是渠道行为理论研究重点。（参见庄贵军：《权力、冲突与合作：西方的渠道行为理论》，载于《北京商学院学报》2000年第1期，第8页）

② "农业园区"本身不是市场主体，实际上是规模农业的规划区，与"基地"有一些共通之处。

收、加工、销售；品牌宣传推广；贷款担保的组织。公司有园区才能进行统一的管理和控制，可以对投入品进行统一管理，监督实施也比较容易；确保完全收购。农户是生产主体。农户投资，全额投资或投入流动资金或承包生产；农户生产，投资人自己当种植者，以农户为生产单位；农户是独立的经营者，可以自己决定生产规模、内部考核办法、内部分配等。

建立"品牌＋标准＋规模"的经营体制。农业产业链成功与否取决于整个产业链的效益，而产业链的效益取决于"品牌＋标准＋规模"的经营体制。其中品牌是终端产品实现价格增值的主要手段，没有终端产品的品牌溢价就没有整个链条价值的提升。传统农业产业链失败的原因之一就是各链条的行情风险无法因为品牌溢价而避免。标准化是品牌的保障，正是由于标准的严格执行品牌才能有溢价的空间。规模化就是将产业链模式复制放大，取得规模效应。品牌溢价就是农产品因为名牌而引起的价格提升。品牌溢价使得产业链有了资本积累，一旦某个链条出现亏损，食品终端的资本积累就起到了蓄水池的作用而化解。

三、现代农业的典型组织形式

新制度经济学认为，有效的组织模式是重要的社会资源。西欧、北美和日本等国农业经营效率和经济效益之所以很高，从一定意义上说，是采用了高效率和规范的组织形式。发达国家高效率的农业产业一体化组织模式有几个明显的特征：一是工商业公司直接经营农场而形成的农工商综合企业，实质是一种所有权合并的联合体，从事典型工厂化了的农产品生产、加工或饲料加工，形成完整的产业链条（即上文所述的"垂直一体化经营"）。二是工商业公司同农场签订合同而建立的联合企业，即通过契约关系使工商业与农业联系起来，农场向工商企业提供农产品，企业向农场提供生产资料、技术等生产要素，并为农场提供产前、产中、产后服务。这种模式是西方发达国家农工商一体化最普遍的形式（即上文所述的"契约一体化经营"）。三是由农业合作社牵头，把农业产前、产中、产后的专业化组织与相应的农户在地区发展空间上紧密结合起来，垂直发展，使农业产品收购、加工、贮运、销售系统通过合作经济组织控制在农民手中，形成农工商一体化产业链条。日本的农工商一体化主要属于此类（即日本的"农业协同组合"等）。

第二节　我国现代农业的主要组织形式及特征

一、我国现代农业的主要组织形式

我国农业产业一体化组织模式虽然与发达国家有相似之处，但由于我国的具体国情不同，农业产业一体化组织模式又有很大区别。由于各地生产力条件和经济发展的不平衡性，决定了我国农业产业化组织模式也多种多样。

我国现阶段存在的组织模式很多，提法也很多。按照农业产业一体化链条的关键环节来划分，一般可分为市场带动型（专业市场＋基地＋农户）、龙头企业带动型（公司＋基地＋农户）、合作经济组织推动型（农业专业协会、合作社＋农户）等。但是，从现代农业的理念来考察，不能把所有的形式都归结为"现代农业组织模式"，比如一般性的、以一次买断或次次买断式的"公司＋农户"、大众农产品在传统的批发市场进行的交易等，都谈不上"现代农业组织模式"。按照现代农业产业链管理的基本要求，现代农业组织模式，不外乎存在三类组织模式，即农工商综合企业（垂直一体化经营）、合作社模式和生产合同模式（契约一体化经营）。

（一）农工商综合企业（垂直一体化经营）

农工商综合企业实施农业产业化的方式是，在一个产权独立的决策实体里（大多是有限责任公司或股份有限公司），对某种商品农产品的生产、加工和销售相继各阶段进行统一连续的经营，也就是指连续的生产阶段和销售阶段在一个厂商内部协同运行。比如种植葡萄的农场，又兴办了一个属于自己的或买下了一个葡萄酒厂（或葡萄酒厂拥有自己的葡萄种植农场）。因此，它区别于其他两种农业产业化经营组织模式（合作社模式、合同生产模式）的基本点在于：其一，它是所有权一体化的公司企业；其二，它拥有相对独立的生产基地。目前，在我国农业产业化发展中的各类"龙头"企业中，就不乏这样的农工商综合体（企业），福建"超大"就属于这一类型。

（二）合作社模式

在我国现代农业发展中，合作社模式日益发挥着不可替代的作用。专业合作

315

社是另一类发育较完备的农民合作经济组织，它们的共同特点是：在经营内容上，从事某种农产品生产资料供应、产品收购、运输、贮存和食品加工等一系列产前、产中、产后的一体化经营，从而共同进入市场，寻求科技服务，开辟经济新增长点；在运行机制上，以共同的利益联结农民入社，对内不以营利为目的，保本微利，盈余返还；内部管理凭四证——社员证、产品销售证、生资供应证和股金证进行；在对外关系上，合作社代表农户社员的利益，具有营利性，因而提高了农户的收入和交易地位。

（三）生产合同模式

生产合同模式是指由独立的农产品生产经营单位——农户、农场、食品加工企业、生产资料的生产流通企业、农产品批发和销售商等，根据农业产业化经营的关联需要，彼此间签订产销合同，规定农产品生产的品种数量、质量规格、供货时间、价格水平，以及生产的技术服务等，以确立缔约方相应的权利与责任关系。将生产合同作为农业产业化经营的一种模式，在于它可将相关的各个组织载体要素连成一体，发挥出产业一体化的种种功效，而且从组织关系上也不同于上述公司企业模式和合作社模式。这种模式可清晰地说明，企业或公司是如何"＋"农户的。

（四）混合模式

实践中存在上述两类或者三类混合在一起的组织模式。例如，山东省高密市河崖农工商一体化总公司，就是这种以农户家庭生产为基础，以农产品加工、运销业为龙头的股份合作经济组织的一个范例。该公司股东中既有起龙头带动作用的农产品加工、运销企业和农业服务部门，也有从事初级农产品生产的农户。既有股份，又有合同，作为纽带把龙头企业与农户紧密地连接在一起，成为"利益共享、风险共担"的经济共同体。这种混合型的股份合作经济组织，是中国农业产业化经营组织创新的目标模式之一。

二、我国现代农业组织的具体模式及其特征

（一）产销契约一体化模式——以肉鸡产业为例

国内外经验表明，产销契约一体化的组织模式不仅适用于肉鸡产业，也适用于生猪产业。例如，在美国等发达国家、泰国等发展中国家的肉鸡和生猪产业都

普遍采用此类组织模式。在我国，这一模式首先在肉鸡产业得到应用，近几年来，生猪产业也开始采用。

案例 1

"太仓温氏"模式

1. 公司的发展历程

太仓广东温氏家禽有限公司是一个以养鸡业为主的股份制民营企业，是江苏省重点龙头企业之一，是集科、工、贸于一体的，实行产前、产中、产后"一条龙"服务的公司。公司以培育出市场适销对路肉鸡品牌为企业发展战略目标，以"公司 + 农户"运作机制为企业发展动力。

公司于 1997 年 3 月成立，于 1998 年 5 月投入生产，当年就发展养鸡户 125 户，年上市肉鸡 80 万羽，农户获利 160 万元。到了 2001 年，累计发展养鸡农户 1 500 户，年上市肉鸡可达 1 700 万羽，肉鸡销售收入 1.8 亿元，农户获利 2 500 万元。到目前为止，公司规模投资总额已达 8 500 万元。公司建有 800 万平方米综合办公楼一幢，时产 10 吨级饲料加工厂 2 个，年销售肉鸡 4 000 万羽的肉鸡交易市场 2 个，技术服务部 2 个，年饲养种鸡约 40 万套的种鸡场 3 个，年孵化苗鸡 4 000 万羽的孵化厂 2 个。公司拥有 500 名员工，其中研究生 5 名、本科生 15 人、大中专生 60 余人。

2. "公司 + 农户"运作机制

农民养鸡，从购进鸡苗，到肉鸡销售，不仅中间环节多，而且存在一个技术水平和市场销售风险，重大技术，如禽病预防、饲料营养及品种优化改良，这些工作个体农民无法想象，科研单位又与市场脱节。农民养鸡存在盲目性，加上本身饲养周期较长，市场好时一拥而上，供求失衡，价格低迷，个体农民就可能倾家荡产。而"公司 + 农户"，紧紧抓住科技和市场需求这条主线，不断通过品种调整和新技术的推广降低生产成本来应对市场风险。举例说，以前太仓农户由于资金、技术、市场信息等因素制约，一户一次只能养 2 000 ~ 3 000 只鸡，养鸡的利润无保证，时赚时亏。通过与温氏公司合作，就能养 2 万 ~ 5 万只鸡。现在，农民与公司合作在养鸡前由公司订好鸡苗、饲料、药物、成鸡的回收价，在养鸡的过程中公司又提供免费的技术服务，在养好鸡的前提下，农户每养一只鸡扣去鸡苗、饲料、药费可获 1.3 ~ 1.5 元。

"太仓温氏"向农户提供从产前、产中，到产后一条龙的农业技术服务。在产前环节，企业向农户提供优良品种、先进的生产技术、管理方法以及市场信息和资金的帮助，农户则承诺按公司要求生产和交售产品。在这一环节，公司处于交易主导地位，交易的"产品"决定了农户生产什么、生产多少和怎样生产。在产中环节，企业向农户提供各种全面的服务。在这一环节里，虽然农户是独立的生产主体，但离不开企业提供的技术指导和服务。例如，农户从领取公司的鸡苗、支付适当的定金起（每只鸡4～5元），接受公司的服务均采取记账的形式。温氏集团在一定区域范围内设立一个服务中心，为每20～30个养鸡户安排一个联络员，形成了一个全方位的服务网络。农户养鸡遇到问题时，只要指出要求，公司会及时派员或聘请专家适时解决。最后是产后环节的交易，指公司收购农户的成鸡。

太仓广东温氏家禽有限公司是一个集农业生产资料供应、农业技术服务和农产品销售于一身的一体化企业。太仓温氏的技术主要依托于他的大股东广东温氏集体有限公司，公司本身也在进行针对长三角市场的品种开发。考察"太仓温氏"的运作机制可以发现，它的技术开发领域是在肉鸡养殖业的产前环节，包括肉鸡品种的培育和孵化、兽药的研发与生产、饲料配方的研发和生产等，他的技术人员，主要是畜牧兽医方面的专业技术人员，由此可以看出，它实际上是一个通过农业生产资料供应来获得利润的农业企业，它为农民提供的农业技术服务和农产品销售等都是实现农业生产资料供应环节利润的手段。

3. 案例分析

与温氏公司合作，农民只需建场房、把畜禽养好，不需担心销路，温氏负责提供种苗、饲料、技术、防疫、销售。不管生产成本如何变化，也不管市场价格涨跌，农民每养一只鸡，最低获利1元钱，每养一头猪，最低获利40元。行情如果特别好，农民获利还会增加。

太仓温氏为农民提供的服务内容主要有：①一般养殖技术。从农户有意向与公司合作起全面提供指导，包括鸡舍建设、饲养技术、疾病防治等，把所有合作养户从一个从未养过鸡的农民培养成一个养鸡能手，主要办法是：没养过鸡的首先要到示范户接受培训，技术员上门免费服务，办学习班，印发学习资料，老养户带新养户，示范户带差户。②推广新品种。公司有三黄鸡、麻鸡、竹丝鸡、土鸡四大类，十多个系列。都是适销市场的新品种，公司还不断进行杂交试验，土种改良等工作，可以预见，公司能保证在同行业中具有技术领先优势。③推广养殖新技术。公司已建立起有效的生物安全防御体系，紧紧地控制了疾病的发生与流行，另外公司技术队伍不断进行研究，也与科研机构同行业有着广泛的接触，对一些新技术、新方法，可以在最短时间内推广到农户。这是科研机构、高等院校、农业推广部门等都无法做到的。④过程质量控制。农民养鸡到一定日龄后统一由公司收购、统一销售。公司绝对控制有害添加剂及药物的添加，做到用药量、用药时间和停药时间的合理。另外绝不允许病鸡的上市流通。全程的质量控制，使"温氏鸡"在华东地区的肉鸡批发市场形成了一定的知名度。

温氏模式成功之处在于通过市场机制，公司与农户实现资源互补，解决各自难题实现共赢。温氏公司＋农户的模式，对农民而言，解决了资金、市场等难题。农民自己养殖，养1万只鸡，饲料、鸡苗等费用10多万元，大部分农民是拿不出来的。与温氏合作，养1万只鸡，农民只需2万元合作基金和必要的水电费。更重要的是，农民千家万户生产，在生产资料购买、养殖产品销售方面，无法面对瞬息万变的大市场，买与卖都难有好价格。温氏公司统一采购资料、统一销售产品，集养殖户规模为一体，买与卖都会有好价格。这种模式，对温氏公司而言，解决了鸡场建设费、人工费等难题。通过这种模式，温氏无须向养殖户发一分钱工资，但养殖户都会全身心的投入养殖。

在"温氏模式"的赢利体系里，利润来自哪里？稍加分析就可以发现，公司的利润主要来自苗鸡、饲料和兽药。在公司制一体化组织模式下，任何一个公司都有自己孵化厂和饲料厂，有的还办起了兽药厂。公司不仅获得农业生产资料生产环节的社会平均利润，而且还能够从一体化经营过程中得到超出社会平均利润的利润。把饲料的生产环节一体化到合作社系统中，至少在五个方面可以节约费用：①高度的计划性可以减少库存和避免设备闲置；②交易的内部化可以节约市场交易成本（推销人员费用、广告费用和寻租费用等）；③饲料外观要求降低可以节约加工费用（通常外观不影响料肉比要求）；④包装袋的外观要求的降低和包装袋的再利用可以节约包装费用；⑤在一体化组织模式下饲料厂一般与养殖基地靠得很近，可以节约运输费用。"温氏模式"的契约一体化组织获利的"窍门"也就在此。

（二）流通企业带动的契约一体化模式（"超市农业"）

超市的发展在现代农产品供应链管理中的作用日益显著。所谓现代农产品供应链，是以超市为龙头，由连锁超市、农产品供应商、供应商的直属农场和协作生产农户为主要参与者的农产品供应链（见图9-2）。

超市已经成为大中城市消费者购买日用品和农产品的不可缺少的交易场所。超市的发展也正在改变我国的农业。正如FAO的研究结论："农产品全球贸易比农业GDP的增长更为迅速，不管是发达国家还是发展中国家，贸易中的加工厂产品增长都很快，这主要是与发展中国家的超市迅速发展有着密切关系，超市逐步成为发展中国家的一种新型流通业态，将有可能成为整个贸易链的主力。"

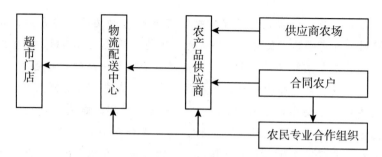

图 9 - 2　以超市为平台的农产品供应链

从我国国情分析，超市同供应链其他主体相比，有能力承担核心作用。建立在分散的小规模农户生产、农产品经纪人、农产品批发市场和农贸市场基础上组成的传统农产品供应链，不仅难以生产出优质、安全、附加价值高的农产品，也难以保护产地环境和防治农业污染。

超市作为供应链主导环节发挥作用，主要通过制定和监督农产品生产、加工过程中的食品安全标准、化学药品的投放标准以及可追溯性的规则，对整个供应链上的各个环节进行管理。这样，超市和农产品生产者之间以需求信息和品质标准为纽带，通过对生产资源、物流资源、零售资源的有机整合，不仅降低了交易成本和市场风险，而且提高了我国农产品的品质和安全性，对促进农业污染防治和生态环境治理大有助益。

超市拥有较完整的检测能力。同小规模种植和农贸市场个体交易相比，超市系统存在着声誉机制，只要有个别不符合标准的商品被曝光，就会损害整个企业的信誉。为长远和整体利益打算，大型连锁超市基于先进的物流、设备、人才、技术优势，重视农产品质量和安全性，配置相应的农产品加工检测设施和检测人员，建立完善的检测技术规范、检测记录档案和检测过程质量控制制度，开展自律行为和进货把关检测。

超市拥有较可靠的标识系统。通过标签和摊位区隔把有机、绿色、无公害农产品同普通农产品区分开来，便于消费者选购。有的大型连锁超市拥有电脑单品管理和跟踪系统，消费者能够通过查询获得安全农产品的整个生产和流通过程的全部信息。

外部竞争环境促使超市经营质量安全农产品。同农贸市场相比，超市经营需要有相应的保鲜设施、销售场地、管理队伍、物流渠道和规模效应，在价格上并没有竞争优势。为获取差异化竞争优势，倾向于积极主动地引进无公害农产品、绿色食品、有机食品等利润空间高的农产品，实现"优质优价"，进而促进产地环境保护和污染防治。

超市的出现提供了实行农产品组织内部交易模式的基础。同市场交易模式相比，组织内部交易模式更加有助于提高农产品的品质和安全性。虽然组织内部交易模式会使农户失去一定的"自由度"，使超市企业增加管理成本，但是农户和超市均可获得经济补偿，从而有经济动力去管理整个供应链，去生产"优质安全"农产品。

必须明确，并不是超市经营生鲜农产品就可以称为"超市农业"。超市首先通过标准建设原料基地，生产无公害产品、绿色食品和有机食品，组织生产和架构都有标准化，然后根据超市经营业态的要求对生产出的农产品进行分级、整理、包装、储运、配送。以上所形成的整个体系，就是超市农业。超市农业具有以下两个特征：首先，超市农业在经营体制上，从生产、加工到销售是一体化的经营系统，是以消费者为中心的"垂直统合经营体系"，也可以说是一个大食品系统；其次，从技术层面看，超市农业是一个标准化支撑的生产经营系统，相当数量产品从初级产品到供应链是个冷链系统，产品的质量安全是一个可追溯系统。在美国，超市直接去农业基地采购生鲜产品占采购总量的70%，而中国目前这个数据可能不足10%。

案例2

"超市农业"模式

北京地区家乐福超市有三家蔬菜供应商：北京方圆平安安全食品开发公司；古机鸿食品商贸有限公司和凌云鸿食品有限公司。家乐福的苹果由山东三丰水果有限责任公司供应。以山东三丰水果有限责任公司（以下简称"三丰公司"）为例。三丰公司同8 000多家农户签订苹果的供货合同。为了保证农民使用残留比较少的农药，公司为农民直接提供农药。由于高品质农药的价格比较贵，公司对农户使用的农药进行补贴，同时公司派遣技术人员对农民进行技术辅导，使他们生产的苹果能够达到家乐福的质量标准。

家乐福在北京的蔬菜品质体系产品是同顺义的蔬菜生产企业小汤山地热公司共同开发的。首先家乐福让第三方检测机构对基地的土壤、水源和空气取样和化验，在证实种植环境达到绿色蔬菜生产标准以后，家乐福和小汤山共同确定采用种子的品种，规定允许使用农药和化肥的品种和使用标准，并建立蔬菜种植记录手册。在蔬菜种植过程中，每个蔬菜大棚的负责人必须记录每天的生产情况，包括施用肥料和农药的品种、数量、时间。蔬菜收获时，每个周转箱必须有记录种植大棚的编号和收获时间的标签。产品到配送中心包装的时候，在每个或者每包蔬菜上都需要挂上记录种植大棚编号和收获时间等信息的标签。消费者可以根据标签上的编码找到自己购买蔬菜的全部生产过程中的信息。一旦发生食品安全问题，不仅可以找到责任人，也有助于事后分析原因，找到解决方案。与此同时，家乐福还聘用第三方机构来对品质体系蔬菜的生产过程进行监督。第三方机构派遣人员不定时地对基地进行检查，对产品的样本进行检测，从而确保产品能够达到品质体系的标准。家乐福超市建立的品质体系也是农产品可追溯体系。

在江苏盐城，家乐福还与江苏悦达集团在共建现代农业示范区，依据双方达成的协议，由悦达集团着手在盐城市建湖县试点，建立12万亩农产品种植和养殖基地，总投资12.45亿元。包括4万个农户共13万农民在这里工作和生活。该基地主要产品为肉类、家禽、鸡蛋和蔬菜等。家乐福将通过门店把盐城的农副产品组织到其采购体系中去。

目前我国经由传统农产品供应链的农产品，即由依靠小规模农户生产，依赖小商贩流通的农产品，还是占大多数。传统农产品供应链无论在理论上和实践中都难以达到"真正"意义上的可追溯性，也无法确保农产品"实质上"的安全性。超市农业的发展将有利于提高我国农产品的质量和安全性，有助于我国农产品同国际接轨，也有利于农民增加收入。2005年7月，中国农业科学院胡定寰等到山东省做了供应超市的农户的调查。一共调查240家农户，120家为合同农户，120为普通农户。调查的品种有苹果、大葱和鸡肉。调查结果显示，外资供应商合同农户和国内供应商合同农户，与非合同农户比较，农户增收效果明显。

（三）山东寿光模式

寿光市现有人口108万人，总面积2 180平方公里，有65公里海岸线，人均年收入5 000多元，其中蔬菜业收入约占80%。寿光市现有菜田面积80万亩，其中冬暖式大棚温室35万个。寿光蔬菜发展第一阶段：1980～1989年，农业产业结构调整阶段，确定了"南菜北盐"发展战略。当时蔬菜生产只有少量老式大棚，一定面积的盖韭和露地菜。第二阶段：1989～1993年，保护地蔬菜起步阶段，寿光创造出了"琴弦式节能型日光温室"，并在全市推广。第三阶段：1993～1999年，保护地蔬菜发展阶段，蔬菜大棚温室生产规模不断膨大，生产技术不断提高。第四阶段：2000年至今，蔬菜生产提高阶段，新型节能日光温室出现并迅速发展，大量国外蔬菜新品种被引进，新技术不断创新发展，生产效益不断提高。

寿光蔬菜产业在发展过程中，围绕蔬菜产业形成的加工企业达320多家，延伸了产业链条，提高了产业效益，同时也进一步带动蔬菜种植的发展。最近几年，创新了蔬菜供应链模式，正逐步走向产品生产订单化，市场销售品牌化。

案例3

"寿光"模式

寿光在历史上有种植蔬菜的传统，也因而拥有较多农民"土专家"。因此，在面临市场经济冲击的时候，寿光市选择发展蔬菜产业。蔬菜产业属于技术壁垒低，易于模仿，规模扩大快，因此寿光蔬菜很快就面临菜贱伤农的困境。在这种情况下，其产业演进选择了市场建设的组织模式：1984年蔬菜大市场建成以后，寿光逐渐成为全国最大的蔬菜生产、批发和集散地之一。在这个过程中，市场发展反过来推动技术升级，在农民土专家的努力下，催生了"琴弦式冬暖大棚"技术，形成了"技术—市场—经济"的良性循环，其产品不仅进入全国200多个大中城市，而且远销20多个国家和地区。

寿光蔬菜产业，既有传统的蔬菜供应链（见图9-3），又有与现代农业相适应的新型供应链。

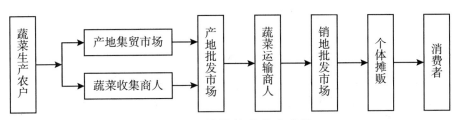

图9-3 传统的蔬菜产业链

寿光蔬菜新型供应链模式（见图9-4），正在逐步形成气候。农产品供应商就建在基地附近，为农户提供种子、肥料、技术指导；公司按照合同价收购农产品，进行包装后销售，农产品质量可追溯。

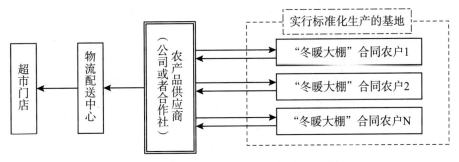

图9-4 寿光蔬菜产业的新型供应链

寿光蔬菜产业历史悠久，具有集体合作的基础，又有一批土专家进行技术革新，能形成良性循环。积极的政府政策导向和政府的适当介入也是影响产业发展的重要因素。值得关注的一点是，山东莱州市曾经在20世纪90年代的全国"学寿光"大潮中尝试过发展蔬菜产业，但是始终没能发展起市场体系，最后大部分农户纷纷转变，退出蔬菜种植行列。到今天为止，当年近3万个蔬菜大棚，现在剩下种植蔬菜的不过1/10。只有大姜生产比较成功，发展模式与寿光非常相似，建立了批发市场。据说，这与莱州具有种植大姜的历史传统有密切关系。

三、绩 效 评 价

紧密协作型的农业组织形式提高了单位投入产出量和农业劳动生产率。在养鸡业上一再发现，契约一体化对于提高饲料转化率和降低出栏成本的作用是明显的。其中，技术上的突破起了至关重要的作用。比如，个体农户养鸡一般不具备对纯优种蛋鸡的鉴别技术，对鸡病的防治技术也有限，其他一些饲料配方和饲养管理方面的技术农户掌握得也不纯熟，与技术力量雄厚的龙头企业相比有较大差距；实施产业化养鸡后，在一条产业链上，串起了多个环节，它们依次可以是种鸡饲养、雏鸡孵化、农户养殖、饲料供应、疫病防治、收购加工，以致市场营销，就像一条完整的生产线，有着非常流畅的工艺流程，各个环节既有高度专业化的分工，又有紧密的联系与协作，专业分工必然带来技术与管理水平的提高，同时扩大生产规模，这样势必提高单位投入产出量和劳动生产率。反映在养鸡业的主要技术指标，如成活率、产蛋率、饲养周期、人均饲养蛋鸡羽数等得到提高。除了技术上的突破之外，纵向产业一体化避免了农产品多环节流通，减少了中间销售费用，这样，当内部运作成本低于所节约的外部市场交易成本时，农业产业化在流通环节上对效率的影响是积极的。现在，国内外研究还不能证实，没有一体化生产体系的发展，是否可能有肉鸡、新鲜食用菌、水果和蔬菜加工业的高效率。

紧密协作型的农业组织形式，因为农产品加工和运销显著增值，提高了农业的比较效益。农业产业化的一个实质性突破，是冲破了只搞种植、养殖业的传统格局，农业由产中向产前、产后延伸，大幅度提高了农业产值，使农业有了分享社会平均利润的机会。

紧密协作型的农业组织形式，产业协调发展、相互辐射、相互促进的经济发展"立交桥"。纵向一体化对解决农业生产上普遍存在的难于协调市场需要的问题作出了巨大贡献。原因在于，农产品加工业及贸易对农业的渗透，在生产者和消费者之间架起了沟通的桥梁；同时它也为提高农业的比较效益找到了一条现实的途径。因为产业链的延长，形式上是农业产业体系的健全和完整化，实质上是利益关系的重新调整与整合。农业产业化对生产和市场的另一重要贡献，就是提高了农业产业系统的经营效率，降低了农业生产的风险与成本。其效率的提高完全来自农业产业化对生产专业化和社会化水平的充分发挥，以及产业化流通体系对市场交易的内部化发展。

四、农户对组织形式（垂直协作）的选择意愿——以江苏省肉鸡行业为例

课题组于 2007 年组织南京农业大学经济管理学院的研究生对江苏省 9 个县（市）肉鸡行业的垂直协作情况进行了实地调查，即六合、溧水、太仓、常州、海门、泰兴、姜堰、涟水、邳州。本次调查共发放问卷 457 份，其中无效问卷26 份，有效问卷 431 份。调查对象在苏北、苏中、苏南①均匀分布，其有效问卷分别占总有效问卷的 28.54%、37.12%、34.34%。就垂直协作形式而言，市场交易 175 份，销售合同 16 份，合作社 110 份，生产合同（契约一体化）130 份，分别占有效问卷的 40.6%、3.71%、25.52%、30.16%。

（一）不同垂直协作形式利润的比较

调查问卷中设计了 3 项指标反映不同垂直协作形式的利润：去年平均每只鸡的净利润、去年行情最好时平均每只鸡的净利润、去年行情最差时平均每只鸡的净利润。从调查结果来看（见表 9-1），市场交易平均每只鸡的净利润最小（0.28 元），行情最好时平均每只鸡的净利润最高（3.07 元），行情最差时平均每只鸡的净利润为（-2.38 元），平均每只鸡的最高利润和最低利润之间的波动幅度最大（5.45 元）；而生产合同平均每只鸡的净利润最高（1 元），行情最好时平均每只鸡的净利润最低（1.38 元），行情最差时平均每只鸡的净利润最高（0.60 元），平均每只鸡的最高利润和最低利润之间的波动幅度最小（0.78 元）。合作社每只鸡的净利润和利润波动幅度居市场交易和生产合同之间。

---

① 苏北、苏中、苏南之间在经济发达程度上存在一定的梯度，其中六合、溧水、太仓、常州为苏南经济发达地区；海门、泰兴、姜堰为苏中经济中等发达地区；涟水、邳州为苏北经济欠发达地区。

表9-1　　　　　　　不同垂直协作形式利润的比较　　　　　　　单位：元

垂直协作形式与利润	每只鸡的利润		行情最好时每只鸡的利润		行情最差时每只鸡的利润	
	均值	方差	均值	方差	均值	方差
市场交易	0.28	2.79	3.07	4.15	-2.38	2.94
合作社	0.37	1.21	2.89	3.94	-2.52	2.49
生产合同	1.00	0.08	1.38	0.37	0.60	0.24

同时，市场交易中平均每只鸡的净利润方差最大（2.79元），合作社为1.21元，生产合同最小（0.08元）。行情最好时每只鸡的净利润方差和行情最差时每只鸡的净利润方差最大的是市场交易，分别为4.15元和2.94元，合作社分别为3.94元和2.49元，生产合同最小，分别为0.37元和0.24元。

调查结果说明，相对于松散和半紧密垂直协作形式而言，紧密垂直协作形式中平均每只鸡的净利润最大，利润的波动幅度最小，有利于增加和稳定的农户肉鸡养殖收入。

（二）农户对当前垂直协作形式满意度的评价

对当前垂直协作形式是否满意是影响农户对垂直协作形式选择意愿的重要因素。调查问卷采用李克特五分量表法（Five-point Likert Scale），设计五个程度指标反映农户的满意度：即"很不满意"、"不满意"、"不知道"、"满意"、"很满意"。从调查结果看（见表9-2），农户对当前垂直协作形式的满意度不高（27.47%）[1]，不满意程度较高（52.53%）[2]。

表9-2　　　　　　农户对目前垂直协作形式的满意度

	很不满意		不满意		不知道		满意		很满意	
	样本	比例%	样本	比例%	样本	比例	样本	比例%	样本	比例%
市场交易	53	30.29	59	33.71	32	18.29	28	16.00	3	1.71
合作社	21	19.09	43	39.09	19	17.27	25	22.73	2	1.82
生产合同	19	14.62	23	17.69	32	24.62	42	32.31	14	10.77
合计	93	22.41	125	30.12	83	20.00	95	22.89	19	4.58

具体来看，市场交易很不满意和不满意度之和最高，为64%，合作社为58.18%，生产合同最低（32.31%）。市场交易很满意和满意之和最低，为17.71%，

---

[1] 满意和很满意的百分比之和。不满意度是不满意和很不满意的百分比之和。

[2] 部分原因可归为禽流感。近几年，禽流感频频发生，多数没有发生禽流感地区的农户也遭受了很大损失。

合作社为 24.55% ，生产合同最高，为 43.08% ，部分农户（占 20% ）回答无法评价。

调查结果说明，传统、松散的垂直协作形式已无法适应农户对日益激烈的市场竞争的挑战，农户对紧密垂直协作形式呈现出较高的满意度。

（三）农户对垂直协作形式的选择意愿

在既定约束条件下[1]农户的垂直协作现状呈现出一些共同的趋势，也存在着明显的差异性。农户当前采用的垂直协作形式究竟是不是最理想的形式呢？为此，问卷设计中放宽了约束条件，假定每个农户面临的垂直协作形式是相同的，即肉鸡行业当前最主要的三种垂直协作形式（市场交易、合作社、生产合同），进而向每个农户介绍各种垂直协作形式的特点，问农户最愿意选择哪种？从调查结果看（见表 9 - 3），与当前采用的垂直协作形式相比，农户的选择意愿发生了很大的改变，其变化趋势明显地表现为：由松散、半紧密的垂直协作形式向紧密的垂直协作形式发生改变。

表 9 - 3　　　　　　　肉鸡养殖户垂直协作的选择意愿

垂直协作形式	现状	意愿选择	现状占比	意愿占比	增减	增减
市场交易	175	53	42.17%	12.77%	- 122	- 29.4%
合作社	110	56	26.51%	13.50%	- 54	- 13.01%
生产合同	130	306	31.32%	73.73%	+ 176	+ 42.41%
合计	415	415	100	100	—	—

具体来看，选择生产合同的农户为 306 户，增加 42.41% ，而选择市场交易和合作社的农户为 53 户和 56 户，分别减少了 29.4% 和 13.01% 。

说明当农户面临的约束条件发生改变时其选择意愿也会发生改变。进一步询问农户选择生产合同原因，认为首要原因是利润有保证的，占 71.88% ，然后依次是分担风险，占 71.88% ；产品有销路，占 28.13% ；[2] 获得技术服务，占 8.59% ；获得生产投入，占 3.13% 。说明保证利润、减少风险是农户选择垂直协作形式时考虑的重要因素。

从各垂直协作形式利润的角度看，市场交易和合作社的肉鸡销售受市场价格影响较大，利润波动的幅度明显大于生产合同。同时，在三种主要的垂直协作形式中以生产合同平均每只鸡的净利润最高。

---

　① 除了既定的生产位置、生产技能、风险意识、资金状况等之外，农户所在地几种垂直协作形式是否同时存在对农户采用当前垂直协作形式也有影响。

　② 此题为多项选择。

　　由于肉鸡行业不同垂直协作形式存在上述诸多差异，在放宽农户面临的约束条件后，农户的选择意愿呈现出了明显的改变趋势，即由市场交易和合作社逐渐朝生产合同改变。实证结果表明肉鸡行业垂直协作形式选择意愿的改变趋势不仅符合政府扶持农业龙头企业发展的政策，同时也与发达国家肉鸡行业垂直协作的发展与转变的实际趋势相一致。

第三节　现代农业组织体系的构建

一、发展利益联系紧密的专业合作社

（一）发展概况

　　目前农民专业合作社的总体发展呈现加速态势，覆盖乡村、农户的范围不断扩大；来自农业部农业经营管理总站的最新统计数据，全国农民专业合作经济组织已经超过 15 万家，农户成员 3 486 万户，占全国农户总数的 13.8%。邓衡山、徐志刚、柳海燕（2010）的调查显示，现有组织中乡镇政府和村干部参与发起了占 72% 的组织，企业参与发起了 18% 的组织，纯粹由农民自发发起的组织仅占 16%。目前，农民专业合作社的作用初步显现：一是促进了农业优势产业和地方特色产业的发展壮大；二是推动了农业生产要素的有效整合；三是提高了农民进入市场的组织化水平。

案例 4

　　山东省青岛市"久和园"畜禽养殖专业合作社位于山东省即墨市灵山镇，成立于 2007 年 11 月，注册资金 180 万元。合作社现有成员 127 人，存栏商品蛋鸡 60 万只，覆盖即墨市灵山镇、华山镇等镇的蛋鸡养殖户。该合作社目前正在建设存栏 20 万只蛋鸡的基地一处，占地 80 亩，现已建成 3 栋标准化蛋鸡车间，存栏 8 万只。

　　该合作社的主导产业是蛋鸡养殖，养殖蛋鸡的饲料是黄粉虫。目前，该社建设了黄粉虫养殖车间多处，养殖黄粉虫 3 000 盒。"久和园"牌黄粉虫鸡蛋的特点是两个蛋清且稠厚黏度大，蛋清发黄，蛋黄浑圆呈橙色，取出后，仍能保持高挺形态，具有味道香醇、无腥味、口感劲道的特点，蛋白质、维生素 E、钙、卵磷脂、氨基酸等含量都比普通鸡蛋高，胆固醇含量则比普通鸡蛋低。长期食用黄

粉虫鸡蛋能强身健体，提高人体免疫力。该产品已经通过国家无公害农产品认定、全国质量诚信 AAA 级品牌企业认定、青岛市"一村一品"公信优质品牌食品认定、青岛海信广场专供产品认定等认可程序。该产品在 2009 年（青岛）农产品交易会上得到了各级领导、广大客商和普通消费者的一致好评。

目前，该产品已经实现了"农超对接"。通过会展经济、超市农业等运作模式，合作社为成员带来了在全省优势农产品产业中，特色蔬菜产业涌现了 20 家省级示范考核合作组织，如沛县栖山镇王店村蔬菜销售协会带动周边农户发展设施蔬菜生产，现已形成以王店为中心，包括周围村庄在内的设施蔬菜产业带；优质水果产业有 19 个，如海门市培育村草莓合作社，入社农户 120 多户，新发展草莓 700 多亩，目前势头兴旺；优质家禽产业有 20 个。

资料来源：王勇，《产业扩张、组织创新与农民专业合作社成长——基于山东省 5 个典型个案的研究》，《中国农村观察》，2010 年第 2 期。

但是，农民专业合作经济组织发展中也存在一些问题：（1）一些合作经济组织尚未形成内部"造血机制"；（2）合作经济组织与社员的利益关系脆弱，没有建立起利益分享、风险共担的紧密型关系；（3）农民专业合作经济组织中的农民带头人综合素质有待提高；（4）仅仅停留在市场环节或生产环节或技术方面的简单合作，并没有解决把农民组织起来进入市场。

案例 5

2002 年，张晓山曾经考察过山东省某生猪运销合作社，从该合作社填写的问卷情况看，这是一个相当规范的合作社。该合作社成立于 1999 年 4 月，注册为股份合作制企业，注册资本为 80 万元人民币，合作社章程经社员大会通过，由民主选举（一人一票）产生理事会和监事会。合作社有 356 个股东社员，400 个工人，盈余 50% 按股分红，25% 按照劳动贡献分红，10% 留作公积金，10% 留作公益金，5% 为工人的奖励。

在实地调查中了解到，这个合作社理事会共由 6 人组成，包括：理事长，他的大儿子（负责经营管理），二儿子（负责外联），他的叔伯弟弟（负责质量检测），他的弟弟（负责财务），理事会中唯一的外人是镇供销社主任，他平常并不出席理事会议，理事长向镇供销社租了 4 亩地，每年支付租金 4 000 元，这位供销社理事的任务就是保证租金的收取。合作社只有家族的 5 个人入股，他们对合作社的 2 辆卡车、设备和建筑物等拥有同等所有权。理事长以个人名义从银行贷款 40 万元，贷款利息和本金从每年利润中偿还。

合作社联系 230 多个运猪户，他们每人缴 1 万元给合作社作为风险抵押，合作社年底支付他们 10% 的利息，运猪户用三轮摩托为合作社运猪，每运 1 头猪，合作社支付 5 元钱。合作社联系约 200 个经纪人，他们同样每人缴 1 万元风险抵押金，每为合作社介绍 1 头猪，得 5 元钱。

合作社还联系约 600 个养猪户，合作社以优惠价格（每斤比市场价低 1 毛）为他们引入 100 斤重的杂交猪，提供统一的防疫和饲料供应，当生猪长到 200 斤以上，合作社再收购回来，每斤比市场价高 2 毛，养猪户每头猪可得 250～260 元纯利。

从这个案例可以看出，这个合作社实际上是一个家族的合伙企业，通过合作社这个平台，获取稳定的货源、运输和销售渠道，最终实现多赢的格局，但它与规范的合作社相去甚远。

资料来源：张晓山，《农民专业合作社的发展趋势探析》，《管理世界》，2009 年第 5 期。

（二）行业分布

农村专业合作组织多数是以一种农产品为纽带的合作和联合，经营服务内容有很强的专业性。其中以市场化、专业化程度较高的蔬菜、水果、花卉及家禽、家畜和水产品的专业合作社或专业协会为主要形式，围绕某一产品或产业开展技术、信息服务和农资供应、产品销售等经营服务活动。邓衡山、徐志刚、柳海燕（2010）基于全国 7 省 760 个村的大样本调查显示，在农产品类组织中，46% 为养殖类（畜牧和水产），42% 为蔬菜、水果等特色作物类，12% 为粮食作物和棉花等一般经济作物类。农民合作组织的产品分布相对比较集中，最多的是生猪，占 23%；其次是蔬菜，占 12%；苹果、鸡、水产和茶叶分别占 10%、8%、6%、6% 左右。

本书以江苏省为例，考察了农民专业合作经济组织的行业分布情况（见表 9-4）。从表中可以看出，农村专业合作组织通常在农产品商品率较高、收益较高、价格波动较大的蔬菜、水果、家畜、水产品、蚕桑、花卉、中药材、茶业等行业比重较高，从事粮棉油等大众农产品的比重较低。其原因可能是养殖业和果蔬业等行业的商品化率很高，每个农户承担的风险相对较高，技术要求也相对较高，对专业合作组织的需求较为强烈。

表 9-4　　　150 家江苏省级示范和考核专业合作组织的产业分布情况

农业产业	禽蛋	特色水果	水产	特色蔬菜	特种养殖	蚕桑	食用菌	花木	中药	棉花	茶业	养羊	奶业	米油	其他
数量（个）	20	19	16	13	9	8	7	6	5	5	5	5	4	4	24
比例（%）	13.33	12.67	10.67	8.67	6.00	5.33	4.67	4.00	3.33	3.33	3.33	3.33	2.67	2.67	16.00

注：前面提到的特色蔬菜产业，在该表中分特色蔬菜和食用菌。
资料来源：根据江苏省农林厅资料整理。

（三） 利益联系紧密的专业合作社

各类专业合作组织中，组织紧密、制度健全的仍比较少，组织的建设有待完善，其章程在协会发展中的双向约束力不强，受调查的合作经济组织虽然都有章程，但完全按章程去执行的很少。有的合作经济组织没有完善的规范和健全的管理制度，部分合作组织虽有制度但流于形式；相当部分合作组织虽有理事会、监事会等机构，但没有发挥应有的作用，民主管理没有真正落到实处。一些合作经济组织尚未形成内部"造血机制"。一些专业合作组织的运行，完全依靠发起人和主要参与者的兴趣和觉悟，一般成员往往只享受利益，不承担任何责任，甚至连会费都不愿交。有的合作经济组织寄希望于政府能够长期给予扶持，甚至有人提出，希望政府能够解决协会负责人的工资问题。有的合作经济组织与会员的利益联系不够紧密。一方面合作组织本身受技术、资金等方面的限制，难以有效地为会员开展服务；另一方面农民受自身素质的影响，民主参与和履约意识差，加之其对合作组织的运作不够了解，向心力不强，使得合作组织与会员的利益关系脆弱，没有建立起合作组织与社员（会员）之间的利益分享、风险共担的紧密型关系，对合作组织的生存和发展不利。

发展现代农业，重点推进利益联系紧密的合作社。以合作社形式构筑农业产业化垂直协作关系，被认为是最有利于农户利益的形式。合作社因与社员之间"风雨同舟"式的关系，使得合作社系统能够实现外部利益的内部化和交易成本的节约，巩固专业化协作链条。应瑞瑶（2006）曾以合作社为考察对象，提出过类似观点，他认为由于合作社整体饲养规模较大，大大提高了其市场谈判地位；合作社统一采购苗鸡和统一供应饲料，让社员获得生产资料销售环节中的部分利润。

案例6

"七贤养鸡合作社"

1. 合作社成立的背景

泰兴县分界镇七贤村村民曾小明在苏州经营禽类批发市场。1998年春天，分界镇党委和政府的主要领导专程去苏州把曾小明请回老家，希望他为家乡人民实现致富目标出主意。曾小明提出养鸡能致富，并拿出10万块钱交给七贤村两委会（党支部和村委会），让村干部带头搞规模养鸡，并且承诺村里农户养的鸡由他按每公斤高于市价 0.4 元的价格收购。当年,7 名村干部和其他 10 户村民第一批养的 2 万只肉鸡获利 4 万多块钱。七贤村的规模养鸡业从那时开始起步。1999 年全村有 96 户人家养肉鸡 80 多万只,当年净赚 100 多万元。2000 年有些外出打工的农民也加入了养鸡行列。

随着村里养鸡户的增多和饲养规模的扩大,在采购苗鸡、饲料,组织防疫治病,以及如何统一对外销售等方面问题也逐渐增多。2002 年,在村两委会的筹划下,组织成立了七贤村养鸡协会。协会探索按"八个统一"(即统一鸡苗、统一育雏、统一防疫治病、统一生产技术、统一采购供应饲料、统一成品鸡上市批次批量、统一组织运输和统一销售价格)要求规范会员的生产经营行为。2004 年 11 月,在有关部门辅导下注册成立了"泰兴市七贤家禽产销合作社"。

2. 合作社组织制度

入社与退社。七贤养鸡合作社实行"门户开放"原则,入社自愿,退社自由。养鸡户加入合作社的必须履行书面申请,认购规定数额的社员身份股金,方可吸收为合作社社员。

民主管理。合作社《章程》规定设立社员大会、理事会和监事会。社员大会是合作社的最高权力机构,实行一人一票制。合作社民主管理方面主要有三点:第一,实行重大决策民主议事制度,凡研究确定需要大家共同遵守的重大事项,必须按规范的制度召开理事会和监事会,必要时还要召开社员代表大会。第二,实行民主选举合作社的领导人。现在的合作社社长和秘书长是全体社员大会选举产生的。第三,实行规范的财务管理。合作社成立后,请镇经管站帮助在统筹调度周转资金、统一采购生产资料等方面建立起一套规范的财务管理制度,统一开户记账,分项单独核算,分户设立往来,定期向社员大会或社员代表会议公布结果,实行全过程民主监督。

3. 合作社资金筹措与使用

按照章程规定,凡入社社员必须认购规定数额的身份股金,每股 100 元;社员可以自愿认购投资股金,每股 200 元,每位社员一般认购 10 股。目前投资股股金总额为 15 万元。另外,社员每养 1 000 只鸡需要缴纳周转金 6 000 元,由合作社统一用于组织苗鸡、饲料和药品等的周转。这笔资金一般有 100 万元左右,在性质上不属于合作社自有资金,属代管性质。合作社的流动资金除用于购买生产资料周转外,经合作社理事会研究还用于解决困难养鸡户的资金不足(仅限于垫付应交周转金)。

合作社的资金来源除股金外,还包括提留的发展基金、业务经营收入和各级财政的扶持资金等。合作社的盈余首先用于弥补前期亏损,而后按照下列顺序和比例分配:提留 30% 的发展基金;提留 15% 的风险基金;35% 用于股金分红;

10%用于奖励基金；10%留作培训基金。

4. 合作社的主要业务

（1）农业技术服务。社员从苗鸡进鸡舍到成品鸡出售结账取款，社员只要负责生产过程中的饲喂管理，其余的一切相关事务全部由合作社包下来。一般的防疫和生产技术问题都是由合作社的技术人员解决，合作社有一名叫吴伯元的技术员（也是合作社秘书长）每天随叫随到。合作社每年多次邀请扬州大学和海安县种禽公司的专家到村讲授生产技术并现场解决一些特殊问题。合作社组建起一支7个人的专业服务队，常年负责装卸饲料和苗鸡、注射疫苗、切鸡喙、抓鸡和装车（销售成鸡时到鸡舍捉鸡装笼和装车）等，各项服务按合作社制定的服务价格收费（如注射疫苗0.01元/只、鸡舍捉鸡0.03元/只）。

（2）共同购买生产资料。合作社社员一年饲养量超过150万只（羽），消耗饲料超过5 000吨。由于整体饲养规模较大，大大提高了市场谈判地位。合作社统一采购鸡苗和统一供应饲料，联合起来统筹对外购买活动，让社员获得生产资料销售环节中的部分利润。①苗鸡的统一采购：苗鸡生产商在合同中承诺，在价格上每只苗鸡比市场价低3~5分钱（有销售淡季和旺季之分），质量上保证提供优良品种，供货时间和数量上保证按时按量供应，并送货上门。仅苗鸡采购这一项，社员少支出6万余元。②饲料的统一采购：饲料生产商在合同中承诺，每吨饲料让利75元，并送货到户。饲料这一项少支出了38万左右。合作社规定，其中1/3（即25元/吨）留在合作社使用，2/3（即50元/吨）直接让利给养鸡户。③兽药的统一采购：在统一采购兽药方面，目前仍然需要通过中间商环节，让利很少。一般中间商（如海安县种禽公司）为合作社社员免费提供疫病防治方面的技术服务（如技术培训、疑难疾病诊断等）。

（3）联合销售产品。合作社社员饲养的肉鸡，其目标市场是苏州、上海等市的批发市场。这是一个完全竞争的市场，销售价格都是随行就市。合作社在产品销售环节的主要作用是，合作社统一销售批次批量和统一同批次销售价格。合作社与40多位贩运商保持稳定的业务关系，并与贩运商之间有口头约定，双方根据市场行情确定成品鸡统一销售价格，不得搞一户一价。这样做使得产品销售有序的进行，避免了养殖户之间的不正当竞争。合作社对136户养殖户一年分几批养多少鸡，什么时候应该购买多少苗鸡，哪些户的成品鸡应该在什么时间上市，都制订出详细的计划，所有养鸡的社员户都能服从合作社的安排。现在正常情况下每三天进一批苗鸡、上市一批成品鸡，这样就能确保成品鸡的均衡上市。

案例 7

"坤兴养猪合作社"

1. 合作社成立的背景

杜小坤是宜兴市的一个养猪大户（他注册了一个名为"宜兴市坤兴生态农业有限公司"企业，公司的股东都是自己家人。所以说杜小坤是养猪大户并不为过。）2001 年 7 月，他到浙江萧山参观一家大型养猪场时发现，该规模养猪场生猪直供上海，每担的价格在 320 元左右，比他家生猪的售价高出 20 元左右。于是，他在参观完养猪场后随即到上海商谈销售生猪事宜，但由于养猪规模达不到上海方面的要求（猪的品种也不符合要求）而告吹。这使杜小坤意识到，养猪要想提高效益，也必须打造闯荡市场的"航空母舰"。为此，他把一部分养猪户组织起来，于 2001 年底成立了"宜兴市坤兴养猪合作社"。坤兴养猪合作社创办 3 年多来，合作社已有社员（养猪大户）160 家，分布在宜兴市的 22 个乡镇，年生猪存栏 3.2 万头，养殖规模最大的社员年出栏达到 1 万头。2003 年合作社销售生猪 6.1 万头，销售收入 5 600 万元，利润 913 万元。该合作社已成为宜兴市及周边地区规模最大的养猪专业合作经济组织。

2. 合作社组织制度

坤兴养猪合作社实行"入社自愿，退社自由"的原则。养猪户履行书面申请即可加入合作社。合作社《章程》规定设立社员大会、理事会和监事会。社员大会是合作社的最高权力机构，实行一人一票制。

3. 合作社的主要业务

（1）联合销售产品。2002 年度，合作社和上海屠宰场签约，帮助合作社社员销售生猪 4.2 万头，年平均销售价格为每百斤 332 元，比非合作社成员的生猪销售价格，每百斤提高 30 元。所有参加合作社的管理人员，包括社长、副社长、营销人员、经纪人一律不享受工资待遇，唯一能给他们的待遇就是通过合作经济组织的优势，给自身带来增效增收。比如社长杜小坤，通过创办合作社，他自己公司饲养的生猪依托合作社进入上海市场。2002 年销售 3 000 头，2003 年销售 6 000 头，两年合计销售 9 000 头，按每头增收 60 元计算，累计增收 54 万元。又比如合作社社员杜盘勤，他在 2001 年没有加入合作社，全年销售生猪 800 头，收入 48 万元，在 2002 年加入了合作社，合作社同样帮他销售生猪 800 头，收入52.8 万元，相比增收了 4.8 万元。2003 年，坤兴养猪合作社获得了省"无公害畜产品"的认定证书和农业部质量安全中心"无公害农产品"的认证证书，注册的"坤兴"牌商标猪获得了无锡市名牌产品。

（2）合作社社员联户担保。在生产经营过程中，社员常常会出现资金周转困难或想扩大养殖规模而无本钱的现象，要借贷款又没有抵押。合作社采用互助合作，开展联户担保，向农村信用社申请流动资金贷款，解决社员养猪资金不足的困难。2002～2003 年通过合作社担保，市农村信用合作联社向合作社累计发放贷款 116 万元，不仅为农民扩大养殖规模提供了有效的资金保障，更体现了农民创办合作经济组织的互助合作优势。

（3）技术服务。合作社的工作目标是让全体社员达到五个统一，即统一品种、统一购买饲料、统一免疫程序、统一生产技术操作、统一品牌的产业化生产模式。充分依靠合作社的组织优势，由合作社委托宜兴市畜牧兽医站购买饲料，饲料的生产厂家由合作社指定，价格由合作社与畜牧兽医站协商确定，同时畜牧兽医站负责养猪场的防疫工作。这样做，保证了饲料的质量和降低了饲料成本，也解决了动物疫病的防治问题。合作社还与扬州大学农学院、江苏省猪病研究中心等进行技术合作，聘请具有高级职称专家作为技术顾问，开展技术培训等。此外，合作社还为社员选购苗猪，改良品种。

案例 8

"春城镇葡萄合作社"

1. 成立合作社的背景

20 世纪 90 年代初，春城镇丁庄镇农民方继生在自家的承包地里栽种了 2 亩葡萄。在专家的指导下，每亩收入达到 7 000 多元。方继生获得成功后，周围的一些农民马上效仿，但由于缺乏技术、不懂管理，产品质量低，出现了卖难，他们就找到方继生请求帮助。在此背景下，方继生牵头成立起春城镇葡萄协会，1999 年 4 月，改称为合作社。

2. 合作社的主要功能

从生产管理、防病治虫到包装销售，实行了五个统一，即统一定穗疏果；统一施肥标准；统一供药用药；统一品牌包装；统一价格上市，以保证了葡萄品质。合作社的主要作用：一是引进吸收国内外先进技术成果，主动与科研院所大专院校联姻，开展合作交流，聘请专业人才讲课；二是内部每年举行七次以上的技术培训，向会员传授经验、技术；三是统一组织果树防病治虫等日常管理，并派出专业人员逐田逐块跟踪检查，及时解决发现的问题；四是根据发展的需要，建立自己的苗圃基地，培育优良品种供应会员，实现统一供苗；五是全社范围的葡萄统一使用"继生"牌商标；六是所有果实采摘下树并装箱后要统一编号进入交易市场，专门人员对每束果子进行质量检测、装箱封口，以防假冒或以次充好；七是制定了质量方面的奖惩措施。每年在采摘季节进行一次评比。

3. 社员与合作社的关系

1999年6月合作社筹集资金25万元（主要是政府扶持资金），建起了句容市"继生"葡萄市场，占地面积600平方米。共设三层，一楼为葡萄包装销售市场和冷库；二楼为合作社办公室；三楼为合作社培训中心和观光厅。据了解，合作社本身无冷库，两座冷库方继生一户单独建一座，另有三户合作建了一座。随着种植农户的增多和产量增加，旺季价格下降。方继生和其他几个大户收购葡萄，淡季到市场上销售，其利润也归其个人所有。合作社自身不从事经营活动，合作社的日常费用主要来自交易市场的场地费（协会成立之处有一点会费收入，现在基本没有了）。所谓合作社统一供药，实际上是方继生等种植大户的个人的行为，由于价格比市场低，农民愿意从他们那里购买。

案例9

无锡市阳山水蜜桃桃农合作社

1. 成立背景

阳山镇是个名副其实的水蜜桃特色镇。全镇农业人口7 000余人，近7 000亩农田，6 000多亩种上了水蜜桃，年产水蜜桃6 000~8 000吨，产值3 600万元，农民收入的70%来自水蜜桃。为把阳山水蜜桃生产提升到更高的台阶，阳山镇党委和政府要求镇农业技术推广部门牵头成立水蜜桃桃农合作社。目前，合作社拥有社员1 600多人，全镇种桃农户基本上家家都有一个会员。由于阳山桃农合作社对水蜜桃的产、供、销起到了良好的组织和推动作用，使周边乡镇的水蜜桃生产也被带动起来，目前，以阳山为中心的水蜜桃面积已发展到3万亩。

2. 主要作用

（1）技术研究与推广。阳山水蜜桃桃农合作社依托镇农业技术推广中心，有较强的技术力量。合作社从成立开始，就开展水蜜桃的新品种选育和栽培技术试验并积极组织示范和推广工作。

（2）统一阳山水蜜桃的品牌。桃农合作社建立了无锡阳山水蜜桃市场，为阳山水蜜桃注册了"太湖阳山"商标，申请获得国家质量技术监督检验检疫总局认定的阳山水蜜桃"原产地"标记，经过三年的努力，合作社申请注册的"阳山"水蜜桃地方证明商标也已获国家商标总局的批准。阳山水蜜桃的经纪人，用统一商标、统一包装，运往城市大超市销售。"阳山"水蜜桃采用统一印制的包装箱（盒），并由桃农向镇桃农合作社提出购买申请，经桃农合作社考察符合阳山桃标准化生产的，方可同意使用。桃农合作社与桃农订立许可合同书，桃箱编号登记，输入电脑管理，并在桃箱（盒）上设计包装日期，一次性使用；设立仿伪标记和举报电话，便于及时识别打假。

通过案例6、7、8、9，我们可以归纳以下几点结论：

（1）农民参加合作社的前提。农民组建或参加合作社，希望从组织获得以下利益：第一，社员的经济净收益；第二，所生产经营的农产品有一个稳定的市场；第三，通过合作社来抵抗其他市场力量，纠正市场上的价格扭曲。归根结底，社员加入合作社是为了实现经济利益。那么他们加入的基本要求就是：加入合作社能够获得比不加入组织更大或至少是相同的收益。农民组建或参加合作社有几个前提：一是在市场风险大，单个农户处于弱小地位的情况下，农民容易组成合作社；二是在产品易腐、易烂、不宜长期保存的行业，容易组成合作社；三是对于规模经济显著的行业，容易组成合作社。

（2）农民专业合作社的利益联结机制。通过对外讲价和对内服务，把被商人占去的一部分利益转移到社员的手里，是合作社的起码要求。必须按照合作社原则建立合作社内部运行机制，才能够称得上是真正意义上的合作社，才能说这个合作社完成了起步阶段。规模是合作社"带动作用"和合作社实力的重要指标，合作社规模的扩大，可以增强合作社与同一产业链上的上游的农业生产资料生产企业和下游的农产品加工企业或农产品配送企业的谈判能力。

利益联结机制是农民专业合作社运行机制的核心。利益机制是决定一种组织效率高低的关键因素，不同种类或形式的经济联合，都是以共同利益为基础的，农民专业合作社亦然。农民专业合作社作为一种有效率的制度安排，其本质是处于弱势地位的农民，在自愿互助和平等互利的基础上，通过经济联合的方式，将家庭经营的个体劣势转化为群体优势，在更大范围、更广空间实现资源的优化配置，实现外部利益的内部化和交易费用的节约，减少经济活动的不确定性，打破市场垄断，共享合作带来的经济剩余。

（3）要正确认识农民专业合作社所处的成长阶段。我国农民专业合作社发展才刚刚起步，政府官员（特别是合作经济指导部门的官员）和合作社负责人，不但要明白合作社能做什么，更要明白合作社还不能做什么。正确的态度是从能够做并且能够做得好的做起。一般来说，共同购销几乎是没有风险的。只有在合作社成长到一定阶段时，方可以根据"先易后难"的顺序向产前或产后环节延伸。实际上，对大多数合作社来说，共同购销可能是他们的最初选择，也可能是他们的最后选择。

二、鼓励和引导契约一体化（生产合同）组织发展

在先期获得成功的地区中，产业化组织呈现多样化的特征。而在"自上而下"的推广过程中，"公司＋农户"的组织模式往往成为中央和地方政府政策支持的样板模式。实际上，"公司＋农户"的组织模式的差异很大，不应一概而论。

典型的"契约一体化"组织，企业向农户提供生产资料并对种养殖过程进行限定，形成长期稳定的交易关系，交易双方结成利益共同体。农户加入到紧密的"生产合同"形式的一体化体系内，使农户由单纯生产初级产品向农产品深度加工和市场营销转变，把农业的产前、产中、产后融为一体。紧密的垂直协作形式能够有效地实现农产品的溯源体系，确保农产品的质量安全，切实保护农民收益，降低农民所面临的风险。目前，突出的问题是公司与农户之间未形成紧密的利益联结机制。

江苏省现有农业产业化龙头企业257家，其中国家级龙头企业28家（见表9－5）。笔者先后对21家企业进行过调查。结果显示，多数龙头企业与农户之间的协作关系比较松散。有的国家级龙头企业，不仅协作关系松散，而且农产品来自全国各地，在本省购买的数量不足1/10。当然，也有企业与农户的利益关系十分紧密，前面已经介绍的"温氏"模式就是一例；"富安茧丝绸"一体化组织模式，也是典型之一。

表9－5　　　　　　江苏省级农业龙头企业地区分布

地区	数量（家）	地区	数量（家）
南京市	19	苏州市	20
无锡市	16	南通市	21
徐州市	21	连云港市	17
常州市	17	淮安市	18

338

地区	数量（家）	地区	数量（家）
盐城市	21	宿迁市	18
扬州市	18	省农垦	11
镇江市	16	省直	7
泰州市	17		
		总数	**257**

资料来源：江苏省发展改革委员会。

案例 10

"富安茧丝绸"一体化组织模式

（一）公司的发展概况

江苏富安茧丝绸股份有限公司坐落在东台市富安镇。该镇地处苏中平原，黄海之滨，204 国道、通榆运河、新长铁路和建设中的连通高速公路穿镇而过，交通运输十分便捷。"富安茧丝绸"公司是集蚕茧生产、加工、销售于一体的农业产业化重点龙头企业。近年来，公司围绕"生产产品与国际市场接轨，经济效益与广大农民共享"的发展思路，将栽桑、养蚕、收烘、缫丝、绢纺、捻线丝、服装生产加工有机结合于一体，探索出"公司＋合作社＋农户"的茧丝绸产业化运行模式，并对基地农户实行"二次分配"，带动了 2 万多户农民致富。江苏富安茧丝绸股份有限公司走出了一条茧丝绸农业产业化的成功之路。

几年来，"富安茧丝绸"生产呈现出六个方面的显著变化：

一是基地规模由小变大。目前，公司连接的桑园基地和农户已达到 4 万多亩和 2 万多户，年饲养蚕种 12 万张以上，生产蚕茧 9 万担。

二是生产技术水平得到提高。公司先后推广和普及新技术 20 多项，其中自创新技术 10 多项，省、市级 6 项，国家级 2 项，桑园亩产茧达 142 公斤。

三是销售市场由滞变畅。"富安"牌蚕茧销售供不应求，白厂丝、捻线丝、真丝绸面料外销近 10 个国家和地区，全年销售 4 亿元。

四是利益联结由松变紧。过去蚕茧生产与企业需求相脱节，企业之间流程环节分割，形不成优势，现在，蚕农与龙头企业结成真正意义上的利益共同体，抗御市场风险的能力大大增强。

339

五是综合实力由弱变强。公司从 7 000 元起家，发展到拥有缫丝、捻线丝、织绸、绢纺、真丝针织服装、蚕药、蚕具等 8 个茧丝绸配套加工企业的股份有限公司，总资产达 2 亿元，成为农业产业化国家重点龙头企业和江苏省农业产业化重点骨干龙头企业。

六是综合效益由低到高，农户养蚕收入达 7 400 万元。

（二）"公司＋蚕农合作社＋农户"运作机制

1995 年、1996 年两年，茧丝绸行业发生大幅度滑坡，蚕农纷纷挖桑毁桑。为了保证整个茧丝绸产业的持续健康发展，富安丝绸公司于 1998 年牵头成立了蚕农合作社，并按蚕桑生产、收购区域设立分社，加强公司与基地之间的配套和衔接。蚕农以其承包的桑园参加合作；合作社根据公司的生产经营需要制订年度栽桑养蚕计划，与农户签订生产、收购合同，并依托公司的经济实力，以东台蚕桑技术服务中心、东台茧丝绸应用技术研究所以及镇、村的蚕桑技术力量为载体，为蚕农提供产前、产中、产后配套的优质服务。同时，组织推广栽桑养蚕的新品种、新技术，显著提高生产效率，生产基地的蚕桑亩效益比邻近地区高出 1 000 元以上，为全国同行业水平的 2.2 倍。合作社目前连接富安、台南、五烈三镇蚕桑基地 35 000 亩，入社社员近两万人。

东台富安蚕农合作社，有比较规范的组织机制和管理制度。合作社制定了《东台市富安蚕农合作社章程》，合作社有社员代表大会、理事会、监事会，下设 24 个分社。合作社还制定了《理事会议事规则》、《监事会议事规则》、《订单蚕业合同管理制度》等一系列管理制度等等。在形式上，蚕农合作社承担蚕农生产过程中的产前、产中、产后系列化服务，是"一条龙"的综合服务组织，并利用技术指导站、物资供应站、蚕茧收烘站为本社社员提供优良新品种、技术、信息、植保、物资供应、收购等综合配套服务，满足了合作社社员的生产需要。必须承认，合作社的联系公司与蚕农关系方面起到了一定作用。

由于合作社是富安茧丝绸股份有限公司负责组建的，合作社的人、财、物都是公司的，合作社受公司控制也是自然的。① 但是，公司比较好地兼顾了公司和蚕农的利益，基本上做到了公司和蚕农的双赢。在利益分配方面，富安茧丝绸股份有限公司，对农户出售的优质蚕茧，按高出周边地区 8% 的优惠价进行收购，市场行情不好时，实行保护价收购；另外，公司还从收烘和加工利润中提取 20% ～30% 的利润对社员进行"二次分配"。利益共同体的形成，不仅有力地促进了蚕茧产量、质量和蚕农养蚕收入的稳步提高，而且还有效地防止了茧丝绸行业滑坡

---

① 该合作社完全受公司控制，农业技术服务工作实质上也是由公司提供的。所以我们把该案例安排在企业依托型农业技术服务组织模式里。同时也需要说明，富安蚕农合作社在联结公司与蚕农关系上、在保护蚕农利益上也能起到一定作用。

时给基地和龙头企业带来的冲击，1996 年、1997 年和 2002 年，全国茧丝绸行业的发展处于低潮，而富安茧丝绸公司所连接的基地蚕农不但没有发生毁桑现象，而且每年都有上千名农户自发要求加入。

（三）农业技术服务内容

江苏富安茧丝绸股份有限公司以蚕农合作社名义提供的农业技术服务的主要内容是：公司根据生产经营发展及社员的需要，以社员为主要对象，承担生产过程中的产前、产中、产后系列化服务，通过探索和完善，建立健全了"一条龙"综合服务组织，利用技术指导站、物资供应站、蚕茧收烘站为本社社员提供优良新品种、技术、信息、植保、物资供应、收购等综合配套服务，既较好地满足了农户的生产需要，又保证了技术推广服务的速度、广度和深度，提高了公司的服务质量和社员栽桑养蚕的整体水平。在信息服务上，公司积极搜集茧丝绸市场信息，研究分析市场行情，并及时将有关信息及行情向社员宣传，使他们通过正确把握市场经济规律，充分认识提高蚕茧质量的重要性来引导生产。在技术服务上，通过举办技术培训班和广播技术讲座，印发科技简报等多种形式，先后重点推广了 10 多项蚕桑实用新技术。同时，以村为单位，建好消毒和治虫两个专业服务队，并组织技术骨干分工负责指导社员栽桑养蚕。在物资服务上，实行直接供应蚕药、蚕具，送货到村，保本供应，降低社员养蚕成本。

（四）案例分析

1. 利益机制分析

富安蚕农合作社依托所连接的龙头企业江苏富安茧丝绸股份有限公司的实力，对本社社员出售的优质蚕茧，一方面按高出周边地区 8% 的优惠价进行收购，市场行情不好时，实行保护价收购；另一方面根据"利益共享"和"优先反哺蚕桑生产"的原则，积极协调行业利益分配关系，龙头企业的收烘和加工利润中提取 20% ~30% 的利润对社员进行"二次分配"。

2. 龙头企业参与农业技术服务体系的效率分析

企业农业技术服务活动之所以取得显著效果，关键是根据农业生产的特点和农业技术推广活动中各行为主体的特点，建立起与农业技术推广相适应的制度。

第一，以资产专用性最强、资本投入量最大的企业来安排一体化推广组织各方的权利，监督推广活动的运行，最容易被企业、技术依托单位和农民共同接受。就资产专用性来说，各方各有其特殊性，但专用性资产的数量、退出成本和影响程度却属企业最大。运用契约形式，将公司、技术依托单位和农户连接起来，形成了企业、技术和农业生产等专用性资本的互补性和依赖性，使各方形成了紧密的利益联合体和相互间的认同关系，保证了农业技术推广活动的有效性和周期性。这也证实了威廉姆森认为资产专用性是契约权利安排的决定性因素的观点。

第二，以企业为核心，形成了企业对技术创新和推广资源的重新配置，降低了使用新技术的交易费用。技术依托单位按照企业的目标进行科研，农户按照企业整体生产规划和技术要求进行生产，形成了以公司为核心的企业、技术依托单位、农民三位一体的农业技术推广组织。共赢的结果使科技推广活动具有了持续的基础。

第三，企业采取的签订合同、面向特定对象的优惠政策，使具有公共物品的农业技术产出了专用性的原料。对于企业来说，农业技术的特性并不重要，重要的是农业技术推广成果的流向，当它以原料形式流向企业时，该产品就是企业的专用性产品合同和各种优惠政策使原材料的专用性获得了法律的和社会道义的认同。同时，日渐扩大的合同农户数量，形成了真正意义上的企业原料生产基地，也使"搭便车"现象失去了存在条件，形成了推广活动组织者所希望的内部人学习和扩散技术的活动。这些都大大降低了企业获得优质原料的交易费用。

三、将超市纳入现代农业组织体系中

近年来，我国超市发展数量以每年30%的速度递增，其发展速度超过了世界上任何一个国家和地区，一些大中城市生鲜农产品的超市经营率已由2003年的10%上升为2006年的30%。可见，在中国超市生鲜经营将成为生鲜农产品销售最主要的终端，超市将有可能成为带动亿万农户进入农业产业一体化经营的龙头企业，超市农业将有可能成为我国农业产业化的主要经营模式。

但截至目前，我国绝大多数超市都没有自己的农产品生产基地，基本上在经营普通农产品，与农贸市场上的农产品几乎相同，根本谈不上"超市农业"。如果能在将来把超市纳入现代农业产业链，发展"超市农业"其意义和作用将十分深远。可以预见，超市采取直供模式，直接采购可以减少中间环节，加快流通，并通过干预上游，更好地把控农产品质量安全。此外，超市可以直观地反映市场需求，防止出现丰产不丰收的现象。

近年，有的城市提出了在批发市场对农产品实行可追溯性管理。尽管出发点很好，可是在实际操作的过程管理成本极高，也很难达到理想效果。经过近30年的发展，我国已经形成了农产品全国大流通的局面。即使采用最强大的计算机系统也无法储存和传递如此巨大的信息来建立可追溯体系。更为困难的是，教会和让2亿户农户填写田间记录、记录信息录入的劳动和时间投入巨大也是绝对不可忽略的。政府对可追溯性进行管理必须做得"巧"，通过较少投入，找到管理的关键节点，才能取得成效。借鉴家乐福超市的"品质体系"，建立农产品可追溯体系是现实的。

政府通过财政扶持政策的引导，鼓励超市建立现代农业供应链，可以进一步带动农产品流通企业（包括农民专业合作社）的发展，从而建立规范化的质量控制体系，农产品从种源、播种、施肥、杀虫到采摘、加工、运输、上柜，饲养动物从幼仔出生、病菌防疫、饲料喂养直到宰杀、分割、装箱运输等都有一系列的监督检测办法，建立了一套全程跟踪的质量管理及可追溯体系，以确保其食品安全，从而有效地预防水果催熟、农药残留、食品添加泛滥等影响农产品质量安全的问题，较之目前农民自发的种植养殖及自由的农贸市场买卖，更能有效地保障农产品质量安全。并可根据其农产品的种养特点，培育主导产品，优化区域布局，实现有地区特色的"一乡一品"，实现大规模种植或养殖，并可培育和壮大农产品加工龙头企业，实现农户加基地加公司的农业产业化模式，从而用现代经营理念推进农业发展，促进我国特色农业的发展，推动农业产业化进程。

第四节　政　策　建　议

一、培育自立经营的现代农业组织

"自立经营"的概念源自日本，从 20 世纪 60 年代初日本提出了"自立经营农户"、"农业生产法人"制度，到 90 年代又提出"合意的农业经营体"，日本政府一直是围绕农业经营主体的培育来发展农业规模经营，其目的是提高农业劳动者的收入和生活水平，使其达到与其他产业劳动者均衡的水平，具体措施包括扩大农业经营规模、促进土地集中经营等。所谓自立经营，是指"在成员构成一般的家庭中，从事农业的劳动力在发挥正常能力并基本达到充分就业的状态下，能够获得与其他产业劳动者基本均衡的收入，享受同等生活水准的家庭农业经营体"。

在我国，农业的兼业经营现象目前非常普遍，细碎化、小规模化的农地经营对提高农业收入和农产品竞争力是很不利的。培育一批专业从事农业并有竞争力的农业经营主体，对提高农业收入和农产品竞争力很有必要。从日本经验看，要达到这一目标，就要对农户采取区别对待的政策。对于那些以非农收入为主的小规模经营农户，通过发展非农产业、提供职业培训等措施鼓励其离农就业；对那些有兴趣、有能力从事农业的生产者，要在各方面给予支持，把其培育成农业经

343

营的主体，使其通过农业经营也能获得与非农产业同等的收入。

现代农业产业体系中，我国应该积极扶持具有自立经营能力或潜力的农业产业组织（企业、超市、合作社、专业大户或者是一整条产业链），引导其从事专业化农业生产，在面对国内外市场竞争的情况下，能够具备一定的生存能力、发展能力与竞争能力。

二、规范化发展农民专业合作组织

在我国，从 20 世纪 80 年代初开始发展起来的农民专业协会和农民专业合作社，被许多人称为"新型合作经济组织"。国内学界普遍认为，这些"新型"合作组织接近于规范的合作社。甚至国外一些学者也认为，中国的农村专业协会比社区性合作经济组织更接近于合作社。例如，法国艾伯特基金会的专家认为，现在中国农村的社区性合作组织并不是真正的合作社，农村专业协会具有类似于西方合作社的特性。美国纽约州立大学马克（Mark Selder）教授认为："中国农业未来的改革在相当程度上取决于农民自身加强和扩大自发性的合作组织，而农村专业协会是农民主动寻求技术和服务的有潜力的合作社组织。"

然而，考察中国现实中的农民合作组织后发现，农业专业协会和专业合作社，大多不具有合作社的特征，而是异化的合作组织。一般认为，判断一个经济组织是不是合作社，关键看它是否遵循合作社原则。中国的农民合作组织，如果用"罗虚代尔原则"衡量，可能很少有完全符合合作社原则的合作社。

我们必须认识到，合作社是具有发展阶段性特征的，要允许不同类型的合作社同时并存，所以只要是不违反法律的强制性规定，就不应以理想主义色彩的合作社理念来评价或者判断实践中的、丰富的、多元化的合作社的真或伪。必须说明的是，一些所谓的伪合作社虽然在某些方面不符合合作社的特征和《农民专业合作社法》的规定，但在提高农民进入市场的组织化程度、解决农民的农产品销售困难问题、农业和农村经济的繁荣和发展中，也发挥着一定程度的作用。

真伪问题的实质在于，伪合作社使用合作社名义获得了国家对合作社的扶持，会挤压真正的合作社的利益空间，因此需要在合作社登记和运行过程中辨别、区分（张颖、任大鹏，2010）。农民专业合作社的规范化运行本质是要有符合合作社特质和法律规定的产权制度安排和治理结构。

三、差异化选择现代农业的组织形式

不同的农业产业具有不同的市场和技术特征，因此不存在一种适合所有产业的"万能"组织模式。一般来说,合作社和销售合同组织形式具有普遍适用性,不仅适用于高效农业,也适用于粮食生产的社会化服务;"契约一体化"的生产合同模式和"完全一体化"的公司制模式,一般适用于高效农业,不适合粮食生产服务组织。现结合粮食生产和高效农业的不同特点,提出以下选择策略。现代农业产业体系的组织化程度提升以发展利益联系紧密的专业合作社为重点,鼓励和引导契约一体化(生产合同)组织发展(见表9-6)。

表9-6   现代农业组织模式的选择

农业产业	组织模式的选择
粮食生产	粮食生产环节的生产服务合作社;销售环节,公司与农户可以实行订单生产。
园艺、畜牧、水产	组织产销合作社;"公司与农户"实行订单生产。
肉鸡、生猪	实行产销一体化的生产合同形式;组织产销合作社。
大棚蔬菜	可以尝试"超市+供应商+农户"的"超市农业"模式。

对于缺乏需求价格弹性的农产品类别,由于溢价能力低,紧密的垂直协作关系往往只会增加产业链条中的交易成本(比如,监督成本),反而并不利于农户增收,对于这一类产品,松散的协作关系(比如,市场交易)往往更加合意。基于农产品需求分层特征,多种组织形式的长期共存应是我国农业产业组织未来很长一段时期内的显著特征。那么,判别不同产品的供求特征,比较不同组织形式对产业链条的成本与收益贡献,差异化发展组织模式,将是我国现代农业组织体系的明智选择。

现代农业发展的科技创新与推广服务体系

传统农业的特征在于精耕细作，农业部门结构较单一，生产规模较小，经营管理和生产技术仍较落后，抗御自然灾害能力差，农业生态系统功效低，商品经济较薄弱，基本上没有形成生产地域分工。舒尔茨（1964）认为，在面对传统农业的困境时，怎样打破这种"内卷化"[①]的趋势是每一个发展中国家必须解决的问题。

实践表明，以生物技术进步为主的农业现代化途径是适合发展中国家实际的选择，其现代因素可归为五大稀缺要素：提供刺激的体制、农业研究、新的物质投入供给、为农业生产服务的体制和教育（沈筱敏，2000）。可以认为，农业科技创新、推广及其配套制度，正是传统农业向现代农业蜕变的着力点。

改革开放以来，中国政府对农业科技创新越来越重视，农业科技财政投入持续快速提高，1994 年中国研究与试验发展（R&D）经费支出占 GDP 比重仅为0.64%，而截至 2009 年，中国研究与试验发展（R&D）经费支出达 5 433 亿元，占国内生产总值的 1.62%，在"金砖四国"中已名列前茅（巴西约为 1.02%，印度约为 0.61%、俄罗斯约为 1.07%）。当然，与发达国家相比，我国的科技投入力度仍有待提升[②]。

---

① 格尔兹（1963）撰写《农业内卷化》中首次使用该术语，用以描述印度尼西亚爪哇地区一种生态稳定性、内向性、人口快速增长、高密度的耕作过程。由于缺乏有效的技术方法和工业因子的引入，农业无法发展。

② 2008 年，瑞典 R&D 经费支出占 GDP 比重为 3.60%、韩国为 3.47%、日本为 3.44%、美国为2.68%、新加坡为 2.61%、中国台湾为 2.63%、德国为 2.54%。

农业科技投入对加快我国农业科技进步，增强农业品种、技术自主创新能力，以及开展重大公益技术研究、产业共性技术研究等方面提供了有力支持，促成并培育了一批适合高效农业发展的优良新品种、研究集成了一批新技术、探索建立了一批新模式，在支撑中国特色现代农业发展和促进农民增收中发挥了重要作用。

但是，近几年来，我国农业科技创新能力出现了停滞和下滑的态势。农业科学研发、农业科技成果转化及推广体系存在以下几大问题：（1）科技成果本身的问题；（2）农业科技成果采用者的问题，这两方面分别反映了科技成果的供给和需求的两个方面；（3）农业科技成果推广的问题，这是联系科技成果供给与需求之间的桥梁问题。

第一，科技成果本身的问题。即科技选题偏离市场需求造成科技成果偏离市场需求。由于农业的弱质性，农业生产者往往缺乏创新动力及能力，农业科技创新主要通过政府转移支付方式建立公益性的农业技术创新体制，这使科研与生产相分离，主要弊病集中表现为：农业发展急需且有效的农业技术创新源不够充分，农业科技成果转化率低。目前，全国农业科技成果的平均转化率则只有40%左右，其根源即在于农业新技术的供与求脱节，政府集中决策导致农业科技创新资源分配不当，农业科研课题结题后，其成果束之高阁或采用率不高，农业生产经营过程没有融进农业科技创新活动。

第二，农业科技成果采用者的问题。当前，农业生产经营方式下经营主体规模小，从而抑制了对科技成果的需求，目前，我国农户的超小经营规模所造成的不经济问题是普遍存在的，超小经营规模阻滞了农业劳动者对资本使用型技术进步的选择，这已偏离了农业现代化的基本方向，同时也制约了许多科技创新成果的推广与应用。此外，从事农业生产经营的农民科技素质比较低，接受新技术、新成果的能力比较弱，这也是制约农业技术进步的瓶颈。

第三，农业技术推广服务体系存在的问题。在我国，农业科技具有很强的公益性和社会效益，因此政府增加公共投入是提高农业科技持续创新能力的根本保证，财力资源投入严重不足将直接影响着农业科技创新成效。与发达国家相比，我国科技创新的公共投资力度薄弱，黄季焜、胡瑞法（2000）指出，日本的总科研公共（政府）投资强度在20世纪90年代中期保持在2.8%～2.9%，而农业科技的公共投资强度则高达3.4%；英国的农业科技公共投资强度在1995年（私有化改革之后）为2.29%，也高于它的总科技投资强度（2.05%）；法国、德国和美国两者则基本相当，都保持在2%～2.5%；同期我国农业科研公共（政府拨款）投资强度仅只有0.20%，远远低于非农业部门，仅为总的科研投资强度（0.60%）的1/3。综上，主要是政府对农业科技投入不足、农业科技资源配置不合理制约了创新能力的提高。

第一节　整体思路

经济学家对农业技术创新的研究是从 20 世纪 60 年代开始的。美国经济学家舒尔茨在 20 世纪 60 年代完成的《改造传统农业》一书中对"现代要素引入"的技术创新理论进行了研究。舒尔茨认为大多数发展中国家仍处在传统农业阶段，传统农业中农业劳动生产力总体素质低下，存在着大量剩余劳动力，由于这些劳动生产力的边际生产率等于零，使资源配置效率低下，从而形成了一个长期停滞、贫困和落后的农业部门。改造传统农业的关键是在农业部门引入新的生产要素。

速水佑次郎、神门善久（2003）认为经济发展水平越高，农业产出增长率中来自技术进步的比重就越大。技术进步的贡献率依赖于农业新技术的开发和普及。要达到这个目的，首先，必须建立健全包括公共试验研究机构、生产资料、生产企业在内的农业技术研究和开发体系，其次，必须强化新技术、新品种迅速传播给农民的农业技术推广体系。

国内对农业科技进步作实证分析开始于 90 年代初，顾焕章等（1991）应用无弹性约束的 Cobb-Douglas 随机扰动边界生产函数，利用分省区的时序截面混合数据分阶段地对 1965～1988 年期间的中国农业增长的源泉进行分析。林毅夫（1992）使用省际水平的混合数据，分析了 1979～1988 年期间农村改革对中国农业增长的贡献。朱希刚（1997）通过确定全国平均水平的耕地、劳动及物质消耗的产出弹性，运用增长速度方程，测算了中国"四五"到"八五"时期的农业技术进步贡献率。钟甫宁、朱晶（2000）对结构调整在农业增长中的贡献率进行了定量分析。钟甫宁与朱晶综合考虑了农林牧渔业之间产业结构调整及各业内部生产结构调整对农业总产出增长的贡献，测得 1978～1980 年到 1996～1998 年结构调整对中国农业总产出增长的总贡献率大约是 60%。黄季焜（2001）承担了亚行《中国农业科研投资的优化研究》项目，就 5 年后中国农业科研的投资需求、方向及重点提出可行性分析和建议。林毅夫（1996）对中国农业科研优先序进行了细致研究，分析了我国主要粮食作物育种科研的需求和供给分析。

在农业科技推广研究方面，黄季焜（1996）等通过对农业部、财政部等部门的调查，分别计算出了中国 1978～1995 年中国政府农业科技推广投资的总额，以及这些投资占农业总产值、政府财政支农资金的百分比和农技推广投资的年增长率等指标。

综上所述，现有研究主要是集中在总量上分析科技进步对中国农业增长所做出的贡献以及农业技术推广的相关问题，对科学技术支撑现代农业发展的战略分析还不是很充分。

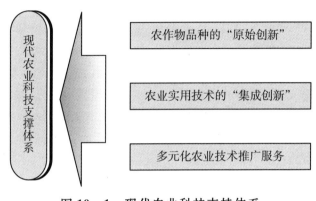

图 10 - 1　现代农业科技支持体系

依据已有文献，本章构建中国现代农业科技支撑体系的整体思路是：第一，农业的基础研究和农作物品种的"原始创新"，重点支持引领现代农业的关键技术；第二，要从科技创新向科技创新的体制、机制创新转变，整合各类科技人才优势，并依托高校、研究院所，吸收农业龙头企业加入，建立研发中心，构建农业实用技术创新体系，第一、二、三产业统筹协调，引领农业技术集成创新；第三，要强化科技创新的应用能力建设，加强现代农业技术的推广应用（如图 10 - 1 所示）。

其中，农业实用技术的"集成创新"是农业科技创新的重点。集成创新的主体是企业，集成创新的目的是有效集成各种要素，在主动寻求最佳匹配要素的优化组合中产生"1 + 1 > 2"的集成效应。国家发改委、国务院发展研究中心、科技部等五家单位对"浙江森禾集团"省级花卉高新技术研究开发中心有过调查，其经验是："科技引导产业、服务创造市场"，促进传统农业产业升级。

第二节　现代农业科技创新体系

一、科技创新的主体

农业科技投入中公共投入和私人投入的关系问题受到了国内外很多学者的关

注。大卫、霍尔和托尔（David、Hall and Toole，2000）回顾了 1957 年以来的文献，归纳后发现，多数文献支持公共农业科研投入和私人科研投入是互补关系。

需要强调的是，私人农业科研投入具有一定的偏向性（Pray and Echeverria，1991），私人科技投入主要集中在科研收益易于获取的领域，并且容易受到市场因素、投资收益、技术创新机会及政府政策的影响。刘晓昀、辛贤（2001）就认为：私人农业科研投入主要集中在科技成果收益易于获取的领域，这些领域的技术往往是可以物化的技术，而忽略其他技术领域的投入。

黄季焜、胡瑞法（2000）指出，政府是农业科技投入的主体，有效的农业科技创新体系要依赖国家的公共投入；只有在政府投资基础研究并取得成果的基础上，私人投资才开始进入农业科研领域。泰伯等（Tabor et al.，1998）的研究也表明，尽管私人科研主要从事的是贴近市场的研究，但很显然，私人部门在这一方面仍未完全取代公共部门的作用。

在明确公共与私人农业科技投入存在互补关系的基础上，贝斯利和哈塔克（Besley and Ghatak，1999）的研究发现，公共部门和私人部门的合作比任何两者的独立行动会更加有效率。只有这样，才能确保纯粹公共部门的研究工作更有动力（Bulter and Marion，1983）。张德远、吴方卫（2004）认为，私人部门应更偏向于技术层面的研究，而基础研究很大程度上是公共部门的责任。

综上所述，现代农业科技创新的主体应该以公共部门为主、私人部门为辅，二者分工与合作，前者主要集中于公益性和基础性项目上，后者主要集中于投资回报率高、市场调节较灵活的竞争性项目上，逐步形成政府主导型的多元化科技创新体系。

二、农作物品种的原始创新

所谓原始性创新，主要是指在研究开发方面，特别是在基础研究和高技术研究领域取得前人所没有的发现或发明。原始性创新作为科技创新的主要源泉，不仅能够带来科学技术的重大突破，而且能够带动新兴产业的崛起和经济结构的变革，提供科技与经济重大发展和超越的机会。

杨宁（2001）认为，原始创新是指在机理、规律、现象和新技术方面的首次发现及发明，这些首次发现及发明在推动人类进步方面蕴涵着巨大的潜力并经得起历史的考验。王亮（2005）认为，原始创新意味着是首次对某科学理论的重大发现或对某高新技术的重大发明，原始性创新成果一般体现出首创性、突破性、前沿性以及引导性等特征。任元彪（2007）指出原始创新实施困难的根源在于，首创活动比起后来的改造创新和仿造创新活动来，更难把技术要素与其他生产要素集聚起来实现成功组合。这是由于首创的高度风险及结果的不确定性，因而常常出现因得不到必要的帮助而夭亡。值得强调的是，原始创新是一项耗时长、风险大的科研工作，需要不断试错，因此，大量的科研经费是开展原始创新的重要保障。

以江苏省为例，作为农业科技输出大省，江苏农业科技也为全国农业发展做出了重大贡献。江苏育成的杂交水稻组合两优培九、粤优 938 和特优 559 已成为长江流域和南方稻区优势当家品种；江苏育成的常规小麦品种扬麦 158 和淮麦18 号覆盖了长江中下游大部分地区和黄淮平原部分地区。

从人才资源来看，江苏农业科技力量很强。仅南京地区就聚集了江苏省农业科学院，南京农业大学，南京林业大学，中国科学院江苏省植物研究所、南京土壤研究所、南京地理与湖泊研究所、农业部南京农业机械化研究所、国家环境保护总局南京环境科学研究所等 20 多家涉农科研院所和高等院校。从科研水平来看，江苏农业科技优势明显。如在超级水稻研究、常规小麦育种、转基因抗虫棉技术、农业信息技术、主要农作物病虫害发生规律与防治、动物重大疫病发生规律与防治等研究领域，均处于全国领先地位。

2002～2007 年，江苏共奖励省科技进步奖成果 1302 项，其中，农业成果占9.1%，而同期国家科技进步奖农业成果比例为 15.7%。在一等奖成果中，省级科技进步奖农业类一等奖成果比例为 8.6%，国家科技进步一等奖成果农业类占14%。在所有成果中，省（部）级科技进步奖占全省农业获奖成果的 15.7%，市级科技进步奖占 64.86%。推广类进步奖成果占全省农业获奖成果总数的19.44%。省级以上进步奖主要以奖励科技原始创新为主，获奖层次越高，原始创新成果比重越大。相对而言，在市级科技进步奖以及推广类奖中，农业原始创新成果较少，技术集成与推广应用成果比重远高于原始创新成果（周振兴等，2008）。

本书认为，农作物品种的科技创新，重点抓主要粮食作物品种的"原始创新"，培育具有区域特点的高效优质粮食新品种。此外，还要加强"土地保育"有关技术的研发，以及水稻、小麦栽培技术和病虫害防治技术的研究。

三、农业实用技术的"集成创新"

章力建（2006）认为，集成创新是一种创造性的融合过程，即在各要素的相互结合中注入创造性的思维。如果将单个科技成果比作核苷酸，那么科技集成创新所产生的效应就类似于核苷酸的聚合效应。科技集成创新的特征是融合创新，即将相互独立但又互补的科技成果进行对接、聚合而产生的创新。

许越先（2004）认为，集成创新就是把各自独立的创新要素集成为一个有机的系统，从而提高系统的整体功能。由于创新要素由不同的主体所掌握，因此集成首先是对占有不同创新要素主体的集成。创新主体包括个人、单位、企业和组织等，这种集成需要一体化的组织形式，即集成创新平台。

集成创新的根本点在于融合，而不是多类技术资源的简单叠加，同时强调集成过程而非被集成的原始技术资源，客观上即表现为对已有技术资源的融合，借以与原创性技术资源为核心的创新活动相区别。农业实用技术的"集成创新"，就是要对现有增产增效的农业实用技术，组织技术力量探索各项增效技术的组装配套，实行技术组合创新，大面积推广，形成产业化。

农业实用技术的"集成创新"，要围绕农业主导产业进行。主导产业是指一个产业在地方经济发展中所起到的决定性作用，反映了该产业的规模化尺度、组织化水平、市场化程度。一般来说，一个地方的主导产业都是规模比较大、组织体系科学、市场化程度深的产业。正是基于主导产业的这些特质，因而该主导产业也就成为这个地方的特色经济。

在现代农业建设中，各地区应该凭借其资本、技术等资源比较优势，克服土地等资源禀赋不足劣势，在严格控制耕地非农化的基础上，调整农业产业结构，大力发展效益性农业，延伸产业链条，提升产业层次，提高农业劳动生产率，将农业功能定位于集约化的效益农业生产基地。

农业实用技术集成创新，要第一、二、三产业统筹协调，重点支持引领现代农业的关键技术；要围绕主导产业的主导产品，加强农业生物技术研究；加强农业信息技术创新研究；加强食品加工与物流技术研究；加强动物健康养殖与疫病防控研究；加强农林生物质综合开发利用。

案例1

浙江森禾集团：科技引导产业、服务创造市场

在 2006 年 6 月 16 日召开的浙江省农业科技大会上，浙江森禾种业股份有限公司董事长郑勇平被授予"浙江省农业科技突出贡献者"称号，受到浙江省委省政府的表彰与嘉奖。

在科技创新上，森禾公司从机制、投入、项目、渠道等方面着手，革新技术流程，提高产品的科技含量，开发了一批有自主知识产权、市场竞争力强的产品，并储备了一大批优良新品种。

森禾无土小型盆栽佛手和 F1 大花仙客来"宝宝"、"贝贝"系列先后获得 2004 年、2005 年中国盆栽花卉最高奖"金花奖",成为行业内唯一一家连续两年获得此项殊荣的企业。森禾自主研发的 F1 大花仙客来改写了 F1 种子只能从国外进口的历史,填补了国内制种行业的空白。

穴盘育苗和容器栽培是国际流行的现代化栽培技术。森禾木本穴盘苗生产技术被认为我国林木种苗生产上的重大变革,全面实现了木本种苗的容器苗、袋装苗和穴盘苗生产方式,成功与国际接轨,这在全国行业内是一个创举。谈起创新路,郑勇平难掩一脸的自豪。

郑勇平说:"为明确研发职责和工作方向,我们制定了《科研创新管理条例》,进行规范管理,建立激励机制,鼓励员工开展自主研发创新工作。"

在科研投入方面,2001 年,森禾成立了浙江省唯一的省级花卉高新技术研发中心。公司现已建立了 2 000 平方米的组培楼、育种实验室、分子生物学实验室、生物技术实验室、种苗质量检测实验室、植物营养实验室等。

森禾积极与国内外科研机构、院校等进行技术交流,联合开发,如与南京农业大学合作蝴蝶兰组培快繁技术研究,与德国 Hork 公司合作蝴蝶兰引种及驯化试验等等。郑勇介绍说,"目前我国花卉园艺产业在商品化开发、现代化改造、产业化发展、规模化经营等方面和发达国家相比,还存在较大的差异。充分吸收国际花卉园艺产业和企业的成功经验,大胆地与国际接轨,是缩小我国花卉园艺产业与国际一流水平差距的捷径。"

郑勇平谈到,对于森禾而言,2006 年是具有转折性意义的一年。2006 年,森禾种业迈向了新的征程:在"服务创造市场"理念的引领下,在高扬科技领先旗帜、做强做好产品的基础上,实现业务战略的转型,即从"科研生产主导型"向"营销服务主导型"转变,强化市场网络建设,强化销售队伍建设,并坚定不移地走产销分离的产业现代化道路。

森禾在全国建立 20 个苗木大卖场和 15 个花卉大卖场,充分联结供应商、生产商,实现通路固化、终端强化和资源整合,组建涵盖经销商、分销商、加盟店的销售渠道和市场网络,创建订单条件下的渠道配送、专业配送和自行配送体系。并在卖场网络的基础上建立了产品采购、配送体系,实现全国连锁经营。

森禾的成功不仅仅表现在单个企业的成功,而且在于能通过持之以恒的专业技术服务和示范带动作用,扭转农业的传统观念,推动行业的发展和进步。

仙客来是森禾成立以来大力推广的花卉产品。森禾连续三届参加了全国仙客来生产与营销研讨会,不遗余力地推广新品种、新技术,使国内生产者的整体种植水平得到大幅提升。

红叶石楠是森禾力推的彩化树种，在森禾引进该产品之前，全国已有多家企业和个人从事生产工作，但由于品种少、规模小、规格不全，不能为产业发展带来实质性影响。森禾独辟蹊径创办了红叶石楠网，在大规模、高规格展会进行推介。以红叶石楠为先导，包含金森女贞、银焰火棘和小丑火棘等在内的彩色树种得到强力开发和推广。

在企业成功的基础上，为让更多的农民受益，在浙江江山和乌溪江库区扶贫项目中，森禾向农民推出了红叶石楠产品，并承诺提供技术服务，实行保护价回收，为苗农系上"安全带"，切实保障农民的利益，将苗农的风险降到最低。"注重技术升级，积极参与国际竞争"，通过不懈的努力，森禾正逐步具备了与国际一流同行公司相抗衡的能力。

第三节　多元化农业技术推广服务体系

由于缺乏有效的农技知识，在农作物的种植过程中，经常会出现高投入、低产出的现象。受访的农民都希望农业科技部门及时向农民传授新的科技知识，指导农民及时掌握新知识、新方法，让他们在少走弯路的同时提高收入。现代农业要求建立多元化的农业技术推广服务体系，公益性农业技术推广部门、农业企业、农民专业合作社，三条渠道并存，都是主渠道。科研院所和高等院校主要通过这几个渠道发挥农业技术推广中的作用。

公益性农业技术推广机构，在粮食生产技术及其他事关农业发展大局的关键技术推广服务方面，应当承担主要作用；在指导专业合作经济组织、专业村、专业大户方面也承担重要作用。以企业为主体的农业技术推广组织。龙头企业在农业技术推广上的作用，已经显现出来。企业直接面向市场，向农民推广用于满足市场需求的应用性、实用性强的农业科技成果（可以是物化的技术）是一种商业行为，供给的是私人产品。

农民专业合作社和专业协会自身就是农业技术推广主体，同时又是企业、农技推广部门进行农业技术推广的平台。党的十七届三中全会通过的《中共中央关于推进农村改革发展若干重大问题的决定》指出，要根据发展现代农业的要求，建设一个覆盖全程、综合配套、便捷高效的农业社会化服务体系。毫无疑问，乡镇农技推广服务体系是建设农业社会化服务体系的重中之重。

近年来，乡镇农技推广服务机构改革与发展问题，一直是社会各界关注的热点。但是，许多调研只是讨论了公益性农技推广服务机构的建设问题，而且通常停留在农技推广人员待遇问题、设施问题、场所问题、示范基地问题，归结到一点，就是经费问题、投入不足问题。我们在调查中也发现，省内一些乡镇公益性农技推广服务机构，存在什么都想做，什么都能做，就是缺钱、缺人的认知。在农技推广服务的供给主体多样化发展、农技推广服务已经走向社会化的今天，如果不能就构建乡镇农技推广服务体系所涉及的基础性问题作出明确回答，匆忙提出具体改革措施，将有可能导致若干年后再出台新的改革措施来为今天的改革埋单。

构建乡镇新型农技推广服务体系的基础性问题，主要有以下若干方面：第一，乡镇新型农技推广服务体系应如何构建；第二，乡镇农技推广服务机构的公益性服务至少包括哪些方面；第三，其他社会化推广服务组织的服务特点和服务内容如何；第四，公益性推广服务机构如何创新服务模式。

要回答上述问题，需要首先要回答这个体系为什么要这样构建？换言之，构建乡镇新型农技推广服务体系的客观依据是什么？根据以上研究思路，本研究报告分成以下几个部分展开论述（见图 10 - 2）：

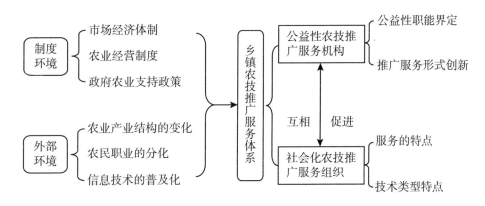

图 10 - 2　乡镇新型农技推广服务体系分析框架

乡镇新型农技服务体系的相关环境因素分析。乡镇农技推广服务体系建设，不能抛开市场经济体制、农业经营制度和政府农业支持政策等制度环境因素；同样的，也不能忽视农业产业结构的变化、农民职业分化、信息技术的普及化等外部因素对农技推广服务体系的影响。乡镇新型农技推广服务体系网络。传统的农技推广服务体系受到极大挑战，市场化、大推广的格局已经基本形成。对此，乡镇农技推广服务体系的设计和建立，有必要给予理性回应。乡镇农技推广服务机构公益性职能的界定。农业作为一个外部性很强的特殊产业，特别是我国农业生产经营规模超小化，导致农技推广服务成本相对较高、农技推广服务巨大的社会效益与广大小农有限收益之间的矛盾长期存在，决定了必须由国家承担起具有公共物品性的农技推广服务任务。社会化农技推广服务组织的农技推广服务的特点。农业龙头企业、农民专业合作社、民办社会化服务组织、农业生产资料经营企业等社会化服务组织推广服务的特点不同，推广服务的技术类型也有所不同。公益性机构参与社会化农技服务组织建设的做法与经验。公益性机构的农技人员，仅仅解决编制还不能激励其提供良好服务，还需要创新机制，以激励农技人员为专业农户、农民专业合作社等提供农技推广服务。

一、公益性职能界定的政策依据

国务院 30 号文第四条规定，基层农业技术推广机构承担的公益性职能主要是：关键技术的引进、试验、示范，农作物和林木病虫害、动物疫病及农业灾害的监测、预报、防治和处置，农产品生产过程中的质量安全检测、监测和强制性检验，农业资源、森林资源、农业生态环境和农业投入品使用监测，水资源管理和防汛抗旱技术服务，农业公共信息和培训教育服务等。30 号文第九条明确规定，农资供应、动物疾病诊疗以及产后加工、营销等服务属于经营性范围，应当按市场化方式运作。该条还规定，积极探索公益性农业技术服务的多种实现形式，对各类经营性农业技术推广服务实体参与公益性推广，可以采取政府订购服务的方式。

以上规定是界定乡镇农技推广服务机构公益性职能的基本政策依据。

30 号文是迄今为止明确界定公益性和经营性范围的中央文件，它在一定程度上解决了公益性推广服务内容的界限不明的问题。由于 30 号文所指的"基层农业技术推广体系"还包括了县级推广服务组织，加之国务院文件不可能具体列出"公益性职能"的全部内容，所以，我国乡镇新型农技推广服务体系建设，必须对乡镇公益性推广服务机构的具体职能予以明确界定。只有在明确乡镇农技推广服务机构公益性职能后，才能有针对性地讨论公益性乡镇农技推广服务机构的建设措施。

应当把经营性服务项目排除在外。以下各项属于经营性项目，乡镇公益性农技推广服务机构改革到位后，不得再从事此类项目经营：（1）农药、种子、化肥、饲料、兽药等农业生产资料的销售；（2）动物疾病诊疗；（3）农机的维修；（4）畜禽和水产品的幼苗销售；（5）经营农产品。

要把应当由县级农技推广服务机构承担的公益性推广服务项目排除。主要有以下内容：（1）关键技术的引进、试验、示范（乡镇可以承担一定的示范工作）；（2）农作物和林木病虫害、动物疫病及农业灾害的预报（乡镇根据要求参与一定的监测工作）；（3）农产品生产过程中的质量安全检测、监测和强制性检验（《农产品质量安全法》未赋权给乡镇；消费领域的检验由工商管理部门负责）；（4）农业生态环境监测；（5）农业投入品使用监测（质量问题依法由工商管理部门负责；农业生产现场查看由乡镇农技员负责）；（6）农业公共信息（在现阶段，还无法形成农村信息市场，农业技术信息的有偿服务难以为广大农户所接受。农业公共信息由县市一级农技推广服务机构提供，可以发挥规模效应，乡镇一级主要起到信息的下传功能）。

尊重现实、实事求是地确定推广服务内容。乡镇农技推广服务机构，不是独立的组织系统。一方面，它要听从上级推广机构和本级政府的相关工作安排；另一方面，农户的需求是多样化的、动态的。乡镇农技推广服务机构承担的公益性推广服务内容的确定，应当注意以下几点：（1）满足小农户的基本需求。乡镇农技推广服务机构应当以小农户为主要服务对象，以满足他们的需求为第一要务。（2）财力上可行。农技服务需求是无限的，农技服务供给是有限的。中央和省一级财政在保证基本需求方面承担主要责任，各市县及乡镇政府，可以根据财力情况，提供更多服务。（3）职能有限。乡镇一级不可能与县级推广机构的职能一一对应，凡是由乡镇承担不经济的，都应当由县级推广服务机构承担。（4）鼓励机制创新。一些乡镇的推广服务机构，牵头组织水稻生产专业合作社，将公益性的推广服务融入到水稻生产全程服务过程中，并与农资销售结合起来，创新服务机制，效果较好，应当鼓励尝试（见表 10 – 1）。

表 10 – 1　　　　乡镇农技推广服务机构日常公益性服务内容

公益性范围	乡镇农技推广服务机构公益性服务内容
农情监测及服务	农作物季节性生产进度汇报 把本乡镇农作物病虫害发生情况向上级报告
重大植物病虫害的预防	植物病虫害预测预报（负责乡镇测报点）
重大植物病虫害的扑灭	发生重大植物病虫害时，各级政府组织，农技推广部门共同参与的应急性工作
土壤肥力监测	土壤肥力采样（一年两次五个点） 测土配方
动物疫情监测	把本乡镇畜禽、水产疫情发生情况向上级报告
动物重大疫病的免疫预防	小农户饲养动物（禽、猪）的免疫预防（规模农户、企业的动物免疫由业主实施）
重大动物病虫害的扑灭	发生重大动物病虫害时，各级政府组织，动物防疫部门共同参与的应急性工作

续表

公益性范围	乡镇农技推广服务机构公益性服务内容
农业投入品使用监测	对农户反映的种子、农药、化肥等农资质量问题,到田间查看,解释或者向有关部门反映
林业工作	森林病虫害防治方案的制订 森林火警、火灾的报告 林业技术日常指导
实施标准化	指导合作社、农产品基地实施标准化生产(在公司+农户模式里,农业标准化一般由企业组织实施)
农机机务与安全信息	拖拉机年检 办理农机补贴
农业公共信息	传递上级推广机构的相关公共信息 向农户发放"明白纸"
农民培训	在财政提供培训项目资金的情况下组织培训(龙头企业、合作社自主组织培训)
农村沼气建设管理	制定沼气建设计划,并办理补贴 技术指导

　　根据国务院"30号文"的有关规定,并结合公益性推广服务机构目前承担职能的情况,乡镇农技推广服务机构的职能可以进一步分成"日常的公益性服务职能"和"公益性农业技术推广职能"两类。其中,日常公益性服务职能,是乡镇农技推广服务机构的常规工作,应当得到保证。

　　农业技术可以细分为物化型技术、服务类技术、措施类技术等三类。物化型技术的特点是,农业技术大部分物化在物资中;服务类技术的特点是,需要设备或专业技能。措施类技术的一般特点是,投资不多、经济效益好,技术的外溢性较明显;但是改善生态环境的措施类技术,短期经济效果不明显,生态效益明显。

　　物化型技术和服务类技术的供给形式,一般通过市场化机制实施,必要时由政府出台政策对推广主体予以财政支持或给农户以一定补贴。

　　措施类技术的供给形式有两种:(1)上级政府及有关部门确定示范推广的关键技术(如农作物高产栽培组装技术)和可持续类技术(如秸秆还田),应当由公益性推广机构承担推广任务。(2)本乡镇主导产业发展需要的农业技术推广,可以用项目形式由公益性推广机构承担,也可以通过招标形式由研究机构、高校等参与推广(见表10-2)。

表 10 - 2　　　　　　公益性推广服务机构负责推广的措施类技术

技术类型	具体技术
农业关键技术	中央和省级政府确定有关国家粮食安全的重大技术推广 县和乡镇政府确定当地农业产业发展的关键技术
可持续类技术	县级以上政府确定推广的可持续类技术 ➢ 秸秆还田技术 ➢ 生物防治与应用技术 ➢ 集约化畜禽养殖场粪便处理技术 ➢ 肉食类食品药残控制技术 ➢ 以渔改碱技术 ➢ ……

近年，高效农业在农业产值中的比重越来越大，政府及有关部门希望公益性农技推广服务机构发挥更多作用。但实际情况并不如人所愿，调查发现，高效农业措施类技术（如食用菌生产技术、日光大棚种植技术等）推广方面，乡镇公益性农技推广服务机构所起的作用很是有限。公益性机构常常将此归因于"推广服务机构人员缺少、专业结构不合理"所致。

调查结果表明，由于高效农业以市场为导向，推进高效农业发展需要把技术推广融合到产供销一体化服务体系内。目前农技推广部门仅仅将农业技术的概念定位在"硬技术"的层面上，这是农业推广工作在市场经济条件下显得乏力的根本原因。因此，由农业龙头企业、农业专业大户等承担推广职能更为有效。因为他们不仅积极、主动、审慎地采用农业新技术，而且在农业新技术需求项目、技术类型、投资意愿等方面都具有先进性。

按照一般的推广原理，那些节约种子、化肥、农药的使用量和增加产量的措施类技术应该深受农民欢迎。由于这类技术外溢性也很明显，理应由公益性农技推广服务机构承担推广任务。调查发现，这一类技术的推广同样遇到困难。究其原因，可能是由于单个农户农地经营规模过小，实际增产效果有限，对农户吸引力不大。

通过农户访谈得出，他们对农技推广服务的需求主要集中在以下几方面：（1）病虫害防治上能够做到群防群治；（2）希望能够提供一些适合当地的新品种；（3）希望农技部门推广节约劳力的省工技术。可见，他们关注的是能够降低劳动强度和不增加劳动时间就能增加经济效益的农业技术。然而，多数措施类农业技术不能满足这一要求，或者效果不是十分明显，由此而导致节约增效型技术推广的困难。

359

二、乡镇新型农技推广服务体系相关环境分析

（一）乡镇新型农技服务体系赖以建立的制度环境分析

乡镇农技推广服务体系的建立，实际上也是制度安排问题。制度的安排，不是人们主观意志的判断，而是应当充分分析赖以建立的基础条件的前提下作出。乡镇新型农技服务体系赖以建立的制度环境，从国家经济制度而言，主要是社会主义市场经济制度；就农村制度而言，主要是统分结合的农业经营制度；从政策环境而言，主要是政府的农业支持政策。

市场经济与乡镇新型农技服务体系建设。（1）市场经济体制，决定了乡镇农技推广服务主体的多元化特点。（2）在一个以市场配置资源为主的社会里，公益性农技推广服务也不可能脱离市场经济的大环境。而且，还必须借助有效市场机制的作用，为它的运行创造恒久的活力和动力。首先，市场经济条件下，市场机制也是激励政府农技推广服务机构和人员从事技术推广服务的不可缺少的动力；其次，作为市场经济的主体的农户，对一项农业技术的推广服务是否接纳，关键不在于它是否先进，而取决于采用这项技术后是否可以获得更高的经济效益。

农业经营制度。中国农业基本经营制度是，以家庭承包经营为基础、统分结合的双层经营体制。有人提出，中国也应当由类似日本农协那样的组织对成员提供的全程农技推广服务。事实上，这是不可能的。因为，日本农业协同组合综合性组织，他所提供的是从生产到销售全程的综合服务，农技推广服务只是其中的职能之一。而中国的公益性农技推广服务机构是无法承担农产品销售等服务职能的。

农业支持政策与乡镇新型农技服务体系建设。我国已经进入了以工补农阶段，迈进城乡一体化发展的门槛，工业反哺农业、城市支持农村的格局已经逐步形成。这就意味着，会有更多的生产要素流向"三农"，政府主导作用会更加明显。但由于地区差异，政府支持的力度也会有所差异。

（二）乡镇新型农技服务体系赖以建立的外部环境分析

20世纪晚期以来，农业推广服务环境至少发生三个方面重大变化。第一，农业产业结构发生了变化。高效农业和农地规模经营快速发展，"公司＋农户"、农民专业合作社等的产业化经营机制形成。第二，农民职业出现了分化。随着非农产业迅猛发展使农村大量劳力转移，出了一批兼业农户和专业农户，传统农户比重下降。第三，现代信息技术和传播力量崛起。知识、技术、信息的传播路径

多样化、快捷化、高效化。

　　农业产业结构的变化对乡镇新型农技服务体系建设的影响。农业从业结构的变化集中体现在两个方面：（1）我国高效农业的快速发展。现代高效农业，是以市场为导向，采用先进科学技术、现代物质装备和现代经营方式，充分合理利用自然和社会经济资源，实现各种生产要素的最优组合，最终实现最佳经济、社会、生态综合效益的农业生产经营形式。一般包括：设施农业、集约化规模养殖业、特色农业等方面。与常规农业相比，现代高效农业的特点，主要体现在功能的多样化、产品的高端化、生产的集约化、技术的高新化和标准化、经营的组织化和产业化等方面。（2）我国推进农业适度规模经营取得了初步成效。自 1987年中共中央在 5 号文件中第一次明确提出要采取不同形式实行适度规模经营以来，中央连续在若干重要文件（甚至以"一号文件"形式宣示"适度规模经营"问题）和若干决定中多次提到要发展适度规模经营，说明它的重要性和中央对其重视程度。据中国改革发展研究院 2008 年完成的 29 省 700 农户问卷调查显示，29.2% 的被调查农民所在村曾经实行或正在实行土地规模经营。

　　农业产业结构与农技推广服务的关系是：相对来说，越是市场化程度高的产业，农技推广服务通过市场机制解决的可能性越大；市场化程度低的传统农业，市场无法出清，会产生市场失灵，应当以公益性服务为主。

　　农业产业结构的变化使农技推广服务需求也发生了变化。农民既是生产主体，又是经营主体，不仅需要技术服务，还需要产后营销和信息服务。这样，将农技推广服务一体化到产业链条的服务形式应运而生。

　　农民职业的分化对乡镇新型农技服务体系建设的影响。农村劳动力转移导致农民出现分化。农民分化的结果，把他们分成了三类：即专业农民（专业农户、职业农民）、兼业农民（兼业农户）和传统农民（传统农户）。既从事农业生产，又从事非农业活动而获得收入的农户，称为兼业农户（兼业农民）。不过，兼业农户大都是小农户，他们所提供的商品农产品所占比重不大。在农村劳动力转移成为一种普遍现象的情况下，也有一部分青壮年农民留在农村，他们中的一部分人实际上已经是"专业农民"。"专业农民"，有的从事专业化生产（专业大户），有的组建了专业的机械作业队伍等。他们是农业产业化乃至现代化过程中出现的一种新的职业类型。

　　农民职业的分化的结果，不同类型的农民有不同的农技需求；有不同的服务要求。专业农民的出现，使农民不仅是农技服务的对象，而且成为农技服务的主体；越来越多的兼业农民，是各种类型的农机服务专业合作社出现的社会基础条件。

　　在计划经济中，农民往往被同质化处理，结果使农业推广缺乏针对性。而在市场经济体系中，农民由于其自身的技术能力、经济状态、农业资源禀赋等方面

361

存在的差异，决定了他们对农业技术需求上的非同质性，这便需要将农业推广服务市场进行针对不同农户特点的细分。只有这样，才有可能在不断提高农民对农业技术需求的同时，扩大农业技术服务的供给。

信息技术的普及化对乡镇新型农技服务体系建设的影响。中国正处在加快从传统社会向现代社会跃迁的步伐。知识、技能和信息在经济社会生活中的作用越来越重要。知识爆炸、信息爆炸是最显著的时代特征。现代信息技术和传媒力量的崛起，使知识、技能和信息传播日新月异、迅猛发展。广播、电视、电话、报纸、杂志已经成为新时期农民获得信息的主要渠道。可以说，什么样的技术信息都可以在网络找到，专业大户一般只要依赖一台电脑即可，基本不需要求助于公益性推广服务机构提供信息服务。

近些年，已经广泛深入农业技术推广领域的信息源主要有：（1）广播电视举办传播农业知识、技术和信息的版块节目；（2）移动、联通开发农业手机短信服务；（3）电信开通电话咨询业务；（4）报纸杂志开办农业专栏；（5）民间组织机构把农业知识、技术和信息制作成光盘投向农村等等。

三、乡镇新型农技推广服务体系网络

（一）乡镇农技推广服务体系现状简评

"线断、网破、人散"早已成为评价农技推广服务体系现状的习惯说法。在改革的初期，这种情况也许曾经存在。但就目前而言，仍然以此来评价基层农技推广服务体系是很不恰当的，应当予以纠正。

先从结果上讲。近些年，无论是粮食生产，还是高效农业，都得到了很好的发展，可以说是历史最好的时期。各地大力推进粮食高产技术普及化和高效农业规模化，现行农技推广服务体系的功能发挥应该说还是有效的。

再从服务能力上讲。首先，基层农技推广服务组织在农业发展中仍然在发挥巨大作用。特别是乡镇农技推广服务机构，在基本的工资收入和福利待遇还得不到完全解决的情况下，通过服务形式的创新，为当地农业发展做出自己的贡献。在粮食生产方面，通过技术推广和提供技术服务，实现了政府的粮食安全目标。其次，在高效农业发展方面，由于市场机制发挥了作用，在原来"线断、人散"的情况下，仍然得到快速发展。这是由于，在市场经济条件下，只要现实需求存在，农业技术推广服务供给通过市场机制发挥作用，市场可以出清。市场经济的"自动修复作用"，使得专业大户、龙头企业、专业合作社、民办社会化服务组织等应运而生，填补了公共推广服务机构服务能力不足留下的空缺，结成了高效农业技术推广服务网络。

（二）乡镇新型农技推广服务体系"网络"

发展各种类型的农业社会化服务组织，是乡镇农技推广服务体系建设的重要方面。国务院《关于深化改革加强基层农业技术推广体系建设的意见》（国发〔2006〕30号）第十条规定，要培育多元化服务组织，积极支持农业科研单位、教育机构、涉农企业、农业产业化经营组织、农民合作经济组织、农民用水合作组织、中介组织等参与农业技术推广服务。推广形式要多样化，积极探索科技大集、科技示范场、技物结合的连锁经营、多种形式的技术承包等推广形式。推广内容要全程化，既要搞好产前信息服务、技术培训、农资供应，又要搞好产中技术指导和产后加工、营销服务，通过服务领域的延伸，推进农业区域化布局、专业化生产和产业化经营。

任何一家都无法包打天下，乡镇公益性农技推广服务机构也不例外。农业技术推广服务必须依靠社会各个方面的力量，发展多元化的"大推广"事业。农业龙头企业、农民专业合作社、农资经营企业、民办社会化服务组织等都参与了农业技术推广服务，他们都是乡镇新型农技推广服务体系中不可缺少的生力军。

从图10-3可以看出，直接或间接为农户提供农技推广服务的组织多达十来种。当然，对某个乡镇而言，并不是各类推广服务组织都会存在。我们调查中也发现，有的乡镇存在服务主体单一的局面，基本没有上规模的农业龙头企业；农

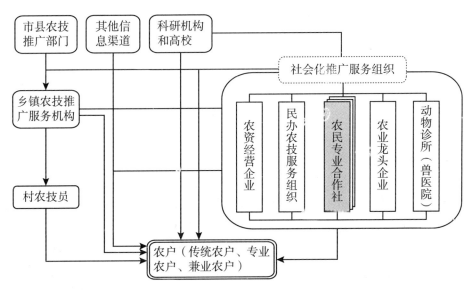

图10-3 乡镇农技推广服务体系网络

民专业合作社的数量也不多；农业科研单位、教育机构，也很少参与到乡镇农技推广服务活动中来。这一类乡镇公益性推广服务机构的发挥作用显得尤为重要。

另外，分化了的农户，由于其类型不同，为其提供推广服务的组织也会存在差异。例如，为传统农户提供推广服务的组织主要是公益性机构和农资经营企业；兼业农户一般需要社会化服务组织为其提供农机服务等。总体上说，传统农户农技推广服务以公益性为主；高效农业的推广服务以社会化服务为主。

四、其他农技推广服务组织社会化服务的特点

（一）农业龙头企业推广服务以一体化到产业链为特点

把农技推广服务一体化到产业链条之中，是农业龙头企业社会化服务的主要特点。农业龙头企业与农户之间的联系，常常不单是农产品的供销两个环节。龙头企业对农户进行农技推广服务大多采取无偿服务，但是这种服务也是为了自身获得达到市场要求的农产品，建立在维护自身利益的基础之上，服务的动机是以市场为导向的。可见，农业龙头企业为农户创造利益增值的同时，自身也获得了预期的收益。龙头企业通过产业链延伸方式将农户吸纳进入一体化的农业企业内，达成包括生产技术指导、产品销售等内容在内的契约，从而使农业技术服务供给过程中的收益外溢内在化。例如，温氏集团在苏州的太仓、镇江的丹徒采取"公司农户"的模式，实行良种、饲料、防疫、技术、产品销售五统一的一体化经营。

（二）农民专业合作社推广服务以通过规模降低成本为特点

农民专业合作社，按照其牵头人的不同，主要可以分为专业大户牵头组织的农民自组织型合作社、龙头企业牵头组织的龙头企业带动型合作社、乡镇农技推广服务机构牵头组织的农技服务型合作社。

龙头企业带动型合作社的服务内容，实际上是由龙头企业主导的。农技服务型合作社，合作的成员主要是农机手和农技员，服务的对象是农户，因此，服务是要收费的。农民自组织的合作社，自我服务是其基本特点。

对农民自组织的合作社来说，一般自己没有能力提供技术服务。这一类专业合作社，其农技推广服务一般是从外部获得：一种情况是，首先由专业大户从外部获取技术，然后扩散到其他农户。例如，句容葡萄专业大户方继生，在镇江农科所赵亚夫研究员指导下种植葡萄，其他农户通过技术外溢作用学会了葡萄种植

技术。另一种情况是，通过服务规模的扩大，降低了服务成本。例如，泰兴市惠贤家禽养殖专业合作社，成员有 130 多户养鸡户，年养鸡规模超过 150 万只。合作社实行统一种苗、统一育雏，统一防疫、统一饲料等措施，提高了市场谈判地位，以相对较低的价格，获取各种技术及其服务。比如，通过购买兽药，从某种禽场获取无偿的养殖技术和动物疫病防治方面的服务。

（三）农业生产资料经营企业以物化型技术服务为特点

农业生产资料企业所推广的技术类型，属于物化型技术。他们所销售物资已经把所要推广的技术大部分物化在其中，农民购买和使用，就意味着新技术的采用。如果所售生产资料，需要与一定的措施型技术相配套，则在种子、化肥、农药、饲料等生产资料推向市场之前，都会有示范推广过程，组织示范推广一般由企业和研发单位人员共同实施。这类技术产品相对来说，在生产与消费上产权的排他程度较高，能够通过市场价格机制来实现供需均衡（见表 10 – 3）。

表 10 – 3　　　　　　　　　　　主要物化型技术

行业	技术种类列举
种植业	➢ 粮、棉、油等大宗农作物优良品种及其配套技术推广 ➢ 优质高效肥料（包括新型植物调节剂）、地膜、农药等的推广 ➢ 食用菌菌种与生产技术
畜牧业	➢ 优质饲料（包括鸡、猪、牛、羊用复合预混饲料、浓缩饲料、营养添块）及其综合技术推广 ➢ 优质饲草品种及其种植技术推广 ➢ 家禽、家畜新品种及综合饲养技术推广
渔业	➢ 鱼类（包括虾、蟹和贝类）名优品种及其饲养技术推广 ➢ 优质鱼饲料推广

（四）民办农业社会化服务组织以技术类服务为特点

民办农业社会化服务组织的服务类型，大多是技术类农业服务。技术类农业服务一般需要借助机器设备的使用来体现的，如家畜人工授精技术，农机作业等；有的需要技术掌握能力，如农机维修、农村沼气设施建设与维修服务、贝类养殖技术等。由于单个农户受资金投入能力和技术掌握能力的限制，自己做不了的就愿意对此付费。因此，这类农业技术服务，一般可以采用收费方式实现供需均衡（见表 10 – 4）。

表 10 – 4　　　　　　　　　主要服务类技术

行业	技术种类列举
畜牧业	➢ 猪、牛、羊新品种改良技术（如人工授精等） ➢ 家畜、家禽疾病的治疗
渔业	➢ 鱼类种苗的繁育技术 ➢ 滩涂贝类养殖技术 ➢ 网箱养鱼技术
种植业（农机 + 农技）	➢ 农田耕、整、播、插、收机械作业技术 ➢ 植物病虫害机械化防治服务 ➢ 农产品产地烘干技术
其他	➢ 农村沼气设施建设与维修服务 ➢ 农机维修服务

但是，有的服务类技术，会涉及政府的一项政策目标，因而具有一定的公益性，如为了鼓励农村沼气的发展，政府可以对民办服务组织提供一定支持，从而更快推进农村沼气的建设。

五、农技推广服务机制创新：典型案例分析

（一）推广服务供给方式创新的重要性

推广服务供给方式创新的重要性可以从下面的典型案例得到启示。

案例 2

　　王台镇位于福建省南平市延平区西部，地处富屯溪畔，背山临水，以丘陵山地为主，绿化率达 93%，森林覆盖率达 71.1%，素有"绿色金库"之称。由于受市场因素影响，王台镇农民对农业科技产生了不同于以往任何时候的新需求。良种新需求：对优质、高产、抗病作物品种的需求量大。特别是生育期短，见效快的一年生经济作物新品种，如水稻、西瓜、玉米、烟叶等。这类品种经过一年试种示范，新品种的特征特性就表现出来，农民可以大胆引种，需求较大。生育期长的多年生果树新品种，经过少则 3~4 年，多则 5~6 年的示范种植，新品种的特征特性才能表现出来，投产时市场行情有发生变化的可能，因此这类新品种引种的自然风险与市场风险并存。一旦引种不成功，5~6 年的投工、投劳损失

相对较大，因此农民不敢冒风险，需求则较小。

随着市场对优质农产品的需求量越来越大，农民对能改善农产品品质，提高农产品产量的新农药、新化肥有一定量的需求。随着农村劳动力向城镇的不断转移，耕地逐渐集中在一些种田大户手中，种田大户要求减轻劳动强度、提高劳动生产率，对一些适合山地使用的新型农机具需求量较大。在激烈的市场竞争中，为了提高农产品质量、产量和生产效益，农民接受农业生产技术培训的要求较为强烈。由于不同农户投劳、投资水平不同，加上田块的肥力状况和小气候不同，在不同的田块生产相同的农作物会产生不同的结果，因此农户有进行个别指导的较强需求。由于农产品市场行情变化大，农民难以把握，因此他们对市场信息的需求迫切。农民的生产积极性和对农业新科技的采用，都与农产品市场行情密切相关。

在了解农民科技新需求的前提下，从基层农技推广人员角度出发，提出了解决"最后一公里"问题的途径与方法。主要包括：深化农技推广部门管理体制改革；健全考核制度和激励机制；加大培训力度，提高人员素质；建立多元化的农技服务体系；农技服务要以农民需求为中心和建立多功能农技服务场所等。

资料来源：游秀梅、王子齐，《解决"最后一公里"问题对策研究——福建省南平市王台镇农技推广案例调查》，《江西农业学报》，2008年第20卷第12期。

（二）农业生产全程社会化服务典型案例

案例3

【案例A】江都市小纪镇水稻生产服务合作是由镇农业农机服务中心牵头成立的社会化服务组织。合作社成员716名，由农业农机服务人员、插秧机手、收割机手、弥雾机手、村组干部等组成。农机手带农机入社，其他人员以一定的资金入社。合作社提供全程服务的面积4.5万多亩，约占全镇耕地面积的45%，服务农户12 000多户。

合作社的运行机制：合作社与农户签订合同书，建立生产服务关系，并且约定双方权利和义务，合同一年一签，合作社保证小麦不少于750斤、稻谷不少于1 050斤。社员也可按扣除各项服务费用后，按不少于500元/亩从合作社领取现金。除公益性农技推广人员外，合作社成员根据劳动定额获取报酬。

水稻生产服务专业合作社下设：农技服务部、农机服务部、植保服务部等部门，财务由农技中心会计代账。服务内容包括统一供种、统一育秧、统一机

367

插、统一管理、统一植保"五统一"的全程化服务。合作社实行有配套的技术规程、有具体的服务标准、有规范的服务合同、有完整的服务档案，通过田头辅导、技术扶持、跟踪检查等多项制度，加强日常管理，提高专业化服务水平。

【案例 B】界首镇水稻生产服务合作社是由镇农技中心牵头成立的社会化服务组织。参加成员 419 名，其中农业服务中心公益性农技人员 7 人、落聘分流经营性农技人员 11 人、农机手（包括插秧机手、收割机手、弥雾机手）115 人、种粮大户（5 亩以上）112 人、村组干部 174 人组成。农机人员带机具入社，其他人员出资入社。合作社服务农户 5 100 多户，机插秧面积达 2 万亩，占全镇水稻面积的 50% 以上。

合作社的运行机制：社员与水稻生产服务合作社签订服务合同，合作社社员每亩水稻面积只需支付 135 元，便可享受合作社的统一供种、统一育秧、统一管理、统一机插、统一植保的一体化服务。

合作社下设育秧工作部，负责良种的选进、秧苗的培育；机插工作部，负责插秧机的配备、维修、秧苗的栽插；植保工作部，负责病虫的预测预报，药物的配制及防治管理。

【案例 C】溧阳市海斌农机专业合作社，由王海斌等 27 户农机户自愿成立。合作社共拥有各种农业机械达 139 台套，农业机械原值达 360 万元。合作社服务面积超过 1 万亩，服务农户超过 4 600 户。

合作社的运行机制：合作社的农机作业服务范围从土地耕翻、整地、扩大到育秧、插秧、植保、机收等水稻生产全过程。冬春季节，合作社与农户签订好农机作业合同，明确双方权利和责任。坚持六个统一：即统一收费标准和核算，统一作业质量验收，统一提供种子，统一技术指导，统一调度机具和作业指挥，统一机具保养和停放。

（三）农业生产服务合作社的制度价值

有利于新品种、新技术的推广及病虫草害的防治。当前，农业新品种、新技术、新知识的更新速度加快，在实施推广过程中，单个农户需求不大。而通过生产服务专业合作社形式进行推广，加快了推广速度。杜绝了高毒、高残留和无效农药的使用，减少农药产生的面源污染，减少农副产品中农药的残留，确保农产品质量安全，提高农产品的市场竞争力。节省成本，提高土地利用率，增加效益。据测算，合作社统一育秧、机械插秧，比各户分散育秧、人工插秧每亩节省直接人工成本 130 元。也节约了耕地，提高了土地利用率。过去一家一户育秧秧池面积与大田面积是 1：10，合作社实行规模集中育秧、塑盘育秧、大棚工厂化育秧，平均秧池面积与大田面积是 1：100，节省了秧池。据界首镇水稻生产服务合作社介绍，该合作社通过节工、节本、节约秧池增加产量，每亩水稻可增收 240 元以上。拓展了农技推广服务人员的服务空间。农技人员以合作社为服务载体，同时签订服务公约，水稻生产服务合作社为他们提供了施展才华的新舞台。缓解了当前农村结构性劳动力不足的矛盾。

目前农村"专业村"比较多，如养鸡专业村、养兔专业村、食用菌专业村、大蒜专业村等。为什么会出现这种现象呢？用利益—风险决策机制进行分析，就可以看出，首先有一户农民已从事经营，并取得了成功，起到了"示范"作用。而后，农民搜集到了这一致富信息。由于和自己条件（资金、技术等）基本相同的农户已经成功经营，风险比较小。因此，农民一般认为自己也能从事同样的经营并取得成功，于是很快便形成决策，经营同样的项目。最后，就是把经济决策付诸实施。实施前的"咨询论证"经常简单地被免去了。如果说有人在模仿中有所提高、创新的话，也是极少数"能人"。

我们看到的特色产业发展过程，大多是"自发"的，很少是由公益性农技推广服务机构从中起主要作用的。但从以后的发展过程中，往往政府起比较大的作用。当政府看到产业发展前景是，总是会给予各个方面的支持。包括，各类农业项目扶持、聘请技术专家进行指导，解决技术上的具体问题，组织技术培训等，从而使产业得到更快的发展（见图 10 - 4）。

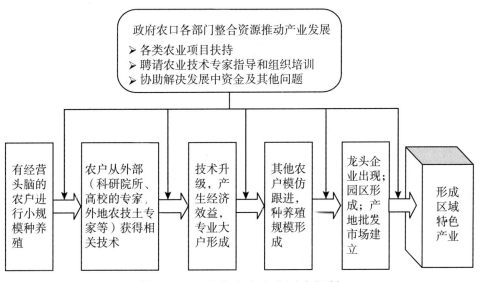

图 10 - 4　特色农业产业形成机制

案例 4

特色产业发展典型案例

南京市高淳县固城镇九龙村原来就种植几个常规品种的蘑菇。2000 年 6 月，福建种菇农民的来到，开始了该县食用菌产业的发展新历史。福建菇农到九龙村租地建大棚，发展蘑菇种植。村干部杨文信、杨爱国、张德保等人成了福建人的打工仔，在村干部的带动下，更多的村民加入了打工种菇的行列。在福建人种植的 10 个蘑菇大棚内，从搭建大棚到蘑菇上市，村民们学到了种菇技术。

2001 年，九龙村所在的固城镇双抱蘑菇种植 120 万平方尺，2002 年就发展到 500 万平方尺，种菇农户 260 多户，家家都获得了好收成。

此后，高淳县委、县政府大力推动食用菌产业的发展，从用地、技术推广、标准化等各个方面予以支持，使该县成为江苏省最大的食用菌生产基地之一，跨入了全国食用菌生产先进县行列。全县有 2 000 多户 10 000 多人从事食用菌产、加、销，并带动农村商贸、运输等产业发展。目前，高淳蘑菇种植面积达 4 200 万平方尺。以茶薪菇、金针菇、平菇、秀珍菇为主的袋栽菇达 3 800 万袋/年，食用菌总产达 5.2 万吨/年，总产值达 2.2 亿元/年，加工各类食用菌 5 517 吨/年，出口蘑菇 1 100 吨/年，出口创汇 110 万美元/年。

全县建成食用菌规模生产基地 78 个，其中 50 万平方尺以上双孢蘑菇基地 47 个，100 万袋以上的袋栽菇基地 18 个，能规模生产的菇种有双孢蘑菇、茶薪菇、秀珍菇、鸡腿菇、香菇、金针菇、灵芝等 10 多种，初步形成了食用菌菌种生产、原辅材料供应、技术服务、产品销售、加工产业化服务体系。年消化稻草、棉籽壳近 10 万吨，畜禽粪便 3 万吨，约占全县秸秆总量的 40%，促进了农村环境的清洁，解决了农户大量焚烧秸秆，浪费农业资源，人为破坏生态环境的难题。

六、多元化新型农业技术服务体系的构建

（一）构建多元化新型农业技术服务体系的基本要求

1. 必须确立农民对技术需求的主体地位

农民是农业经营主体，也是农业技术的需求主体、市场主体。严格来讲，农

民对农业技术服务都是需要的，但并不是所有的农民均对农业技术服务有明确的需求。就像人们逛商场，评价他对这种商品的需求时，则要根据他是否有购买该商品的能力或他是否准备花相应的钱去购买，否则仅仅是需要或潜在的需求，而不能成为现实的需求。同样，对农业技术服务，农民的需要和需求之间存在很大的差距。

采纳新的农业技术应该是农民市场经营的理性选择。传统观念通常是从技术供给者的角度看问题，把农业技术推广的过程仅仅看作是向农民提供农业技术的过程，把农民看作是农业技术的被动消费者，而没有对农民的技术需要给予足够的关注，缺乏农业技术推广的针对性。因此，今后要注重建立农民参与选择推广技术的机制，确立农民对技术需求的主体地位，提高农民采纳农业新技术的主动性。

2. 提高农产品的质量是农业技术服务的主要内容

提高农产品的质量以及农产品的安全性将成为农业技术服务体系在 21 世纪的重点。根据目前农产品的生产情况，农产品数量的生产已经不是农业的主要问题。相对增加农产品的数量而言，农产品质量和安全将越来越为人们所重视，农产品市场的竞争优势主要体现在农产品的质量上。在农产品的短缺不是农业发展主要矛盾的情况下，质量与安全的问题将越来越突出。随着农业技术的发展，以及人们生活水准的提高，农产品消费占人们总消费的比重将越来越小，而人们对农产品的质量要求将越来越高。也就是说，人们在农产品的消费上，对质量和安全的追求将摆在首要的位置。在这种大前提下，农业技术服务体系的工作将由过去因为农产品不足，因而追求"数量服务"作为重点转向追求"质量服务"作为重点。

3. 从田间到餐桌是农业技术服务不可断裂的主线

农业发展进入新阶段出现的新情况和新问题，对农业技术服务工作提出了新的要求。从技术运行的角度看，科学技术作为第一生产力，必然渗透到农业产业化的每一环节，而且产前、产中、产后技术又相互关联、互相渗透，不能只停留在产中技术的服务上，而应着眼于农业产业化经营的全过程，从良种繁育、栽培（养殖）技术、病虫防治，一直到农产品加工、储藏、销售等通盘考虑。要按产业化、企业化方式运作，这样才能在实践中把握市场发展动态，更好地引导、组织生产，引导农业结构调整，同时也拉动对技术的需求。从市场需求和农民的要求看，农民不仅希望能拓宽技术服务领域，更希望能提供有价值的市场信息，能为农产品的销售提供一定的帮助，以求获得更高的经济效益。既要通过流通销售拓展服务空间，延长服务产业链条，又要通过产后环节来促进产前、产中服务的发展。在法国，一个农民如果想生产肉鸡，他必须向银行和有关行业提出申请。

行业组织就会派人对申请者进行必要的评估。如果评估结果认为这个农民经济上具有偿还贷款的能力和必要的生产技术，银行就会提供贷款，行业组织就会派人来帮助建设鸡场，提供鸡苗，提供有关的生产技术和必要的生产资料，还会安排人来收购肉鸡。这种服务组织的服务形式，可能是进一步发展的方向。过去，农业技术服务体系的工作范围始终在大田、在农户，现代农业产业要求农业技术服务的范围向产前和产后拓展和延伸。在某种意义上说，农业技术服务的工作重点拓展到市场，对农户服务的意义更来得直接。因而，从田间到餐桌将是农业技术服务不可断裂的主线。

（二）多元化新型农业技术服务体系的构建

1. 必须有一个财政供养的农业技术服务部门存在

原属于农业技术推广部门承担的诸如种子、兽药、农药等农业生产资料监督管理职能分离以后，农业技术推广部门仍然需要承担包括农作物病虫测报、动植物品种改良、农业新技术推广、农产品质量监测、动物防疫等公益性服务职能。有关人员的工资和事业经费理应由财政解决。在目前财政不能全部解决农业技术服务的事业经费的情况下，绝对做到公益性和经营性的分离也是不现实的。继续让农业技术推广部门，通过自己的有偿服务获得一定的收入，可能是改善农业技术推广部门的服务条件的措施。但是，决不应该回到老路上去。农业技术推广部门的有偿服务不能是一种纯粹的买卖关系，必须与农业技术服务结合起来，诸如农业生产资料销售与农业技术服务的结合等；在人事制度上必须实行资格准入制度，不能再出现农业推广部门非技术人员的膨胀。另外，农业技术推广部门要创新农业技术推广服务的方式，与专业合作经济组织、专业大户合作，把农业技术送到农民手中，还可以介入到"公司＋农户"系统中，参与农产品生产基地的农业技术服务平台建设。

2. 农业龙头企业是农业技术服务体系中的重要力量

我们能够和国外农产品企业竞争的既不是政府，也不是农民，更不是农业技术服务体系本身，应该是农业企业（合作社发展到一定阶段，也参与国内外农产品市场竞争）。由于先进技术的推广与农产品的质量紧密相关，因而也与企业的利益紧密相关，所以农业企业不能不关心农业技术推广服务工作。一些农产品加工企业为了取得供应稳定、质量一致、符合标准的原料，就需要投入优质的品种，向农户提供全过程的生产技术服务，形成集农业生产资料供应和农产品销售于一身的准一体化企业。有的农业生产资料销售企业在销售自己产品的同时，对农民进行与产品相关的农业技术服务，它真正做到了技术与物品结合。有的农业龙头企业在高校、科研院所与农户之间扮演着"科技二传手"的重要角色，有效解决了农业科学技术始终无法与田间地头的庄稼完成"零距离"接触的问题。

以农业企业为依托来推广农业技术，更符合农民的需要。因此，它会成为被农民所接受的一种技术推广服务方式。它对促使农民改变行为，提高农民使用农业技术的积极性具有不可忽视的作用。

3. 农民专业合作组织具有其他组织难以替代的作用

农民专业合作组织的领导人一般都是农民，而且一般是专业生产中的能人，他们了解农村，了解自己所从事的行业，知道成员的根本利益之所在，因此所做决策能够符合成员实际，容易为成员所接受。专业合作组织的内部运作机制保证了成员在决策中的决定性作用，使组织决策能够代表和反映成员的意志，保护和增进成员的利益。由专业合作组织承担对成员的农业技术服务职能，保证了成员在技术的获取和实施过程中费用较低，实效较高。所以，通过农民专业合作组织来推广、普及农业技术，容易做到实用性更强，费用更低，也更为农民所乐于接受，从而实际效果也更为显著。另外，农民专业合作组织同样可以"科技二传手"的作用，通过与龙头企业、大专院校、科研单位和农业推广部门的合作，把一些新品种和新技术送到千家万户，加快了农业现代科学技术的推广应用步伐，提高了农民的科技素质和农产品的科技含量。总之，在农业技术服务体系中，农民专业合作组织具有其他组织难以替代的作用。诸如泰兴市七贤家禽产销合作社、宜兴市坤兴养猪合作社、句容春城镇葡萄合作社等是以农民专业合作组织为依托的农业技术服务组织模式的成功典型。

4. 创新农业技术人员、专业合作组织、农户三结合模式

科技特派员是一种制度创新和机制创新，它发轫于农村基层，是自发形成并在政府的推动下以更好地满足农村发展对科技的需求，是我国农业和农村进一步深化改革中，科技与经济结合以及科技人员与农民结合的产物。1999 年福建省南平市率先开展这项制度的试点后，很快得到了全国其他地区，尤其是中、西部地区的积极响应。为此，科技部发挥其组织领导功能，从 2002 年开始，将进一步的试点工作扩大到了全国 17 个省（市、自治区）的 30 多个地区（地级市）。在实践中，各试点地区根据自身的实际情况，探索形成了"科技特派员"制度运行的不同模式，促进了当地农业发展，增加了农民收入，并充分调动了广大科技人员到农村第一线的积极性。科技人员在为农民提供各种科技服务的过程中，同农民建立了各种形式的利益共同体，有效地促进了农业技术向生产力的转化，提高了广大农民的科技意识和应用科技的能力。然而，这一制度在各试点地区发展不平衡，尤其是受到传统计划经济思维方式的制约，表现在多注重这一制度的形式，而缺乏在制度上和机制上的突破。科技人员多采用传统的技术服务方式，其所能发挥的作用仍然受到各方面的限制，如观念、意识、组织以

373

及能力等。目前，由政府农业推广部门对农民的技术培训基本上属于无效供给的状况①。

为此，本书提出"科技特派员"制度下的农业技术服务形式创新模式：即由财政供养的农业技术推广机构向农民专业合作组织派遣"农业科技特派员"，实施"农业技术人员＋农民专业合作组织＋农户"的农业技术服务新模式。

一般来说，农民专业合作组织技术力量薄弱，根本没有能力进行农业技术创新，就是连普通的专业技术人员也很少。把农业技术服务与提高农民组织化程度密切结合起来，有利于降低农业技术服务成本，提高服务效率。

农业技术推广部门直接面向经营规模小、高度分散的农户进行新技术推广，成本高，效果低。通过提高农民组织化程度，形成技术推广站（也可以吸纳农业科研单位和高等院校）—农民专业合作组织—农户的推广模式，使农民专业合作组织成为连接农业技术推广主体和农户的桥梁，则能降低推广成本和技术交易成本，提高新技术的推广效果。从技术推广站—农民专业合作组织—农户这个技术转移过程来看，一方面合作制度保证了成员在技术获取过程中费用较低；另一方面，其组织制度保证了各成员在选择决策中的主体作用，保证了技术的适用性。所以，通过农民专业合作组织来推广、普及农业技术，容易做到实用性更强，费用更低，影响更大，更为农民所乐于接受，从而实际效果更为显著。

培育一批农民专业合作组织，带动农户增收致富，构建政府组织推动，市场机制引导，推广、科研、教育机构带动，专家、技术人员、示范户和农户互动的新型农业技术服务组织系统，能够为现代农业产业发展提供有力的科技支撑。

第四节　政策建议

农业科技创新工作的指导思想是：围绕建设社会主义新农村，以农业增效、农民增收为核心，合理配置资源，培育创新主体，提高创新效益，积极推进农业科研和服务体系改革，全面提升农业科技创新能力、转化应用能力和推广服务能力，推进高效外向农业发展，促进高效农业规模化，提高农业综合竞争力，实现农业跨越式发展。

---

① 简小鹰：《"科技特派员"制度与农业技术服务市场的发育》，载于《中国科技论坛》2005 年第 1 期。

一、加强农业科技的原始创新与集成创新

利用资金与科技政策优势，突破品种创新，建设一批国家级农业种质资源创新中心，以中心为平台，集中科技力量与项目资源，提升原始创新能力，重点在高效设施领域，培育一批具有自主知识产权的品种。加强新品种选育的科技攻关和生物技术在育种中的推广；加强种质资源的搜集、保存和创新，建立和完善种质资源基因库，为原始创新提供基础。

实施战略集成，确定农业科技集成创新的重点。针对经济社会发展的战略性重大科技需求，选择具有较强技术关联性和产业带动性的重大战略项目或产品，集中科技资源，大力促进各项相关技术的有机融合，实现关键技术的集成创新。

通过农业科研大协作，实现创新主体的集成，保障创新要素和创新资源的融合，能使农业科技集成创新保持旺盛活力。集成现有农业科技资源，包括对现有技术、资本、人力和市场等要素进行系统整合、优化，鼓励高新技术企业与科研单位、高等院校建立多种形式的科技经济联合组织，跟进国内外农业科技资源市场的最新动向，集成各种渠道获得的创新资源，不断优化创新资源的配置。

二、建立对接平台、加快农业科技创新成果转化

建立农业科技创新的信息反馈机制与奖励机制，对重大农业科技原始创新成果（攻关、发明）进行奖励，鼓励农业科技人才走向基层，贴近产业。加强组织与机制创新，实施农业科技原始跨越式创新战略。

畅通成果转化的高速途径。创新是农业产业发展的动力，创新成果只有加速应用于生产才能体现创新价值，只有在生产中根据新问题进行再创新才能保持产业技术创新的活力。

引导鼓励大型农业企业成立技术研究中心所，根据企业发展方向，自主创新，或委托科教单位进行创新。对产业影响较大的技术创新项目，给予项目补贴或资金配套，壮大企业的技术创新实力。通过企业的技术创新，改善企业的盈利能力，增加对产业基地的技术带动能力，推动农业产业发展。

三、优化农业技术服务制度创新的外部环境

一个健全的农业技术服务体系是农业技术由潜在生产力转化为现实生产力的

有力保证，它是与一定的制度安排相联系的。农民专业合作组织、农业企业、科研院所、高校等在农业技术服务中的作用，需要借助于政府的各种政策的支持，才能充分发挥。这就要求政府从宏观上设计并制定政策，加大支持力度，必要时，政府也可以采取一些行政手段加以配合。

建立一个高效的农业技术服务体系，还需要有一个完善的农产品质量标准体系。由于农产品质量标准体系不完善，农产品不能优质优价，严重阻碍了农产品质量的提升，同时也损害了消费者的利益。农产品的质量标准具有公共产品的属性，其发展可以降低农产品生产、加工、销售领域所存在的严重的信息不对称。政府应主要借助于"市场机制"推行标准化，应辅之以司法手段，让所有扭曲信息的人承担完全的经济和法律后果。

随着市场的深化，农产品的交易风险也会相应增大，准确程度高、多方位的信息提供在很大程度上可以降低风险。但不论是由农户、农民合作经济组织还是龙头企业来分散处理信息都是不现实的，基于此，政府应该在信息的收集和处理方面发挥积极的作用。

四、开展科技培训、提高农民素质

农民是科学技术的应用主体，是农业科技进步的主力。农民科技水平的高低实际上就决定了我国农业科技进步速度的快慢。可以说，农业技术培训是农业技术扩散的基础。离开农民素质的提高，农村技术的持续创新和整个农业的发展就必然是"无源之水、无本之木"。新型的农业技术服务体系必须把提高农民素质或通过提高农民素质提升农产品的竞争力作为指导思想和基本目标，把技术服务融于提高农民素质的过程之中。同时，要抓好农民技术培训方式创新。要重视对农业劳动者的技术和技能培训，把提高农民的素质作为"科教兴农"、发展现代农业产业的一项重大措施。

我国农民整体文化水平低，又极注重经验，相对保守，改变他们的传统生产方式需要通过事实说话。纯理论性的东西他们很难也不愿意接受，看得见、摸得着的东西他们才容易接受。因此，对农民技术培训，应当是示范与培训相结合进行。通过这种培训，农民才能按照专业化的生产技术操作规程，生产出技术合格的农产品参与市场竞争。

参 考 文 献

[1] 中国工程院项目组：《中国可持续发展水资源战略研究综合报告》，载于《中国水利报》2000年10月11日，第3版。

[2] 中国环境与发展国际合作委员会：《中国环境与发展：世纪挑战与战略抉择》，2008年，http：//www.china.com.cn/tech/zhuanti/wyh/node_7041244.htm。

[3] 厉为民：《21世纪初我国粮食安全的国际环境》，中国农科学院农业经济与发展研究所，2008年，http：//www.iae.org.cn/zjlt/lwmlw.htm。

[4] 水利部：《中国水环境公报》，2001～2008年各年版，http：//www.mwr.gov.cn/zwzc/hygb/。

[5] 水利部：《中国水资源质量年报》，2001～2008年各年版，http：//www.mwr.gov.cn/zwzc/hygb/。

[6] 水利部：《全国水利发展统计公报》，2001～2009年各年版，http：//www.mwr.gov.cn/zwzc/hygb/。

[7] 邓大才：《粮食安全：耕地、贸易、技术与条件——改革开放30年粮食安全保障的途径研究》，载于《财经问题研究》2010年第2期。

[8] 何秀荣：《中国农产品贸易与经济发展》，载于农业部农产品贸易办公室、农业部农业贸促中心编，《2010年中国农产品贸易报告》，中国农业出版社2010年版。

[9] 吴普特、冯浩、牛文全、赵西宁：《现代节水农业技术发展趋势与未来研发重点》，载于《中国工程科学》2007年第9卷第2期。

[10] 张路雄：《中国耕地制度存在的问题及不可回避的政策选择》，2008年，http：//www.wyzxsx.com/Article/Class19/200901/67927.html。

[11] 沈孝明：《农产品加工技术发展趋势》，载于《农村新技术》2009年第14期。

[12] 国土资源部：《中国国土资源公报》，2001～2009年各年版，http：//

www. mlr. gov. cn/zwgk/tjxx/。

［13］国土资源部：《全国土地利用总体规划纲要（2006～2020年）》，新华社 2008年10月24日发布，http：//www. mlr. gov. cn/xwdt/jrxw/200810/t20081024_ 111040. htm。

［14］国务院第二次全国农业普查领导小组办公室、国家统计局：《第二次 全国农业普查主要数据公报》，2008年发布，http：//www. stats. gov. cn/tjgb/ nypcgb/qgnypcgb/index. htm。

［15］国家发展和改革委员会：《全国新增1 000亿斤粮食生产能力规划 （2009～2020年）》，http：//www. ndrc. gov. cn/gzdt/P020091103567866621892. pdf。

［16］国家统计局：《中国统计年鉴（2007）》，中国统计出版社2007年版。

［17］国家统计局：《中国统计年鉴（2009）》，中国统计出版社2009年版。

［18］国家统计局：《第二次全国农业普查资料综合提要》，中国统计出版社 2008年版。

［19］国家统计局等：《第二次全国农业普查主要数据公报》，http：//www. stats. gov. cn/tjgb/nypcgb/。

［20］庞英、张全景、叶依广：《中国耕地资源利用效益研究》，载于《中国 人口·资源与环境》2004年第5期。

［21］郑家喜：《农业可持续发展：水资源的约束及对策》，载于《农业经济 问题》2000年第9期。

［22］聂振邦主编：《2009年中国粮食发展报告》，经济管理出版社2009 年版。

［23］钱正英、张光斗主编：《中国可持续发展水资源战略研究综合报告及 各专题报告》，中国水利水电出版社2010年版。

［24］彭德福：《对耕地保护红线的两点思考》，国土资源部咨询研究中心， 2007年，http：//www. crcmlr. org. cn/results_zw. asp？newsId = L710051818420748。

［25］蒋和平、辛岭：《建设中国现代农业的思路与实践》，中国农业出版社 2008年版。

［26］农业部课题组：《现代农业发展战略研究》，中国农业出版社2008年版。

［27］张晓山、宋洪远、李惠安：《调整结构·创新体制·发展现代农业》， 中国社会科学出版社2008年版。

［28］农业部软科学委员会办公室：《推进农业结构调整与建设现代农业》， 中国农业出版社2005年版。

［29］速水佑次郎、神门善久：《农业经济论》，中国农业出版社2003年版。

［30］叶静怡：《发展经济学》，北京大学出版社2003年版。

［31］高洪深：《区域经济学》，中国人民大学出版社 2006 年版。

［32］孔翔智、李圣军：《试论中国现代农业的发展模式》，载于《教育与研究》2007 年第 10 期。

［33］尹昌斌、周颖、邱建军：《中国区域现代农业发展途径与战略重点》，载于《农业现代化研究》2007 年第 11 期。

［34］宋再钦：《中国中部地区建设现代农业的模式与对策研究》，载于《农业现代化研究》2004 年第 1 期。

［35］罗志锋、梅福林：《经济欠发达地区现代农业建设模式探析》，载于《农村经济》2007 年第 10 期。

［36］柯炳生：《关于加快推进现代农业建设的若干思考》，载于《农业经济问题》2007 年第 2 期。

［37］蒋和平：《中国现代农业建设的特征和模式》，载于《中国发展观察》2007 年第 2 期。

［38］朱明德：《都市型现代农业理论与时间》，中国农业出版社 2003 年版。

［39］蒋和平：《建设现代农业的模式分析及启示》，载于《科学管理研究》2008 年第 6 期。

［40］辛岭：《中国建设现代农业的区域布局分析》，载于《农业经济问题》2007 年增刊。

［41］李滋睿、屈冬玉：《现代农业发展模式与政策需求分析》，载于《农业经济问题》2007 年第 9 期。

［42］陶武先：《现代农业的基本特征与着力点》，载于《中国农村经济》2004 年第 3 期。

［43］柳建平、张永丽：《发达国家发展现代农业的经验与启示》，载于《经济纵横》2007 年 10 月刊创新版。

［44］郎秀云：《人地矛盾视角下的中国现代农业模式》，载于《理论探讨》2007 年第 6 期。

［45］速水佑次郎、弗农·拉坦：《农业发展的国际分析》，中国社会科学出版社 2000 年版。

［46］邓衡山、徐志刚、柳海燕：《2010：中国农民专业合作经济组织发展现状及制约因素分析——基于全国 7 省 760 个村的大样本调查》，载于《现代经济探讨》2010 年第 8 期。

［47］郭晓鸣、任永昌、廖祖君：《中新模式：现代农业发展的重要探索——基于四川蒲江县猕猴桃产业发展的实证分析》，载于《中国农村经济》2009 年第 11 期。

［48］卢良恕：《现代农业发展与社会主义新农村建设》，载于《福建论坛（人文社会科学版）》2006年第6期。

［49］王勇：《产业扩张、组织创新与农民专业合作社成长——基于山东省5个典型个案的研究》，载于《中国农村观察》2010年第2期。

［50］应瑞瑶：《农民专业合作社的成长路径——以江苏省泰兴市七贤家禽产销合作社为例》，载于《中国农村经济》2006年第6期。

［51］张晓山：《创新农业基本经营制度发展现代农业》，载于《农业经济问题》2006年第8期。

［52］张颖、任大鹏：《论农民专业合作社的规范化——从合作社的真伪之辩谈起》，载于《农业经济问题》2010年第4期。

［53］速水佑次郎、弗农·拉坦：《农业发展的国际比较》，中国社会科学出版社2000年版。

［54］舒尔茨：《改造传统农业》，梁小民译，商务印书馆1987年版。

［55］西奥多·舒尔茨：《改造传统农业》，商务印书馆1987年版。

［56］陈世军：《中国农技推广投资总量和结构的研究》，载于《农业科技管理》1998年第2期。

［57］高启杰：《中国农业推广投资现状与制度改革的研究》，载于《农业经济问题》2002年第8期。

［58］黄季焜、胡瑞法：《政府是农业科技投资的主体》，载于《中国科技论坛》2000年第4期。

［59］黄季焜、胡瑞法：《中国农业科研投资：效益、利益分配及政策含义》，载于《中国软科学》2000年第9期。

［60］黄季焜、胡瑞法、张林秀、Scott Rozelle：《中国农业科技投资经济》，中国农业出版社2000年版。

［61］刘晓昀、辛贤：《国外私人农业科研的公共支出投资及对中国农业科研机构转制的政策启示》，载于《中国农村经济》2001年第7期。

［62］任元彪：《原始创新动力问题探索》，载于《科学学研究》2007年第25期。

［63］沈筱敏：《我国传统农业的分化与现代农业的成长——兼析农业上市公司对农业现代化进程的影响》，载于《农业经济问题》2000年第4期。

［64］王亮：《科技原创力评价指标体系研究》，载于《中国科技论坛》2005年第2期。

［65］许越先：《试用集成创新理论探讨农业科技园区的发展》，载于《农业技术经济》2004年第2期。

［66］杨宁：《基于原始创新的一流大学》，载于《吉林教育科学·高教研究》2001 年第 5 期。

［67］游秀梅、王子齐：《解决"最后一公里"问题对策研究——福建省南平市王台镇农技推广案例调查》，载于《江西农业学报》2008 年第 20 卷第 12 期。

［68］章力建：《集成创新是当前农业科技创新的战略需求》，载于《农业经济问题》2006 年第 4 期。

［69］张德远、吴方卫：《国外农业科研领域中公共部门与私人部门的合作》，载于《农业经济问题》2004 年第 1 期。

［70］周振兴、王卉卉、韩梅：《加强农业原始创新提高农业产业科技竞争力——透视江苏农业科技原始创新与成果转化应用能力》，载于《农业科技管理》2008 年第 27 卷第 6 期。

［71］朱亮：《中国农业科研投资的市场导向性分析》，载于《华南农业大学学报》（社会科学版）2006 年第 2 期。

［72］Barkema, A., M. Drabenstott, and K. Welch, (1999). The Quiet Revolution in the US Food Market. Econ. Rev. First Quarter：63 – 71.

［73］Batt, P. J. (2001). Factors Influencing a Potato Farmer's Choice of Seed Supplier：Empirical Evidence from the Philippines. Journal of International Food & Agribusiness Marketing, Vol. 12 (2)：71 – 91.

［74］Boehlje, D. M., L. F. Schradr and L. Sauvee, (1996). Cooperative Coordination in the Hog-Pork Subsector. Proceedings of the 2nd International Conference on Chain Management in Agribusiness and the Food Industry. Wageningen Agricultural University, the Netherlands, May, pp. 279 – 291.

［75］Buvik, A., Grnhaug, K. (2000). Inter-firm dependence, environmental uncertainty and vertical co-ordination in industrial buyer-seller relationships. The International Journal of Marketing Science, Vol. 28, pp. 445 – 454.

［76］Davis, C. G. (2002). Factors Affecting The Selection Of Business Arrangements By Hog Producers in the United States. Unpublished Phd Thesis, The Department of Agricultural Economics and Agribusiness, Louisiana State University.

［77］Duval, Y. and Biore, Arlo. (1998). Grain Producers' Attitudes to New Form of Supply Chain Coordination. International Food and Agribusiness Management Review, 1 (2)：179 – 193.

［78］Frank, S. D. and Henderson, D. R. (1992). Transaction Costs as Determinants of Vertical Coordination in the U. S. Food Industries. Amer. J. Agr. Econ. 74, 4, November：941 – 950.

［79］ Grosskopf, W. 1994. Einkommenssteigerung Durch Kooperatives Marketing Und Vertrags-landwirtschaft, Archiv-DLG, Germany, No. 88, pp. 39 – 46.

［80］ Heide, J. B. (1994). Inter organisational Governance in Marketing Channels. Journal of Marketing, 58 (January), 71 – 85.

［81］ Hobbs, J. E.: A transaction cost approach to supply chain management. Supply Chain Management, 1 (2), 1996, 15 – 27.

［82］ Hobb, J. E. (1997). Measuring the Importance of Transaction Costs in Cattle Marketing. Amer. J. Agr. Econ. 79 (November): 1083 – 1095.

［83］ John, G. and Weitz, B. A. (1988). Forward Integration into Distribution: An Empirical Test of Transaction Cost Analysis. Journal of Law, Economics, and Organization Vol. 4 (fall), No. 2: 100 – 117.

［84］ Kliebenstein, James B. and John D. Lawrence. (1995). Contracting and Vertical Coordination in the United States Pork Industry. American Journal of Agricultural Economics. 77 (December): 1213 – 1218.

［85］ Knoeber, Charles R. and Walter N. Thurman. (1995). "Don't Count Your Chickens..."): Risk and Risk Shifting in the Broiler Industry. American Journal of Agricultural Economics. 77 (August): 486 – 496.

［86］ Mahoney, J. T. (1992). "The Choice Organizational Form: Vertical Financial Ownership Versus Other Methods of Vertical Integration." Strategic Management Journal, 13: 559 – 584.

［87］ Marion, B. W. (1985). The Organization and Performance of the U. S Food System. ed. B. W. Marison, Lexington MA: Lexington Books, p. 51.

［88］ Martinez, S. W. 1999. Vertical Coordination in the Pork and Broiler Industries: Implications for Pork and Chicken Products, USDA, ERS, AER No: 777.

［89］ Martinez, S. W. (2002). Vertical Coordination of Marketing Systems: Lessons From the Poultry, Egg, and Pork Industries. Economic Research Service, U. S. Department of Agriculture. Agricultural Economic Report No. 807.

［90］ Mighell, R., and Jones, L. (1963). Vertical Coordination in Agriculture. U. S. Department of Agriculture. Agricultural Economic Report No. 19.

［91］ Poole, N. D., Del Campo Gomis, Igual, J. and Gimenez, F. V. (1998). Formal Contracts in Fresh Produce Markets. Food Policy, Vol. 23, No. 2, pp. 131 – 142.

［92］ Rehber, E.: Vertical Coordination in the Agro-Food Industry and Contract Farming: A Comparative Study of Turkey and the USA, Food Marketing Policy Center

Research Report No. 52 February 2000.

［93］ Sporleder, T. L. （1992）. Managerial Economics of Vertically Coordinated Agricultural Firms. American Journal of Agricultural Economics. 74, 5, December, pp. 1226 – 1231.

［94］ Spriggs, J, Hobbs, J. E. , and Fearne, A. （2000） Beef producer attitudes to coordination and quality assurance in Canada and the UK. 2000. International Food and Agribusiness Management Review 3: 95 – 109.

［95］ Williamson, O. E. （1985）. The economic institutions of capitalism: firms, markets and relational contracting, New York: Free Press.

［96］ Williamson, O. E. （1991）. Comparative Economic Organization: The Analysis of Discrete Structural Alternatives-Administrative Science Quarterly 36 （June）: 269 – 296.

［97］ Bulter, L. J. , Marion, B. W. : Impacts of Patent Protection in the U. S. Seed Industry and Public Plant Breeding, North Central Project 117, Monograph 16, Madison: University of Wisconsin, 1983.

［98］ David P. A. , B. H. Hall, and A. A. Toole: Is Public R&D a Complement or Substitute for Private R&D? A Review of the Economic Evidence, Research Policy, Vol. 29, 497 – 529, 2000.

［99］ Pray C. E and R. G. Echeverria: Private-Sector Agricultural Research in Less-Developed Countries, Agricultural Research Policy International Quantitative Perspective （Pardy etc. eds）, Cambridge University Press, 1991.

［100］ Tabor S. R. , W. Jassen and H. Bruneau, （eds）: Financing Agricultural Research: A Source Book, The Hague: International Service for National Agricultural Research, 1998.

［101］ T. Besley and M. Ghatak: Public-Private Partnerships for the Provision of Public Goods: Theory and an Application to NGOs, The Development Economics Discussion Paper Series, The Suntory and Toyota International Centers for Economics and Related Discipliners, London School of Economics, London, 1999.

后 记

　　《我国现代农业发展战略研究》课题由教育部哲学社会科学重大课题招标项目资助，旨在通过研究借鉴国际现代农业发展的先进经验，调研我国现代农业发展的现状和问题，基于我国国情分析我国现代农业的发展战略，找到自然、经济、社会融合的我国现代农业发展的战略的着力点，实现我国现代农业的可持续发展。

　　2007年10月，由南京农业大学周应恒教授担任首席专家，中国人民大学曾寅初教授、中国农业大学安玉发教授、南京农业大学应瑞瑶教授、朱晶教授、胡浩教授、周曙东教授作为主要参加人的"我国现代农业发展战略研究"科研团队获得教育部资助并正式启动。

　　2008年1月，课题组在南京农业大学召开了"我国现代农业发展研究"开题会议，周应恒教授为首的科研团队邀请到了包括戴思锐教授在内的知名专家以及课题参与承担单位主要专家进行了关于课题研究范围、主要研究内容、研究框架及分工等多项内容的热烈讨论。会议卓有成效，决定围绕我国现代农业发展需要解决的最突出问题，在有限目标下，突出科技本身对我国现代农业发展的支撑，提出要解决的几个关键问题并论述怎样解决。《我国现代农业发展战略研究》课题的主要研究内容初步集中在我国现代农业体系、粮食安全问题和食品安全问题、农业发展中的资源与环境问题、我国现代农业区划发展与协调问题、我国现代农业发展的组织与政策保障问题等五个重要板块。

　　2008年3月，课题组首席专家周应恒教授召集部分子课题负责人，在南京农业大学举行了小型课题推进会议。在课题推进会上，周应恒教授对课题的整体进展情况进行了通报，鼓励子课题负责人之间进行沟通协调。会议围绕现代农业发展的组织保障、社会化服务体系以及政府公共服务体系等内容进行了讨论，以期进一步细化研究内容并明确责任。

　　2008年5月，课题组首席专家周应恒教授召集子课题负责人进行研讨。围绕国外现代农业发展及中国现代农业体系研究、现代农业发展中的资源高效利用与可持续发展战略研究、现代农业发展过程中的粮食安全与食品质量安全研究、高附加值农业及区域化发展战略研究、我国现代农业发展的组织与保障体系研究等五大部分进行了充分讨论与沟通，廓清了各自研究范围与侧重内容。

2009 年 10 月，课题组参加了在北京举行的教育部哲社重大课题攻关项目的中期检查汇报。中期检查专家针对汇报情况以及课题的实际进展提出了宝贵中肯的建议，课题的研究展开要紧密围绕题目《现代农业发展战略研究》，重点放在战略上面，从战略的高度研究现代农业发展过程中的关键问题。密切结合我国现代农业发展的基础条件、资源条件，考虑粮食安全问题，就我国现代农业发展的战略重点领域进行深入研究。

时至 2010 年底，课题接近尾声。在历时 3 年的科研活动中，取得了一系列的研究成果，在 SCI/SSCI 等国际高水平期刊发表论文两篇，在国内 SSCI 核心期刊上发表论文 15 篇，政策建议与科研报告若干。

在课题的立项论证、框架讨论、调研调查、验收结题等全程推进中，各个环节都得到了教育部的亲切关心与大力支持。历经三年，课题组组织国内外调查五次，组织课题开题、讨论、中期报告等大小会议五次。在会议和调查中，得到了课题组所有成员的大力支持，使得课题得以不断推进，乃至最终完成。我们要特别感谢在此期间给予课题极大关心、指导与支持的钟甫宁教授、戴思锐教授、雷海章教授、何秀荣教授、段应碧会长、郭玮司长、张东刚司长、魏贻恒处长和王日处长等。

本课题在广泛调研国内外现代发展的基础上，深入研究现代农业发展的规律和全球农业发展趋势，分析我国现代农业发展的现状和问题，站在农业全球化发展的高度提出了我国现代农业的发展战略，针对如何促进我国现代农业发展，提出了理念创新、科技创新、组织创新的着力点，为促进我国现代农业发展提供了较为科学、详尽、可操作性的战略决策依据。

作　者

2012 年 9 月

教育部哲学社會科学研究重大課題攻關項目
成果出版列表

书　名	首席专家
《马克思主义基础理论若干重大问题研究》	陈先达
《马克思主义理论学科体系建构与建设研究》	张雷声
《马克思主义整体性研究》	逄锦聚
《改革开放以来马克思主义在中国的发展》	顾钰民
《当代中国人精神生活研究》	童世骏
《弘扬与培育民族精神研究》	杨叔子
《当代科学哲学的发展趋势》	郭贵春
《面向知识表示与推理的自然语言逻辑》	鞠实儿
《当代宗教冲突与对话研究》	张志刚
《马克思主义文艺理论中国化研究》	朱立元
《历史题材文学创作重大问题研究》	童庆炳
《现代中西高校公共艺术教育比较研究》	曾繁仁
《楚地出土戰國簡册［十四種］》	陳　偉
《京津冀都市圈的崛起与中国经济发展》	周立群
《金融市场全球化下的中国监管体系研究》	曹凤岐
《中部崛起过程中的新型工业化研究》	陈晓红
《中国市场经济发展研究》	刘　伟
《全球经济调整中的中国经济增长与宏观调控体系研究》	黄　达
《中国特大都市圈与世界制造业中心研究》	李廉水
《中国产业竞争力研究》	赵彦云
《东北老工业基地资源型城市发展接续产业问题研究》	宋冬林
《转型时期消费需求升级与产业发展研究》	臧旭恒
《中国金融国际化中的风险防范与金融安全研究》	刘锡良
《中国民营经济制度创新与发展》	李维安
《中国现代服务经济理论与发展战略研究》	陈　宪
《中国转型期的社会风险及公共危机管理研究》	丁烈云
《人文社会科学研究成果评价体系研究》	刘大椿
《中国工业化、城镇化进程中的农村土地问题研究》	曲福田
《东北老工业基地改造与振兴研究》	程　伟

书　名	首席专家
《全面建设小康社会进程中的我国就业发展战略研究》	曾湘泉
《自主创新战略与国际竞争力研究》	吴贵生
《转轨经济中的反行政性垄断与促进竞争政策研究》	于良春
《面向公共服务的电子政务管理体系研究》	孙宝文
《中国加入区域经济一体化研究》	黄卫平
《金融体制改革和货币问题研究》	王广谦
《人民币均衡汇率问题研究》	姜波克
《我国土地制度与社会经济协调发展研究》	黄祖辉
《南水北调工程与中部地区经济社会可持续发展研究》	杨云彦
《产业集聚与区域经济协调发展研究》	王　珺
《我国民法典体系问题研究》	王利明
《中国司法制度的基础理论问题研究》	陈光中
《多元化纠纷解决机制与和谐社会的构建》	范　愉
《中国和平发展的重大国际法律问题研究》	曾令良
《中国法制现代化的理论与实践》	徐显明
《农村土地问题立法研究》	陈小君
《生活质量的指标构建与现状评价》	周长城
《中国公民人文素质研究》	石亚军
《城市化进程中的重大社会问题及其对策研究》	李　强
《中国农村与农民问题前沿研究》	徐　勇
《西部开发中的人口流动与族际交往研究》	马　戎
《现代农业发展战略研究》	周应恒
《中国边疆治理研究》	周　平
《中国大众媒介的传播效果与公信力研究》	喻国明
《媒介素养：理念、认知、参与》	陆　晔
《创新型国家的知识信息服务体系研究》	胡昌平
《数字信息资源规划、管理与利用研究》	马费成
《新闻传媒发展与建构和谐社会关系研究》	罗以澄
《数字传播技术与媒体产业发展研究》	黄升民
《教育投入、资源配置与人力资本收益》	闵维方
《创新人才与教育创新研究》	林崇德
《中国农村教育发展指标体系研究》	袁桂林

书　名	首席专家
《高校思想政治理论课程建设研究》	顾海良
《网络思想政治教育研究》	张再兴
《高校招生考试制度改革研究》	刘海峰
《基础教育改革与中国教育学理论重建研究》	叶　澜
《公共财政框架下公共教育财政制度研究》	王善迈
《农民工子女问题研究》	袁振国
《处境不利儿童的心理发展现状与教育对策研究》	申继亮
《学习过程与机制研究》	莫　雷
《WTO主要成员贸易政策体系与对策研究》	张汉林
《中国和平发展的国际环境分析》	叶自成
*《西方文论中国化与中国文论建设》	王一川
*《中国抗战在世界反法西斯战争中的历史地位》	胡德坤
*《近代中国的知识与制度转型》	桑　兵
*《中国水资源的经济学思考》	伍新林
*《中国政治文明与宪法建设》	谢庆奎
*《地方政府改革与深化行政管理体制改革研究》	沈荣华
*《知识产权制度的变革与发展研究》	吴汉东
*《中国能源安全若干法律与政府问题研究》	黄　进
*《我国地方法制建设理论与实践研究》	葛洪义
*《我国资源、环境、人口与经济承载能力研究》	邱　东
*《产权理论比较与中国产权制度变革》	黄少安
*《中国独生子女问题研究》	风笑天
*《当代大学生诚信制度建设及加强大学生思想政治工作研究》	黄蓉生
*《边疆多民族地区构建社会主义和谐社会研究》	张先亮
*《非传统安全合作与中俄关系》	冯绍雷
*《中国的中亚区域经济与能源合作战略研究》	安尼瓦尔·阿木提
*《冷战时期美国重大外交政策研究》	沈志华

......

* 为即将出版图书